国家高端智库
NATIONAL HIGH-END THINK TANK

上海社会科学院重要学术成果丛书·专著

高质量发展系列

碳达峰碳中和目标下 我国碳税征收 与技术创新的关系研究

Studies on the Relationship between Carbon Taxation and Technological Innovation in China under the Dual Objectives of Carbon Neutrality Emission Peak

张晓娣／著

上海人民出版社

本书出版受到上海社会科学院重要学术成果出版资助项目的资助

本书系国家自然科学基金委青年项目"中国碳排放水平与要素总成本关系探讨"(71203070)的研究成果

编审委员会

总　序

当今世界，百年变局和世纪疫情交织叠加，新一轮科技革命和产业变革正以前所未有的速度、强度和深度重塑全球格局，更新人类的思想观念和知识系统。当下，我们正经历着中国历史上最为广泛而深刻的社会变革，也正在进行着人类历史上最为宏大而独特的实践创新。历史表明，社会大变革时代一定是哲学社会科学大发展的时代。

上海社会科学院作为首批国家高端智库建设试点单位，始终坚持以习近平新时代中国特色社会主义思想为指导，围绕服务国家和上海发展、服务构建中国特色哲学社会科学，顺应大势，守正创新，大力推进学科发展与智库建设深度融合。在庆祝中国共产党百年华诞之际，上海社科院实施重要学术成果出版资助计划，推出"上海社会科学院重要学术成果丛书"，旨在促进成果转化，提升研究质量，扩大学术影响，更好回馈社会、服务社会。

"上海社会科学院重要学术成果丛书"包括学术专著、译著、研究报告、论文集等多个系列，涉及哲学社会科学的经典学科、新兴学科和"冷门绝学"。著作中既有基础理论的深化探索，也有应用实践的系统探究；既有全球发展的战略研判，也有中国改革开放的经验总结，还有地方创新的深度解析。作者中有成果颇丰的学术带头人，也不乏崭露头角的后起之秀。寄望丛书能从一个侧面反映上海社科院的学术追求，体现中国特色、时代特征、上海特点，坚持人民性、科学性、实践性，致力于出思想、出成果、出人才。

学术无止境,创新不停息。上海社科院要成为哲学社会科学创新的重要基地、具有国内外重要影响力的高端智库,必须深入学习、深刻领会习近平总书记关于哲学社会科学的重要论述,树立正确的政治方向、价值取向和学术导向,聚焦重大问题,不断加强前瞻性、战略性、储备性研究,为全面建设社会主义现代化国家,为把上海建设成为具有世界影响力的社会主义现代化国际大都市,提供更高质量、更大力度的智力支持。建好"理论库"、当好"智囊团"任重道远,惟有持续努力,不懈奋斗。

上海社科院院长、国家高端智库首席专家

目　录

引　言

　　作为碳减排的重要政策手段,碳税历来广受理论研究界和各国政府关注。一方面,碳税在减排目标和减排成本的确定性、调控范围、透明度和管理成本等方面各具相对优势;另一方面,这种相对优势又会受到各国具体政策环境、管理水平、实施条件等多方面因素的影响。故在现实中,各国家和地区基于国情区情实际与碳减排的客观需要,会侧重使用碳税或者与其他政策并用,并随国际国内经济发展和应对气候变化需要动态调整政策重点。开征碳税以应对气候变化最初于 20 世纪 90 年代在芬兰、挪威等北欧国家中兴起。在 1992 年里约会议之后,欧盟委员会曾在 1992 年和 1995 年两次提议在欧盟统一开征碳税,然而由于部分国家不想让渡税收主权给欧盟,这两次提议最终都失败了。随后,一些欧盟国家决定在本国开征碳税或增加能源税。进入 21 世纪后,随着气候变化的形势日益严峻,日本、英国、法国等发达国家也开始着手采取碳税的形式以减少温室气体排放。到目前为止,已经有近 20 个国家和地区引入了碳税。在我国,早期国内也经历了碳税与碳交易孰轻孰重、谁先谁后的研究和讨论。而目前来看,无论理论和政策研究界还是从中央到地方的政府主管部门,似乎只关注碳交易的推行,而碳税则被搁置一旁。《中华人民共和国环境保护税法》在 2013 年送审稿中设计了碳税税目,但最终该法未实施碳税,而是选择碳交易作为主要的碳减排手段。与此同时,2011 年国家在北京、上海、天津、深圳、重庆、广东、湖北七个省(直辖市)启动地方碳交易试点,并于 2013 年正式上线交易系统。应该说,这是基于当时的实际国情,综合应对气候变化需要、碳减排压力、经济和社会影响等多方面因素作出的合理选择。当前,面对"30·60"双碳目标的新压力,需要重新思考税收在应对气候变化和促进低碳发展上的重要作用。考虑到开征碳税所需要满足的条件及其可能带来的经济和社会影响,需要合理选择开征碳税的时机,并基于不同的开征情景合理设计碳税方案。这其中的关键问题在于,碳税征收是否符合我国以创新为驱动的高质量发展目标要求。对上述问题的回答是进一步考虑开征碳税所需要满足的条件及其可能带来的经济和社会影响,并基于不同开征情景合理设计碳税方案的基础。

第一节　研究背景

绿色发展是 21 世纪人类发展的共同追求,也是新时代推动我国发展的重要理念之一。党的十八届五中全会提出"创新、协调、绿色、开放、共享的发展理念",要求"坚持绿色发展,必须坚持节约资源和保护环境的基本国策,坚持可持续发展,坚定走生产发展、生活富裕、生态良好的文明发展道路,加快建设资源节约型、环境友好型社会,形成人与自然和谐发展现代化建设新格局,推进美丽中国建设,为全球生态安全作出新贡献"。党的十九大报告强调,"坚持人与自然和谐共生""形成绿色发展方式和生活方式"。深刻理解新时代绿色发展的科学内涵、价值意蕴和实现路径,对于贯彻落实绿色发展理念具有重要的理论和实践意义。早在"十三五"时期,节能减排便被上升为国家级发展战略,但是,在实现减排目标的具体措施上,"十三五"规划的政策取向与"十二五"规划有微妙的差异——在"十三五"规划中资源税、环境税等税收手段未被提及,与建设清洁低碳的现代能源体系相关的各类技术性手段成为低碳循环发展的首要措施。2011 年《国民经济和社会发展"十二五"规划纲要》明确提出,"十二五"期间要"完善资源税费制度",选择防治任务繁重、技术标准成熟的税目开征环境保护税。2012 年《节能减排"十二五"规划》强调"落实国家支持节能减排的税收政策"。而《中央关于制定"十三五"规划的建议》更重视技术提升,未提及通过税收发展低碳经济的方案,其中加快能源技术创新、发展非化石能源、推动化石能源清洁利用、建设智能电网等成为主角。

尽管我国的绿色财税政策改革在不断推进,但在碳税开征问题上国家及政府一直遵循"慎之又慎"的原则。《环境保护税法》于 2016 年 12 月 5 日在十二届全国人大常委会第二十五次会议上获表决通过,并于 2018 年 1 月 1 日起全面施行。这意味着在我国税收体系中建立了一个旨在保护生态环境的税种,在完善绿色税收体系上迈出了突破性的一步,推进了税收的绿色转型,强化了税收对生态环境的保护力度。"十二五"期间国内对开征碳税的讨论曾一度甚嚣尘上,财政部财政科学研究所做了《中国碳税税制框架设计》专题报告,生态环境部环境规划院做了《应对气候变化的中国碳税政策框架》的课题,国家发改委能源研究所发布了《实施碳税效果和相关因素分析》,认为 2012 年是推出碳税的最佳时点。2013 年生态环境部提交的《中华人民共和国环境保护税法(送审稿)》将碳税纳入环境税税目,但这一提案最终未出现于草案中。近年来,政府部门将工作重点放在探索建立碳排放权交易制度方面。在 2011 年以来国内七省市试点碳排放权交易的基础上,2017 年 12 月 19 日《全国碳排放权交易市场建设方案(发电行业)》发布,全国碳排放交易正式启动。此外,我国的绿色财政支出政策,包括污染减排、节能、可再生能源和生态保护等各个方面的财政政策,也通过加大投入力度、调整支出结构、整合专项资金和提高支出效率等措施不断加以完善,并结合税收政策的改革增强了对生态环境保护的调控作用。

可见,随着环境保护税(以下简称"环保税")的开征、碳排放权交易制度的实施,以及绿色财政支出政策的完善,我国在有效解决污染物排放和碳排放缺乏经济调控手段问题上,有了重要进展。但深入分析可以发现,无论是碳减排还是污染物减排,现行政策手段仍存在着有待完善之处。

一是从碳减排政策看,碳交易在全国范围内的推广将对国内碳减排目标的实现发挥更大的作用。但受覆盖面和调控范围限制、碳市场中价格形成机制构建难度大以及可能发生市场失灵等因素影响,仅以碳交易一种手段并不能有效解决中国碳减排的所有问题。在明确合理的碳排放总量控制目标之下,如何更好地发挥碳交易的减排作用,还有必要考虑并行运用碳税发挥调控作用的必要性和可能性。二是从污染物减排政策看,环保税法的实施使得对污染物排放行为的征收更为规范化,征管上也更具有强制力。但环保税的实施效果如何? 现行制度设计是否有效地促进了企业的污染治理行为? 环保税的征收范围是否合理? 税务部门在环保税征管中还存在哪些困难? 有必要对环保税的实施情况进行评价,并相应对制度进行完善。三是从财政支出政策看,国内的绿色财政支出投入在不断加大,但支出政策仍然存在着效率偏低、促进绿色发展的效果有待提高、推动绿色技术创新不足等问题,有必要对已实施的绿色财政支出政策进行深入的评估,并相应完善相关政策,提高支出政策的效果。总体看,在新时期国内促进绿色发展的背景下,如何进一步运用绿色财税政策推动国内的碳减排、污染物减排和生态环境保护,加快促进绿色发展和建设生态文明,是理论界和实践部门持续思考的重要命题。

与此同时,近几年西方世界对碳税的态度正在转冷。澳大利亚认为碳税不仅对减少碳排放的作用微乎其微,而且抑制了本国工商业的国际竞争力,已将其废除,转向100%可再生能源发电目标。法国碳税提案经过2年激烈辩论最终于2010年得以实施,如今却因为增加民众负担遭到超过7成国民的反对,所以现在法国已将碳税作为补贴可再生能源的手段,并计划将气候政策重点逐步从环境税收转向能源技术更新。美国更是一直对碳税持保留态度,而对太阳能、风能等可再生能源技术开发应用则给予广泛支持。

上述事实显示,部分西方国家在将改进能源技术、优化能源结构作为减排主导战略的同时,也作出了与碳税相冲突的推定。碳税在西方的"遇冷"与在中国的"慎重"激发了本书对以下问题的研究兴趣:碳税能否通过某种内生机制促进能源技术进步,提高清洁能源利用率? 在倡导绿色国家发展理念的当下,能源技术创新无疑是创新体系的关键环节,因此,从更高的战略角度,需要回答,碳税对创新型国家建设的作用究竟是抑制还是促进? 内生性定向技术变迁(Endogenous Directed Technological Change, EDTC)理论框架下的动态随机一般均衡(Dynamic Stochastic General Equilibrium,

以下简称 DSGE)模型模拟预测将为上述问题提供具体而形象的解答。

第二节　研究思路

内生性定向技术变迁理论认为能源稀缺会引发能源节约方向的技术改进,这是碳税与能源技术进步相容的理论基础;此外,二者也可通过其他途径互补共生,实现减排效应最大化。当然,也有学者将碳税与能源技术政策相互比较,进行"二选一"的选择。

一、碳税定向促进能源技术创新的研究

"能源激发科技创新并改变能源的利用效率"的想法最初来自希克斯(Hicks,1932),他认为生产要素相对价格的变动会刺激技术向着更经济的利用生产要素的方向发展,将其称作"诱导创新假说"(Induced Innovation Hypothesis)。戴维·波普(David Popp,2010)用美国 1970—2004 年能源数据发现能源税和环境税政策不仅能通过阻止污染行为来减少污染,而且能鼓励技术创新从而减少污染控制成本。而后,定向技术变迁(Directed Technological Change)由来自麻省理工学院的阿斯莫格鲁(Acemoglu,2012)提出,认为企业为实现利润的最大化而研究开发新技术时,会大量使用较充裕的生产要素资源,努力节省稀缺要素资源,结果,技术变化就会朝向重点使用充裕要素的方向推进。

在气候变化政策领域,阿斯莫格鲁等(Acemoglu et al.,2012)指出没有环境政策干预的话,生产部门将利用污染性技术持续扩张地创新和生产,最终把环境带入一个极其危险的境地。阿道等(Adao et al.,2012)使用专利的跨国界面板数据,发现企业为了应对燃料价格变化会改变技术变化方向,更高的燃料价格将促进清洁技术的创新,且导致技术创新有较强的路径依赖性。国内较少有针对碳税的定向技术变迁研究。吴巧生和王华(2011)模拟了能源-环境政策如何影响企业采用导致单位产出排放更低的技术。吴

力波等(2014)利用可计算一般均衡(以下简称CGE)模型模拟发现:碳排放限制政策加快了化石燃料节约型和清洁能源使用型技术进步,而R&D补贴政策加快了知识使用型技术进步。

二、碳税与能源技术创新互补性的研究

"波特假设"(1995)是二者相容性的另一有力理论支撑,其认为,合理设置的环境政策能够刺激企业技术创新,产生创新补偿效应,甚至会超过碳税调控带来的成本,从而达到经济绩效和环境绩效同时改进的"双赢"。气候变化经济学先驱的《斯特恩报告》(The Economics of Climate Change: The Stern Review,2007)指出,由于大多新能源减排技术的开发应用需要依靠私人部门,所以需要清晰的、长期可靠的市场结构和激励政策,这方面可以通过碳税进行合理定价,以鼓励新能源技术创新和应用。围绕此命题,兰由和莫迪(Lanjouw and Mody,2010)对于美国、日本、德国,布伦纳迈尔和科恩(Brunnermeier and Cohen,2012)对美国制造业,德弗里斯和维瑟金(DeVries and Withagen,2013)对欧洲,马赞蒂和佐伯(Mazzanti and Zoboli,2014)对意大利,雷费尔德(Rehfeld,2010)与霍巴齐(Horbach,2013)对德国进行了论证。国内学者主要从地区财政创新支持、金融创新支持、外商投资的技术溢出、地区人力资本禀赋等方面对能源政策的技术创新影响进行了研究(耿伟等,2011;范群林等,2013;娄峰,2014)。

三、碳税与能源进步冲突性的研究

卡索拉科斯和赛帕德(Katsoulacos and Xepapadeas,2012)发现由于低碳技术研发会提高企业成本、降低产量,在一定程度上减少了企业低碳技术研发的动机,严格的环境政策(高额碳税)并不必然促使企业进行更多的低碳技术研发。但更多学者认为碳税对能源技术进步是否抑制,取决于低碳技术研发溢出率临界值(Hattori,2013;Poyago-Theotoky,2013)。阿斯莫格鲁(Acemoglu,2012)则认为,当清洁技术和污染技术替代性不够时,应避免碳税过度使用造成技术转变扭曲,此时研发补助新能源和节能技术更加

重要。而另一顶级学者诺德豪斯(Nordhaus,2007)提倡征收碳税,因为运用价格导向机制,建立透明可比的全球性碳价信号,对温室气体排放的社会成本内部化十分关键。范德普罗格(van der Ploeg,2012)提出了折中的观点:对于资本存量低于稳态的国家,最优选择是优先开发化石能源并不断提高碳税,而后逐渐过渡到可再生能源;如果资本存量高于稳态,最优选择是优先开发可再生能源。

综合上述三方面研究发现,碳税对技术创新作用的方向仍存在争议。因此,本书将综合内生技术变迁及其他各类作用机制,以中国为对象,从碳税的价格效应、征收方式、循环方式等各方面考察其对能源技术创新、能源及产业结构优化的影响,以避免从某单一视角出发得出片面结论。

第三节 研究意义

将内生性的定向技术变迁机制与宏观经济一般均衡框架相结合是本书的主要创新点。

一是将定向技术进步模型化。新古典增长模型中普遍视技术 A 为同质的,忽视了现实中资本产品的技术异质性:两种机器即使生产能力相同,在燃料消耗上也可能存在高低不同。为此,本书尝试将投资与其所实现的资本产品的技术效率联系起来,以决定未来技术发展的走向。即企业在投资决策时面临两种选择——或者简单地购置安装现有的机器设备,或者进行内部研发以开发并使用能耗更低、排放强度更小的设备——第一种重复投资只会使企业更加偏离本行业的生产有效前沿,而第二种投资则会带来"能源或排放效率改善"偏向型的技术进步。投资种类的选择由企业利润最大化决定,并受其他经济主体决策的影响。

二是使用一般均衡的全局思路。定向技术变迁发生于微观层面,是企业遵循市场规律自主优化决策的结果,同时通过碳税政策与一般均衡框架中的公共财政模块相关联。碳税直接或间接地提高能源价格,也可能同时提高其他投资品与消费品价格,所以,它既可能引发技术创新,也可能没有;即使带来能源方向上的技术变迁,也并不一定是节能降耗型的。其综合效果只能在一般均衡框架中加以考察。

学术思想上,本书旨在探讨"绿色"与"创新"这两大国家发展理念在实践落实上的和谐相容性。中国在碳税上的考量一定程度上与碳税对企业创新活力乃至供给侧改革影响的不确定性有关。从经济增长、收入分配、社会福利等角度入手的碳税研究已是硕果累累,然而从能源技术创新角度入手的研究仍缺乏系统性和定量性。在部分西方国家已然认为碳税与技术进步存在冲突或替代的当下,全面考察碳税影响能源技术创新的各类渠道机制,精确量化其作用程度,并进一步将其上升到国家能源和产业结构调整的层面,对于国家发展理念的政策实施意义重大。

学术观点上,本书认为将碳税影响置于不确定环境下,进行长期的动态预测尤为重要。"新常态"将带来类似经济增长理论中的转型动态(Transitional Dynamics),不安定因素增强,因而需要暂时抛弃先验经验和经济规律,充分探究各种来源的外生风险对绿色发展和技术创新的冲击,从企业、居民等微观主体决策行为对国家政策的响应出发,探析能源与产业结构变动的趋势。而DSGE模型正是满足以上研究需要的适当方法。

研究方法上,本书将内生性定向技术变迁与动态随机均衡过程相结合。以往CGE模型在探讨偏向性技术进步时,一方面是在模型处理上将一般均衡过程与技术进步过程分割开来,另一方面是使用要素替代关系近似衡量技术进步。而本书不仅将技术进步融入企业的投资决策,而且允许企业层面的技术进步通过外部性影响整个经济系统的技术前沿。

第一章
我国碳达峰碳中和的总体部署

　　本章通过梳理和解读 2020 年 9 月我国正式提出碳达峰碳中和目标以来,以习近平同志为核心的党中央围绕双碳工作所作的科学指导、系统谋划及战略部署,试图阐释新发展阶段党和国家对绿色转型低碳发展面临的新的重大理论及实践问题的深邃思考与科学判断。为此,本章首先归纳总结了自双碳目标提出起至今我国对国际社会的承诺,以及以中央财经委员会第九次会议、党的十九届六中全会、2021 年底中央经济工作会议、中共中央政治局第三十六次集体学习等为代表的重要会议所提出的双碳领域战略方向、主要关系、重要工作及任务等。接着,本章结合高质量发展内涵、人与自然和谐发展要求、构建人类命运共同体的大国责任等视角,论述了我国努力推进碳达峰碳中和的紧迫性和必要性,分析了基于我国基本国情实现双碳的严峻挑战。在此基础上,本章以党中央精神和指示为主要依据,提出贯彻低碳发展理念、推动经济社会全面绿色转型的解决方案。一是树立理念,将碳达峰碳中和纳入经济社会发展总体战略,在产业结构、生产方式、生活方式、空间格局、治理体系等各领域做好坚定不移、稳中求进、"打持久战"的准备。二是构建机制,加速推进统筹协调的系统改革推进机制、先破后立的能源结构转型机制、包容的新型"双控"机制、政府与市场结合的激励约束机制,为实现双碳目标提供机制体制保障。三是采取行动,深入落实中央六大部署,加强统筹协调,推动能源革命,推进产业优化升级,加快绿色低碳科技革命,完善绿色低碳政策体系,积极参与和引领全球气候治理,从而发挥我国制度及资源优势,拓展技术潜力,激活市场活力。四是明确路径,通过不断强化动态目标约束,明确多层次责任主体,融合国家重大区域战略,稳妥有序地推进碳达峰碳中和。

第一节　我国碳达峰碳中和面临的新形势、新任务

碳达峰碳中和是以习近平同志为核心的党中央通篇谋划中华民族永续发展和人类命运共同体构建,运筹帷幄所作出的重大战略决策。2020年9月22日,习近平总书记在第七十五届联合国大会一般性辩论上作出庄严承诺,宣布中国力争使二氧化碳排放于2030年前达到峰值,努力争取于2060年前实现碳中和。在随后的金砖国家领导人第十二次会晤(2020年11月)、气候雄心峰会(2020年12月)上,习近平总书记多次强调中国坚持绿色低碳、提高减排自主贡献力度的决心。2021年10月12日,习近平总书记在《生物多样性公约》第十五次缔约方大会领导人峰会上明确中国将构建碳达峰碳中和"1＋N"政策体系,并将在若干重点领域和行业陆续发布一系列支撑保障措施,确保2030年碳达峰目标的实现。之后10月31日的G20领导人第十六次峰会达成共识,将全球碳中和时间节点设置在2050年前后,习近平总书记再次重申中国将一直主动承担与国情相符合的国际责任,积极推进经济绿色转型,不断自主提高应对气候变化行动力度。

2021年3月15日,中央财经委员会第九次会议确定了我国碳达峰碳中和的基本思路。习近平总书记指出"实现碳达峰、碳中和是一场广泛而深刻的经济社会系统性变革,要把碳达峰、碳中和纳入生态文明建设整体布局",因此坚持系统观在推进全面绿色转型中至关重要。在中长期规划上,要坚持全国统筹,实行全面节约战略,坚持政府和市场两手发力,强化科技和制度创新,加强国际交流合作,加强风险识别和管控。在短期规划上,要利用"十四五"这一关键窗口期,做好七项重点工作:构建清洁低碳安全高效的能源体系,实施重点行业领域减污降碳行动,推动绿色低碳技术实现重大突

破,完善绿色低碳政策和市场体系,倡导绿色低碳生活,提升生态碳汇能力,加强应对气候变化国际合作。

党的十九届六中全会再次强调了"生态文明建设是关乎中华民族永续发展的根本大计,保护生态环境就是保护生产力"[①],提出"更加自觉地推进绿色发展、循环发展、低碳发展,坚持走生产发展、生活富裕、生态良好的文明发展道路"[②]的重要性。同时,我国碳达峰碳中和目标的实施,不仅体现了积极参与全球环境气候治理的责任担当,更体现了"全党全国推动绿色发展的自觉性和主动性显著增强,美丽中国建设迈出重大步伐,我国生态环境保护发生历史性、转折性、全局性变化"[③]。十九届六中全会明确了坚定不移走生态优先、绿色低碳发展道路的基调,而随后的中央经济工作会议和中共中央政治局集体学习在这一战略原则下,为推动经济社会发展全面绿色低碳转型指明了路线,提供了部署。

2021年12月中央经济工作会议为新发展阶段我国推进碳达峰碳中和工作思路定下了新方向——"坚持全国统筹、节约优先、双轮驱动、内外畅通、防范风险的原则",尤其强调"传统能源逐步退出要建立在新能源安全可靠的替代基础上"。与2020年提出"要加快调整优化产业结构、能源结构,推动煤炭消费尽早达峰,大力发展新能源"相比,今年的工作部署不仅更加务实化、细则化,而且通过强调"不能毕其功于一役"指明了碳达峰碳中和作为我国高质量发展的内生性子目标,必须持之以恒并一以贯之。随着对我国进入新发展阶段的定位和方向越加清晰,碳达峰碳中和推进工作也必须及时、准确地对我国内外发展环境的风险及挑战作出回应,而中央工作思路调整正体现了我国直面"新"的时代命题,不断探索"新"的解答方式,进而持续地创新发展理念。

2022年1月中共中央政治局就努力实现碳达峰碳中和目标进行第三十六次集体学习,习近平总书记针对我国推进碳达峰碳中和工作面临的形

[①][②][③]　《中共中央关于党的百年奋斗重大成就和历史经验的决议》,于2021年11月11日中国共产党第十九届中央委员会第六次全体会议通过。

势和任务作出了重要判断,指出"实现碳达峰碳中和,是贯彻新发展理念、构建新发展格局、推动高质量发展的内在要求,是党中央统筹国内国际两个大局作出的重大战略决策"。同时,习总书记通过总结"四个迫切需要"——破解资源环境约束突出问题、实现可持续发展的迫切需要,顺应技术进步趋势、推动经济结构转型升级的迫切需要,满足人民群众日益增长的优美生态环境需求、促进人与自然和谐共生的迫切需要,主动担当大国责任、推动构建人类命运共同体的迫切需要——明确了低碳发展之于国家人民的重要性;通过归纳"四对关系"——发展和减排的关系,整体和局部的关系,长远目标和短期目标的关系,政府和市场的关系——揭示出这场复杂系统变革的核心矛盾;通过作出"六项部署"——加强统筹协调,推动能源革命,推进产业优化升级,加快绿色低碳科技革命,完善绿色低碳政策体系,积极参与和引领全球气候治理——指明加快推动产业结构、生产方式、生活方式、空间格局变革的重点任务。

自习近平总书记代表党和国家向全人类作出碳达峰碳中和承诺以来,双碳目标已经成为我国高质量发展整体布局的重要实践。党中央也高度重视,通过一系列会议、文件擘画了我国低碳绿色转型的宏伟蓝图,作出了应对变局、谋划大局、开辟新局的战略部署和顶层设计,为奋力推进生态文明建设,努力建设人与自然和谐共生的现代化指明了方向。在全球低碳发展实践普遍缺乏规范理论依据与指导的现实下,十九届六中全会以来以习近平同志为核心的党中央关于碳达峰碳中和工作的一系列精神、解读和部署,为我国率先探索构建基于科学、立足国情、体现中国智慧的低碳发展理论体系打开格局、奠定基础。

第二节　我国推进碳达峰碳中和的意义与挑战

一、推动高质量发展的内在要求

实现碳达峰碳中和"是贯彻新发展理念、构建新发展格局、推动高质量发展的内在要求"①。高质量发展是一种与传统的高速度增长截然不同的发展方式,以强调发展质量而非片面强调数量、速度、规模为基本特征。从经济发展规律来看,随着可分配资源短缺逐渐消失,市场供求基本平衡甚至供大于求成为普遍状态,企业作为生产主体必须越来越重视采用绿色清洁的能源和技术,形成集约高质的生产方式,将污染防治和质量把控纳入绩效发展目标,才能扩展收益及社会财富边际,实现增长、环境和福祉的统一。因此,高质量发展不仅需要高技术、高效率、高附加值,也需要在新的生态文明框架下进行定义,推动绿色低碳发展。党的十八大上,以习近平同志为核心的党中央围绕"两个一百年"奋斗目标提出"五位一体"总体布局,即统筹推进社会主义"经济建设、政治建设、文化建设、社会建设、生态文明建设"五个方面。

自党的十八大以来,党领导人民一直致力于解决我国发展中所面临的各类重大现实挑战,而节能减排和绿色发展则涉及此类矛盾的各个方面:一是如何解决"发展起来"之后遇到的社会问题,环境生态治理任务紧迫与社会贫富收入差距扩大、民生及公共服务短板凸显、突发性公共事件频发、权力缺乏监管约束等处于相同的重要地位;二是解决"制度型问题",如何构建起"系统完备、科学规范、运行有效"的制度体系,这其中便包括在经济、社会、生态、文化、治理等方面确立起稳定度更高、科学性更强的中国特色社会主义制度;三是解决由"大"变"强"过程中遇到的问题,主要是如何在国际格局调整、经济全球化走上新轨迹的外部形势下获得"主动权""话语权"和"规则制定权",而双碳承诺无疑发挥了我国的大国担当与国际责任。

双碳工作的推进,将倒逼我国生产方式和生活方式发生根本性变革,构建更加包容可持续的循环发展模式,成为高质量发展的内生动力。例如在生产领域,绿氢替代焦炭将彻底改变钢铁、石化等基础工业的供能技术;在生活领域,终端电气化和氢燃料的利用也将带来人类出行方式的变革。面对节能减排的要求,各部门各行业压力与机遇并存。低碳商品和服务需求

① 2022 年 1 月 24 日中共中央政治局就努力实现碳达峰碳中和目标进行第三十六次集体学习,中共中央总书记习近平发表重要讲话。

的纵深拓展,将触发更多的新兴增长点和就业机会,为国内大循环的平稳畅通保驾护航。例如,碳中和能够带来百万亿级新增投资及 4 000 万左右就业岗位。近年来国内的光伏、晶硅、新能源汽车、动力电池、钒钛制造等新兴行业已经在双碳刺激下取得了长足发展。放眼长远,经济社会全面发展必然将与绿色低碳转型进一步有机融合,从而推动产业链全链的高端化、脱碳化、智能化转变,最终重塑我国在发展动力、发展效率和发展质量上的新竞争优势。

二、协调人与自然发展的必然要求

人类生命延续及文明发展离不开对碳元素的依赖,地球上已知的所有生物与有机物质均属于碳基,碳元素是人类赖以生存发展的最重要物质基础。随着人口不断增长和文明程度不断提高,碳基相关的物质、产品、原料等不仅不会退出人类生活,反而将呈现需求与日俱增的趋势。所以,碳减排不是"逢碳必反"甚至"谈碳色变"。所谓"碳中和",其根本目的是通过平衡碳源和碳汇缺口,稳定地表气候波动失衡,最终目标是保证经济社会的可持续发展,其前提是满足人类对于碳基物质和能量不断增长、日益丰富的需求,同时维持生产率和经济竞争力。这是所有碳达峰碳中和路径规划必须遵循的前提。在推动节能减排的道路上,西方发达国家较容易走向"极端"或"激进",例如英美等国原先的"先污染、后治理"发展道路,美国纽约州、加利福尼亚州等地一刀切禁止使用天然气,欧盟的碳边境调节、机场航班碳排放税等,这些政策不仅在本国内饱受争议,更容易引发国际争端。相反,中国智慧启示下的双碳道路更注重渐进式的改革道路,不追求冒进,不强求利用当前技术一步到位解决未来三十到五十年间的问题,不要求在当前提供未来问题的完美解决方案。这样方能够分行业、分地域地制定和执行动态的、有步骤的减排路径,为将来的技术发展、需求变化留足空间,在当前的发展范式之下发挥技术潜力、孵化未来技术进步,在时间的推移中不断吸收孕育新的产业结构、生产方式、商业模式、生活方式、空间格局,从而为全球包容性可持续发展提供中国式的典范。

　　党的十九届五中全会将现代化经济体系归纳为"经济体系现代化、国家治理体系和治理能力现代化、农业农村现代化、国防军队现代化、人与自然和谐共生的现代化"。党的十九届六中全会提出"生态文明建设是关乎中华民族永续发展的根本大计，保护生态环境就是保护生产力，改善生态环境就是发展生产力，……，更加自觉地推进绿色发展、循环发展、低碳发展，坚持走生产发展、生活富裕、生态良好的文明发展道路"①。立足我国以人民为中心的发展思想，促进人与自然和谐共生也是满足了人民群众日益增长的优美生态环境需求。

　　我国低碳绿色经济将着力"处理好减污降碳和能源安全、产业链供应链安全、粮食安全、群众正常生活的关系，有效应对绿色低碳转型可能伴随的经济、金融、社会风险"②，不损害不牺牲人民的生活福祉，不降低经济发展的基本底线。权衡能源系统、生态系统、经济系统之间的利益关系，将对传统经济学范式的若干基本假设提出挑战。首先，传统经济学中人的基本需求乃至利益最大化主要围绕衣食住行等自发需求，而零碳经济下基于人民共同利益、集体利益而人为创造的需求将在市场中占据越加重要的地位，尤其是低碳生产所带来的技术创新需求，低碳生活所带来的产品服务创新需求，这类需求与传统经济学中自发自利的产品服务需求有本质区别。第二，帕累托最优法则在零碳经济时代是否具有适用性？根据帕累托最优，社会福利的最优境界是所有个体福利均已经达到一定上限，只有在损害其他个体利益的情况下才能得到改善；换言之，个体福利最大化会带来社会整体福利最大化。然而，这一法则的前提是不存在资源和物质的外部约束，个体可以在市场上通过任何手段获取资源及原料。这种非约束性的社会发展模式显然与低碳零碳经济相悖。碳达峰碳中和的推进将为整个社会经济系统设置极为强力的约束条件，那么怎样将约束从整体有效传递到个体，是传统经济学尚未完美解答的问题。相较于西方国家以个体为中心的分散式机制体

---

① 《中共中央关于党的百年奋斗重大成就和历史经验的决议》，于 2021 年 11 月 11 日中国共产党第十九届中央委员会第六次全体会议通过。

② 《中共中央国务院关于完整准确全面贯彻新发展理念做好碳达峰碳中和工作的意见》。

制,我国的社会主义基本经济制度在处理个人利益和集体利益的关系上更具优势。第三,低碳转型所带来的公平性问题需要得到关注。尤其是如何避免新能源与传统能源、新产业与传统产业之间的两极化,防止其成为继区域差距、城乡差距之后我国社会不平衡问题的新来源。

三、彰显国际责任担当的大国使命

气候问题是当前全人类共同面临的重大威胁,而中国碳达峰碳中和的工作将是影响人类命运共同体平稳发展和福利福祉的重要因素。2020 年新冠肺炎疫情暴发以来,中国是唯一维持经济正增长的主要经济体,因而不可避免地将肩负起引领全球绿色复苏的重任。在后疫情时代与国际关系新格局下,强调生态文明、以人类生存发展为核心的绿色复苏与绿色发展越来越成为国际社会的广泛共识,我国在此时提出碳达峰碳中和愿景无疑将为世界各国应对共同危机注入信心和动力。

因此,面临来自国际社会的责任约束,双碳目标是"主动担当大国责任、推动构建人类命运共同体的迫切需要"[①]。首先,需要以为全球绿色发展提供市场机遇为己任,依托巨大的经济体量和卓越的经济增长速度,为世界各国创造绿色技术、绿色贸易、绿色投资的机会,形成最具影响的绿色市场拉动力,带动周边地区乃至世界各国低碳可持续发展的步伐。特别地,要充分发挥"一带一路"倡议的绿色贸易投资合作平台作用,加大绿色产业项目、清洁能源项目的合作力度,为更多国家尽快实现可持续发展目标提供助力。同时,需要为全球气候治理提供强大动力,在推进本国双碳目标进程中形成完善气候治理标准,为其他国家节能减排提供技术支持和方案借鉴,在推动各国加强合作、凝聚共识、实现气候共建上发挥主导作用,遵循公平合理、合作共赢的原则推动建立全球气候治理体系,并从中获得国际竞合关键的标准制定权和话语权。

---

① 2022 年 1 月 24 日中共中央政治局就努力实现碳达峰碳中和目标进行第三十六次集体学习,中共中央总书记习近平发表重要讲话。

四、我国双碳目标面临的严峻形势

不少发达国家在联合国启动气候变化谈判之前就已经自然实现了碳排放达峰,如英国早在 1972 年就实现碳达峰;德国和挪威实现碳达峰的时间为 1990 年;卢森堡、法国、丹麦、瑞典、瑞士等国则在 20 世纪 90 年代实现碳达峰;美国也在 2007 年后步入碳排放下行区间。而我国工业化和城市化尚在进行中,2030 年的碳达峰目标仅靠能源结构自然演进是无法实现的,必须通过人为干预加速减排。所以,相较于发达国家的自发性碳达峰碳中和进程,我国起步较晚、挑战更大,面临着总量大和时间短的双重压力。

我国碳达峰碳中和目标的挑战来源是多重的。经济发展方面,排放控制与减排政策将不可避免带来国内生产总值(以下简称 GDP)增速下降,产业规模扩张、商业模式调整等均将面临"戴着脚镣跳舞"的多种约束。产业结构方面,我国尚未达到欧美发达国家实现达峰时的产业构成,我国 2021 年服务业增加值为 GDP 的 53.9%,而欧盟平均实现碳达峰时服务业比重为 63.7%,美国更高达 73.9%;相应地,我国当前煤炭消费占比为 58%,美国和欧盟达峰时仅为 12% 和 11%。因此我国当前产业结构难以支撑碳达峰所需的减排需求。技术创新方面,我国清洁能源的核心技术创新能力尚显薄弱。例如,风力发电领域的叶片等关键设施依然达不到世界先进水平,交通运输领域的城市公共交通融合、车辆智能智慧管理体系、慢行网络系统等与零碳减碳要求差距较大。此外,未来 5—15 年间我国仍有大批能源、水利、交通、生态修复等重大工程有待完成或上马,巨量的能源需求将伴随碳达峰的全过程。总体看来,作为正处于中高速发展阶段的非后工业化国家,我国碳排放减量空间较为有限,能源消费模式调整步履维艰,产业结构绿色转型深度不足,因而实现碳达峰目标的时间紧迫,碳中和目标的落实难度大。

随着中国特色社会主义进入新发展阶段,完整准确贯彻新发展理念和全面推动新发展格局要求完全摒弃粗放式发展模式,向高质量发展转型。在严峻的碳达峰碳中和形势下,对循序渐进、高效务实推动减排的挑战也越加升级。党中央明确双碳战略以来,部分行为主体对其理解出现偏差,实践工作出现偏颇,对能源供给和经济运行的平稳性带来了干扰。从时间线来看,碳达峰是 10 年进程,碳中和更要求 40 年努力。当前,我国能源需求总量依然处于上行的周期,传统能源产能及其对经济社会贡献依然稳健,煤炭、电力等高排放行业由于经济体制的历史原因仍然具有一定垄断地位,市场化改革已然步入"深水区",相对地,新能源技术及企业还未取得相对竞争优势。在这样的现实条件下,陡然大规模削减传统能源,对传统能源企业进行"一刀切",不仅会成为经济社会动荡的来源,也将受到现有分配格局下的利益掣肘。正是深入洞察到此类行为的滋长趋势,党的十九届六中全会以后,党中央高度关注纠正地方落实双碳工作任务偏差的问题,连续通过中央经济工作会议和中央政治局集体学习,为我国碳达峰碳中和目标的落实与推进工作指明方向。

第三节　我国推进碳达峰碳中和的解决方案

一、树立理念

碳达峰碳中和"30·60"目标的设定,不仅与高质量发展路径的内涵及战略方向具有一致性,也与中国特色社会主义现代化建设"两步走"路线保持时间上的同步性。因此,要将 2030 年碳达峰目标嵌入进社会主义现代化建设第一阶段的战略部署,尤其是为"广泛形成绿色生产生活方式,碳达峰后稳中有降,生态环境根本好转,美丽中国目标基本实现"[①]的 2035 年远景目标夯实能源及生态基础。将 2060 年碳中和目标嵌入社会主义现代化建设第二阶段的顶层设计,通过近零排放基本实现和零碳经济建设,为实现生态文明全面提升的目标提供保障。

作为一项牵涉领域众多、覆盖面极广的深刻而复杂的系统性变革,双碳目标要求以新发展理念为引领,对我国当前的生产、消费、产业、空间的组织

---

① 《中华人民共和国国民经济和社会发展第十四个五年规划和 2035 年远景目标纲要》。

及发展模式进行系统重构。在能源领域,深化能耗集约理念。控制化石能源消费总量及强度,探索煤炭清洁利用和高效发电;提升可再生能源的比重和速度,改善新能源消纳与存储能力,改进新型电力系统错峰调度的灵活性;加快页岩油、可燃冰、煤层气等非常规化石资源的产业应用步伐,加速突破热核聚变的技术瓶颈,推动核电向小型化模块化方向发展。在生产领域,推广循环经济理念。大力推进清洁生产、绿色设计、循环生产,完善循环型产业体系;发展基于互联网平台的现代二手商品市场;鼓励绿色再制造产业示范园区发展,提高再制造产业能级。在科技领域,强化绿色创新理念。对标国际前沿的战略性、前瞻性、基础性创新,争取实现低碳技术研发与产业化上的颠覆式突破,推动我国在碳捕集、利用与封存(Carbon Capture Utilization and Storage,以下简称 CCUS)等零碳减碳技术上再上台阶,在气候变化的检测、预警、评估等机制上形成引领标准。在生活领域,倡导绿色消费理念。在全民范围内开展科学低碳教育,推广绿色文明的生活方式,倡导适度消费,为低碳节能产品服务创造市场需求;在机关、学校、医院、公园等公共机构或场所率先实现低碳、节能、循环活动及机制的常态化;完善垃圾分类和废旧品回收体系,推动生活垃圾的循环处理和无害减量成本及量级的改善。在空间领域,优化国土开发理念。以资源环境承载能力为出发点明确不同区域的主体功能,促进地区间比较优势互补、要素合理集聚流动;针对不同区域开展低碳转型的分类指导,对城市化工业化重点地区严格控制碳排放总量和强度,对主要农业地区加强土地开发、土壤治理、碳汇补偿等,对老工业基地和资源型城市强化增量开发管制,对生态功能区坚守生态红线和产业发展目录管理。

二、构建机制

(一) 统筹协调的系统改革推进机制

习近平总书记强调"要把碳达峰、碳中和纳入生态文明建设整体布局"①,

---

① 中共中央总书记习近平于 2021 年 3 月 15 日下午主持召开中央财经委员会第九次会议,研究促进平台经济健康发展问题和实现碳达峰、碳中和的基本思路和主要举措。

是秉承系统观念的科学工作思路。对于减排脱碳这项具体工作,哲理上,要在把握人与自然之间的共生联系、碳减排与增碳汇之间的辩证统一关系、碳循环和生物循环的自身客观规律的基础上统筹认识;学理上,要依据地球科学、生态科学、能源科学的基本科学理论统筹减排方案;原理上,要在能源结构、资源结构、产业结构、国土空间结构、经济结构的调整及优化过程中统筹部署具体任务。从技术角度来看,碳减排将涉及气候多样性、地质多样性、生物多样性的综合保护;从逻辑角度来看,碳减排可能关联到生态安全、资源安全、经济安全、民生安全。只有从哲理、学理、原理的不同方面统一认识,从逻辑、技术等多重角度贯彻实施,才能在生态优先、绿色发展的道路上披荆斩棘取得突破。

抓准基本矛盾是系统观下做好各项工作的重要突破口。碳达峰、碳中和的主要矛盾是如何处理发展与减排之间的关系,如何协调开发与保护之间的关系。而这一矛盾的破解,应渗透于环境保护、资源管理、民生谋划等工作的全流程与各环节。正如习近平总书记所强调的:"要坚持统筹谋划,在降碳的同时确保能源安全、产业链供应链安全、粮食安全,确保群众正常生活。"①碳排放原本能够在大气系统中通过循环吸收而得以消解,之所以成为影响气候变化全球性干扰点,其根源在于碳源和碳汇之间的平衡被人类活动打破,是人类活动对能源的粗放利用以及对资源的过度开发导致生态系统固碳增汇的能力下降,无法应对碳源居高不下的局面。要从根本上解决这一矛盾,需要从生产模式、生活方式、产业结构、空间格局等诸多方面加快形成便于资源和能源集约化高效供给的体制和环境,为人类行为、经济活动等划定自然资源与生态环境能够承受的有形无形边界,为生态系统留存自我循环、自我修养、自我修复的时间空间,分阶段、有秩序、适度地进行资源能源的开发利用。辩证看待及协调发展和减排的关系,要在发展中通过技术创新降低能耗,而不是以牺牲发展来减少排放。在具体落实中,地方政府尤其要对能源保供和能源转换的关系进行权衡,在平缓退出传统能源

---

① 2022年1月24日中共中央政治局就努力实现碳达峰碳中和目标进行第三十六次集体学习,中共中央总书记习近平发表重要讲话。

部门的同时,大力发展储能、抽水蓄能、特高压等调峰设施。

在碳达峰碳中和进程中正确处理发展和减排、开发与保护之间的基本矛盾,需要兼顾两对主要关系。一是碳源和碳汇之间的关系。碳源是碳排放的源头,来自资源的开采开发利用;碳汇是碳排放的吸收,主要通过林木、植被、水域等资源的吸收储存,因此碳源和碳汇是自然资源所产生的两位一体的硬币正反面。而碳达峰、碳中和目标,归根结底是计算出碳源与碳汇之间数量关系的最优比例。现阶段,我国碳源已超过100亿吨,碳汇却仅为约10亿吨,其中相差10倍的缺口需要通过减少碳源和增加碳税来实现平衡。其中,碳源的核心目的是降低碳排放总量和碳排放强度(即新"双控"),主要涉及能源结构和产业结构的调整;碳汇的核心目的是增强碳元素在生态系统及产业生命周期中的循环,需要技术创新来发挥基础性支撑作用。二是发展和减排之间的关系。2021年全年随着多省收紧能耗控制,钢铁、纺织等能源依赖性较高的产业多次遭遇限产停产。可以预见的是,在双碳工作推进的过程中,能耗密集型产业将在供给端面临不可避免的压制,进而对短期内的增长目标提出一定的挑战。然而从长期看来,产业结构和经济发展终将形成新的平衡关系,在日趋成熟的清洁能源结束加持下,达到"零碳经济"的稳态发展路径。

(二)先破后立的能源结构转型机制

稳妥推动能源结构转型,需要统筹把握、正确处理"破"与"立"之间的关系。2021年7月中央政治局会议提出"先立后破",坚决遏制"两高"项目盲目发展和运动式"减碳"。所谓"先立",是指三管齐下为能源结构全方位转型奠定基础:"立系统"以建设新型发电机组与供电网络;"立市场"以完善碳排放定价及成本分摊机制;"立技术"以扩大低碳技术应用场景。在"立新"的软硬条件、机制体制逐步成熟的同时,积极实施"破旧",有序降低火电和煤炭在能源总量中的比重。

十九届六中全会以来党和国家领导碳达峰碳中和工作的重要思路转变体现在对保障能源与原材料供应安全的强调。发达国家经验表明,现代化进程离不开充足的能源支撑;而我国经济发展与人民生活需要能源底座保障,这也是我国作为发展中国家的基本国情。一方面,建设强大的社会主义产业尤其是制造业体系必须保持电力等能源的稳定供给,而火电仍是我国最重要的电力来源。尽管"十四五"规划提出要逐步提高非化石能源比重到20%左右的目标,然而截至2021年火电占总发电量的比率依然高至73%,而风电和光伏装机占总发电量的比率尽管已经上升到25%,但在总发电量中的贡献率仍然徘徊于13%。另一方面,我国加速扩张的城镇化进程将在很长一段时期内推动能源消费需求维持刚性增长。2021年我国仍是世界上最大粗钢和水泥生产国,两大原材料产品产量均超过全球50%,大量基础设施建设和房屋建筑开发对电力、钢铁、水泥等基础性行业保障能力提出了极高的要求。在上述现实条件限制下,一旦在短期内强制推动上述产业与煤炭消费脱钩,便会严重威胁能源安全保障。此外,石油、黑色金属(铁矿石等)、有色金融(铜)等初级产品的越发紧缺正成为我国迈向现代化经济体系的关键瓶颈,在国外初级产品供应链时常不稳定的外部环境下,想要降低进口依存、提高资源产出效率,离不开电力及燃料系统的全力支持,这既是影响到经济产业体系稳定性的因素,更是关系到国家整体安全性的大事。

承认我国能源结构煤炭偏向性高、能源保障压力大的现实,便要正确认识煤炭仍是我国能源乃至整个国民经济安全的稳定器和压舱石的地位。2021年以来,在国际关系摩擦及新冠肺炎疫情对供应链的冲击下,我国遭遇前所未有的煤炭供给短缺,煤炭价格及火力发电成本屡次飙升。2021年10月20日以秦皇岛动力煤价格指数衡量的原煤市场价格上扬至2 592.5元/吨的高点,同比上涨318.5%,不少煤电企业难以承受燃料成本上涨而削减发电量,导致全国多地供电压力陡增,甚至有省市拉闸限电或以行政命令形式控制电力用量。与此对应的是电力需求端增长不断提速。2021年1—10月,全国全社会用电量68 254亿千瓦时,同比增长12.2%,其中全国工业用电量同比增长11.3%,增速同比提高10.1个百分点;全国制造业用电量同比增长12.0%,增速同比提高10.3个百分点。而火电不仅是我国现阶段基本能源供给的压舱石,更能够通过机组改造发挥电网的基础调峰功能。在能源结构转型时期,一方面是光电等新能源发电自足装机规模大范围提高,另一方面则是新型供电系统消纳及调节功能的尚未充分调试成熟,而对我国现有的大规模火电机组进行改造,是在供给端从"以热定电"模式向"热电协同"模式转型的可行过渡性手段,不仅性价比较高,而且改造周期较短,能够缓解电网安全稳定运行与电力系统可再生能源消纳仍需提升的矛盾。

人类历史上历次重大产业革命均是由能源革命触发的,所以绿色低碳转型必然会对我国经济社会造成深远影响,对世界经济产生重大外溢效应。为了更加稳妥地把控能源结构和产业结构调整过程中的潜在风险,必须正确认识以煤炭为主的化石能源对我国能源安全和国民经济的基础性支撑地位,一方面继续发挥煤炭对城镇化和工业化进程的保障作用,深入挖掘传统化石能源对新型能源"扶上马、送一程"的助力效应,稳妥推进新能源对煤炭等的替代;另一方面针对能源和基建等产业中普遍存在的产能过剩等问题,引导此类产业向价值链高端攀升。

(三) 包容精准的新型"双控"机制

传统"双控"指的是对能源消耗总量和能源使用强度的控制,这一理念于 2015 年十八届五中全会首次提出,对应的是中国经济进入新常态判断下供给侧结构性改革的"三去一降一补"内容;而 2022 年中央经济工作会议提出的新型"双控"意为对碳排放总量和碳排放强度的控制。"双控"内涵的变化体现了经济社会发展目标的重大转变。由于可再生能源、资源和原料的使用不影响碳排放,因此"新增可再生能源和原料用能不纳入能源消费总量控制",与其相关联的基础设施及产业项目等均被列入未来的能源消费总量控制目录之外,为提升国内循环与扩大国内国际循环的供给保障作铺垫。

碳排放"双控"的新提法与先前的能源"双控"相比存在部分共性和重要区别。二者共性体现在,碳排放总量(强度)的变动与能源消耗总量(强度)的变动高度重合,这是由于化石能源在能源体系中占绝对主导地位的事实,因而降低煤炭、石油和天然气等能耗是碳排放降低的主要驱动力;反过来,碳排放的降低也必定意味着能耗的减少。二者区别则体现在,能耗"双控"是基于经济和产业发展所设定的目标,碳排放"双控"是基于碳达峰碳中和的减排战略所精准设置的目标,意在为经济及产业发展划定碳排放的底线,在底线范围内最大限度地促进产业的包容性发展。

从发展思路来看,由能耗"双控"向碳排放"双控"转变有着必然性。"一刀切"地限制能耗总量及强度也将制约新能源、可再生能源的发展,而碳排放"双控"则将控制对象锁定在化石能源消费,可有效避免能源总量控制的制度性缺陷,激励市场主体自主寻求传统能源成本优势和新能源红利之间的动态平衡,在完善我国以煤炭为主的能源供给体系的同时鼓励可再生能源的发展。同时,过度为能源消费套上行政性指令枷锁可能会对经济发展和民生改善带来负向外部性,相较而言,以碳排放调控为杠杆来撬动能源、产业乃至居民消费结构的绿色化转型,不仅更加具有针对性和精准性,也在全球范围内的法理共通性上有所改进。

从实施路径来看,实施碳排放"双控"的具体做法可采取碳市场基准配额制度,为能源技术水平较高、排放强度较低的企业营造拓展市场份额的制度环境,引导高排放、低技术、粗放型企业在一定的时限内有序退出市场。在制度设计上要体现动态引导性,以"全国一盘棋"的思路,对照碳达峰碳中和阶段性目标和时间表,逐年提高碳交易市场基准配额标准,逐步收紧高排放企业配额约束,实施全国总配额与双碳目标的直接挂钩。

(四) 政府市场结合的激励约束机制

当前,以《中共中央国务院关于完整准确全面贯彻新发展理念做好碳达峰碳中和工作的意见》(以下简称《意见》)和《国务院关于印发 2030 年前碳达峰行动方案的通知》(以下简称《方案》)为主体的碳达峰碳中和顶层设计已然确定。《意见》作为管总体管长远的总体部署,将在碳达峰和碳中和推进中的两个阶段发挥系统谋划的作用;《方案》主要涵盖 2030 年前碳达峰阶段,是将碳达峰目标的细分化和具体化,是关于如何落实相关指标和任务的具体步骤及计划。在双碳目标这一循序渐进的推进过程中,如何构建起有效的规则体系和激励机制,无论是对稳定市场主体预期,还是对挖掘内在创新及改革动力,均是至关重要的。甚至可以认为,碳达峰碳中和的实现过程正是我国经济社会发展模式系统性转型的载体和具现,是根植于能源消费、产业发展、居民消费、城市化进程等各领域的进步和变革。因此,推进碳达峰碳中和单纯依靠行政性、指令性的政府指导是远远不够的,更需要与时俱进地不断完善市场体系和市场机制与绿色转型的适配性,在宏观经济政策、产业政策、金融政策上形成合力,才能取得聚沙成塔、积微成著的良好效果。

尽快完善减污降碳的市场化激励约束机制,培育碳交易等新型碳市场,将有助于提升居民和企业的自主减排意愿,防止各级政府简单层层分解考核任务,为构建节能减排效果更强、资源配置效率更高、收入及福利分配更加公平的内生性高质量发展路径提供良好的市场体制环境。广义的碳市场建设是一项重大制度创新,在经历了首个履约周期后已经在推动碳减排、挖掘新型要素活力等方面取得了一定成就,但依然属于新鲜事物,市场成熟度和规则完善性的提升仍存在较大空间。同时,为了配合和巩固全国性碳交易市场的低碳技术创新激励效果,未来期待进一步构建完善内容丰富、目标多元、覆盖广泛的节能减排"一揽子"复合型政策工具包,包括碳税制度及央地分配体制、碳关税调节及救助机制、全国性碳排放交易市场、绿色补贴、碳汇补贴、碳标签制度、绿色产业基金、绿色金融体系等。只有通过多元化组合政策的实施,才能够贯彻财政政策中性原则,为各领域、各产业、各细分市场、各类型企业创造足够的发展机遇,使得潜力性、突破性技术在缓解气候变化中发挥应有的作用,尤其是使一些尚处于萌芽期的具有卓越碳减排能力的企业和技术获得市场关注和支持。这也是在减排领域认真落实系统集成性改革的要求。

"系统集成、协同高效"是习近平总书记对于中央及地方深化改革频频强调的要求,能源及减排领域的改革也不例外。节能减排政策的实施必须重视与财政、金融、产业等其他宏观政策的协调性、互补性、一致性,实施碳税收、碳交易等政策工具的同时需要辅之以配套的"一揽子"改革方案,包括:碳税收入的转移,尤其是补贴绿色技术及产业项目、补贴低收入群体和脆弱群体等;与绿色财税、金融、产业等政策之间的协调配合;与其他技术性减排措施的联动等。从现实可行性角度来看,出台以碳交易、碳税为主,其他各领域相关措施为辅的"一揽子"复合型减排机制,一方面是出于弱化减排的经济、社会及市场成本的目的,另一方面也是迫于碳排放计量、碳税相关法律法规、减排效果评估等体制机制建立的难度及不可逆性。纵观国外经验,即使在市场经济与政治制度高度成熟的发达国家,碳税历经长达几十年的实践,迄今为止也很难说已经完善或健全,反而屡经坎坷,甚至倒退反复;所以更多国家开始摒弃"一刀切"做法,不急于"一步到位",而是采取包容式、过渡性、温和性的策略,分阶段、分步骤地推动碳税、碳交易市场相关制度改革,使用一些"安全阀""缓冲剂",使之更好地与市场和社会相融合,降低不确定性带来的改革风险。

三、采取行动

(一) 加强统筹协调

习近平总书记曾指出:"实现碳达峰碳中和是一场广泛而深刻的经济社会系统性变革,要把碳达峰、碳中和纳入生态文明建设整体布局。"[①]因此,尽早树立打持久战的战略思路,才能将减排思维和部署落实于经济和社会建设及改革的方方面面。2021年10月以来国家相继印发《中共中央国务院关于完整准确全面贯彻新发展理念做好碳达峰碳中和工作的意见》《国务院关于印发2030年前碳达峰行动方案的通知》,为稳步推动双碳目标实现制定了顶层设计和施工路线,通过"一大目标＋十项行动"的部署,明确了我国减排工作的长期性,并建议各省市、地方在落实《意见》《方案》过程中要"科学合理",注重"因地制宜",强调"上下联动"。

不可否认的是,支撑能源用量达峰及碳排放量下降的根本动力是实现经济及产业现代化与能源消费的脱钩。然而,面临我国经济建设对煤炭等化石能源依赖度居高不下的现实,在短期内通过"一刀切""冲锋式"的行政命令方式强行对发电、发热等能源生产行业,以及重型工业、高端装备制造业等能耗密集型产业进行"脱碳"处理,会扰乱生产生活的正常秩序,造成宏观经济运行的波动与风险。当下,一些地方和行业为片面追求双碳指标开

---

① 中共中央总书记习近平于2021年3月15日下午主持召开中央财经委员会第九次会议,研究促进平台经济健康发展问题和实现碳达峰、碳中和的基本思路和主要举措,并在会上发表重要讲话。

展了"运动式减碳"的大跃进式行动,甚至制定某些极端政策强制煤炭企业的限产、关停,以及不顾产业和居民实际需要国度压缩煤炭消费。以上措施在我国低碳、零碳、负碳技术尚未成熟并广泛推广的条件下,无疑将加速凸显"片面性去碳"所带来的能源保障不足问题。

碳达峰碳中和是我国经济进入高质量发展新阶段以来,经济运行模式、政策管理模式、技术创新模式协同化转型的具体体现和重要载体。所以牢固树立打持久战的思路,渐进式地贯彻落实党和国家的工作思路,是地方政府推动低碳转型必须恪守的原则,其中,尤其要防止"运动式"减排,避免将长期目标短期化、片面化、指令化,同时要坚决杜绝"碳冲锋""两高"项目盲目上马及发展等短视化行为。在碳达峰碳中和的约束下,煤炭、火电、钢铁等高耗能产业较为容易成为政府管控或出台行政指令的重点焦点,例如前段时间某些地方无序强制拉闸限电、"一刀切"对部分产业限产停产的做法,未顾及强行"去碳"对产业链及供应链上下游的冲击,在缺乏进一步的科学设计和论证的前提下,将中央的双碳战略曲解为过度行动,采取一些不切合本地经济社会发展实际的行动。如果说"运动式"减排是"过"的极端,与之相对便是"碳冲锋"这一"不及"的极端。有些地方出于短期利益和局部利益,以扩大新冠肺炎疫情后内需及内循环为名,大建特建"两高"项目,意图在"碳达峰"前先搞"碳冲锋",既能拉动一波地方财政及 GDP,又能争取未来更大的峰值。从本质上看,无论是"运动式"减排还是"碳冲锋",均代表了新旧发展模式的博弈,新旧发展理念的碰撞。习近平总书记在中央财经委员会第九次会议强调:"实现碳达峰、碳中和是一场硬仗,也是对我们党治国理政能力的一场大考。"因此,更要对标精准扶贫的魄力、决心和劲头,从服务国家整体利益和全国发展大局的立足点出发,基于更加科学合理的论证与设计,制定打好持久战的中长期战略。地方政府在"谋发展"和"减排放"将面对更多的利益权衡及取舍,在精准施政、精细化治理等方面将面临更高的要求和挑战,因而各级政府需要心怀"国之大者",提高认识、学习本领、摸清家底,围绕"十四五"规划以及《意见》《方案》,安排落实与本地区、本行业、本系统相关的碳减排及绿色转型工作。需要强调的是,所谓全国一盘棋和系统化工作推进,并不简单等于全国、全行业"一刀切"。我国各地区之间、城乡之间在能源消费、资源禀赋、产业结构上存在显著差异,各产业及行业之间的减排空间或潜力也不尽相同,同时考虑能源原料、大宗商品的跨区域供保问题,因此必须立足自身实际,制定出个性化的工作节奏和力度,不搞盲目攀比和盲目对表,才能实现整体上的经济持续增长和有序发展转型。

加强统筹协调,需要各地区、各行业科学估计并谋划碳达峰碳中和的优先次序,保证以最优路径、最低成本推动全国整体目标的达成。按照中央部署,双碳工作"既要增强全国一盘棋意识,加强政策措施的衔接协调,确保形成合力;又要充分考虑区域资源分布和产业分工的客观现实,研究确定各地产业结构调整方向和双碳行动方案,不搞齐步走、'一刀切'"。在区域层面,以各地区的经济社会发展差异与主体功能定位为出发点,遵循"共性中体现特性"的原则,制定同向、不同步的减排路线图:对于经济发达地区与主体生态功能区,应支持其率先达峰中和,同时给予政策优惠或扶持以鼓励该类地区大力发展新能源和低碳产业,为全国双碳目标实现作出示范并争取时间;对于经济落后地区和工业化基础薄弱地区,可适当放款达峰时间和峰值排放总额限制,为该类地区对落后产业进行清理、对传统产业进行改造提供空间,减缓工业化和城镇化的减碳压力;推动先达峰地区和后达峰地区之间在能源利用、技术开发、产业升级等方面的合作与互助,推动产业有序梯度转移和资源物质合理配置,为区域间低碳发展和经济增长的协同双赢打开局面。在行业层面,将碳排放控制和碳达峰先后次序纳入产业结构调整目录,尝试制定高排放、重点行业名录及其碳达峰时间表,推广低碳交通和节能零碳建筑,促进建筑、交通等民生部门重点排放行业尽早稳步达峰。

(二) 推动能源革命

从去年中央经济工作会议提出"推动煤炭消费尽早达峰"到今年"先立后破、统筹有序"工作思路的转变体现了党和国家更加深刻认识到煤炭火电对我国能源独立乃至国内大循环运转的重要性。当前煤炭在全国能源总消费中占比 56.8%,化石能源占比更是高达 80%,火电在电力生产总量中占比也达到 60%,而 2021 年以来国内多地煤荒和电荒、电煤价格罕见飙升等现象越加凸显出新能源在消纳、错峰、调度、调节等方面的不足,新型发电与供电系统的建立和完善只能是一个系统性的长期过程。在新能源应用尚无法实现完全安全可靠的现实条件下,片面强调"脱煤"和发展新能源只能顾此失彼,削弱能源供给的稳定性,不利于维持实体经济尤其是制造业的竞争力,不少地方在政策执行中对"脱碳=去煤化"的片面曲解更是可能导致无法估量的社会经济成本。因此,今年中央经济工作会议将煤炭工作思路调整为"要立足以煤为主的基本国情,抓好煤炭清洁高效利用,增加新能源消纳能力,推动煤炭和新能源优化组合",一方面更加重视传统能源和新能源的统筹发展,确保"手中有粮,心中不慌",狠抓煤炭、石油、天然气等化石能源的清洁高效利用,在火电领域的碳循环、CCUS技术上不断攻坚,探索培育数字煤矿、智能火电厂等煤电行业新的增长极;另一方面不断寻求低碳能源技术重大突破,推动新能源对传统能源的稳步替代,实现传统能源优化和新能源发展的一脉相承。

"先立后破"推动能源革命的核心是在稳存量和优增量之间找准最优的动态平衡点,化解能源领域保供给和调技术之间的矛盾。保供给的主战场是电力供给,现阶段光伏、风力、水力、地热等发电系统均存在地域限制性较强、连续性较差等缺陷,短期内容易出现局部过剩或局部短缺等现象,并进一步导致电价波动,干扰生产生活的正常秩序。因此,在新能源形成规模效应和替代效应、实现稳定的低成本供给之前,传统能源存量的优化利用反而是我国能源转型的重点。需要通过煤炭清洁利用技术和绿色低碳技术的攻坚突破,优化煤炭和新能源的组合结构,以火电机组的大规模改造防止资源闲置和浪费,以"热电协同"技术应用提升新能源发电的消纳能力,在维护存量稳定的基础上寻求增量优化的突破口。

以清洁化、高效化、低碳化利用为目标,当前煤炭行业正面临三大转型方向:一是数字化与智能化转型路径;二是颠覆性与耦合性发展路径;三是开放式发展路径——这三大路径也对应着煤电行业高质量发展的三大机遇。立足于碳达峰、碳中和推进路线中不同阶段高质量发展的要求,各转型路径均包含侧重点不同的重点任务。具体说来,数字化智能化转型路径要求开创智能、数字、安全、高效的煤矿和煤电发展新模式，积极推动大数据、人工智能、边缘计算、区块链、元宇宙等数字手段在生产管理和安全维护系统中的应用，充分利用一体化解决方案、云端维护服务系统、分布式能源调度网络，实现煤炭采掘、电力生产在供给和需求端的精准对接及管理，建立智慧采掘和智能配电的技术标准、安全规程、运营规范，加强数字化快速调节能力建设，降低人工指令及人力使用强度，以柔性产能建设提升行业的灵活度和应变力。颠覆性与耦合性路径要求狠抓关键性技术的攻关突破，建立基于煤电全生命周期的碳脱钩、碳减排技术体系，将地下空间碳封存、碳矿化发电、碳制化工产品等碳吸收、碳固存、碳利用等新型技术与资源采掘、电力生产、厂区(矿区)生态环境保护等深入融合起来；推动煤炭、石油、天然气等与光伏、水能、太阳能、生物质能等可再生能源的耦合发电、耦合转化、耦合燃烧。开放式路径则要求提升煤炭产业国际投资、贸易、产能合作的深度和广度，遵循绿色、安全、共赢、可持续的原则构建与"一带一路"煤炭资源丰富国家的合作伙伴关系，引领制定全球煤炭行业清洁转型的标准，因地制宜地与不同区域、不同国家开展高效率、绿色化地产业合作。

碳达峰碳中和作为"顺应技术进步趋势、推动经济结构转型升级的迫切需要"①，需要综合考虑人类社会发展规律、大国战略布局、能源及产业转型进程，以及技术的多元化发散式演进特征。考虑到技术的阶段性约束，可首先聚焦于高浓度碳的转换利用，达到增量减排的目标；再对大气中蕴含的碳进行捕集转换，达到零碳循环的目标；最后再努力实现捕获空气中的存量碳，将其转换成可以封存的产品，达到地表降温减排的目标。以包容的心态鼓励支持低碳零碳技术的萌芽、发展及产业化商业化，尤其是风能、太阳能、生物质能、地热能、海洋能、氢能等新能源领域以及储能、CCUS 等行业的颠覆性革新性技术，将中国目前再数字化、人工智能、第五代移动通信、电解槽装备制造等产业的技术优势发扬壮大，打造具有中国优势的碳中和技术解决方案。突破传统思维与认识对能源技术创新的具现，适应数字化时代的

① 2022 年 1 月 24 日中共中央政治局就努力实现碳达峰碳中和目标进行第三十六次集体学习，中共中央总书记习近平发表重要讲话。

减碳零碳需求与工业化时代相反的模式特征,大胆开展"逆向技术工程"的研发,力争在逆蒸汽机、逆燃烧、逆向汽车、从地下到地上等技术上取得突破,以数字技术践行"温度对口、梯级利用"的"总能系统"效率概念,探索构建能够在保障能源安全与经济生产力之间取得平衡的全新技术范式。

（三）推进产业优化升级

碳达峰碳中和的重要途径之一是调整产业结构。现阶段我国三次产业的构成不利于能耗及碳排放的控制:排放强度最低的农林渔畜部门占国民经济比重较低,且将持续下降;排放强度最高的建筑业、制造业等第二产业是产业结构优化的重点;服务业排放强度居中,进一步提升现代服务业的比重及发展质量是产业结构调整的主要方向。因此《意见》提出深度调整产业结构,以固碳增效为主要途径增强农业碳汇能力;对第二产业的重点排放行业(能源、钢铁、有色金属、石化化工、建材、交通、建筑等)制定分行业、差异化的碳达峰方案,实行产业目录指导、窗口指导、产能过剩预警等手段,推动该类行业碳排放和耗能管理的标准化;坚决遏制煤炭、煤电、煤化工、炼油、钢铁、平板玻璃、电解铝、水泥等高污染高排放部门盲目上项目或重复建设产能;大力发展低碳制造业,重点构建以新一代信息技术、生物技术、新能源、新材料、高端装备、新能源汽车、绿色环保以及航空航天、海洋装备等新兴制造业为主的绿色制造体系;利用互联网、大数据、人工智能、第五代移动通信(5G)等信息及下一代技术改造全产业链,推动制造业的数字化转型和生产模式、技术、流程的再造及革新。上述政策举措将引导市场主体对绿色节能行业的预期,逐步降低经济增长对传统能源及生产方式的路径依赖。

产业结构优化升级离不开绿色低碳重大技术突破。根据《意见》部署,未来重点发展的绿色新型产业包括新一代信息技术、生物技术、新能源、新材料、高端装备、新能源汽车、绿色环保以及航空航天、海洋装备等战略性新兴产业;提升太阳能、风能、氢能、生物质能等新能源的生产和应用能力;以新能源汽车的发展带动氢燃料、氢电池等新能源技术的研发及推广,推动交通、物流等行业的绿色转型,加快城市交通网络的电动化和智能化步伐;持续释放现代及下一代信息技术对低碳产业的叠加倍增效应,以数字化智能化技术提升能源环境技术水平,使煤炭及传统资源的大规模循环清洁高效利用成为可能;促进绿色制造业和先进服务业的集聚式发展,推动相关领域技术、科研、信息、人才、资金等资源的有效集聚;充分发挥市场需求的导向作用,激励企业、科研单位等持续探索绿色技术的突破、升级、应用和迭代,培育绿色产品及服务的新业态、新模式及新生产线,为产业的低碳转型注入源源不断的内生动力。

产业结构优化升级的主体虽然是企业,但离不开政策的积极引导,从生产端、消费端、投资端、进出口端推动自上而下的层级渗透,让节能、减碳、绿色的新理念融入并扎根于每个生产者和消费者的意识中。在生产端,一方面要加强绿色检测、监管、预警、检查和指导,从外部对高排放行业施加整改压力,在生产环节控制能源消耗和排放增加;另一方面需要环保、科技、规划、市场监管等部门形成合力,提升整个产业链各个环节的能源及技术效率,为 2025 年全面实现循环产业和经济体系提供机制保障。在消费端,通过强化面向社会大众的环保宣传,引导公众消费理念的低碳转型,从衣食住行、教育医疗等各方面扩大消费者的绿色需求,进而推动全社会生活方式的文明转变。在投资端,发挥政府公共投资及产业引导基金对尚不成熟的新技术新产业的支持作用以及对私人资本的引导作用,在新能源发展前期加大政府投资力度,为社会和民间资本进入绿色可持续发展产业起到示范作用。在进出口端,需要将低碳绿色理念引入外贸及投资活动,增强出口产品的低碳特质和附加值,提高进口产品的环保标准,提高外贸活动的环境经济双重效益,在积极参与引领国际低碳经济发展体系中不断增强国际话语权。

(四) 加快绿色低碳科技革命

在碳达峰碳中和目标下,我国能源禀赋需要得到新的认识和挖掘。随着能源技术的发展,"富煤、缺油、少气"早已不再能够准确刻画我国能源禀赋的结构性特征——在化石能源以外,以水能、生物质能、地热、余热废热等为代表的可再生、可循环能源存量相当丰富。在双碳推进进程中,可再生能源的地位也将经历"补充—替代—主体"的渐进式阶段。根据清华大学碳中和研究院的估计,补充阶段的完成需要经历至少 10 年,可再生能源比重将上升到 30% 左右;实现替代至少需要 20 年,可再生能源比重将接近 50%;完成主体阶段将需要 10 年,届时可再生能源比重将提高到 80%。在经历上述三个阶段后,全国煤炭需求量将降至 12 亿—15 亿吨,煤炭将不再是主要的动力热能来源,而是发挥协助电力调峰、保障油气供应、开发地热、残煤碳吸附＋碳储存、生产化工还原剂等辅助作用。为了保证三个阶段的有序衔接和平稳过渡,必须狠抓能源技术创新的绿色低碳攻关,推动传统能源行业应对转型挑战、助力新能源行业开拓市场,在保供应的同时深入推进现代能源革命。

我国所承诺的在 30—40 年过渡期内实现碳中和并走向零碳经济,相比于欧美发达国家的减排之路将更加艰辛,因为我国正处于经济增长的上升阶段,工业化和城镇化尚未完成之时,从碳排放总量和强度的高峰开始转型,因而必须寄希望于超前性技术,特别是颠覆性创新为双碳之路提供关键支撑。中国社会科学院研究报告(2021)预测,依托我国现有的减碳脱碳技术储备,即时足以支持 2030 年实现碳达峰,但距离 2060 年实现碳中和的目标要求存在相当差距,尤其是不少重要行业和关键部门的低碳技术依然处于试点开发阶段,由于成本居高不下,难以开展大规模、大范围的推广应用,对于"卡脖子"关键核心技术的掌控力不够,绿色技术创新体系的市场导向与多部门协作尚不完善。

碳达峰碳中和目标对颠覆性技术创新的突破提出了重大科技需求,体现了国家重大发展战略、经济社会发展愿景与国家科技创新战略的互动。双碳目标的实现不仅局限于能源气候领域,更是对生产、生活、政策、标准、投资领域的深刻变革,将在明确我国未来中长期经济社会环境发展远景下激发出对科技创新领域的新需求。技术创新可以分为渐进性技术和颠覆性技术,与渐进性碳减排技术相比,颠覆性碳减排技术对于挖掘减排潜力的意义更大,因为颠覆性技术能够重置技术轨道,改变技术的路径依赖,并对后续及相关创新产生发散性的激发效应,从而形成一系列、全链条的创新技术或产业闭环。

根据对碳排放的贡献强度,主要颠覆性碳技术大致可以分为低碳、零碳、负碳技术等三大类。在低碳技术中,煤炭、石油、天然气的深度脱碳技术目前总体处于良好的研发推广发展轨道。在零碳技术中,CCUS、光伏、氢能、核能、生物质能等零碳技术主要面临综合成本压缩及发展有限次序等问题;工业脱碳、建筑脱碳、交通脱碳等技术刚刚起步,其中以新能源汽车的储能节能技术为突破,钢铁冶炼、水泥制造、石化生产、建筑基建等零碳技术正在进行进一步研究部署;在新兴制造业领域,高端装备、新材料等需要与信息数字技术融合发展从而实现低碳零碳目标,尤其是通过大数据、云计算、人工智能、区块链、边缘计算、物联网等数字技术,优化资源能源在生产管理、过程监控、信息传递、供应链构造等进程中的分配,从而达到提升资源集约利用效率、减少含碳副产品产生等目的。负碳技术是近五年来全球范围内产生的技术前沿,是指利用各类技术手段将大气中的二氧化碳重新引入地质储层,融入陆地和海洋生态系统。在负碳技术中,强化采油技术(EOR)、生物质能碳捕获和封存(BECCSS)、重排放行业(水泥、钢铁、化石、发电、垃圾焚烧)点源 CCUS 技术(CCUS from Point Sources)、造林和再造林(ARR)、土壤碳固存和生物炭、增强风化和海洋碱化、含水层碳封存、直接空气二氧化碳捕获和储存(DACCS)、海洋施肥技术等已经在欧美、日本等发达国家实现了局部商业化,但在我国研发投入强度有待提高,是"三碳"技术技术需要重点谋划、增强重视的部分。

颠覆性技术的生命周期可以划分为技术萌芽期、预期膨胀期、稳步发展期、产业成熟期等不同阶段。就我国而言,低碳、零碳、负碳技术也分别处于不同的发展周期。光伏、风电技术正位于产业化和商业化应用的成熟期,技术上产生重大突破进步的空间已经有限;锂电池、高耗能产品再生、废物能源化利用、电网优化等技术处于稳步发展期,在基础研究和应用开放方面的投入力度均较大;氢能开发、可再生能源制氢等技术正在经历预期膨胀期,因其理论上的市场前景激发了投资者的期望热情和舆论的高度关注,但在突破关键性门槛技术上仍有待时日;各类 CCUS 技术依然处在技术萌芽阶段,成本控制是大部分 CCUS 项目发展缓慢、无法大规模部署的主要障碍,即使在 CCUS 技术最成熟的欧洲,初期计划开发成本也高达 500 亿欧元。

对于以上技术,要结合其所处的不同发展阶段及生命周期,有重点地协调政府作用和市场力量的发挥。对处于稳步发展期和产业成熟期的技术来说,更需要在优化产品质量和提升辅助服务等方面,发挥市场的决定性作用;对于处于技术萌芽期和预期膨胀期的技术来说,政府在社会资金良性引导、产业政策与行业标准制定、基础研发项目示范等方面的支持将变得至关重要。

（五）完善绿色低碳政策体系

低碳变革本质上是高质量发展目标下我国经济体制改革的缩影,因此在推进模式上同样需要充分发挥政府"看得见的手"的外生推动作用和市场"看不见的手"的内生驱动作用。通过政府调控来创造对低碳减碳产品和服务的需求,再通过市场竞争来产生创新技术解决方案,推拉结合形成双碳目标准时实现的"双手"合力。同时,重视政府体制创新和市场机制创新并举,及时对不适应新市场及商业模式、不利于新技术应用与推广的体制机制进行改革,建立一整套新的规范与机制。

第一,适时拓展全国碳排放交易市场的范围。现阶段,我国碳交易市场的参与者仅限于电力行业企业,但事实上,经过先前一轮的"三去一降一补"改革,留存下来及新建的燃煤、火电企业大多已经采用先进的节能降耗技术,电力行业大规模减排降成本的空间已经非常有限,且自 2021 年以来全国范围内火电企业遭遇了大面积亏损,仅由火电企业承担全社会减排配额将加剧其经营压力,更不利于发挥火电的基础保障作用。所以,有必要逐步扩大碳交易市场的行业覆盖范围,尤其是对化工石化、钢铁冶炼、有色金属、建材基建、交通航空等重点行业放开市场准入,吸收更多边际减排成本更低、减排规模效益递增的企业入场交易,甚至考虑将交易对象扩展到二氧化硫、甲烷等非碳类温室气体。深入研究行业之间的最优配额比例,确保各行业标准既能相互接轨的同时体现行业差异性。只有这样,才能有效提高碳交易市场的市场活跃度,提升流通配额及可容纳资金,做大做强交易规模,进一步释放全国碳市场的减排潜力。同时,尽快试点探索有偿配额分配制度,逐步通过拍卖等途径增加有偿分配比重,鼓励可再生能源行业企业尽早进入碳交易体系,允许企业通过购买碳汇、增加碳捕获与封存等途径对冲配额限制。此外,碳排放市场完善需要与电力市场改革协同发展,确保碳交易市场的价格信号经由市场交易传导至能源适用终端,培育终端企业用户对市场信号的敏感性和应对力。

第二,统筹推进全国一盘棋的碳定价机制。在当前能源转型发展的关键历史节点,我国以碳交易市场为依托的碳定价机制依然存在碳资产核算规则不明确、产权不清晰、交易主体不活跃、与整体气候政策目标不衔接等短板。在战略思路上,碳定价需要动态对表双碳乃至"零碳"目标的时间点和路线图,有步骤、分阶段地对碳配额、碳价格等碳约束条件进行调整收缩,通过作用于企业投资与居民消费行为及预期,引导形成不断优化的生产生活方式、创新模式和管理标准,疏通碳价格的全价值链传导通道。在实施工具上,世界银行 2021 年发布的《碳定价机制发展现状及未来趋势》建议采取以交易成本最小化为原则的混合式碳定价体系,综合碳配额、碳税、碳汇补贴、绿色溢价、电价市场化改革等"一揽子"工具包。在政策设计上,建立碳交易与碳税并行互补的碳定价基本框架,碳交易体系主要负责调控排放规模较大、集中度较高的重点企业,碳税体系主要覆盖散、小、乱等无法达到碳交易市场门槛的中小企业。

第三,加速碳金融市场从绿色金融向零碳金融转型步伐。自 2015 年国务院出台《生态文明体制改革总体方案》提出构建系统的绿色金融体系以来,我国基本已经构建起以绿色信贷、绿色债券、绿色股票、绿色保险、绿色投资产品、各类绿色发展基金,以及以上市公司环保信息强制性披露机制为主要元素的全面绿色金融体系,在服务实体经济高质量发展上取得了全球领先的经验。截至 2020 年底,我国绿色信贷总资产存量达到 11.95 万亿元,其中减排类贷款占比高达 67.3%,已经位居全球首位。金融市场上环保产业、企业环境、社会和治理绩效(ESG)等相关指数及产品不断涌现且增长迅速,中证财通中国可持续发展 100(ECPI ESG)指数、上证 180 碳效率指数、生态 100 主题指数等绿色指数已然成为绿色产业发展风向标。碳金融衍生产品的种类也不断丰富,碳债券、碳排放权质押融资、碳基金、碳配额回购融资、碳远期等产品品类随着我国碳交易市场地方试点的运行及全国市场的正式启动而面世。但从整体来看,绿色金融相较于"零碳经济"所需要的零碳金融依然存在差距,从绿色金融向零碳金融的转变将面临更广泛、更深刻、更艰巨的变革及挑战。当前我国绿色金融市场以绿色信贷和绿色债券为主导(占比超过 90%),绿色股权投资、绿色基金、非标准化投资等发展滞后,无法满足碳达峰尤其是碳中和转型所需的巨量投资需求(据生态环境部信息,截至 2021 年底,我国绿色信贷余额为 15.9 万亿元,绿色债券存量规模为 1.16 万亿元,而国际可再生能源署估计 2050 年之前我国可再生能源投资需求为 283 万亿元)。此外,从当前绿色信贷的使用来看,大多数资金被用于可再生能源、交通、基建等行业低碳项目,较少用于工业或农业脱碳项目;超过 80% 资金被流向成熟期和商业化时期的技术开发,而碳捕捉、碳封存、氢能等萌芽阶段技术由于不确定性较高、开发周期较长、初始设备投资需求较大等原因难以获得信贷支持。从信贷资金供给来看,国有大型商业银行、开发性银行、政策性银行、国际合作基金等是主力中坚,而股份制银行、区域性金融机构(尤其是保险、公私募基金)等在资源配置、风险分担、价格形成等方面尚未发挥有效的作用,不利于零碳金融政策向纵深传导。

(六)积极参与和引领全球气候治理

挖掘碳市场的开放程度与国际合作深度。当前碳排放及其带来的气候问题已经成为全球各国共同关注的重大问题,建立开放的碳市场以链接世界范围内的相关要素资源,化减排压力挑战为产业合作动力,不失为助力高质量发展、贯彻新发展理念的创新路径。能源转型与节能减排尽管直接增加了发展道路上的外部约束,但同时也将给更多的行业创造崭新的发展机遇,尤其是我国节能降耗技术、新能源、绿色产业当前在国际上处于领先地位,部分行业已经在全球市场形成了显著的市场份额优势和技术优势,无论是"南南合作","一带一路"框架下与发展中国家、新兴市场国家的梯度合作,还是平等、互利、共赢原则下与发达国家的竞争互补或资源整合,均存在广阔的发展空间。传统行业的绿色转型与新兴行业的培育发展,能够创造相较于传统发展路径更大的就业创业机会,在提升国家总体就业率和全要素生产率方面带来递增的规模效应,进而为塑造我国在国际市场的贸易竞争新优势传递动力。此外,作为有责任、有担当的大国,持续在国际碳市场合作领域发声,在关系人类命运共同体的公共领域率先探索并践行市场规则标准,将有利于提升我国国际地位及话语权。

在具体行动上,要在双多边框架下坚持参与国际气候合作,秉承"共同但有区别的责任"原则,在推动《联合国气候变化框架公约》《巴黎协定》《京都议定书》等国际气候公约协定落实中发挥积极示范作用,积极应对一切不合理、不公平的单边行为和绿色壁垒;启动或继续推进与欧盟、美国等重要经济体在气候变化、生物多样性、低碳发展、绿色复苏等领域的对话和协商;打造"一带一路"绿色发展重要平台,在"一带一路"倡议下树立气候变化"南南合作"样本,包括扎实推进海外低碳示范区建设,尽快启动"一带一路"生态环保大数据服务平台,实施"绿色丝路使者"计划;与其他发展中国家一道共同提高气候变化应对治理能力,通过技术转移、研发合作、数据共享、金融中介、人员培训等手段向其他发展中国家提供能力建设。

四、明确路径

(一) 渐进式强化动态目标约束,力争提前达峰与削峰发展

碳达峰目标是实现碳排放增速为 0,碳中和是达到碳排放净增量为 0,后者是前者的紧约束,因而碳达峰行动需要以碳中和为导向进行长远布局。基于经济循环的周期性特征,碳峰值可能并不是单一的,所以一旦进入平台期或反弹器,尤其需要警惕以经济停滞为代价的"一刀切"行为,或是以长期路径依赖为代价的"运动式"减排活动。

在动态约束收紧的过程中,可以发挥发挥主观能动性与政策助推力,主动创造条件"提前达峰"。"提前达峰"是指推动碳排放峰值点左移,从而降低峰位高度(即"削峰"),在较低的人均 GDP 水平上实现碳达峰。"提前达峰"不等于攀高峰"大跃进",能够压低峰值使得"削峰发展"成为可能,将为后续碳中和目标争取更多的时间空间,降低碳中和的减排要求。"提前达峰"同时意味着我国进入碳中和阶段的经济发展水平低于自然达峰的欧美发达国家,这也代表未来国家经济转型的路径依赖更少,社会经济环境成本

更低。

（二）明确责任主体，形成多层次、多主体的社会共建体系

双碳目标达成需要政府、市场、企业、公众明确共识，共同行动，形成多层次、多主体的绿色发展社会共治新模式。中央政府层面需要强介入，发挥统筹协调方向引导的功能，制定能够自上而下、层层分解、逐级落实的目标、政策和指标；地方政府层面需要调动积极性与主动性，明确自身权责利边界，主动有为地贯彻中央精神，制定因地制宜的双碳实施方案。中央对地方既要赋权，充分下方环境行政、监督及奖惩权力；又要严格坚持绩效考核，通过后置统一化、标准化、科学化的考核指标体系，倒逼地方主观能动性的发挥。

在分权式体制下，中央对地方政府的政策指导和较小考核首先必须明确"立什么""破什么"的关键性问题。需要正确把握处理发展和减排、开发与保护之间的基本矛盾关系，坚持"立"在先"破"在后，"立"得住"破"得好；遏制先"冲锋"后"达峰"，盲目"大上、快上、抢上、乱上""两高"项目；防止重"减法"轻"加法"的"碳跃进"，严压违背经济规律和资源配置规则的"虚喊口号"；减少"搭便车"的观望心理和侥幸行为滋生，避免地方官员因规避风险而被动无为。

（三）融合国家重大区域战略，依托城市群助力区域碳中和

碳达峰碳中和的落实需要综合考虑减碳对不同区域的冲击程度，科学评估不同区域的经济基础、能源构成与资源禀赋。由于减碳具有地区上的累退效应，经济发达地区碳排放及能耗强度通常低于不发达地区，所以更多的减排压力将落在本已承受脱贫减贫或发展压力的中低收入地区，例如内蒙古、山西等地的资源型城市，抑或东北老工业基地将承担比东部或沿海地区更大的减排任务。结合自身资源优势及发展特征，各地可在中央相关部门指导支持下，设计差异化的阶段性减排路线和目标。东部地区可考虑依托技术资本优势在低碳新能源基础设施建设方面发力，大规模布局推广新能源汽车充电站、加氢站等，实现以城市为中心的用能替代；中西部地区则可考虑依托资源、空间等优势，主动推动矿区的智能化转型及煤炭等石化燃

料的分质分级利用,严格恪守重点生态保护地区及生态主体功能区的开发限制,提升生态系统碳汇能力,全面加强国土绿化的质量,以碳中和长期目标为导向优化国土空间的前瞻性规划。

区域经济协调发展能够推动资源要素在区域板块之间充分流动、优化配置,进而有效控制区域范围内的碳排放总量。以区域为单位推进双碳工作,能够有效解决各省市及地方单个目标落实不到位、任务规划重叠、基础设施及资源浪费等问题,加速低碳转型的实现。其中,城市群作为区域协调发展、区域一体化的重要载体,能够通过区域互补、错位发展发挥结构性减排的规模优势,为产业结构的升级和新兴能源的发展提供更大的吸纳空间。结合京津冀协同发展、长三角一体化、粤港澳大湾区、中部城市群、成渝经济圈等重大区域发展战略,发挥超大城市、特大城市、中心城市的龙头优势和辐射作用,放大城市群的协同效应,统筹行业及区域发展,将区域协同作为全国双碳目标的切入点和突破口。未来需进一步厘清碳达峰碳中和与区域一体化的逻辑关联,健全互动传导机制,将低碳发展和绿色转型的理念及行动深度融入《京津冀协同发展规划纲要》《长三角一体化行动计划》《粤港澳大湾区发展规划纲要》等,构建引导性和约束性的政策保障机制。

第四节　对推进碳达峰碳中和的相关建议

通过系统梳理解读我国宣布 2030 年实现碳达峰、2060 年实现碳中和的宏伟目标以来党中央对于双碳工作的顶层规划和总体部署,可以发现,以习近平同志为核心的党中央已准确理解碳达峰碳中和的科学内涵与内在规律,立足大局将其纳入新阶段社会主义现代化建设整体进程加以谋划,以碳达峰碳中和作为抓手推动中华民族伟大复兴,引领构建人类命运共同体——于外彰显气候道义,激励发达国家,示范引领发展中国家;于内促市场拓展,稳步前行。如何按照中央统一部署的指导和统筹,做好碳达峰碳中和的系统协调推进机制,立好贯彻国家"1＋N"政策体系的"四梁八柱",本书提出以下三点建议。

第一，做好顶层设计，制定全面低碳转型的路线图。碳达峰碳中和仅仅是经济社会全面低碳转型的前两个阶段，中国特色社会主义生态文明建设必须标本兼治、长效发展。随着我国全面建成小康社会目标的实现，第二个百年奋斗目标新征程的正式开启，我国中长期发展的宏伟蓝图已经基本明确，如何将气候目标与经济社会发展的规划进程深度结合，决定了能否平稳实现双碳目标。目前，"十四五"规划已经将碳达峰作为本时期重点推进的工作，2030 年实现国家治理体系和治理能力现代化的"两个现代化"目标恰好与碳达峰节点重合，2035 年美丽中国建设目标将巩固碳达峰建设成果，随后经济转型驶入高质量发展轨道将成为 2049 年建国一百周年中华民族伟大复兴中国梦实现的最大献礼，中国"2050 低碳发展战略"将决定我国能否如期乃至提前实现碳中和目标。因此，应围绕我国经济社会进步的重要时间节点，统筹双碳路线不同推进阶段的国内发展规划和国际义务履行，做好顶层设计和政策评估调整。"十四五"是碳达峰碳中和的机遇期和窗口期，既要以系统思维做好顶层设计，又要以强有力的措施落实战略部署，在发展与减排、迭代与安全、长期与短期、整体与局部之间求得平衡；既要整体布局，将双碳工作嵌入经济、政治、社会、生态、文明建设的全过程，又要突破条块及区域壁垒，凝聚各地各方的共识和力量，将国家层面"自上而下"统筹协调与各行业各地区"自下而上"行动方案有机衔接。

第二，加强创新技术的研发和应用，深入挖掘温室气体的减排潜力。能源结构的转型以及温室气体的"双控"必须建立在成本有效、推广可行的技术基础之上，才能确保节能减排活动的可持续性，避免经济波动，持续提升人民群众生活水平。为此应密切跟踪积极吸收利用第四次工业革命的成果，加速前沿性、颠覆性、基础性技术的开发，把握新型城镇化快速推进的契机，寻求战略机遇。同时，建立健全有利于低碳创新技术产业化、商业化应用的体制机制，大力投资有助于减碳固碳的绿色低碳项目，突破高碳锁定，引领全球后疫情时代的绿色复苏及发展。

第三，重视对标能力建设，积极参与碳交易规则制定。我国是《京都议定书》谈判的主要参与者,迄今为止,在《京都议定书》的实施过程中,我国不断扩大气候治理及减排"朋友圈",并在国际资金、技术、政策交流与合作领域积累了丰富的实践经验。我国的碳排放交易权市场正式在《京都议定书》第一阶段结束后开始地方试点,更是于2021年正式启动全国性碳排放权交易市场,打造全球最大的自愿碳交易体系。下一步需要持续推进碳市场体系能力建设,对标国际碳市场的规则标准,不断提高交易透明度,完善交易统计核算体系,构建配额转让追踪系统,制定减排效果评估方法论。同时,结合国内碳市场建设经验推进《巴黎协定》第六条细则谈判,为确保规则公平性和正义性、抵制气候强权贡献中国力量。此外,在双边及多变国际合作机制下,我国碳交易市场的规模体量及长期探索,可以成为更加公正合理国际规则形成的来源及借鉴,因此需要加强国际间研究合作与经验分享的机制,为我国推动制定碳市场相关规则创造条件。

第二章
与研究相关的理论综述

　　本书将涉及多个领域的理论研究。本章首先将围绕碳税相关理论,对国际与国内碳税政策的征收依据、作用机理、环境效应、经济效应、收入分配效应的经济学研究进行回顾与评述。其次,梳理碳税与技术创新关系这一颇具争议的重要议题的理论与实证研究,即碳税政策是否能够刺激企业转向新技术的开发与应用,形成"创新补偿效应",构建企业的先发优势与核心竞争力,从而进一步推动清洁技术创新。第三,围绕动态随机一般均衡模型(以下简称DSGE模型)这一本书所采用的主要研究方法进行理论评述。DSGE模型是近十余年间兴起的主流宏观经济政策尤其是金融货币政策的分析评价工具。本章系统梳理了DSGE模型的理论缘起和前沿进展,简要评述了该模型在金融分析、政策评估、风险预测等领域的应用情况;并且结合本书"环境税收"的主题,总结了DSGE模型如何分析税收政策变动对经济系统的影响;同时,还从方法论的角度,对DSGE模型的基准建模方法进行了探索,对其在宏观经济政策领域应用所存在的技术性问题进行了反思。最后,本章总结自21世纪初期以来,DSGE模型在碳税评估领域的应用,及其技术方法发展为在更加符合现实经济条件下研究碳税政策与技术进步所提供的良好支持。

第一节　碳税征收的相关理论基础研究

一、庇古税理论

　　庇古首次提出单由市场无法自主调配资源以解决由于私人成本和社会

成本不对称而导致的外部性问题,对于外部性问题必须由政府加以管控,并且通过对企业排放的污染物征税或者进行补贴的形式使得企业能够将生产过程中产生的外部成本或收益考虑在企业自身的决策规划内,从而改善资源配置的状态。

图 2.1 是对负外部性征税的情况。当存在外部性问题并且不对企业收税时,企业的边际成本和边际收益在 E_0 点达到均衡状态,其均衡价格为 P_0,均衡产量为 Q_0。此时企业不考虑碳排放形成的外部成本,导致社会的边际成本大于社会的边际收益,形成一种无效率的状态,即存在供给过多的问题。根据庇古理论,应该对产生负外部性的企业征税,其单位排碳量的税额等于庇古税(图 2.1 所示),征税的过程可以将外部成本内在化使得私人企业的边际成本提高等于社会边际成本等于边际收益,最终形成一种有效率的状态(E_1 点)。这种通过征税的方式提高企业排放污染物的成本,进而调节企业的排污决策行为,能够有效弥补由于外部性导致的市场机制的失灵。

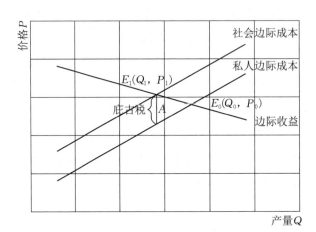

图 2.1　对负外部效应征收的庇古税

在均衡点从无效率的 E_0 移动到有效率的 E_1,即资源的配置效率发生变化的同时,消费者剩余和生产者剩余之间也发生了变化。也就是说,征税使得产品价格提高,进而导致一部分的消费者剩余转移至生产者剩余。由此可知无论是对生产者征税还是对消费者征税,税负均由生产者和消费者共同承担,其税负承担比例是由两者之间的价格弹性的大小决定的。当消费者价格弹性小,生产者价格弹性大时,最终的税负主要由消费者承担;当消费者价格弹性大,生产者价格弹性小的时候,最终的税负主要由生产者承担。

征税虽然能够纠正企业的决策行为,但是由于政府对于经济的干预,会造成经济的扭曲现象,产生图 2.1 中面积为 A 的无谓损失。这表明只有在市场对资源进行自主配置时才能达到帕累托最优状态,因此,政府在制定及执行政策时,也应确保市场在配置资源中起决定性作用,不能对其进行过度的干预。最后,税负在纳税人之间的转嫁问题也应被考虑进去。政府部门应综合考虑各方面的作用机制,制定合理有效的税收政策,引导企业的决策行为,以实现节能减排、改善环境的目标。

图 2.2 是对正外部性进行补贴的情况。一般来说,对于产生正外部性的企业进行补贴具有和对产生负外部性的企业进行征税相似的作用机制。产生正外部性是因为企业对于技术研发的投入所产生的溢出效应会使得整个社会的技术水平提升,当不对企业进行额外的补贴时,企业会在 E_0' 点达到均衡状态。此时外部效应的存在导致社会边际效应大于边际成本,即出现供给不足的问题。如果对企业产生的正外部性进行补贴,使得企业的边际收益提升等于社会边际收益等于边际成本,最终会形成有效率的均衡(E_1' 点),此时产品的供给增加。

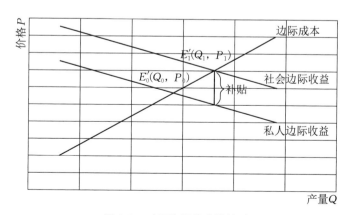

图 2.2　对正外部效应的补贴

与征税相似的是,补贴使得均衡点从无效率 E_0' 向有效率点 E_1' 转移时,也会产生消费者剩余与生产者剩余之间的转移,同时补贴由于对于经济活动的干预也会造成经济的扭曲现象,使整个社会福利产生无谓损失。从理论上说,补贴政策是直接给予企业无偿的资金补助,而税收政策是增加企业负担倒逼企业进行升级改进,且税式支出中的"先征后退""三免三减半"等优惠方式使税收填报变得复杂,而且可能存在信息丢失的情况,增加企业的负担。所以,相比于税收政策来说,补贴政策在引导激励企业方面具有比较优势;但是,补贴政策可能会导致企业过度依赖,不利于市场经济的发展,相关研究指出在补贴和税收的共同作用下,企业内化外部性才可能达到更好的预期效果。

二、双重红利理论

西方学者提出环境税的"双重红利理论",一方面,征收环境税可以通过提高企业的排污成本进而减少污染物的排放量,达到提升环境质量,保护生态环境的效果;另一方面,征收环境税可以增加税收收入,减少原来存在的税收扭曲,同时增加了财政收入有利于提高社会福利水平,提高就业率。但是"双重红利理论"是否适用于中国,还需要进一步的考证。

通过对税收和补贴政策的理论分析,本书初步总结以下三点:(1)对于碳排放产生的外部性以及对清洁技术、新能源技术的研发及使用产生的正外部性,政府应该采取税收、补贴等有效的措施对企业的决策行为加以规范;(2)因为征税或者补贴都是由生产者和消费者共同承担或受益的,因此政府应该双管齐下,不仅要促进企业采用清洁技术进行碳减排,还应加大宣传力度,提升消费者的环保意识,倡导全民低碳的生活;(3)因为政府对于经济活动的干预会产生扭曲现象,因此,政府不应过度干预,而应该侧重于对于制度的建设方面,并且始终确保市场在资源配置中起决定性作用,尽快完善碳交易市场,通过市场竞争自主配置碳排放量,从而实现节能减排、改善环境质量的目标。

庇古税理论和双重红利理论为碳税征收后续相关理论的研究提供了起

点和支撑。近年来国内外学者围绕碳税征收的相关理论展开了全面深入的研究,并形成丰富翔实的成果,为本书开展研究提供丰厚养料。为此,本节的以下部分将立体化梳理国内外碳税征收相关理论的新进展。

三、国内外研究进展

(一)国外主要研究进展

作为一种有效的环境监管手段,碳税旨在通过提高企业碳排放成本来减少社会的排放总量。海因策尔和温克勒(Heinzel and Winkle, r2007)认为碳税搭配节能技术 R&D 补贴的组合措施在经济、环境效果上好于单一政策。瓦格纳等(Wagner et al., 2015)强调能效标准在减少燃料消费以及开发利用节能技术中的突出作用。而吉林厄姆等(Gillingham et al., 2013)的研究则指出为原料(包括能源)利用效率设置标准的做法难以实现社会最优,所以政策的重心应是直接纠正资源利用的外部性(例如征收环境税)。对此,因沙科夫等(Inshakov et al., 2019)反驳道,尽管制定产业能耗标准从经济视角并非最优,但与环境税相比,不会导致过大的社会和政治压力。赞盖里(Zangheri, 2019)肯定了环境税对促进增长与资源脱钩的积极作用,但强调政策效果仍取决于资源与资本、劳动力等其他要素之间的替代潜力。另外,技术对资源或能源的替代能力及效果已经被为数众多的实证研究所验证。波普(David Popp, 2012)发现 21 世纪以来,能源相关的专利技术发明每年平均可在能源节约领域贡献价值约 1 450 万美元。道拉塔巴迪(Dowlatabadi, 2017)将美国各产业能源强度变动来源分解为产业结构调整、要素替代、能源价格诱发的技术转变三大方面,并测算出价格诱导性技术转变对能源节约的贡献率最高。库萨卡等(Kusaka et al., 2000)估计能源价格每提升 10%,企业会通过新技术应用节约 1‰ 的能源。在挪威、爱尔兰、丹麦和瑞士,碳税有效减少碳排放的效果已经得到验证(Lin, 2015; Li, 2016; Sinha, Ghosh and Sengupta, 2019; Callan and Lyons, 2019; Bruvoll, 2020; Larsen, 2020)。然而,由于怀疑碳税可能对经济增长产生负面影响,更多的国家还未开征收碳税,而政府必须选择是否以牺牲经济增长为代价来通过碳税减少碳排放（Timilsina，2019；Csordas，2019）。此外，实施碳税可能会导致个人或地区间税收不平等进而加剧收入差距，这也成为不少国家政府是否将碳税作为普遍政策工具的一大考量（Brännlund and Nordström，2016；Grainger and Kolstad，2017）。

整体社会福利观点的引入意味着经济成本不再是实施碳税的障碍，也推动研究人员越来越关注全面评估碳税的政策效果（Barker，2014；Baylis，2016；Madsen，2018；Hamilton and Cameron，2019）。当碳税的财政收入被用于补贴可再生能源时，可以鼓励新能源的广泛使用（Mevel，2021）。由于气候变化的不确定性，碳税政策可能是一个比碳交易计划更有效的环境政策工具（Zakeri，2016；Dehghanian，2017；Fahimnia，2018；Sarkis，2019）。理论模型指出，为了实现国际重要公约所约定的减排目标，政府必须在设定税率上更加大胆，才能在国家层面进一步减少排放。但是，政策制定者从实际出发往往倾向于采用适度的税率（Pereira，2021）。

但也有学者担心碳税对于不同收入群体的再分配效应是累退性的，这将扭曲碳税的环境效益（Rodrigues，2016）。同时越来越多评估认为，优化碳税设计可以在提高减排效果的同时，缓冲对经济增长及社会福利的负面影响（Tamura etc.，2019）。例如，动态的碳税政策比静态的更有效（Scrim-geour，Oxley and Fatai，2019）；针对企业和产业特征设计异质性征收措施比单一税制效果更佳（Krawczyk，Lifran and Tidball，2017）。

尽量减少碳税的负面经济影响和最大限度地提高碳税的绿色创新诱导效果，都取决于对碳税制度设计的不断优化，因而该领域也吸引了大量学者的注意。格拉格等（Gerlagh et al.，2017）研究了政策强度方面的最优税制，指出税收征收强度将应随产业低碳技术的发展成熟而逐渐提高。卡尔德隆等（Calderon et al.，2018）提出政府应通过征收累进税来鼓励企业用低碳能源替代传统能源。萨利姆等（Saleem，Khan and Shabbir，2018）认为将动态碳税和静态补贴结合起来的政策组合能够有效地鼓励企业增加绿色创新的投资。里奇等（Ricci et al.，2019）建议征收递增的定额碳税，以削弱碳税在收入分配方面的累退效应，同时使预期减排效果最大化。盖斯和埃普林

（Ghaith and Epplin，2020）提出，政府可以通过对不同产业部门适用不同税率，实现减排和社会福利目标之间的平衡。

理论经济学关于碳税通过市场信号激励技术创新的逻辑很简单：随着化石燃料及其产品和服务价格的上涨，出于自身利益最大化的个人和企业将转向低碳替代品；"持续上涨的碳价格"也将"鼓励技术创新"，以减少对化石燃料的依赖。因此"碳税是以必要的规模和速度减少碳排放的最具成本效益的杠杆"（Climate Leadership Council，2020）。而现实世界也不乏支持该逻辑的案例。例如，英国一项"温和的"碳税已经成功将煤炭消费占电力部门比例从 2013 年的 40% 大幅削减至 2019 年的 3%（University College London，2019）。

围绕碳税如何引导和加速创新，尽管不少持自由主义思想的经济学家反对为应对气候问题而采取强力的税收或监管政策，认为只有在政府参与最少的情况下才能最优化创新环境，并在不增加消费者成本的情况下持续推动清洁能源成本的下降（Yamagami，2013）。然而"企业创新不是因为感觉良好，而是因为创新有回报；而回报创新的前提是需要为碳定价"（Hubbard，2017）。此外，如果石油、天然气和煤炭等传统化石燃料长期处于低价，现有的能源企业和围绕其产品发展的行业将抵制变革（Kallbekken and Sælen，2018）。美国前商务部首席经济学家乔·肯尼迪（Joe Kennedy）认为："当新技术以更高的成本出现时，即使它显著减少了排放，企业也可能自觉采纳。而碳税部分解决了这一问题，并在此过程中提高了能源效率和私人部门投入清洁能源研发的收益前景。"前微软 CEO、现任突破能源联盟（Breakthrough Energy Coalition）的创始人比尔·盖茨（Bill Gates）同样认可："如果不征收碳税，就无法激励创新者或企业购买者转向清洁能源。"

正因如此，大多数经济学家倾向于认为，无论从理论逻辑还是实证研究来看，一旦新技术的发明和采用有利可图，创新者均会对市场机会作出积极而迅速的反应；而碳税恰好能够为清洁能源提供这样的市场机会。正如前美联储副主席艾伦·布林德（Alan Blinder）所写："只要美国企业家看到了节能设备和技术带来的丰厚利润，他们将立即开始投资——并以最具经济意义的方式进行投资……我迫不及待地目睹(碳税)将释放出的大量创新"(Wall Street Journal，2017)。世界银行前首席经济学家、诺贝尔奖获得者保罗·罗默(Paul Romer，2018)也说过:"对温室气体征税的主要原因不是教科书上的原因。事实上,这是我们希望避免的税种。我们希望通过征收碳税,激励创新者发现各种各样的新点子和新方式,可以让人们未来不再需要缴纳这笔税……我们必须相信,小小的激励可以产生大量的创新。"上述观点得到许多企业家支持。2021 年 7 月,《政治》(Politico)杂志撰文指出:"碳定价将为像我们这样的投资者提供明确的价格信号;而随后,美国的创新动力——我们最宝贵的资产——将被极大释放,资本和就业机会也将随之而来。"2021 年 8 月,皮尤气候中心(Pew Center on Global Climate Change)一项对 35 家美国大公司的调查证实了其判断:"在调查中列出的九项政策工具中,碳税是迄今为止受访者认为美国政府可以采取的推进低碳创新的最重要行动。"

在历史演进过程中,能源价格显著影响着技术开发和利用的速度这一事实也为碳税支持创新提供了一定佐证。20 世纪 60 年代,当能源价格下降时,空调等家用电器的能效指标相应下降;这一趋势在 20 世纪 70 年代石油价格上涨冲击后急剧逆转(Newell et al.，1990)。在交通部门,最近一项基于 80 个国家数据的研究估计,含税汽油价格上涨 10% 将刺激未来五年内绿色汽车技术专利数量增加 37%(Aghion et al.，2016)。一项对欧盟碳定价体系的研究发现,能源相关税收刺激低碳创新增加了 10%(Calel and Antoine Dechezleprêtre，2020)。正因如此,在预测或预测碳税可行性时,不仅需要考虑其对温室气体排放和经济增长率的影响,同时也需要充分考察其对技术进步的复杂作用机制。正如美国国家经济研究局(NBER)的最新气候评估模型警告的那样:"这类模型如果忽视诱发性的研发及其项关溢出,将会极大低估环境政策的有效性"(Barron et al.，2018)。根据该模型的估计,碳税通过触发技术创新带来的实际能源减排,比过去一个世纪内传统模式的估算量至少高 30%。

围绕如何通过碳税激励创新,不少学者指出通过优化税制设计能够也应当最大限度地发挥其促进创新的潜力(Simeonova，2018；van der Valk，2018；Gengenbach，Palm and Urbain，2019；Pedroni，2020；Devi and Gupta，2020)。正如保罗·罗默(Paul Romer)所说："在碳税征收之初，需要采取措施确保其尽可能小地冲击或伤害私人创新者；最终，税率可逐步上升到一个相当的高度，但彼时已无人在意，因为大多数人或企业(在实现技术进步之后)已经无须支付该税收了。"根据罗默所说，为了实现这一目标，碳税在设计实施上需要遵循渐近路径，从非常低的单位税率开始稳健而单调递增。根据这一方针，美国国会当前正在审议的《能源创新和碳红利法案》(Energy Innovation and Carbon Dividend Act)规定，碳税将从每吨 15 美元起步，以每年 10 美元的速度递增。基于未来成本预测的科学估算，此税收结构在短期内对消费者造成的影响比较不显著，但同时能够对商业投资和研发支出产生巨大影响。

当然，对碳排放征税并不是促进能源技术创新的唯一途径。直接补贴和技术标准都存在理论和时间上的合理性及适用性。然而从社会整体逻辑角度看，只有通过"人为"地造成成本差异势能，才能"确保"创新性技术为私人企业和消费者更加广泛的采用，从而将更多的利益"溢出"引向原始创新者(OECD，2019)。此外，对风险和不确定性的厌恶导致大多数企业在突破性技术(如原子能、互联网等)的基础研究上投入不足(David Popp，2019)。综上所述，尽管政府性创新研发公共扶持虽然非常必要且可取，但在遏制温室气体排放、加速技术进步方面，并不能取代碳税(Clancy and Moschini，2016)；事实上，这两种方法是高度互补的(Acemoglu，2012)。

(二) 国内主要研究进展

实现生态文明社会的建设，需要加快促进企业节能减排，习近平总书记提出的"碳达峰、碳中和"愿景更是奠定了中国未来的发展方向。中国作为工业化进程中的国家，消耗的大量能源不可避免会产生许多废气、废水等污染物，如何刺激企业采用清洁技术、绿色技术、新能源技术是政府部门在制定政策时面对的主要问题，国内外学者也都从不同的角度进行分析探讨，使用不同的方法进行测算，从不同政策的实施效果进行评估。为了更好地降低二氧化碳的排放量,到2060年前实现相对"零排放"的愿景,对于是否应该征收碳税,学者存在很大的争议。郑肖南(2017)认为征收碳税具有多重效应,一方面会刺激企业节能减排,促进经济与环境的协调发展;另一方面,由于目前二氧化碳排放量较大,征收碳税会增加企业的生产成本,提高居民的生活成本,即抑制经济的高效发展,损害居民的经济福利。翁智雄、吴玉锋等(2021)认为差异化的碳税会影响经济发展,税收返还会降低这种负面作用,但是无论是否存在税收返还,差异化的碳税都能够有效地抑制二氧化碳的排放量,综合实行各种政策有助于实现绿色经济。

随着我国碳排放权交易市场的正式建立,近些年,结合我国碳排放权交易市场发展,利用更多实践经验和真实的市场数据进行相关分析的研究逐渐增多,对后期碳税制度的建立有关键意义。一是碳税对行业发展的影响,官华平等(2017)从碳税影响生产要素价格和企业投入角度入手,模拟探究征收碳税广东省产业结构的影响。二是以碳减排、绿色发展、低碳经济为主题的碳税征收讨论较多,叶凌寒(2019)以低碳经济为研究背景讨论碳交易与碳税的协调作用。三是在这一时期,出现了从环境保护角度出发的环境资源的定价机制讨论,田永等(2019)从定价角度出发,认为环境保护税和绿色减排定价机制之间是互补关系,并且环境保护税,碳排放权交易、排污权交易市场定价机制,以及碳税,都是重要的绿色减排机制。这一时期关于企业减排技术创新、地区绿色创新的研究充分利用了已有的碳排放交易数据。黄欣和凌能祥(2020)在碳排放权交易背景下探讨地区之间合作减排对企业及政府研发策略的影响,研究发现地区之间进行合作对政府减排补贴以及企业增加研发投入有积极作用。姬新龙和杨钊(2021)在利用面板数据实证分析我国碳排放权交易开始以后的实际减排效果发现,与非试点地区相比,碳交易很大程度上加强了试点地区企业技术创新的动力和政府碳税调控的力度;碳交易政策的实施有显著的碳排放抑制作用,能够"加速"降低碳排放量和碳强度,且减排效果逐年增加没有时滞性,并且碳排放权交易全国推广后的1—4年将是发挥减排作用的关键阶段,各省区要确保政策有效落地,全面公开减排信息,因地制宜地优化碳交易配套制度体系。碳排放权交易试点为学者研究问题提供了更加真实的数据,使相关研究成果更准确,为后期碳税正式开征提供了翔实的实际经验。

目前存在的用于刺激企业节能减排的手段主要有税收的调节、补贴的鼓励、绿色金融的支持以及碳排放交易市场的竞争,通过提升传统高耗能、高排污的企业的运营成本,降低节能环保行业运营成本来引导企业向绿色行业转变,向绿色技术升级。国内学者对于节能减排的研究主要从碳税制度设计、碳税政策效应、与碳排放权交易市场比较及互动这些角度来评估其实施效果,并对现有的体制机制存在的问题提出改进方案,以及对于开征碳税的讨论。

在碳税制度设计研究领域。围绕计税依据,国内研究主要有两种观点。第一种观点是,碳税的计税依据应按能源消耗产生的二氧化碳排放量。但是实际操作中,针对能源消耗产生的二氧化碳排放量征税,实施成本较大,监控成本较高,可操作性不强。所以后续学者在对碳税的税制设计上采用第二种观点,趋向于针对化石燃料中碳含量的比例作为计税依据征税。李伟等(2008)以国际碳税预备开征影响国家经济贸易为出发点,认为碳税应该按照化石燃料的碳含量的比例征收。马海涛和白彦锋(2010)认为对碳排放行为的征税征管成本比较高。碳税可以作为一种碳产品税,按照碳含量的比例征税,更有操作性。

围绕征收税率,苏明等(2009)在具体设计税率时,首先估算大气污染造成的危害和长期性的二氧化碳减排费用,在此基础上,建立私人成本与社会成本之间的比较模型,这样才能比较准确地确定碳税税率水平。关于碳税税率的确立模式可以总结为三种:一是纯粹的碳税,根据每种燃料的含碳量确定税率;二是二氧化碳税,根据每吨能源能转化成多少二氧化碳排放量征收,将二氧化碳税转换为碳税;三是能源税,根据消费的能源量来确定税率并征收,相对于纯粹的碳税和二氧化碳税,能源税的课税对象更广泛,包括核能和可再生能源。碳税在理论上被纳入全球性的国际管理体制以实现最优产出,但在区域性碳减排目标下,相比设置一个全球性统一碳税,通过规定排放限额并设置区域性碳税更有优势且可操作性更强。

　　围绕税收收入分配，国内学者的关注点在于，是将碳税税收收入用于设置专款专用基金还是归入整体财政收入进行统筹管理。在我国碳税的税制设计研究初期，学者偏向于将碳税设置为共享税，并且中央占据较大分成比例。崔景华（2011）认为应该将碳税收入纳入一般预算收入以便政府宏观把握资金，宏观运用，或者将碳税收入作为一种专项资金，用于税收返还或者补贴等。但部分学者提出碳税应被设置为专项税。高萍（2011）认为应该将碳税收入专款专用，用于鼓励减排降碳，进行减碳活动，比如植树造林等。何宜庆等（2011）认为碳税税额可以以税收返还方式对受征收碳税影响较大的企业进行补偿，既可以通过间接返还来减免企业社会保险税或增加养老保险金，也可以以直接返还的方式返给纳税人，但是需限制用途，借此引导减排技术的开发创新，并且考虑到碳减排实地情况与实地监督，返还部分来自共享税中归属于地方的部分。在税收返还上，学者考虑在开征碳税初期，不同行业不同区域的企业会承担不同的税收负担，为尽量减少征收新税可能给企业带来的成本负担，建议对其进行不同方式的减免。但是学界目前在结合税负转嫁来讨论税收返还方式的效果方面仍讨论较少。

　　围绕征收时点，国内学者有不同的意见。李伟等（2008）认为中国最好在能源消耗品尚未普及的情况下开征碳税。考虑不同国家以及不同社会发展阶段，在我国燃油需求价格弹性较高情况下开征碳税会促进能源消费结构的转变，而在汽车等燃油消费品都普及后进行征收碳税会带来较大的社会福利和效率损失。崔军（2010）认为碳税的开征应该考虑国家所处的经济时期，对我国来讲，应该分为征收初期和征收中后期。刘晨阳（2010）认为碳税的开征应以国内能源定价机制的市场化改革为前提，并且关注国际上关于"碳关税"的问题走向。国内学者对我国碳税开征试点的讨论考虑了社会消费品的需求供给因素，也结合国际时势变动提出建议，结合我国现在碳排放权交易市场发展现状，碳税的开征预计会在碳排放权交易市场架构比较完善、碳排放权市场交易价格能够合理体现碳排放边际成本的情况下进行，对碳税开征的时点判断还需要利用更多实际市场数据进行实际观测。

　　一些学者聚焦碳税政策效应评估领域并形成丰厚成果。张国兴、高秀林等(2014)基于1978—2013年的政策数据对中国节能减排政策进行了量化研究,分析结果显示,自改革开放以来,中国对于环境问题越来越关注,出台的政策越来越多,其对于节能减排的综合效力在不断增加,但是平均效力却在下降。同时,张国兴、高秀林等(2015)研究发现中国对于节能减排的政策之间有很好的协同性,但是不同政策措施和不同政策目标协同之间存在差异。张国兴、叶亚琼等(2018)指出京津冀地区的节能减排政策只注重短期目标,且不具有系统性,并且三地之间措施的差异性导致协同推进节能减排有很大难度。对比和前瞻各类减排政策的实施效果,各地区就可以依据政策效果有侧重的调整政策组合,周雄勇、许志瑞、郗永勤(2018)为比较不同的节能减排政策的实施效果构建了系统动力学模型,通过对政府、经济、人口、能源、环境等要素赋予不同的税收、补贴、金融、科技等政策调控因素发现能够有效促进节能减排的政策是税收、环保、产业政策等。学者研究碳税在开征后会带来怎样的社会福利和效率的损失,并试图通过建立演化博弈模型和一些动态模型,对开征碳税后社会福利效应及区域和产业的经济、结构变化进行情况评估和效果预测。张景华(2013)在研究碳税效应对就业的影响时发现,"双重红利"能否实现的核心问题在于税收中性和碳税的征税及返还方式。他通过设定模型以模拟碳税政策变化对不同结构的劳动力群体就业的冲击,并分析得出碳税征收对不同群体影响存在差异,建议选择合适的碳税循环方式,尽量避免新征税种引起超额税收负担的境况出现。王文举和范允奇(2012)利用资源税数据作为碳税数据,分析统一的碳税对区域能源消费、经济增长、收入分配影响,发现碳税对区域经济增长存在明显的抑制效应,除大西北地区,效应由西向东逐渐增强,但对收入分配影响不大。孙亚男(2014)则通过构建复合碳排放交易体系下的博弈模型研究认为,在碳税政策的实现和推行过程中,应以碳交易市场辅助碳税征收工作的进行,逐步培养消费者低碳偏好。申嫦娥等(2014)也认为应该着重设计碳交易与碳税两种减排机制的联合应用方案。刘宇等(2015)通过模拟无税收返还、减免消费税和减免生产税三种情景下动态CGE模型,研究了设定开征100元/吨碳税后,其对中国的经济影响。张兴平等(2015)划定北京为研究区域,研究碳税政策施行的影响。徐盈之和周秀丽(2014)则利用投入产出模型对碳税征收税率进行假设试验。当然,针对选择碳税还是碳排放交易费的探讨一直存在,朴英爱和杨志宇(2016)认为碳交易针对排放大户,而碳税针对排放小户,二者之间有明确的制度界限。冯东等(Feng Dong et al.,2018)提出了一个绿色创新导向的碳税设计一般框架,将碳税与企业的低碳技术联系起来,并以低碳技术存量为依据对异质性企业征收累进税,以鼓励绿色创新。结果显示,无论其对于创新的最初意愿如何,单位累进碳税比固定税率更加能够鼓励企业参与绿色创新,但是其边际创新效应递减;而企业减排速率的降低也将降低累进制碳税的绿色创新效果。当企业减排总量触底(达到减排上限)时,继续提升碳税率将导致企业彻底放弃绿色创新。魏佳和马卫东(Dong,Wei and Ma,2020)利用动态 CGE 模型预测了碳税对国民经济各账户的影响,发现碳税将改变行业结构,挤压煤炭、电力、天然气、石油等能源密集型产业;政府收入增长的同时,社会总投资、技术进步、居民收入也将有所改善。如果征收碳税的同时加快能源效率提高,技术进步带来的积极影响将抵消并超过税负增加的副作用。总体来说,学者们较多运用了 CGE 模型来模拟碳税征收的征收税率以及对区域居民生活、经济增长的影响。

关于税收、补贴、金融等政策对于企业节能减排的作用效果,国内专家学者对此进行了深入的分析探讨。其中,刘海运、李越等(2021)基于省级面板数据的研究发现,环境保护税收由于导致企业成本的增加对于企业技术创新具有负面影响,而创新补贴有积极作用,在二者的交互项中低政府补贴的环境税收政策具有最好的实施效果。朱迎春(2012)在采用 Engle-Granger 协整检验的实证分析中得出结论,认为不同税种对于节能减排的作用不同,其中增值税关于节能减排的调节效果最显著,但是消费税对于节能减排的作用不大,并且资源税由于目标偏差、征收范围窄等原因也没有达到节能减排的效果。而金成晓、张东敏等(2015)基于双差分法且进行稳健性检验之后认为,西部地区油气资源税在从量计征变为从价计征之后,污染物的排放量显著减少,这有利于节能减排,同时为中国全面实施从价计征的资源税提供了宝贵经验。同时,白彦锋、唐盟等(2018)认为消费税"绿化"是建立绿色税收体系的重要环节,而成品油消费税是调整能源消费结构、促进居民绿色低碳生活的重要调节手段,但是目前成品油消费税制度对于环保节能行为以及可持续发展的经济活动的激励不足,这导致其没有达到节能环保的预期效果。对于碳排放较多的电力、交通等行业应该制定一套完善的绿色税收体系,确保实现节能减排的目标。翟茜阳,龙凤等(2019)从投入、使用、排放、丢弃四个环节分析了交通行业税收政策的不足之处,并且根据国内外的经验提出了对应的政策建议,以完善交通行业的绿色税收体系。

张杰、郑姣姣等(2021)通过实证分析发现,由于逆向选择、道德风险以及寻租等行为的存在,政府对于企业的补贴并不会促进企业加大对于创新的投入,反而会造成资源配置的扭曲现象。由此可见,补贴政策对于节能减排激励效应的优势必须在合适的情况下才能够体现。商波、黄涛珍(2021)基于委托代理理论认为,应该根据可再生能源发电商的投资偏好以及减排水平的电能生产敏感性来制定合理的补贴水平,以最大程度地实现节能减排的效果。程发新、邵世玲等(2015)认为政府的补贴力度越大,企业创新获取的收益越多,企业就越有动机进行碳减排,并且创新能力越强的企业减排量越大。银行业、金融业能够通过构建绿色金融体系引导社会资本流向绿色行业,促进绿色技术的进步,实现节能减排的目标。周琛影、田发等(2021)利用主成分分析法得出结论,认为绿色金融能够有效促进经济的高质量发展,虽然其抑制了经济的高效发展,但是能够促进经济绿色发展,优化产业结构,促进经济创新发展,符合可持续发展的战略思想。吴虹仪、殷德生(2021)对绿色信贷"赏罚制度"进行了实证分析,认为绿色信贷能够通过惩罚高耗能、高排污的企业,奖赏绿色行业,实现节能减排的目标,促进生态文明的建设。

处于快速发展的中国,对于化石能源有很大的依赖性,降低二氧化碳的排放量必定会对中国的经济产生影响,削减中国经济的发展速度。为以最小成本实现碳排放量的降低,达到碳中和的目标,中国希望以市场为主导建立减排机制,在给予企业最大自主创新权的情况下有效地实现节能减排的目标。陈志斌、孙峥(2021)对中国碳市场的发展历程进行了梳理,对试点地区碳排放交易额及交易价格进行了统计分析,认为碳排放交易试点为该制度在中国的全面推行积累了丰富的经验,体现了中国政策实施过程中由点及面推行的优势所在,并且中国通过试点的建设培养了一批专业人才。王丽颖(2021)在实证检验中采用了双重差分的方法,将2013年实施碳排放交易政策的试点地区与非试点地区作为两组对照进行实证研究,并且经过稳健性检验之后发现碳排放交易政策能够有效地减少二氧化碳的排放量,有利于节能减排。薛飞、周民良(2021)基于中国省级面板数据,对碳交易市场规模效应进行研究分析,发现碳交易规模扩大能够有效降低试点地区的碳排放量,优化能源消费结构,促进技术创新等,并通过协同效应降低其他污染物的排放量,实现减排的效果。同时,林伯强(2021)指出目前中国的碳交易市场还存在很多问题,必须加强碳交易的监管力度,构建碳交易的信息公开制度,培养相关的专业人才,为碳交易市场注入活力与创新。

第二节　碳税对内生性技术创新的影响研究

一、Nordhaus DICE 模型

作为气候模型研究的先驱者,罗伯特·诺德豪斯(Robert Nordhaus)最早尝试在存在诱导性创新机制下探索最佳碳税制度。其开发出的气候变化社会经济影响全面综合模型(DICE Model)研究发现,相较于单纯由碳税带来的能源价格变化的减排效果,碳税所引致的内生性技术创新并不能带来显著的额外减排效应。在碳税开征后的最初50年间,碳强度的下降是相当温和的:在最初的50年里,由诱导创新带来的排放强度下降非常有限——大约仅为6%,100年后也仅能下降12%。总的来说,考虑到全球变暖造成的社会损害与减排政策的所有成本,如果以实现社会福利最大化为目标设计碳税,碳税诱导性创新所贡献的减排量仅能达到排放水平稳定(碳达峰)要求的八分之一。他对21世纪最优税收的估计是:从16美元开始起征,到

1995 年上升至每吨 50 美元,到 2095 年上升至每吨近 100 美元;而在这一过程中全球气温仍将上升 3 ℃以上。

上述预测结果的事实依据在于,企业在碳税诱导下而进行的能源 R&D 投资相较于与其他投资规模依然太小,无法从根本上改变技术方向。当然这一结果也来源于 Nordhaus 模型为企业投资总量设置了有限上限——企业内部用于不同用途的投资是相互替代的,换言之,用于能源技术的额外研发投资会"挤出"其他领域的研发。因此,尽管诺德豪斯估计 10%的能源价格上涨将带来能源研发投入增长 8%,而且研发的社会价值是其成本的 4 倍,但是"当我们计算增加环境部门创新研发的社会价值时,我们必须同时考虑削减非环境部门创新研发的损失"。这一论述大大限制了诱导性内生技术转变对碳税制度合理性的贡献。

二、Goulder & Mathai 诱发性技术创新模型

劳伦斯·古尔德(Lawrence Goulder)和科西·马泰(Koshy Mathai)对比了有无诱导性创新情景下的最优碳减排,发现诱导创新在短期内降低了最优碳税规模。该研究设置了两种税率——第一种假设税率等于额外碳排放的边际社会成本,第二种假设外生性税率以实现给定的高减排目标。其结论是诱导性创新的确切影响取决于额外知识是通过 R&D 获得还是通过"干中学"获得。

如果技术进步的主要渠道是 R&D 投入,那么在碳税开征初期,过高税率可能会抑制诱导性技术创新的发生(增加创新的投入和时间成本),因而短期内税率需要维持在低位,从跨期视角来看,相当于允许将当前的减排活动"转移"到未来。在长期,碳税税率可逐渐提升,因为诱导性创新的成熟与扩大将不断降低减排的成本。如果技术进步来自"干中学",弹回的动态路径将是不明确的,因为当前的知识积累将通过规模经济效应推动未来技术进步的成本降低。但总体来看,无论是 R&D 还是"干中学"渠道,诱导性创新都可以降低碳税的经济成本,从而在同样的经济影响下实现更高的减排水平。

该研究同时发现,诱导性创新将带来减排的贴现平均成本降低30%,具体效果通常取决于以下若干变量:企业(私人)研发向社会其他部门的知识溢出率、通常情景(无碳税)下的技术变革速率,等等。碳税起价约为每吨22美元,到2100年可以升至每吨35美元左右,基本能够满足社会福利最大化的要求。然而,要实现《巴黎协定》所约定的碳浓度达到百万分之550(能够将全球温度升高限制在2℃)所需的碳税要高得多,2055年为每吨50美元左右,到2065年将上升至每吨100美元,而到2075年将达到每吨200美元以上。

三、Acemoglu et al.有偏技术进步模型

Daron Acemoglu模型中,企业可以自主选择投资于清洁产业或是污染产业。企业的决策动机是相互冲突的:对于价格更高、市场份额更大、生产率更高的部门,其投资倾向更高;正因如此,污染产业如果在当前占据市场初始优势,落后的高排放技术可能会被企业锁定。在这种情况下,推迟减排行动可能将以更高的社会成本为代价,因为这样做会不断"强化""固化"乃至"锁定"现有落后技术的市场优势。因此,需要严格的税收来推动清洁技术的出现、传播,甚至取代现有技术。此外,碳税(包括其他气候政策)还需要考虑另一类市场失灵来源:如果企业拥有一定的垄断能力,那么采用现有清洁技术的竞争压力就会大大降低;因此,仅仅依靠碳税是不够的,碳税和清洁技术研发补贴将是最佳减排政策组合,只有这样才能加快绿色技术在经济中的传播。

如果污染资源是有限的,那么随着资源变得越来越稀缺,其价格将会上涨,从而降低推动经济向清洁技术转型所需的碳税税率或规模。尽管关于"石油峰值"即将到来并随后出现短缺的预言从未消失,但就目前来看所有化石燃料都正处于中低价格的时期,表明短期内不太可能出现大规模的自然资源供应短缺。此外,不同技术之间替代弹性同样重要。如果弹性足够高,清洁技术补贴将非常重要,它能够迅速将R&D投入引导向清洁技术,并产生较快的创新突破;随后可以将所有生产能力转向清洁部门,并逐步取

消碳税。

阿西莫格鲁、阿克西吉特、汉利和克尔（Acemoglu，Akcigit，Hanley and Kerr，2016）的主要发现也包括，技术创新是连接税收与福利之间的桥梁。优化后的碳税能够产生不容忽视的福利收益，而这一收益程度又取决于企业对碳税的反应。最优碳税将激励企业使用减排技术来减轻税收负担，直到减排的边际成本等于边际收益。因而碳税的福利效应在很大程度上取决于经济中可用的减排技术效率。如果技术不够成熟，税收造成的扭曲可能相当大，企业无法通过减少排放规避税负，唯一的选择就是减少生产。在这种情况下，碳税不仅产生的减配效应有限，而且减少了消费进而限制了公共政策的福利收益。碳税是否有效在很大程度上取决于减排技术效率（高技术效率意味着较低的经济转型过渡成本）。此外，以福利增长为目标的最优拉姆齐税率较低，不足以独自缓解气候变化，因而需要其他宏观经济政策和金融政策的支持。金融机构在面临投资清洁技术企业与污染技术企业之间存在权衡，因而需要宏观审慎政策与货币政策、信贷政策、外汇政策的协调配合联动，以引导金融行业更倾向于为清洁技术企业提供信贷支持，从而防范污染规模扩大。

四、其他本领域标志性研究

碳税的减排效果主要通过价格调节进而限制生产及消费中的碳排放以及促进绿色创新来实现（Ekins，1994）。关于其诱导绿色创新的效果自21世纪初以来已经成为学术界的焦点（Porter，1991；Van der Zwaan，2002）。

戴维·波普（David Popp）同样利用能源技术和全球变暖方面的数据来估算诱导性技术转变对碳减排实际成本的影响。他建立了两个假想情景：第一个情景通过选择碳税来实现全球福利最大化，其中碳税税率依据（包括减少气候变化）减排边际成本等于边际收益的原则来制定；第二个情景通过碳税将排放维持在1995年水平。然而，其模型的局限在于只衡量了能源效率的提高，而未考察先进能源对落后能源的替代，因而很可能低估了碳税的技术效应和社会经济收益。第一种情景下，碳税在全球范围带来3.28万亿美元的福利增加;如果考虑诱导性技术进步,福利收益估计值将增加至 3.59 万亿,提升 9.4%;但它并不能带来比价格变动本身更大的环境效益。最佳的碳税将从 1995 年的每吨 19.46 美元,增至 2015 年的每吨 134.06 美元;排放量在 21 世纪将下降 5.4%。同 Nordhaus DICE 模型和 Goulder & Mathai 模型类似,波普所提出的社会最优碳税在阻止全球气温上升上并未达到许多环保主义者所倡导的 2 ℃ 上限。根据波普估计,在这一碳税下,全球气温将在 2105 年上升 2.5 ℃,到 2205 年上升 3.7 ℃。

过度严格的碳税甚至可能会对碳减排产生负面影响,特别是当政府在实际操作中偏离了最优的税制时。Corrado and Sjak Smulders 模型假设资本和技术之间是互补而非替代关系,诱导性创新便有可能提升减排成本。原因在于严格监管可能会大幅提高能源使用成本,导致企业利润下降,进而减少投资新技术的资金。在这种情况下,更多企业可能将选择维持现有技术而非寻求创新突破。在模型中表现为经济系统中存量资本的减少;因此,尽管创新增量在碳税驱动下有所增长,但是资本总量下降依然拉低了新技术的最优水平。

综上所述,围绕诱导性技术创新效应的估计会根据研究假设与抽象方法的不同而产生显著差异。卡拉罗和加莱奥蒂(Carraro and Galeotti,1997)对欧盟的测度结果相对比较乐观,认为当适当的 R&D 激励措施将减少排放量而无须减少消费,证实了碳税带来双重红利的可能性。对比可知,古尔德和施耐德(Goulder and Schneider)以及诺德豪斯结论较为悲观,认为尽管诱导性技术创新效应不可忽视,但与固定技术替代相比,其对温室气体减排的贡献很小。产生这一结果的原因在于其对模型的两个假设。首先,Nordhaus DICE 模型假设只存在一项具有代表性的技术,并假设减少碳排放需要用知识替代能源,而忽视了能源之间的替代。古尔德和施耐德(Goulder and Schneider,1999)考虑了化石燃料与可再生能源之间的替代,同时强调了二者之间的互补关系,并假设了非常有限的替代系数和竞争关系。无论是诺德豪斯还是古尔德和施耐德,其处理方法在短期内是符合现实的,因为全球能源需求不断增加,而可再生能源尚不足以成为化石能源的完全替代品。然而从长远来看，其替代性无疑将会不断乃至加速增强。

政府间气候变化专门委员会（Intergovernmental Panel on Climate Change，以下简称 IPCC）指出：外生性技术变化模型的一个显著缺点是它忽视了气候政策和新技术开发之间的潜在关联、互动与反馈，而忽视诱导性的内生创新将可能高估气候控制的成本。而内生性技术变化模型则注意到能源部门的技术进步与能源价格及政策变化的联系，进而解决了这一局限性。

波普（David Popp，2003）在模型分析中引入绿色创新作为内生变量，发现碳税主要通过节约成本刺激企业的绿色创新。在这一过程中，"干中学"效应、政策的不确定性、知识储备等因素也会通过影响成本机制来影响碳税的绿色创新诱导效应（Baker，2015；Shittu，2016；Fried，2018；Hashmi，2019；Alam and Hart，2019）。"干中学"效应由阿罗（Arrow）提出，并以累计总投资度量经验累计这一过程。"干中学"指劳动力以工作实践积累经验，自发推动技术革新和生产率的提高，实现人力资本积累，因此其产生的新技术更多集中于实践技术。"干中学"将技术转变的主体拓展至广大的基层工作者，是一个从实践中学习再运用的过程。若"干中学"效应发生于能源技术则利于推动环境目标的尽早实现，化石能源部门技术的内生转变更大程度上降低环境改善成本，但科学使用能源也离不开非化石能源领域的技术进步。同时技术推动经济增长和提高能源效率的作用叠加，可能会使技术对环境改善作用大打折扣。内生性技术进步模型引入"干中学"效应，从而描述污染产品随投入而使用效率提升的过程。此模型中生产过程与技术变动的回弹效应叠加，反而会导致碳排放量提升。技术的提升推动经济的增长，对污染品需求的提升消减技术变动对污染品节能改造所减少的碳排放量。此外劳动者的经验会随着脱离生产过程的时间而逐渐衰减，当劳动者再次进入生产领域时，经验"折旧"造成劳动者的技术禀赋下降。基于阿西莫格鲁（Acemoglu，2012）模型的污染—清洁产业"二分法"经典框架，后续研究认为政府可以通过对污染企业投入征税和对清洁企业研发补贴来鼓励绿色创新。其中一系列因素，例如，污染性技术投入和清洁型技术投入的可替代性、研究投入的边际收益递减、创新的路径依赖性，都可能影响碳税的绿色创新诱导效果（Aghion，2016；Dechezlepretre，2016；Hemous，2017；Martin and van Reenen，2018；Akcigit，2018；Hanley and Kerr，2018；Greaker，2019；Heggedal and Rosendah，2019）。

随着补贴政策力度的下降，技术进步已经成为促进可再生能源产业可持续发展的关键因素。德尔泽特等（Delzeit et al.，2021）估算了2009—2018年中国可再生能源产业技术进步方向，通过构建全要素生产率（以下简称TFP）增长率的核算模型，实证分析了不同因素对TFP增长的影响，发现中国可再生能源产业的技术进步和要素配置普遍呈现出偏向资本的特点，凸显出通过政府调控或规制引导能源领域技术转变方向的重要性。能源技术的研发通常需要大量的人力、物力投入，但成败与否具有很大的不确定性。同时，一项技术的应用具有较强的正外部效应且规模报酬递增，政府的介入有利于技术的溢出从而更大程度地改善环境。研发投资和研发人员投入均能起到碳排放下降的效果，相比之下研发投资作用更为显著。研发投资可运用于基础研究、应用研究和试验发展三类，其中试验发展投资最强力地推动碳排放下降。但在财政资源有限的情况下政府加大对能源技术的研发投资，会挤占其他类型的财政支出进而阻碍其他领域的发展，造成技术变迁对环境改善作用的不确定性。企业为追逐利润也会进行技术创新的研发投资，但技术的产权至少一部分留在企业手中，即企业对开发出的技术享有一定的垄断优势，才能激发企业技术研发的动机。此外，实际生产中"干中学"和研发投资常交叉发挥效用，共同推动能源的技术内生性转变。能源的使用效率受技术和价格的影响，而技术又包括改善性的技术进步和实质性的技术进步。改善性技术主要指制度方面的科学化和效率化，而实质性的技术进步则指产品和技艺方面的改善。过去我国实质性技术进步强调提高生产效率，其侧重点向节约能源转变是提高能源使用效率的关键点。

由于宏观模型无法将绿色创新"内生化"为企业的决策，因而无法反映技术创新的市场竞争优势，因而一些学者转而采用微观经济模型来分析碳税的绿色创新诱导效应。博弈论模型为此类研究提供了一系列有效工具。研究者发现，刺激市场对低碳产品的需求是碳税绿色创新诱导效应的重要前提（Antimiani，Costantini and Paglialunga，2016；Asafu-Adjaye，2018）；而消费者对绿色产品的偏好、家庭消费、跨期不确定性和创新成本等因素会显著影响碳税的效应规模与时间路径（Mahmood and Marpaung，2019；Saidi and Hammami，2019）。动态演化博弈模型能够将创新和市场竞争优势的路径依赖以及创新成本引入政策效果分析中。此外，大量实证研究也为优化碳税税率、征收方式等税制设计，以及如何最大化碳税绿色创新诱导效应提供了支持与参考（Webster，Paltsev and J Reilly，2018）。

西莫拉（Simola，2015）、平代克（Pindyck，2016）、李和帕克（Lee and Park，2017）等指出围绕诱导性创新研究文献的一个争议性（或未解性）问题是，该创新对整个行业总体创新水平的净影响如何。问题在于：一方面，更高的碳价格应该会导致部分公司更多地投资于低碳技术创新，从而带来社会收益；另一方面，如果企业是通过削减对其他研发项目的投资来支付低碳技术开发研究，那么净社会经济效益可能会减少甚至消失。此外，诱导性创新可能增加对科学家和工程师的额外需求，进而提高此类从业者的工资价格，那么对于其他企业和整个行业来说，研发的人力资源成本也将随之上涨。但这一问题的答案尚不明确。因为如果被"挤出"的是落后、高污染技术，那么其无疑对碳税目标实现能够提供额外贡献。因此，诱导性创新是否会产生技术挤出效应？效应的规模如何？作用方向是怎样的？关于这些问题的假设至关重要，因为不同假设下的模型模拟会产生不同的结果。

值得注意的是，在分析碳税的技术诱导效应时，大多数文献遵循了"企业是否研发或采用绿色技术"这一思路，考察的重点是碳税对资本要素的再分配效应，而碳税与劳动力市场之间的联系互动较少被提及，尤其是在存在摩擦的不完全竞争要素市场情况下。直到近五年来，开始有学者陆续探讨碳税政策通过劳动力市场影响宏观经济结果的机制（Gibson and Heutel，2020；Aubert and Chiroleu-Assouline，2019；Castellanos and Heutel，2021）。同时，碳税政策也可能影响市场结构、企业进出决策，进而改变技术转变的方向和程度（Kreickemeier and Richter，2018；Annicchiarico，Correani，and Di Dio，2018）。因此，科里亚（Coria，2018）、基里亚科普卢

(Kyriakopoulou，2019)研究了碳税制度下企业进入和退出某个产业、企业采用清洁技术等决策是如何相互作用的。哈夫斯特德等（Hafstead and Williams III，2018）构建一个包含两部门（高排放产业和清洁产业）的一般均衡模型，并假定模型中存在均衡失业率水平，发现在存在结构性失业的前提下，碳税可能会降低失业成本。安尼基亚里科、科雷亚尼和迪迪奥（Annicchiarico，Correani，and Di Dio，2018）将企业进出市场决策内生化，发现碳税导致短期产出降低和长期技术进步，部分是通过改变市场内部企业数量（新建和破产同时发生）这一机制实现的。

第三节　DSGE 模型及其相关理论问题研究

一、DSGE 模型的主要应用领域

（一）金融市场领域

DSGE 模型的理论框架由实际经济周期理论被拓展到新凯恩斯主义，而新凯恩斯主义下 DSGE 模型将假设改良为垄断竞争、价格粘性等以更贴合现实，因此当前研究中新凯恩斯主义的 DSGE 模型运用更广泛。DSGE 模型将复杂的经济变动过程归结到多个微观主体的行为，初期被广泛应用于金融领域的冲击模拟。DSGE 模型将金融领域与其他经济领域置于同个系统，以探究金融杠杆变化对其他经济变量的影响。在封闭经济的 DSGE 模型中，家庭部门被划分为资金供给的耐心家庭和接受贷款的非耐心家庭，通过家庭部门是否向市场提供资金以形成对企业信贷的约束，探究金融杠杆的变化所引起的汇率和房地产价格的变化趋势（董凯、杨源源等，2017）。而金融开放下不仅要考虑到国内各经济部门间的相互作用，还需纳入国外的金融风险。DSGE 模型添加职能为贸易和贷款的外国部门，以探究金融开放对系统性风险变化的影响方向（温兴春、梅冬州，2020）。此外，随着普惠金融、绿色金融等形式的创新，DSGE 模型的部门设定也因时而变，以使设定更接近金融新形势。为探究影子银行的存在对企业融资和经济波动的

作用机制,卢盛荣、郭学能等(2019)基于民营企业融资难的现实将企业划分为国有企业和民营企业,同时将金融机构划分为商业银行和影子银行以匹配企业的划分,由此假定国有企业从商业银行获得资金,而民营企业从影子银行获得资金。马绍刚、白当伟(2021)在普惠金融的研究中则以储蓄和直接投资的参与程度为依据,将家庭部门划分为三个层次,探究异质性家庭的财富积累差异和普惠金融的运用程度对宏观经济的影响。在金融摩擦存在的情况下,碳减排进程会受到影响,因此 DSGE 模型将企业划分为现存企业和初创企业,并分别赋予其不同类型的金融摩擦成本(孙作人、吴昊豫,2018)。随着 DSGE 模型的成熟,DSGE 模型的应用情境逐步被拓展到各类政策的推行、宏观经济变动等。

(二) 公共政策领域

DSGE 模型主要被运用于探究货币政策和财政政策的设定和实施,此外也应被用于生育政策、社保政策等其他政策。基于 DSGE 模型的货币政策研究主要围绕政策的实施效果和异质性主体对货币政策实施效果的影响两个方面。货币政策实施效果的影响因素呈现多样化特征,因此学者对 DSGE 模型的设定也随着不同潜在影响因素而改进。金融摩擦的存在意味着银行和企业间存在信息不完全对称,因此银行为了掌握信息而付出的监督和清算成本需被纳入其行为设定,从而构成包含金融加速器机制的 DSGE 模型,以此探索货币政策不确定性多途径造成经济紧缩的过程(周磊、孙宁华等,2021)。货币政策的不同规则和匹配政策也会影响其实施效果,因此徐宁、丁一兵(2020)在 DSGE 模型中引入通用的货币政策工具表达式,并通过利率权重指标变化体现数量型或价格型货币政策的比重变化,以此表示单一型或混合型货币政策工具,以探究单一或不同组合下的货币政策对金融或实体经济的实施效果。此外,邓翔、何瑞宏(2021)在 DSGE 模型中引入宏观审慎政策以探究与货币政策的协调性,设定机理在于宏观审慎政策目标将使金融机构信贷规模的决定更为谨慎,从而探索两种政策结合实施对经济波动和金融稳定的影响。影子银行的存在也会为货币政策的实施带来更大的不确定性。吕江林、万远哲等(2020)将 DSGE 模型中的企业主体划分为高风险企业和低风险企业,并设定两者的融资渠道分别为影子银行和商业银行;同时结合我国金融机构的结构情况,将商业银行设定为处于完全竞争市场,而将影子银行设定为享有定价权且进行垄断竞争,以此研究融资渠道不同的异质性企业对货币制度的反应机制。

货币政策的实施效果也会受到行为主体主观心理特征的影响,行为主体的异质性特征影响实施效果。张龙和刘金全(2021)在 DSGE 模型中将家庭和生产商的设定分别引入消费偏好和全要素生产率偏好,并根据偏好的预期程度将其划分为三个层次,由此分别探究在数量型货币政策或价格型货币政策下不同预期叠加对经济运行的影响。此外,货币政策的实施效果逐步由金融领域传导至实体经济部门,而这一传导机制的畅通运转受到企业家信心的影响,因此徐亚平、朱力(2019)在 DSGE 模型中引入企业家信心的作用机制以探究货币政策效果随企业家信心的强弱变动而发生的改变。此外,还有部分研究根据家庭金融市场参与程度或风险偏好而划分家庭部门,从而探究异质性家庭对货币政策实施效果的影响。

DSGE 模型对货币政策实施效果的探究不仅聚焦于对整体经济走势的影响,同时也关注对房地产、劳动力等特定市场的影响。王勇(2019)在 DSGE 模型中将家庭和厂商的设定与住房市场相匹配,将住房开发企业的行为单独设定,并通过住房贷款主观贴现率的差异区分耐心家庭和非耐心家庭,由此探究不同货币政策力度对房地产价格和经济发展的影响机制。马孝先、刘清(2019)在 DSGE 模型中将基于民营企业和国有企业的生产存在上下游关系进行厂商的设定,设定国有企业生产中间商品而民营企业生产最终商品,以此探究紧缩性货币政策在短期和长期内对企业就业水平的影响。

DSGE 模型在政策方面应用中最常见的类型是货币政策研究,同时其应用于财税政策的研究也在逐步增多。其一,财政支出和税收是财政政策的两大重要工具,因此部分研究集中于探讨不同财政政策类型的效果差异或最佳结合方式。张明源和薛宇择(2020)基于 DSGE 模型探索基础建设支出和比例税收对福利的影响,并根据两者的影响机制和效果侧重分析对不同地区的适用性。而政府财政支出依据用途可分为消费型支出和投资型支出，刘辉、郭新华等（2019）在 DSGE 模型中分别引入两类支出的变量，并探究两类支出对宏观经济变量的影响以及时效性。此外，一些研究关注财政政策和货币政策在实施过程中的协同性，例如夏仕龙（2019）尝试在 DSGE 模型中同时引入这两类政策，从而模拟不同导向或类型的政策组合对宏观经济的影响。DSEG 模型被应用于税制改革的效应评估，白彦锋、陈珊珊（2017）基于 DSEG 模型可以从两个维度考察"营改增"结构性减税的长短期效应：一是考察"营改增"的外生冲击下产出、消费、就业等宏观变量的动态变化趋势；二是模拟投资的冲击并对比"营改增"实施前后产出波动对经济下行压力的敏感程度。

其二，部分文献将财政政策的区域差异化效果作为焦点进行研究。在我国财税体制分权制格局下，地方间差异化的财政政策会使区域协调发展实现的不确定性上升。宋永华和薛宇择（2021）通过引入中央政府主导的无差异财税政策和地方政府引导的差异化财税政策，扩展 DSGE 模型以凸显差异化政策对区域经济差距的作用机制。但地方政府间的竞争关系可能会削弱地方差异化税收的正面效果，因此张明源（2021）将多个地方政府的设定加入 DSGE 模型中，以此探究不同地区竞争格局下财政政策对地区差距的影响。

DSGE 模型在财政政策领域内的研究不仅局限于政策类型以及区域的协调性，同时也细化到特定经济领域内财政政策对其他经济因素的影响，涵盖军事、土地、房地产等领域。军事财政支出会影响家庭部门的消费，因此梁宇、龚六堂（2019）在家庭部门的效用函数中引入军事支出的相关变量，并模拟军事产出和其他类型产出对经济的差异化影响。王书平、戚超等（2020）改进基础 DSGE 模型，使之反映土地的供求关系和政府出让土地获得财政收入的过程。土地流转使得用于农业的土地需求下降，并促进农业人口向城市迁移，由此对城镇经济和当地财政政策的实施效果产生影响，因此袁国龙（2021）在 DSGE 模型中将劳动力的就业去向划分为农业部门和非农业部门，并探究土地流转情况下地方经济的变动和财政收入来源的改变。

对房地产市场的研究方向则主要聚焦房产税开征的效果。房产税对不同用途的住房征收强度不同,因此将对经济发展和社会福利带来不同的影响效果(李言,2019)。

DSGE 模型的应用范围随着我国经济实际运行情况的变化而不断被拓展至特定经济领域内的政策。我国人口结构的变动将直接影响就业和经济运行,因此汪奕鹏、刘洋等(2019)将我国人口老龄化的经济事实和鼓励生育的政策预期同时引入 DSGE 模型,从而分析常规政策、技术发展以及生育政策预期等冲击下宏观经济运行情况的改变。新冠肺炎疫情使得生产链和全球贸易遭受冲击并影响到政府政策的制定,因此肖尧、彭桥等(2020)运用 DSGE 模型模拟新冠肺炎疫情下政府各类支持企业生存的财政政策对宏观经济的影响,尤其关注社保费的减免政策短期内对企业的支撑作用,并探讨这一政策长期内实施的可行性。可见 DSGE 模型在政策领域内的研究范围虽集中于财政政策和货币政策两个大方向,但也逐步被拓展至诸多特定经济领域内的政策实行情况,从而形成较为全面的研究体系。但多数现有研究立足单一政策对宏观经济的影响,而复合型政策体系协同性的研究较少,难以契合经济政策配套实施的现实情况。

(三)经济波动领域

DSGE 的运用范围既包括政策变动对经济运行的影响机制,也涵盖劳动力、货币、价格等内部要素变动的传导机制。这一类型的研究紧随经济运行情况的转变而具有较强的阶段特征性和前瞻性,近年的研究主要集中于以下五个方面。

其一是人口结构向老龄化转变的连锁反应和政策应对。人口结构老龄化将引发劳动力结构、储蓄结构、消费结构等方面的改变。老年人口和青壮年人口的消费和储蓄特征存在差异,从而对房地产的需求存在异质性。随着老龄化程度的加深,房地产价格和金融机构的运行将进一步受到波及。因此吕江林、郭珺莹等(2021)基于 DSGE 模型刻画不同微观主体间的经济联系,并探究老龄化冲击对不同主体杠杆率的影响和金融体系的稳定性。适龄劳动力比重的降低将会对经济造成负面影响,因此部分研究聚焦于技术创新、生育政策改变等措施对老龄化的改善效果。技术创新依赖于研发人员和研发投资的增加,但这两条实现路径的作用机制和效果并不相同,而生命周期 DSGE 模型能有效刻画人口结构的动态变化并细致反映不同路径下技术创新和产出变动的特征(刘洋、汪奕鹏等,2020)。生育政策与人口结构相关,但由于生育意愿、配套政策等方面的影响,其效果具有不确定性,一些研究则运用 DSGE 模型以系统性探索放开二孩政策的实施效果(邓利方、李铭杰,2019)。人口结构的老龄化转变限制劳动力市场规模的发展潜力,而劳动力价格、就业形式、就业意愿等因素则直接影响劳动者进入劳动力市场的行为决策(邓红亮、陈浩农,2020)。劳动力价格的扭曲表现为工资和劳动力供给质量的不匹配,李言、孔令池(2020)在 DSGE 模型生产部门的设定中引入正向扭曲和负向扭曲进行优化,从而探究扭曲程度变化以及扭曲的不同类型对经济平稳增长的影响。劳动力供给流向的部门可分为正规部门、非正规部门和创业部门,而不同部门的劳动力收入特征有所差异,陈利锋(2020)基于工资差异运用 DSGE 模型研究政策改革的时效性和对不同部门劳动者的差异化影响。

其二是关于房地产价格波动的影响机制。我国经济运行的平稳性显著受到房价起伏的影响,而房产税、利率、技术等不同类型的预期对房产价格的影响程度存在差异(庹永贵、蒲勇健等,2018)。同时,房产市场变化对城市和乡村的冲击也并不相同,因此周少甫和舒鹏(2020)为适应我国城乡二元结构的特征而相应改变 DSGE 模型中行为主体的设定,将生产部门和家庭部门的设定均二元化,分析房地产需求的变化对城市或乡村经济发展和居民福利水平的影响。

其三是居民的消费结构和消费模式新转变所引发的经济变化。晁江锋、武晓利等(2019)在 DSGE 模型中增加居民的消费特征,以此探究消费结构的变动对家庭部门消费水平的影响,其中包含价格波动、消费者偏好改变以及税收政策等冲击。碳中和目标下我国企业的能源消费模式也发生显著改变,能源消费模式因能源供给结构的多样化转变而更具灵活性,从而使能源的使用消费得到了提高。唐绍祥和娄峰(2020)拓展 DSGE 模型中中间厂商生产要素的使用种类,将能源作为投入要素引入生产过程,从而反映能源消费方式的转变对经济运行的影响方面。

其四是法定货币的推行将影响到货币的交易成本和信贷追踪程度。以此为理论基础,一些研究优化 DSGE 模型使之适应货币市场的新转变,并探究法币货币的推行对货币政策实施效果和经济波动程度的作用机制(姚前,2019;谢星、张勇等,2020)。

此外,也有研究视角聚焦于巨灾风险对经济运行的冲击。晁江锋、吴洁等(2020)在 DSGE 模型中引进巨灾风险设定,探究税收制度的设计和组合方式以应对巨灾冲击。新冠肺炎疫情的发生是巨灾的典型案例之一,因此部分学者紧跟形势将新冠肺炎疫情冲击纳入 DSGE 模型的研究对象,分析新冠肺炎疫情对经济影响的持续时间、政策应对方式、家庭劳动供给方式的改变等(谢攀、张军谋等,2020)。

(四) 环境保护领域

DEGE 模型初期多被用于货币政策和金融市场变动的研究,并被逐步拓展到外生经济冲击的影响机制探究,如土地政策冲击、劳动力政策冲击和疫情冲击等。DSGE 模型一般设定家庭、企业、政府三部门,全面地将宏观经济变动和微观主体行为相联系,因此基于 DSGE 模型的税收政策研究既能研判宏观经济的变动趋势,也能落实到微观主体的变动。随着我国发展阶段的转变和环境意识的提高,绿色税制备受关注。我国提出在 2030 年实现碳达峰、在 2060 年实现碳中和,而碳排放强度与能源结构密切相关,碳减排的重要路径就在于改变以化石能源为主的传统能源结构,因此基于 DSGE 模型对环境税收和清洁技术创新的研究也随之兴起。DSGE 模型对环境税收和技术的研究主要集中于两类:一类研究关注环境税收、技术在进步对环境改善的影响,一类研究致力于优化 DSGE 模型以贴近现实。

环境税收主要通过调节能源价格对能源投入产生影响,在我国政策导向表现为对化石能源征税而对新能源给予税收优惠。大多数研究认为能源要素的成本上升直接激励企业减少能源的消耗,同时成本的提升间接敦促企业提高能源高效利用的技术,从而使能源价格和碳排放呈现反向变动的关系。技术在短期内对碳排放的影响程度不及价格强力,但影响时间更为长期(武晓利,2017)。我国 1995—2015 年的统计数据表明,资源税的征收会导致企业利润的减少,进而激励企业提高资源的利用效率,减低 GDP 的单位能耗,倒逼企业提高价格或转变技术以应对税负的增加(张炳雷、刘嘉琳,2017)。这与其他发达国家的实践也较为吻合。经济合作与发展组织(以下简称 OECD)国家自 20 世纪初尝试使用环境税和车辆交通税改善环境质量。何平林、乔雅等(2019)运用面板 ARDL 模型验证了环境税的征收可以实现绿色红利和蓝色红利的共赢。环境税和车辆购置税的实施分别显著减少部分化石能源的使用和污染物的排放;蓝色红利的实现表现为经济增长和失业改善,并通过个人所得税税负平移机制减轻税收的扭曲效果。

部分研究关注到不同类型的环境政策对环境改善和经济发展之间协调关系的影响存在差异。经济增长和环境改善基本上可以实现协调发展,政府环境治理投资对宏观经济的正面效应在长期表现稳定,治污支出会挤占居民消费进而导致产出的小幅下降,但碳税会对经济造成显著冲击(孙建,2020)。制定适宜的税收目标循序渐进是化解经济波动的关键因素,初始目标设定过高将不利于经济平稳发展,例如部分研究指出碳税税率存在最优水平(Golosov, M., Hassler, J., Krusell, P. and Tsyvinski, 2014)。肖红叶和程郁泰(2017)在 DSGE 模型中引入环境税、总量控制和强度标准三类有关碳排放政策的环境因素以构建 E-DSGE 模型,模拟五种环境政策实施发现独立冲击下碳排放政策对主要经济变量的冲击微弱,认为我国经济运行能容纳碳排放政策的实施,但环境政策的减排量设定过高会对产出造成严重冲击。但也有研究指出技术进步对环境影响的不确定性依然存在。由于生态产品产权属性的私有性和公有性尚难有绝对清晰的界定,这易导致企业对生态的使用超越最优规模的界限,加速生态环境的恶化。企业技术进步拉动经济增长,同时扩大了对能源的需求,从而会对环境造成负面效应。当价格刚性和实际风险存在时,能源效率提升反而呈现出回弹效应,即能源投入增加而污染却加重(David C. Popp, 2001；Bowen Xiao, Ying Fan and Xiaodan Guo, 2018)。但技术的更新同时也会波及能源价格,尚未有研究指出技术驱动下能源价格波动对碳排放的影响。

DEGE 模型的优化主要体现为被引入环境动态变化过程和主体异质性的划分。有研究在 DSGE 系统中引入动态变化的环境系统进而构建双系统 DSGE 模型,探究企业和政府不同主体行为下宏观经济变量和环境变量的作用机制,认为其中环保技术的改善和厂商的节能减排努力程度是环境质量提高的重要因素。环保技术的更新虽然会在短期内增加企业的成本从而冲击企业的生产规模,但长期来看并不逆转企业生产增长的趋势,同时使得碳排放量显著下降、环境质量得以改善(武晓利,2017)。此外,不同减排政策的时效并不相同。政府减排政策从中长期来看可能会对诸如产出、消费等经济因素造成负面影响,补贴在短期内能抑制碳排放量,但长期看却影响甚微;反之治污支出则在短期效果有限,长期看却能有效改善环境质量(武晓利,2017)。碳税在长期实施效果显著,适用于高碳排放产业的规制;而碳排放交易权更为立竿见影,适合短期内局部减碳,两者结合使用有利于发挥时效的互补(谭灵芝和孙奎立,2019)。有研究在模型中直接纳入能源领域,将三部门拓展至家庭、政府、最终产品产商、环境和能源,由此预期中国实行环境税并结合清洁能源的推行有利于碳减排(Tong Niu, Xilong Yao, Shuai Shao, and Ding Li,2018)。

主体异质性集中于对家庭部分的分类。TANK-DSGE 模型以家庭收入和金融市场参与度刻画家庭的异质性,进而细微识别减税的实施效果。减税对经济发展和收入分配格局均能发挥积极作用,但对就业的影响具有不确定性(尹彦辉、缪言、孙祥栋,2021)。在纳入家庭异质性分类后,税收政策的实施效果可能与其目的相背离。家庭异质性以能否参与金融市场进行资源跨期配置而被划分为李嘉图家庭和非李嘉图家庭,对两类家庭创造收入的生产要素、效用最大化的考量存在差别。以不同要素为征收对象的税收变动对于收入分配格局会产生不同方向的改变(张明源、薛宇择,2020),因此实施全方位的减税政策有可能适得其反,造成贫富差距的固化和延续。而企业异质性在 DSGE 模型中较少体现,但现实中随着能源产业链的延伸,企业受环境税收和技术波及的程度不同而形成层级式分类。此外,对环境税收的描述局限于提高能源的成本,但环境税收针对化石能源和清洁能源的区别有收有放,税收负担存在的差异性也没有得到体现。E-DSGE 模型还可以通过将国家主体设定为两个国家,动态刻画国家间是否进行碳减排合作对碳税税率的影响。国内全要素生产率与碳税税率的设定存在正向关系,而在存在国际合作的情况下,那些不合作国家碳税税率提高幅度较小(Ying Tung Chan,2020)。

有关环境的 DSGE 模型研究多数将技术视为外生冲击,但实践表明企业的技术投资会受到能源价格等经济变量的影响而自发改变。美国在 20 世纪最后四十年的能源价格波动情况指出,能源价格的变化导致相关技术的创新,虽然这一影响细微却真实存在(Ian Sue Wing,2008)。因此理论上也在不断探索包含内生性技术的研究框架以更好地描述现实,探索环境政策和技术变动的作用机制。AABH 模型以内生增长模型为基础并引入环境因素,指出环境政策的实施效应取决于清洁能源和肮脏能源的替代性。当两者替代性较高时,环境政策只需发挥短时效应,清洁技术的转变将推动环境改善;而当两者替代性较低时,长久的环境政策则是必需的。征税环节的不同也会影响到技术的发展趋势。有研究在 DSGE 模型中引入内生的技术参数,即企业会随着经济激励的改变而调整技术水平,例如能源成本的上升促使企业用资本要素或更节能的技术代替能源的投入。张晓娣和孔圣喜(2019)将能源税收的征税环节区分为投入环节征税和产出环节征税两类,认为相比之下进项税有利于降低经济成本和社会成本的损耗,并且能促进节能技术的应用。我国正处于碳减排的攻坚克难时期,选择合适的碳减排路径十分关键。但引入内生性技术的 DSGE 模型对环境政策和税收的研究仍处于初期,尤其缺乏对我国情况的相关探索。

二、DSGE 框架下经济政策分析思路

过去十多年间,随着新古典综合学派(New Neoclassical Synthesis,以下简称 NNS)的深度发展,真实经济周期理论(Real Business Cycle,以下简称 RBC)与新凯恩斯范式(New Keynesian Paradigm)这两大经济周期理论

之间的交锋与碰撞宣告结束。NNS 范式同时带来了包含垄断竞争、货币政策规则以及名义不完全市场的 RBC DSGE 模型(Woodford，2003；Galí and Gertler，2007)。与 RBC 传统相一致，DSGE 本质上是可变劳动力供给下、标准新古典增长模型的随机版本：经济系统中存在居民和企业两大类主体——无限期界的代表性居民在跨期预算约束下最大化效用，大量企业拥有同质的生产技术并经受外生性冲击，且所有主体均能形成理性的预期。一方面，DSGE 模型的新凯恩斯色彩来源于三个方面——货币、垄断竞争和粘性价格。通常情况下，货币仅具有账户单位的功能，而粘性价格所带来的名义刚性将保证货币在短期是非中性的，所以，中央银行能够通过利率操作影响短期的真实经济活动。另一方面，DSGE 模型的 RBC 基础使其计算产出及实际利率的"自然水平"成为可能，换言之，可找到完全可变价格条件下产出和利率的均衡值。"自然水平"的产出和利率构成了货币政策的参照基准，即如果央行持续推动产出和利率偏离其均衡水平，则必然导致通货膨胀或紧缩。

NNS 范式下的 DSGE 模型主要由三大公式构成：附加预期的 IS 曲线(expectation-augmented IS)、新凯恩斯菲利普斯曲线(New Keynesian Phillips，NKP)与货币政策规则。其中，附加预期的 IS 曲线构成了 NNS 模型的总需求基石。基于完全资本市场假设并围绕稳态进行对数线性近似，便可通过产品市场出清条件和代表性居民的 Euler 等式推导出 IS 方程：

$$\widetilde{y}_t = E_t \widetilde{y}_{t+1} - \sigma(i_t - E_t \pi_{t+1} - r_t^n) \tag{1}$$

其中，$\widetilde{y}$ 为实际产出与其"自然"水平的相对差距，σ 为跨期消费替代弹性，i 为名义利率，π 为通货膨胀率，r^n 为"自然"利率，E_t 为 t 时期理性预期符号。与传统 IS-LM 模型一致的是，这里的 IS 方程同样认为总产出缺口与利率缺口之间是负向关联。

NNS 模型的总供给基石可以归结为 NKP 曲线。以 Dixit-Stiglitz (1977)垄断竞争模型和 Calvo 价格僵固(staggered prices)模型(1983)为出发点，企业在任意时期都可以按照当前和预期未来名义边际成本的加权平

均水平来调整价格。结合价格指数、劳动力市场均衡,以及最优价格制定的对数线性近似,可以得到 NKP 曲线:

$$\pi_t = \kappa \tilde{y}_t + \beta E_t \pi_{t+1} + u_t \tag{2}$$

其中,β 为主观贴现因子。κ 取决于两大因素:边际成本对产出的弹性和价格调整对边际成本波动的敏感性。u 为成本推动型冲击——用于反映"自然"水平产出往往与社会有效产出水平不等的事实。u 的出现意味着通货膨胀不仅依赖于实际产出超过其均衡水平,同时受制于其他影响公司实际边际成本的因素。

模型(1)和(2)构成了包含 2 个差分方程和 3 个未知数——产出缺口、通货膨胀和名义利率——的系统。为了方便求解,需要在系统中附加额外规则以决定名义利率,而这便是货币政策的作用。通常,最优货币政策法则的选择采取福利标准:通过对居民效用进行 2 阶 Taylor 系列展开,求得中央银行的福利损失函数,该函数是通胀率及产出与其社会有效水平偏离的 2 次函数(Woodford,2010)。最后,利用 Taylor 法则等简化规则将模型进行闭合(Taylor and Williams,2010):

$$i_t^\tau = r_t^n + \varphi_\pi \pi_t + \varphi_y \tilde{y}_t \tag{3}$$

其中,i^τ 为央行目标利率,参数 $\varphi_\pi > 0$,$\varphi_y > 0$。经典 DSGE 模型通常是中等规模的,可以进行扩展以探究投资动态和信贷市场。

在使用 DSGE 模型进行政策分析之前,需要进行参数校准和实证效果评价。在该阶段,我们会把政府支出、私人消费扰动等不同类型的冲击加入模型以改善估计效果。由于前瞻性主体的假设,标准 DSGE 模型对名义和实际变量之间的协同变动的轨迹无法与计量经验检验结果相匹配(例如,产出和通货膨胀对于货币政策冲击的反应过快,与实证性脉冲响应函数所描绘的渐进式调整不一致),所以我们会将大量"摩擦"引入模型,如先定的价格及支出决策、价格及工资对过往通货膨胀的指数化变动、粘性工资、消费偏好的习惯形成、投资调整成本、可变资本利用率等。

从计量经济的角度,DSGE 模型的方程(1)—(3)可以表示成 VAR 模型,其估计方法有两个——有限信息法和完全信息似然法。其中,完全信息法在 DSGE 模型发展初期曾屡遭诟病甚至几近被摒弃,后来随着 Bayesian 技术的引入,才重回学界视野,并已经成为最常用的估计方法。二者的思路和步骤见表 2.1:

表 2.1　DSGE 估计方法思路总结

有限信息法	完全信息似然法
指明货币政策规则与冲击的运动规律;	对冲击施加必要的限制条件以便进行后续识别,例如假设技术冲击服从带有 i.i.d. Gaussian 误差项的独立 1 阶自回归过程,货币政策冲击则是 i.i.d.正态白噪音过程;
将模型参数分为两大类;	利用 Kalman 滤波计算被观测时间序列的似然函数;
对第一类参数进行校准——依据理论或经验研究为其选择合适的取值; 调整内生变量的时期,使利率对同期产出及通胀作出响应,而后者仅受滞后利率的影响;基于该假设,可利用 OLS 估计出货币政策规则的系数以及内生变量对货币政策冲击的脉冲响应函数;	通过校准与初步探索选择参数初始值,形成先验分布,以获得期望得到的统计特征; 将似然函数与参数先验分布相结合,获得后验密度函数,用于计算参数估计值;
对第二类参数进行校准——通过最小化模型生成的脉冲响应函数与实证结果之间的距离;	将估计得到的 DSGE 模型边际似然值[①]与标准 VAR 模型所得结果进行比较,或是将模型生成的交叉协方差与实证结果进行对比,以评价 DSGE 模型绩效。
在存在其他约束条件的情况下,确定并添加额外结构性冲击。	

　　一旦通过校准或估计的方式获得模型参数并对结构性冲击进行明确,便可最终用于政策分析实践。具体说来,在推导出福利损失函数之后,即可对政策规则的效果进行评估——其中既包括确保确定性均衡存在的"简单"政策规则,也包括在最优货币政策规则下更加恰当的参数化。而这些都可通过模拟来实现——将各类不同结构性冲击施加于 DSGE 模型,计算通胀

---

① 根据 Smets and Wouters (2003),模型 A 的边际似然值为:$\int_{\theta} p(\theta \mid A) p(Y_T \mid \theta A) d\theta$,其中,$p(\theta|A)$ 是模型 A 的先验密度,$p(Y_T|\theta A)$ 是可观测时间序列 Y_T 相对于模型 A 和参数 θ 的条件似然函数。

与产出缺口的方差,以及不同货币政策规则与参数化法相对应的福利损失(Gali and Gertler,2007)。在实践中,现实经济如何对结构性冲击作出反应并不完全与模型所描述的理想状态一致,且受央行货币政策变动的影响。

三、DSGE 经济政策分析存在的问题

无论是理论还是实证方面,基于 DSGE 模型的政策分析均面临一定困境,甚至有可能损害其政策模拟的有效性和实践意义。

(一)理论困境

从理论角度看,DSGE 模型是根植于 Arrow-Debreu 传统的一般均衡(以下简称 GE),并带有些许非 Walrasian 特征(如粘性价格等),因此,其必然存在传统 GE 模型的共性问题与缺陷。尽管新古典范式中已经涌现众多知名文献试图解决 GE 模型的理论困境,但一些主要问题仍是相当明显。

首先,一般均衡存在的充分条件无法保证均衡的唯一性和稳定性。索南夏因(Sonnenschein,1972)、德布鲁(Debreu,1974)和曼特尔(Mantel,1974)的研究均指出,可通过对经济主体的禀赋、偏好等个性特征来实现均衡的唯一性和稳定性;而柯曼等(Kirman and Koch,1986)进一步强调,即使主体都是同质的(具有完全相同的偏好和禀赋),以上两性依然难以保证。

针对上述问题,新古典经济学家采取的策略便是引入代表性主体(representative agent,以下简称 RA):一旦异质性主体的选择同化成单一代表性个体的决策,不仅所有与加总相关的难题均可得以规避,而且能够为 GE 宏观经济模型提供严密的 Walrasian 微观基础(如理性、约束性优化等)。但是,RA 假设至少有三个方面存在质疑。第一,个人理性是否代表集体(总体)理性? 在宏观层面,主体们是否会如最大化个体一样决策和行为,还未有正式说明和论断。第二,即使第一点成立,RA 对于冲击或参数变动的响应是否恰好与被代表的千万个体的总体反应相一致? 第三,即使前二点均成立,那么仍然可能存在如下情景——代表性主体与被代表的主体们的选择偏好完全不同。

RA 假设也为实证研究带来额外困难:一旦检验基于 RA 模型形成的命

题,将不可避免对 RA 假设本身进行连带检验,因此,对后者的拒绝可能导致对待检验命题的拒绝。福尔尼和里皮(Forni and Lippi,1999)、佩沙兰和楚迪克(Pesaran and Chudik,2011)均对这点进行了证明,同时提出对异质性个体的加总无法保留线性微观经济模型的基本特征:例如,微观协整并不一定带来宏观协整,宏观层面的 Granger 因果关系可能并不存在于微观层面,静态微观方程的加总可能产生动态宏观方程,等等。因此,只有当经济主体的异质性实现恰当且清晰的模型化时,以微观经济理论来检验宏观经济性征才是准确的。

此外,求解 DSGE 模型时所产生的差分方程系统也是潜在的问题来源,即 DSGE 模型的均衡条件系统是否存在确定性的解。假使外生冲击与货币政策规则所产生的波动很小,且 Taylor 准则成立[模型(3)中 $\varphi_{\pi} > 1$],便能够证明 DSGE 模型理性预期均衡的存在性与局部确定性;这使得执行比较"动态"分析(如计算脉冲响应函数)以及在稳态附近进行对数展开成为可能。然而,局部确定性均衡的存在无法排除整体存在多均衡的可能性(Ascari and Ropele,2009),并极有可能导致模型路径的发散,使其不适于用于政策实践模拟。

(二) 实证困境

在经验验证方面,DSGE 模型同样存在问题。如卡诺瓦(Canova,2008)指出,DSGE 模型估计和检验的前提是假设模型代表了被观测数据的真实数据生成过程(data generating process,以下简称 DGP);换言之,仅当 DSGE 模型高度模拟了未知的数据 DGP 时,随后的推论及政策实验结果才具备有效性。

如前文所述,DSGE 模型可以写成如下形式的 VAR:

$$A_0(\varphi)x_t = H_1(\varphi)x_{t-1} + H_2(\varphi)E_t \tag{4}$$

其中,x 包括内生与外生变量,φ 为参数向量,E 为误差向量,如果矩阵 A_0 可逆,DSGE 模型可进一步写成简化形式(reduced-form)的 VAR。

在深入分析 DSGE 模型的识别(Identification)、估计(estimation)与评

估(evaluation)这三个维度之前,有必要对其两大潜在问题来源进行初步探讨。其一,DSGE 模型所考虑的内生变量数量通常大于结构性冲击的数量,从而带来系统奇异性,而该问题往往通过添加测量误差来解决。其二,H1和 H2 均为降秩矩阵(reduced rank matrix)。但以上变形存在两类问题:一是如果移动平均部分不可逆,那么 DSGE 模型便无法表示成 VAR;二是即使 VAR 形态存在,还需要有限数量的滞后项(Alessi et al.,2007)。

在识别方面,由于结构性参数 φ 中存在大量非线性关系,DSGE 模型的识别较为困难,并在局部或整体层面影响到参数空间。卡诺瓦等(Canova and Sala,2005)对 DSGE 相关的识别问题进行了分类。第一,即使有着完全差异化的经济和政策含义,不同的 DSGE 模型仍有可能表现出近似等同的整体决策规则,导致其在观测上无法被明显区分。第二,参数的部分识别或不充分识别可能会困扰部分 DSGE 模型,如某些参数没有体现在总体决策规则中,或是以特定的方程形态存在。第三,弱识别问题也可能存在于DSGE 模型,例如总体决策规则系数与结构性参数之间的映射可能呈现非对称性,而这类问题往往无法通过增大样本容量解决。

识别问题将导致结构性参数的有偏估计,并无法应用标准渐进(asymptotic)理论评估参数估计的显著性,造成 DSGE DGP 与真实数据之间的偏差,严重削弱了参数估计的经济意义以及政策分析的有用性(Canova,2008)。例如,肖尔夫海德(Schorfheide,2008)对发表于国际 1 类期刊的 42篇 DSGE 文献进行了研究,发现其对新凯恩斯菲利普斯曲线参数的估计值从 0 到 4 不等。在大多数情况下,识别问题只能依靠对模型进行再参数化来化解。

在估计方面,前文提到的识别问题同样在一定程度上影响到 DSGE 模型的估计。一般而言,使用标准最大似然值法(以下简称 ML)很难对 DSGE模型进行估计。原因在于,如果一旦对数据的代表程度不够,ML 估计值便是有偏和非一致性的。这便解释了为什么 ML 估计经常会得到缺乏经济意义的估计值。

使用有限信息法估计 DSGE 模型时惯常采取的策略为:对难以识别的

参数进行校准,而后对其他参数进行估计。然而,根据前文指出的识别问题,该策略仅在能够赋予被校准参数"真实值"的前提下才有效;否则,估计结果便是有误的,进而无法被用于解决经济和政策实践问题。

第四节　DSGE 模型在碳税领域的应用研究

一、DSGE 在碳税政策影响评估中的应用

近二十年间,CGE 模型和综合评估模型(integrated assessment models,以下简称 IAM)为碳税等环境政策的单一目标评估或综合评估提供了良好的分析框架(Chaturvedi et al.,2014;Fan et al.,2016)。较为常用的气候 CGE 模型包括 DICE、GTAP、AIM 和 GEM-E3 等。然而随着经济结构变得更加复杂,一些学者指出,经济系统中的深层次不确定性对碳税政策的实施效果将产生实际影响,反之亦然(Heutel and Fisher,2013)。然而 IAM 和 CGE 等模型无法处理动态随机冲击引起的经济系统中的深层不确定性(Pindyck,2013;Revesz et al.,2014)。菲舍尔和斯普林伯恩(Fischer and Springborn,2002)以及赫特尔(Heutel,2003)等文献是应用 DSGE 模型研究随机环境下碳排放问题的开拓性研究。菲舍尔和斯普林伯恩利用真实商业周期模型比较了三种减排工具——碳强度目标、排放限额和碳税之间的福利差异。赫特尔同样使用真实商业周期(RBC)式 DSGE 模型来推断持续的生产率冲击和排放之间的关系。安尼基亚里科和迪迪奥(Annicchiarico and Di Dio,2003)使用新凯恩斯主义 DSGE 模型回答了类似的问题。以上三项研究结果的共性在于,最优碳税率调整受价格粘性的影响,而合理的碳税制度能够缓冲经济周期带来的排放波动。

当前,碳税政策应对这些不确定性的能力已成为评估政策效果的重要指标(Holladay et al.,2019)。而 DSGE 模型的优势在于,能够通过引入包括技术、财政、货币政策冲击等在内的随机冲击,将未来的不确定性纳入经济系统(Farmer et al.,2015),在不同冲击实现的条件下求解最优碳税率,

模拟施加碳税政策的经济系统如何动态响应这些冲击,并进一步分析动态和随机条件对碳税效果的实际影响。DSGE 模型的另一个重要优势在于,其描述企业和家庭跨期决策的一阶条件是动态和前瞻性的,因此,实时变动的动态最优碳税率只能通过 DSGE 模型求解。

自菲舍尔和斯普林伯恩(Fischer and Springborn,2011)、赫特尔(Heutel,2012)、赫特尔和菲舍尔(Heutel and Fischer,2013)的奠基性工作以来,在 DSGE 模型背景下探讨碳税等减排政策的研究发展迅速。在 RBC 模型中,由于不存在不完全竞争市场缺陷,赫特尔(Heutel,2012)研究发现,最佳税收是顺周期的,随着经济进入衰退状态,税收应该减少。戈洛索夫(Golosov,2014)使用 DSGE 模型开发了一个相对简单的最优碳税公式。他们也发现税收应该是顺周期的。本章得出了类似的结论。米格尔和曼萨诺(Miguel and Manzano,2006)发现,当石油消费产生负外部性时,汽油的最佳税率是顺周期的,并且在 DSGE 模型的扩展中,当汽油作为投入时,最佳石油税的走势与石油价格的变化相反。先前作者的共同发现是,最优税收应该根据经济状况进行调整,这一发现的基础超出了理论工作。对碳排放和总体经济活动的实证研究表明,排放具有高度的顺周期性(Doda,2014;Khan et al.,2019)。通过使用结构向量自回归,汗等(Khan et al.)研究表明,收入创新存在延迟响应,在积极的经济冲击后,排放遵循驼峰型模式。罗奇(Roach,2015)利用马尔可夫转换模型发现,消费者对汽油的需求以及汽油的排放具有两种潜在的"状态",这两种状态与衰退期密切相关。谢尔顿(Sheldon,2017)得出了类似的结论。部分学者也支持对二氧化碳使用动态税率,但表明该税率应补充货币政策,而不是响应财政政策(Chan,2020)。能源—环境—经济 DSGE 模型包含家庭、能源、政府、最终产品和环境五个部门,用于评估中国碳排放对碳税收冲击的反应。该模型利用化石能源份额映射建立了碳税的指数函数,通过脉冲响应和方差分解发现碳税有助于引入清洁能源并改善能源结构,但其减排效应可能受到某些外部冲击的削弱,而碳排放总量可能会在很长一段时间内保持增长(Tong et al.,2018)。

　　从预测的角度来看,马尔可夫链是一个具有马尔可夫特性的离散时间随机过程(Han et al.,2020):给定当前的知识或信息,过去的历史状态与未来状态的预测无关;而实时能源管理系统也符合马尔可夫链特征(Li and Lu,2019)。因此,利用该方法预测未来能源结构调整是一个很好的选择。伊尔凡等(Irfan et al.,2021)将马尔可夫链嵌入DSGE框架,评估了后疫情时代经济低速发展情景下能否通过能源结构调整实现2030年碳达峰目标,模拟和评估了经济如何应对不同外部冲击带来的能源结构变化,并通过动态收敛路径预测未来四十年能源结构变化对中国经济的影响。

　　总体看来,包含碳排放和减排政策的DSGE模型可分为两种:基于RBC结构的浮动价格模型,以及采用NK框架并包含某种名义刚性的模型。前者代表性研究包括安杰洛普洛斯等(Angelopoulos et al.,2010)、菲舍尔和斯普林伯恩(Fischer and Springborn,2011)以及赫特尔(Heutel,2012)。安杰洛普洛斯等(Angelopoulos et al.,2010)和赫特尔(Heutel,2012)将污染物排放作为生产副产品进行处理;菲舍尔和斯普林伯恩(Fischer and Springborn,2011)则将污染物排放作为能源消耗的产出。弗里德等(Fried et al.,2013)将环境反馈机制纳入内生经济增长框架,从而将二氧化碳排放与经济增长联系起来。林图宁和维尔米(Lintunen and Vilmi,2013)还使用DSGE模型分析了环境政策的周期性,他们发现最佳碳税政策是顺周期的。与先前关于价格与数量政策的文献相比,戈洛索夫等(Golosov et al.,2011)建立了一个动态公共财政模型,以研究具有内生技术变化的最优碳税。因此,近年来不少研究开始转向探讨动态经济不确定性对碳税政策的影响,其中大多数集中于使用DSGE模型进行减排政策的比较和选择(Angelopoulos et al.,2010;Fischer and Springborn,2011;Annicchiarico and Di Dio,2015;Xu et al.,2016;Zhang and Zhang,2020)。安尼基亚里科和迪迪奥(Annicchiarico and Di Dio,2015)在NK框架下比较了生产率冲击下不同减排政策的动态效应。有学者(Xu et al.,2016)将其模型扩展至不同政策选择下的其他冲击。迪苏和卡尼佐娃(Dissou and Karnizova,2016)将经济分解为六个部门,分析了存在持续生产率冲击的各类减排政策工具选择。罗奇（Roach，2021）利用美国数据对包含了不完全竞争市场的 DSGE 进行了校准，在考虑了垄断竞争、个人收入所得税和价格粘性等形式摩擦的次优环境中，对碳税及其收入循环的福利效应进行了分析，发现实施一次性转移支付再分配的动态碳税对居民及消费者最为友好。

从韦茨曼（Weitzman，1974）开始，在存在不确定性的情况下确定最优碳政策一直是环境经济学中最重要的研究问题之一。在碳税制度设计上，首先需要考虑企业面临不确定性而作出非理性/逆向选择。政府可以通过提前宣布合适启动碳税来减少这种不确定性，让企业有更多的缓冲准备时间（Di Maria，2008）。然而，"绿色悖论"（Green Paradox）假说警告提前告知可能导致更多的污染物排放（Sinn，2008）。根据斯莫德斯等（Smulders et al.，2012）和詹森等（Jensen et al.，2015）的研究，跨国能源企业基于跨期利润最大化决策以决定开采化石能源的最佳时机，如果对于未来碳税开征日期具有明确的预期，企业会将资源开采的时间前移，从而加速碳排放和环境退化。令人惊讶的是，很少有文献研究碳政策公告的影响。迪玛利亚等（Di Maria et al.，2018）发现，当政府明确宣布在未来某一时间点将实施碳税，可能会增加过渡期的排放量，因为企业将在过渡期开采使用更多的能源。斯莫德斯等（Smulders et al.，2012）对居民行为的研究也发现，大多数家庭也将通过在过渡期增加储蓄来平抑消费，并刺激企业加速利用化石能源增加产出，导致在此期间产生更多碳排放。陈（Chan，2020）使用环境动态随机一般均衡（E-DSGE）模型研究了可预期碳税对环境和福利的影响，模拟发现，政府提前三年和一年宣布将碳税税率从 1％提高到 5％可能会使企业季度减排投资分别减少 0.081％和 0.114％。

碳税政策的实施将产生一些经济成本，并给不同类型的经济活动带来不确定性（Mardones and Baeza，2013）。因而，近几年来碳税等减排措施对长期经济增长和短期经济波动一直是宏观经济学的核心问题。其中，对长期经济增长与碳税政策之间的关系已有深入研究（Doda，2014；Abdullah and Morley，2014），而关于碳税实施带来的短期经济波动的研究较少

(Ramzi et al.，2017)。不少学者指出，经济波动对碳税政策的实际效果有显著影响，反之亦然(Heutel and Fischer，2013)，因而不能忽视碳税与经济波动之间的重要双向反馈关系(Xu et al.，2016)。因此，面对 DSGE 框架中的各种不确定性，从经济波动的角度评估碳税影响相当重要。凯恩斯结构DSGE 模型的预测显示，正向技术冲击下碳税会对经济增长产生显著的抑制效应；当政府扩大公共投资对私人投资产生挤出效应时，碳税则能够对经济增长指标波动产生一定的稳定作用(Mo, Schleich and Fan, 2018)。张(Zhang and Zhang，2020)将包含二氧化碳排放量的环境质量引入家庭效用函数，发现碳税的引入不仅会降低长期经济增长，同时会导致更大的短期经济波动，并基于此得出当前更应当通过控制碳强度来实现排放上限的政策建议。布考斯基和科瓦尔(Bukowski and Kowal，2010)构建了一个较大规模、多部门的 DSGE 模型，并根据欧盟的数据对其稳态和动态特征进行了直接校准。通过对模型结构中的变量关联和相对标准误差，其研究了 2010—2030 年期间宏观经济对碳减排政策的整体动态响应以及逐年波动情况。利用上述模型，其将碳税与其他主要减排工具(能源替代补贴、产业政策干预、能源效率提升)进行了比较，同时建立了若干公共财政闭合情景，据此构建了不同版本的边际减排曲线。

由于碳排放是全球面临的共性问题，因此部分学者将 E-DSGE 模型由封闭经济扩展成开放经济模式。安尼基亚里科和迪利索(Annicchiarico and Diliiso, 2012)构建了一个两国 E-DSGE 模型以考察国家间的冲击传播、汇率和贸易动态对各国能源消费与排放的影响，研究了在存在跨界污染的情况下，国际合作如何影响本国的最优碳税率。一些学者探讨了如何通过建立国际条约或同盟解决碳泄漏问题，主要强调国家间的战略性政策互动(Gerlagh and Kuik, 2012；Tan et al.，2013；Antimiani et al.，2014；Bohringer，2018)。费尔南德斯和比利亚韦德(Fernández and Villaverde, 2017)发现，在部分均衡的小型开放经济模型中，利率的高波动性可能导致企业减排投资下降——当面临更高的利率不确定性时，居民将减少外国债券持有，而外国债券的减少也意味着实际投资减少。穆塔兹和萨内蒂

(Mumtaz and Zanetti，2018)在一个包含政府支出波动性的新凯恩斯主义模型中发现，财政政策的不确定性也将影响企业对能源消费的投入决策。为了量化政策不确定性的程度，康和拉蒂（Kang and Ratti，2018）以及安东纳卡基斯（Antonakakis，2019）发现石油特定需求冲击与财政政策不确定性指数之间存在显著的正相关关系。除了货币和财政政策外，汉德利和力茂（Handley and Limao，2019）发现，贸易政策（灌水）的高度不确定性也会降低企业的投资和进入国际贸易市场的可能性，并导致未来碳政策实施的不确定性。因此，考察开放经济环境中财政、货币、关税等宏观不确定性的环境影响也为未来碳税研究打开了新的方向。

在现实世界中，丹麦、芬兰、瑞典、荷兰和挪威是最早对二氧化碳排放征税的地区，评价其碳税改革在改善环境质量方面的作用具有重要意义。阿戈斯蒂尼（Agostini，2012）研究了丹麦引入各种与碳排放相关税收所导致的能源结构升级，发现燃料之间的替代效应只有在高税率前提下才能实现。实证结果表明，实施 100 美元/吨的税可以减少 16％ 的碳排放量，且电力生产部门的排放水平将在未来 10 年间实现稳定（碳达峰）。加祖阿尼和沙赫扎德（Ghazouani and Shahzad，2013）首次在欧洲共同体背景下对实施碳税和未实施的国家进行了比较研究，研究使用倾向评分匹配法，证实了采用碳税对刺激减排的积极显著影响。根据巴兰齐尼（Baranzini，2015）的观点，碳税政策的设计必须基于不同国家具体经济状况和技术选择，才能通过税制设计和税收收入循环使用来补偿其主要负面影响。在欧洲样本国家中，芬兰碳税对其人均二氧化碳排放增长具有显著的抑制作用；丹麦、瑞典和荷兰的碳税效应并不显著，这在很大程度上在于这些国家对某些排放密集型产业采取税收监管自由化政策（Lin and Li，2016）。布鲁沃尔和拉森（Bruvol and Larsen，2017）的实证观察指出，1991—2011 年，随着石油钻井和天然气开采部门快速增长，挪威的全国总排放量有所增加，但单位 GDP 排放量显著减少 14％。尽管碳税在其中的贡献率仅为 2％，但考虑到其长期的减排成本与效益之比比较适中，因而建议采用碳税作为减排工具。卡兰（Callan，2017）研究了爱尔兰碳税收入循环对收入分配的影响，结果表明,20 欧元/吨碳当量的碳税将使最贫穷家庭每周支出增加 3 欧元左右,而最富有家庭成本则增加多于 4 欧元,因此碳税福利效应是累退的。有学者聚焦碳税对新兴经济体的技术进步和经济增长阈值效应,认为在技术效率低下的现有条件下,发展中国家加强排放监管可能会损害经济发展,因而实施碳税的前提保障是改进与环境有关的技术以提高能源效率(Wang and Wei,2018)。乌卢卡克等(Ulucak et al.,2019)研究了金砖五国(巴西、俄罗斯、印度、中国、南非共和国)的排放相关税收的非线性影响,认为能源税、碳税和环境相关税对新兴经济体的作用仍不明确,而且可能带来环境相关技术发展的缓慢甚至停滞。

二、DSGE 在最优碳税制度设计中的应用

早期碳税率估计建模主要基于对碳排放边际损害外部性(marginal damage externality)公式的推导,包括诺德豪斯的综合评估模型(integrated assessment model),还有其他计算模型可以得出碳的社会成本值,具体见 FUND 模型(Tol,1997)或 PAGE 模型(Hope,2008)。宇泽(Uzawa,2003)的动态模型将碳排放造成的损害纳入效用函数,结果表明最优碳税与收入成正比。艾克曼和图尔肯斯(Eyckmans and Tulkens,2003)基于线性效用函数以及外生性的排放路径推导出排放边际外部性公式。古尔德和马泰(Goulder and Mathai,2000)、霍尔(Hoel,2009)分别考察了不变边际成本、指数型边际成本假设对于排放社会成本估计及碳税定价的影响。戈洛索夫、哈斯勒和齐文斯基(Golosov,Hassler and Tsyvinski,2018)从碳排放的边际外部性出发,通过 DSGE 模型分析得出了简单的、通用的最优碳税率公式,即未来碳排放损失弹性的贴现总值预期。这一税率与当前 GDP 存在一定比例关系,并取决于三个变量:贴现率、预期外部性弹性(每额外单位碳排放引致的产出损失流量),以及大气碳衰减结构。因此,碳税率的制定独立于未来产出、消费和大气二氧化碳浓度等随机变量,以及对技术和人口的路径依赖(无论是内生还是外生)。该最优碳税在此基础上建立了一个精简但全面的通用模型用于计算不同能源下的市场调控路径以及相应的气候变

化。研究还发现，不作为成本（costs of inaction）对于能源间可替代性和能源技术进步假设非常敏感。该碳税公式在经济能够内生地将资源导向绿色技术创新时依然适用。阿西莫格鲁等（Acemoglu et al.，2012）基于路径依赖视角认为这一渠道是妥善应对气候变化的关键，因而应该加强绿色技术补贴。模型同时讨论的了碳封存（以下简称 CCS）技术的可行性，在同时存在最优碳税的经济系统中，如果 CCS 成本低于每吨碳 60 美元，则可以作为补充工具进行实施。

　　碳资产定价理论利用资产定价模型求解存在环境外部性下的最优碳税，重点考虑了随机贴现因子（以下简称 SDF）与碳税政策之间的联系。SDF（未来与当前边际效用之比）是现代资产定价理论的一个重要组成部分。研究发现，最优税收由碳排放量的影子价值决定，在数量上可表示为由排放引起的边际负效用的无限贴现总和。从福利经济学角度看，使企业减排成本等于隐性市场价格也是符合"最优"分配原则的。这一贴现金额反过来又受到用于资产定价的 SDF 的显著影响。最优碳税收和 SDF 之间的这种联系打破了传统研究对宏观经济与金融市场的分离（如 Cochrane，2017；Tallarini，2000），意味着金融市场会影响环境政策的设计，进而影响福利。从金融角度看，当前消费与环境外部性之间的关联无疑会影响不确定条件下的资产定价。因此，最优碳定价需要考虑气候变化的补偿效应。研究发现，碳排放及其气候风险将降低自然利率水平，因为当企业无法将其排放造成的损害内生化时，居民会变得更加厌恶风险，进而诱导了预防性储蓄。而较低的自然利率则会削弱货币政策的有效性。此时，引入最优碳税可以降低投资所需的风险溢价并提高自然利率。根据测算，顺周期的碳税收可推动长期债券溢价降低 50%，并将自然利率提高约 2%。该结果背后的机制在于，碳税同时减低消费与排放，而后者的外部性下降速率更快，从而缓解了居民的风险厌恶程度。

　　最优政策对资产价格的影响也在很大程度上取决于减排技术。在这个模型中，这可以用税收对风险规避的影响来解释。较不发达的技术可以减少碳税导致的排放总量下降。因此，如果技术效率低下，消费与外部性之间的距离可能会缩小。这反过来意味着风险厌恶的下降幅度较小,从而导致更高的风险溢价和更低的实际利率。

另一些学者从时间维度探讨了最优碳税的时间路径,指出税率随时间推移是增长还是下降取决于重点化石燃料的种类(Canton,2016;Park,2019;陈诗一,2017;孙亚男,2020)。对于石油,由于其价格增长速度快于GDP,那么需要不断降低税率以鼓励石油的延迟开采和使用;对于煤炭(假设其 Hotelling 租金为零),技术变革推动煤炭价格下降的预期较为普遍,因此需要为其设置不断增长的碳税调整路径。

三、DSGE 在减排政策工具比较中的应用

基于市场机制的碳排放管理政策工具可分为价格工具、数量工具和强度工具三类,例如,碳税政策、碳排放交易系统和碳排放许可证政策。前者以价格控制为特征(Cui et al.,2014),而后两者以总量控制为特征(Zhang and Wei,2010)。此外,一些学者还分析了基于强度的政策。由于三种环境政策各有利弊,因此确定最优政策成为一个不可避免的问题。在一般均衡模型的分支中,DSGE 模型因其具备完善的结构性微观理论基础脱颖而出。通过嵌入微观基础原理,可以从简化形式建模转向结构形式建模(Aiy-agari,1995;Kurozumi and Zandweghe,2011;Leeper and Yang,2008;Benavides et al.,2015)。因此,越来越多的学者开始关注环境和宏观经济的动态效应,并将环境政策嵌入 DSGE 模型。

围绕碳排放限额交易和碳税这两大减排机制之间的争论多年来一直悬而未决(Hu et al.,2020)。碳排放权交易体系(以下简称 ETS)被认为是一种基于市场交易并将减排成本降至最低的有效碳减排手段。有学者基于中国 2006—2015 年的工业数据评估了碳交易对经济产出和碳排放的影响,认为碳交易不仅可以帮助工业部门减少排放,而且可以实现降低碳强度的目标(Zhang et al.,2020)。

福利影响的差异性也是评价碳税与其他减排政策的重要指标。从最大化居民终身效用目标出发,碳税政策是应对不确定性冲击最可取的环

境工具。与限额或补贴等工具相比,实施碳税政策的一个独特之处是减少了企业的自主选择权利,使投资清洁能源或减排技术成为企业操纵排放水平的唯一工具,因而,能够将微观主体减排动机、努力或投资稳定在一个相对恒定的水平。在积极偏好和 TFP 冲击下,减排投资将分别增加和减少。因此,为了缓解碳排放和强度水平,碳税制度只在优惠冲击下适用。与之相对的,碳强度控制会导致企业在现状维持和减排投资之间进行权衡,而投资的长期性与不可逆性将成为不确定性冲击下经济波动加剧的来源。

经济不确定性文献的另一个分支是研究政策不确定性对宏观经济的影响。例如,维拉维德等(Villaverde et al.,2013)发现,在部分均衡的小型开放经济模型中,利率的高波动性可能导致产出和消费下降。当面临更高的利率不确定性时,家庭持有的外国债券更少。由于持有外国债券使家庭能够对冲实物资本投资的风险,外国债券的减少也意味着实际投资减少。该研究还发现,在一个具有政府支出时变波动性的新凯恩斯主义模型中,财政政策的不确定性至少可以将美国产出减少 0.15%。穆塔兹和萨内蒂(Mumtaz and Zanetti,2014)也得出类似的结果,他们使用结构向量自回归模型来表明货币政策波动性的增加可能导致利率、产出增长率和通货膨胀率的下降。此外,生产率不确定性较高的企业更容易受到此类财政政策不确定性的影响。为了量化政策不确定性的程度,贝克等(Bech et al.,2016)通过计算美国十大报纸文章中"不确定性"一词的出现频率来衡量。康和拉蒂(Kang and Ratti,2017)以及安东纳卡基斯等(Antonakakis et al.,2018)采用了该指数,他们发现了政策不确定性与油价之间的动态关系。两篇论文都发现石油特定需求冲击与政策不确定性指数之间存在显著的正相关关系,而石油供应冲击与政策不确定性指数之间存在松散的联系。除了货币和财政政策外,汉德利和力茂(Handley and Limao,2019)发现,贸易政策(税率)的高度不确定性也会降低企业的投资和进入出口市场的可能性。人们可能想知道,未来碳政策实施的不确定性是否也会导致类似的结果。此外,考察财政和货币不确定性的环境影响也很有趣,所有这些我们都留给未来的研究。

在中国,尽管新版《环境保护法》暂时没有将二氧化碳列入应税污染物,但为未来纳入碳税留出了空间(Deng, Farah and Wang, 2015)。鉴于当前碳交易市场设计无法容纳所有排放型企业,不少碳税的坚定支持者认为碳税可以作为补充手段刺激励中低排放量行业或企业进行减排。以往大量基于 CGE 模型的研究主要围绕如何征收碳税、分配碳配额(Hübler, Voigt and Löschel, 2014; Li and Jia, 2016),以及如何在碳交易市场中制定碳价格(Wang et al., 2015; Wu et al., 2016)等议题。然而,上述研究通常无法解决不同减排途径对微观企业如何施加激励机制的问题。在碳税制度下,化石燃料及能源的购买价格将提高,推动企业减少其能源需求和排放;在碳交易制度下,碳价格一旦实现市场出清,不仅反映出企业实际减排成本,而且将通过出售剩余碳配额的成本补偿机制刺激更多的节能技术投入。一些学者考察了碳市场和碳税如何以各种方式影响经济活动,并导致中国绿色增长的不同路径(Bi, Xiao and Kejuan Sun, 2020)。DSGE 模型模拟了不同碳减排政策(碳交易市场、碳税和混合政策)内在技术激励差异下引起的绿色增长路径差异。在碳交易市场情景下,尽管短期减排效应不太显著,但长期内将实现减排和 GDP 增长的双重红利,在一定程度上印证了波特假说;碳税在短期内导致 GDP 增长相对大幅下降,同时对碳减排产生积极影响,然而从长期来看,这些影响会下降;组合政策的效果并非上述两种政策影响的简单加法组合,而将带来绿色增长的另一种可能实现途径,例如,GDP 增长率将会比单独碳税情景下更快地恢复到预期增长路径。

四、DSGE 在多重减排政策协同中的应用

此外基于 DSGE 模型对环境政策协同减排效应的研究也日益成为主要的研究关注点。因为没有任何一种政策工具能够足够地弹性和灵活从而在任何情况下成功解决所有环境问题(Gunningham et al., 1998),在大多数情况下,需要根据具体的环境目标制定政策组合。陈(Chan, 2020)使用 DSGE 模型比较了财政和货币政策以及碳税在遏制空气污染方面的有效

性,并指出这些政策的协同减排效应不容忽视。因此,在当前多种环境政策并存的情况下,定量评估碳税及其他环境政策之间的相互作用对于减排目标的有效实现至关重要。

由于多种环境政策互动机制的复杂性和经济系统的不确定性,DSGE模型在处理政策协调和优化这个棘手问题上具有先天优势(Ulph and Maddison,1997;Bayham et al.,2019)。多个基于 DSGE 的模拟发现,如果缺乏必要的政策协调,同时执行具有不同目标的多个碳减排工具,反而会导致其中某项工具无效。巴勃罗(Pablo,2009)发现在碳交易制度业已存在的前提下,可再生能源政策不会带来碳交易以外的减排,因此,排放交易可能导致可再生能源政策在碳减排方面的无效性。与单一政策的实施相比,碳税和碳排放交易并行实施并没有对碳减排产生重大影响(Zhao et al.,2020)。因此,有必要根据具体的环境、经济或社会目标对政策组合进行优化。赫特尔(Heutel,2012)、安尼基亚里科和迪迪奥(Annicchiarico and Di Dio,2015)以及陈(Chan,2020)通过在 DSGE 框架中引入拉姆齐最优政策方法,从社会福利最大化的角度分析多项减排政策的优化协同设计。一些学者建立了环境动态随机一般均衡(E-DSGE)模型,用于分析中国二氧化硫排放税(于 20 世纪 80 年代开始实施排污收费制度)和二氧化碳排放交易制度(于2017 年 12 月启动全国碳排放交易市场)的动态交互效应并存的双重环境政策下企业的决策问题。研究发现由于二氧化硫和二氧化碳排放共用多种化石燃料,因而确实导致这两项政策之间的重叠,但协同减排效应也带来了比单一政策更强的自动稳定功能(Xiao,Fan and Guo,2021)。欧洲中央银行(The European Central Bank,2021)基于 DSGE 模型的最新研究报告发现,碳税有效性在很大程度上取决于企业减排的难易程度。换言之,如果减排技术效率不高,那么碳税可能无法有效降低风险溢价,从最优税收中获得的福利收益也将小于理论预期。因此,碳税政策的成功与否取决于其实施的时机,即是否具有成熟高效的减排技术作为保障。高效的技术有助于减轻税收的副作用,从而使其福利收益最大化。

五、DSGE 在碳税创新效应评估中的应用

格拉加和维策·莉丝(Gerlagha and Wietze Lise, 2003)在关于碳税是否能带来诱导性技术创新的先驱性研究中,建立了一个以资本和劳动力为生产要素的局部能源均衡模型,通过"干中学"和"研究中学"两种机制实现内生技术变革,同时对私人和公共创新进行了区分。模型显示了未来两个世纪间化石燃料能源到非化石(可再生)能源的内生过度路径将呈现 S 曲线型,且非永久性碳税对非化石能源的技术进步具有永久性影响,其产生的诱导性技术进步将加速能源消费向非化石能源的过渡。

不少研究证据表明,碳税只能在先进技术研发的协同作用下,才能降低减排成本并有效地减少二氧化碳排放(Van der Linde, 2015;Lin and Jia, 2018;Bashir et al., 2021)。从资源效率角度来看,提高碳税在减少有限资源利用方面起着至关重要的作用(Soderholm, 2015)。此外,部分研究认为碳税对企业技术创新的影响是非单调的——最初征收碳税可以激励企业追求更环保的技术,而进一步提高税率则可能带来不利的产出结果(World Bank, 2020)。仅仅依靠碳税并不足以支持私人企业认可并接受能源技术研发的正向外部性(Carraro and Galeotti, 2017),因此拉丰和梯若尔(Laffont and Tirole, 2018)表明,碳税与排放许可同时实施才能刺激企业投资于环保技术创新的积极性,并使企业认识到创新是规避财务负担的最好途径。卡拉罗和菲拉尔(Carraro and Filar, 2019)应用动态现代化组织模型得出了一个类似的结论——当碳税是唯一减排政策工具时,企业会倾向于以非常缓慢的步调进行创新投资。卡梅克等(Karmaker et al., 2020)的异质性 DSGE 表明,长期来看环境税增加 1% 会推动与环境相关的技术创新增加 0.57%(中低收入国家)和 0.78%(高收入国家),该项研究也为发展中国家可利用碳税缩短能源转型时间提供实证支持。中田(Nakada, 2020)认为,随着碳税减少了能源类中间企业的收入,制造业企业生产中间投入的减少能为其研发项目提供更多资本投入,从而带来技术创新。此外,阿吉翁和豪伊特(Aghion and Howitt, 2013)以及里奇(Ricci, 2014)的质量提升模型

展示了绿色税收的技术递增效应。古尔德和马泰(Goulder and Mathai，2015)以及布南诺等(Buonanno et al.，2016)针对给定的不同减排目标水平测算了诱导性技术变革的成本效益,其一系列研究表明,实施碳税可以通过技术变革提高全要素生产率,从而降低环境政策实施的总体社会成本。

现实中企业(厂商)往往需要在产值和减排之间进行选择权衡,其选择结果决定了是采取温和渐近式还是激进变革式的能源技术创新思路。这对于政府如何采用政策手段或工具激励企业进行绿色创新至关重要。DSGE框架纳入演化博弈思路,以此预测碳税和创新补贴下企业对于绿色技术创新模式的选择(Zhang et al.，2020)。研究发现碳税、创新补贴、消费者绿色偏好、企业采用新技术能力这四个因素对于激励创新至关重要。此外,碳税率和补贴水平在推动企业绿色创新模式选择演化上具有协同效应——在绿色创新早期阶段,投资组合政策优于单一政策;在成熟阶段,碳税相较于创新补贴更加有效。

自波特假说最早提出环境监管可以在适当条件下促进企业绿色创新以来,近年来,不少研究表明当企业不作为成本过低而存在创新行为惰性时,政府可通过碳税、补贴、环境法规等手段给予其激励(Oueslati，2019)。一些学者使用2007—2020年高排放企业面板数据,表明碳税等环境监管在促进制造性企业创新方面发挥了积极作用,但同时外部成本增加对企业竞争力产生负面影响(Zhao et al.，2021)。克拉斯等(Krass et al.，2020)研究了碳税能否促进垄断企业采用低排放生产技术。欣洛彭等(Hinloopen et al.，2020)认为,由于创新的正外部性和高风险特征,政府需要向公司提供 R&D 补贴作为激励。个别学者(Wang et al.，2021)对比分析了产品补贴和 R&D 补贴等不同补贴政策在制造业不同阶段对绿色技术的激励效应。此外,在欧盟排放权交易体系(EU ETS)下,碳税国家企业低碳创新比非碳税国家高将近10％(Calel and Dechezleprêtre 2017),尤其有效地刺激了爱尔兰整个制造业行业的技术变革(Anderson，Convery and Maria，2019)。有学者(Huang et al.，2020)研究了绿色贷款规模和政府绿色补贴对企业绿色创新的有效性。范列文和莫宁(Van Leeuwen and Mohnen，2020)考察了企业在面对不同政策组合(动态税收和静态补贴、静态和动态补贴、动态税收和动态补贴)时的行为差异,研究显示双边动态税收和补贴的组合策略对低碳技术创新的激励效应最为显著。麦克沃伊和麦金蒂(McEvoy and McGinty,2021)考察了不确定性风险下企业对减排技术和清洁能源的投资决策,研究发现 TFP 冲击(供给侧)通过降低未来预期生产率水平导致减排投资降低,而偏好冲击(需求侧)通过提高随机贴现因子增加减排投资。本米尔和罗曼(Benmir and Roman,2020)认为碳税体制下经济系统向清洁能源技术的过度需要中央银行及其货币政策的共同协力。其建立了一个宏观—金融—环境的三板块 DSGE 模型,其中金融中介机构面临内生资产负债约束,选择为两个产业部门(绿色部门和污染部门)提供融资。在零下界(Zero Lower Bound,ZLB)环境下的标准 NK 模型中,模型计算结果显示欧元区需要征收 10% 的碳税以实现巴黎协定目标,然而这一税率高于以福利最大化为目标的最优税率。因而为了避免进一步扭曲福利,需要协同采取宏观审慎政策(macroprudential)和货币政策,特别是对绿色部门更加优惠的宏观审慎政策可以促进绿色资本和产出。在量化宽松方面,碳税对绿色和污染两个部门的资产收益均有推动作用,所有有必要采用宏观审慎政策来激励央行进行绿色量化宽松。该研究证实了将央行和金融中介机构纳入减排政策组合规划的重要性。

大量研究从"双重红利"或"三重红利"视角运用 DSGE 模型考察碳税与技术进步之间的联系。在各类能源技术中,沙赫扎德等(Shahzad et al.,2021)发现能源转换效率(不同能源之间的相互替代)是实现三重红利的关键,它能够减弱税收带来的能源价格上涨对能源消费的负面影响,进而提振经济和消费,改善社会福利。此外,随着能源转移效率的提高,碳税率也可以随之降低,这一机制还将降低企业生产和投资成本,进而推动能源技术进步。因此,在征收碳税时应强调提高能源转移效率。

梅尔策(Meltzer,2019)阐述了美国等大国实施碳税可通过国际贸易对全球技术创新产生一定的"溢出"效应。例如美国对碳定价(征税)将推动美国大量需求减排技术或绿色产品,这无疑将激励全球范围内贸易伙伴国对此类技术产品研发的更高水平投入。为了最大限度地发挥碳税对美国及全球 R&D 创新的积极影响,前提是推动贸易政策的自由化,以降低气候友好型商品和服务的贸易壁垒。但与此同时,碳税也将提升美国国民对于碳泄漏以及国际竞争力损失的重视,进而迫使政府提高对于非碳税国家的贸易壁垒。因此,有效管理美国碳税对国际贸易的影响,将决定碳定价是将推动贸易自由化并产生更高水平的创新研发"溢出"效应,还是成为提高贸易壁垒进而降低美国和全球福利的理由或"借口"。

彭和欧阳(Peng and Ouyang, 2020)通过 DSGE 模型探讨了中国通过碳税及其内生性技术进步实现 2030 年碳强度目标(比 2005 年碳强度降低 60%—65%)的可能性。研究结果表明,碳税和技术进步相结合可以在 2030 年实现预期目标,同时会对经济增长产生负面影响;然而该负面影响可以通过长期内生性的诱导性技术进步得以缓解。随着技术进步,长期单位碳减排成本预计为 200—250 元/吨,远低于短期的超过 367 元/吨。此外,能源投入结构和产业结构也将得到极大优化。藤森等(Fujimori et al., 2021)认为碳税的技术效应发挥需要其他政策组合作为补充和保障,一方面,过于严苛的碳税监管将降低企业创新的动力,对经济增长和就业产生更大的负面影响;另一方面,碳税率过低无法有效实现减排目标。因此,碳税配套措施异常重要,尤其是收入返还和退税措施的设计应该为环境友好型技术提供更大的激励。

第三章
碳税的国际实践与启示

　　随着 20 世纪末开始西方发达国家逐渐意识到环境治理的重要性,许多国家对环境税等绿色税收进行了实践探索,尤其是自 20 世纪 90 年代起,以 OECD 成员国为代表的发达国家纷纷出台环境税,征收对象为对环境产生危害的产品。本章以域外环境税的兴起和发展历程为研究对象,对美国、欧洲等主要国家环境税征收方案和实践经验进行了总结归纳。进入 21 世纪后,一些国家开展了能源、环保领域税收的综合改革,与此同时,以市场化碳定价为基础的碳(污染)排放交易也逐渐进入政府和公众视野,不少国家将其与碳税、环境税相结合,通过政府财税调控与市场价格调节互相取长补短,共同应对气候变化。而就在近期,欧盟计划通过"碳边境调节机制"立法草案,进一步引发了发达国家与发展中国家关于以环境技术手段调节国际贸易中隐含碳的争议。

第一节　国外碳税的发展趋势及特点

　　根据 2022 年 5 月世界银行发布《2022 年碳定价发展现状与未来趋势报告》(*State and Trends of Carbon Pricing 2022*),截至 2022 年 4 月,全球共有 68 项碳定价机制正在运行,其中 36 项为碳税政策,32 项为碳交易体系。芬兰、挪威、瑞典、丹麦等北欧国家从 20 世纪 90 年代初开始征收碳税,是世界上最早征收碳税的国家。进入 21 世纪,爱沙尼亚、拉脱维亚、瑞士、列支敦士登等欧洲国家也陆续开征碳税。2010 年以后,冰岛、爱尔兰、乌克兰、日本、法国、墨西哥、西班牙、葡萄牙、智利、哥伦比亚、阿根廷、新加坡、南非等越来越多的国家,加入了征收碳税国家的行列。

各国的碳税征收情况也不尽相同,有的是作为独立税种,有的以早已存在的能源税或消费税税目的形式出现,还有的取代了之前的燃料税。根据统计,已开征碳税的国家之间在碳税金额上差距较大,从低于 1 美元/吨二氧化碳当量到 137 美元/吨二氧化碳当量不等。总体来看,欧洲国家碳税较高,例如瑞典为 137 美元/吨二氧化碳当量,瑞士为 101 美元/吨二氧化碳当量。冰岛、芬兰、挪威、法国等国碳税在 40 美元/吨二氧化碳当量到 73 美元/吨二氧化碳当量之间。部分美洲和非洲国家碳税较低,阿根廷、哥伦比亚、智利、墨西哥、南非等国家普遍低于 10 美元/吨二氧化碳当量。新加坡和日本是亚洲目前征收碳税的两个国家,分别是 3.7 美元/吨二氧化碳当量和 2.6 美元/吨二氧化碳当量,但其征税行业覆盖范围较广,应税碳排放量分别达到本国排放总量的 80% 和 75%。

随着全球越来越多国家作出碳中和承诺,根据中国财政科学研究院发布的《新时期促进绿色发展的财税政策改革:择机开征碳税、优化环境保护税与财政支出政策评估》显示,碳税在全球范围内的发展呈现出范围扩大、强度提升、技术手段更加复杂等特点。

第一,碳税政策在全球的实施范围在逐步加大。包括碳税和碳排放权交易在内的碳定价机制作为有效的碳减排手段被许多国家用于实现国家气候目标。在向《巴黎协定》提交国家自主贡献(NDCs)的 185 个缔约方中,96 个缔约方(占全球温室气体排放量的 55%)表示,它们正在规划或考虑将碳税作为实现减排承诺的工具。

第二,部分国家和地区加大了碳税机制的调控力度。为实现气候变化政策目标,不少国家和地区在进入 2020 年后扩大了碳税机制的作用范围和作用深度。冰岛在 2020 年、2021 年连续将碳税上调 10%。2020 年 10 月,爱尔兰将针对柴油征收的碳税从 30.54 美元/吨二氧化碳当量提高至 39.35 美元/吨二氧化碳当量,并计划自 2021 年 5 月起对其他化石燃料征收碳税。

卢森堡自 2021 年 1 月 1 日起对汽油、柴油及其他能源产品分别征收 37.07、40.12、23.49 美元/吨二氧化碳当量的碳税。2022 年 1 月,新加坡提议将碳税从目前的 3.5 美元/吨逐步提高到 2025 年的 18 美元/吨二氧化碳当量,以期在 2030 年达到 37—59 美元/吨二氧化碳当量。南非政府也宣布将碳税从 2022 年的略低于 10 美元/吨二氧化碳当量提高到 2026 年的 20 美元/吨二氧化碳当量,并在 2050 年实现 120 美元/吨二氧化碳当量。加拿大宣布将碳税底价每年提高 12 美元/吨二氧化碳当量。在缺乏全国统一碳税机制的美国,也有越来越多的州选择加入东部区域温室气体减排行动(RGGI)和西部气候倡议(WCI)。

第三,碳税与其他市场化调节手段共同构成复合型政策包。2018 年新增的举措包括:美国马萨诸塞州实施针对发电厂的 ETS;阿根廷征收涵盖大多数液体燃料的碳税。2019 年新增的举措包括:加拿大联邦政府推出适用于发电和工业设施的 ETS 以及涵盖各种化石燃料和可燃废物的碳税型燃油收费,加拿大新斯科舍省实施适用于工业、电力、建筑和运输部门的 ETS,加拿大纽芬兰省和拉布拉多省实施 ETS 和征收碳税,加拿大爱德华王子岛征收类似于联邦政府燃料税的碳税,加拿大萨斯喀彻温省涵盖大型工业设施的 ETS,新加坡对所有大型排放设施征收碳税,南非在整个经济范围内征收碳税。具体看,新增的碳税举措大多数发生在美洲,且多数在发达国家。其中,加拿大全国范围实施碳税的协议促进了省级碳税措施的新举措。2018 年 6 月 21 日,加拿大正式通过了《温室气体污染物定价法案》(Greenhouse Gas Pollution Pricing Act)。在该法案下,加拿大联邦政府设定一个基本目标,各省及地区可根据各自发展特征,自主选择碳税机制。同时联邦政府建立了一套碳税系统——"联邦后备碳定价机制"(The Federal carbon pricing Backstop System),对化石燃料征收碳税以及将相关行业纳入碳市场;各省和地区可直接采用政府制定的碳税系统,或选择自行开发。加拿大国内各省原有碳税机制若能满足联邦政府的排放基本目标,则可以继续使用原先的碳税机制。例如,魁北克省碳市场满足联邦政府的排放基本目标,则可以继续沿用碳市场;而其他尚未实施碳税机制的省,可根据省内情况自行开发碳税机制。因此,加拿大四省在 2019 年推出了 5 个碳税机制,再加上 2 个国家层面的碳税机制,加拿大全境共贡献了 7 个碳税机制,占全球 11 个新增碳税机制的大多数。

第四,碳税所涵盖的排放数量和价格水平仍然过低。碳税机制全球范围内的扩大和加强使得全球碳税收入有了相当幅度的增加。2021 年全球碳定价收入总计 840 亿美元,比 2020 年增长 310 亿美元,其中碳税收入约占 67%。为将全球气温升高控制在《巴黎协定》设定的 2 ℃上限以内,需要在 2030 年之前将碳价格(包含碳税和 ETS 的平均定价水平)提高到 50—100 美元/吨二氧化碳当量。然而截至 2022 年 4 月,只有欧盟碳价曾超过 60 美元/吨二氧化碳当量,最高曾接近 120 美元/吨二氧化碳当量。2022 年 2 月以来,欧盟、新西兰、英国、韩国等碳价均在新冠肺炎疫情及国际地缘冲突影响下出现了急剧下降。2021 年以来,全球平均碳税水平也有所增加,2021 年平均提高约 6 美元/吨二氧化碳当量,2022 年又增加 5 美元/吨二氧化碳当量。加拿大、爱尔兰、拉脱维亚、列支敦士登、南非、瑞士乌克兰等国甚至达到历史最高碳税水平。但总体来看,目前由 ETS 和碳税构成的全球碳价格依然无法达到《巴黎协定》的目标。

第二节　主要国家碳税及相关税收征管

IPCC 第五次报告指出,人类活动对气候系统的影响日益增强,但通过一定的环境保护措施可以将气候变化产生的影响缩小到一定范围。为了应对气候变化产生的问题,全球国家纷纷采取相应措施,减少自身活动对环境造成影响。在这种背景下,各国开始进行以环境税、碳税为核心,将完成减排目标与通过税收弥补财政赤字相结合的环保税制度改革。

一、碳税

碳税是根据二氧化碳排放量进行征收的环境税,并通过征收行为对市场参与者发出价格信号,使得企业选择二氧化碳排放量更低的方式进行生产。因为对二氧化碳排放量进行征收对监测设备、监测体系有着较高的要求,国际上通常对化石燃料进行碳税的征收。尽管从 1990 年开始,芬兰等国就已经开始征收碳税,但碳税的发展并没有一直进行。在 2008 年全球金融危机之后,各国才开始注重碳税并将其作为减少二氧化碳排放量的政策手段。但碳税目前仍处于起步阶段,世界各国征收碳税时,需要考虑对本国经济增长造成的影响,因此税率有着较大的差异。2012 年,澳大利亚曾经开始征收碳税,但之后为了经济增长又放弃征收碳税。部分国家即使仍在征收碳税,但为了保证国内行业在市场中具备竞争力,推出了一系列的税收优惠政策,也相应减弱了征收碳税的效果。二氧化碳的排放是一个全球性问题,但由于各种因素各国无法达成碳税税率的统一,同时不同国家的碳税覆盖面也存在较大差异。

征收碳税与建立碳排放交易体系不同,碳税规定了二氧化碳排放的税款,但无法设置总减排量。目前世界上部分国家采取渐增式碳税。例如,法国每排放一吨二氧化碳在 2014 年需缴纳 7 欧元的碳税,这一数字在 2015 年增长为 14.5 欧元,在 2016 年为 22 欧元,这种渐增式碳税更有助于降低二氧化碳的排放量。2013 年美国国会预算局预算若以每吨排放量 25 美元为标准征收碳税,并在之后的十年将保持每年 2% 的速度上升,则会给美国财政贡献一万亿美元的税收。国外在利用碳税收入时综合了经济情况以及政策目标,部分国家将碳税收入继续投入进温室气体的减排工作,例如拉脱维亚将所获得碳税收入继续投资进环保领域进行气候治理。部分国家则将碳税收入用于降低个人所得税或者社会保障支出。

(一) 欧盟

欧盟的碳税制度设计始于航空碳税的形式,且争议巨大,现已经暂停征收。2012 年 1 月 1 日开始,欧盟决定对所有进出欧洲国家机场的航班征收碳排放税。但这一举措立即遭到了几乎全世界的反对。在欧盟组织外部,时任美国总统奥巴马随即于 2012 年 11 月签署法案,授权美国交通部在必要情况下设法保护美国航空公司免交碳税。而在欧盟组织内部,德法英西四大成员国的经济部门官员也一致表态,反对欧盟单独征收航空碳税。因此,2013年11月13日欧盟宣布叫停了向欧盟以外的航空公司征收碳税的举措。

以荷兰、瑞典、丹麦、芬兰为代表的北欧诸国碳税推行较早,实施力度也较大,政府执政理念与治理态度很坚决。荷兰是全球最早开始征收碳税的国家。1990年,荷兰开始正式征收碳税,并于1992年调整为碳税、能源税两税并行,比例各半。荷兰碳税的征收对象囊括了所有能源类别,但征收方式各不相同,电力通过燃料间接征收,矿物由商品税交纳者支付,天然气和煤则由开采者、生产者、进口者分环节交纳。碳税具体为5.16荷兰盾/吨二氧化碳,而对于天然气使用超过1 000万立方米的生产厂家,其单位碳税税额可以下浮40%。瑞典的碳税源自1991年的国家整体税制改革。其征收范围包括所有类型的燃料油,但对电力部门、船舶、飞机和火车机车等主体所使用的燃料予以免征。瑞典的碳税税率则根据燃料含碳量而差异化:工业企业只按50%的比例作为缴税基础,还附加了各项优惠,税收总负担被限制在产值的1.7%以内,随后调整为1.2%以内,税收减免额度与税率上调所增加的负担基本可以相互抵消;对电力等高耗能产业则直接给予碳税豁免。丹麦于1992年对家庭和企业一并开征碳税,征收范围涵盖了除汽油、天然气和生物燃料以外的所有二氧化碳排放,计税基础是燃料燃烧时的二氧化碳排放量,为100丹麦克朗/吨二氧化碳。另外,丹麦政府还将碳税收入中的一部分用于为工业企业提供补贴,以推动企业实施节能项目,还通过税收返还和减免来降低实际税负。大多数能源消耗程度高的工业企业因为碳税税收返还和减免的存在而实际豁免了税负承担。芬兰是最早开始征收碳税的国家。1990年,芬兰将碳税作为运输或取暖化石燃料税的单独组成部分对汽油、柴油、轻重燃料油、煤炭和天然气等按照每公吨二氧化碳30美元价格征收税款;1995年,按照能源税和碳税2∶3的比例征收;1997年,重新恢复为纯碳税税基;2010年,将碳税、能源税和能源含量税作为能源消费税子目进行征收;2011年,对生产能源的木材和其他生物质单独征收,不再适用于碳税(Khastar et al.,2020)。

法国在2015年废除碳税3年后重新提出的碳市场"地板价"改革建议。

2018 年 3 月,时任法国环境部长布鲁恩·波尔森(Brune Poirson)公开呼吁,在碳交易过程中,欧盟国家应设置每吨 25 欧元至 30 欧元的地区性地板价,以加速推进煤改气进程以及可再生能源转型。"我们需要加快行动以应对全球气候变暖,目前的碳价不足以刺激人们行动起来。"法国总统马克龙在 2018 年 3 月 22 日召开的欧盟春季峰会上也提出,法国将在 2022 年把碳价由现在的每吨 44 欧元提高到每吨 84 欧元。他认为,欧盟碳市场并未发挥其应有的作用。"尽管阻力重重,但需要在欧盟范围内设定一个'地板'碳价,这将刺激绿色投资的增长,作为配套措施,还需要对来自不执行最低碳价国家的商品征收税款。"以法国为例,碳价从过去的每吨 30 欧元下降到2017 年 9 月的每吨 7 欧元,是造成碳配额过剩的主要原因。为了提高碳价,2018 年 2 月,法国、德国等多个国家推动欧盟通过了排放交易体系改革法律。对此,欧洲气候基金会首席执行官劳伦斯·图比娅娜(Laurence Tubiana)指出:"设定最低碳价,主要是因为发现通过碳市场自己设定价格存在困难。""最低价格设定后,可以给市场发出正确的信号,特别是对那些还没有加入碳市场的私营企业。"

(二)日本

日本碳税于 2007 年 1 月正式实施,对每吨二氧化碳当量征收 2 400 日元。从 2011 年 10 月 1 日起,日本还开始对石油、天然气等化石燃料加征"地球温暖化对策税",征收标准为每千升石油 250 日元,每吨天然气 260 日元,每吨煤炭 220 日元,且分别于 2014 年和 2016 年分阶段提高了征收标准,并计划从 2021 年以后引入新的碳排放税,以提高征税额。

(三)英国

作为工业革命的先驱,英国首都伦敦因为严重的空气污染有"雾都"之称。英国的碳税始于 2013 年,实际上是一种设定碳价下限的"地板碳价"机制,一旦欧盟碳市场上的碳价未达到设定的地板价,英国政府就通过碳税来填补差额。2015—2021 年,英国的地板碳价一直为 18 英镑/吨。英国在退出欧盟之后,随之退出了欧盟碳排放权交易体系(以下简称 EUETS),碳排放单位如果超过欧盟排放交易体系规定的免费配额,就会被征收 16 英镑/

吨的统一碳税。英国的碳税设计很好地助力了能源利用结构的调整,推动了清洁能源逐步替代化石燃料,助力英国在 2025 年前逐步淘汰煤电,实现电力系统低碳转型。

(四)澳大利亚

2008 年,澳大利亚通过《澳大利亚气候变化局法案》开始征收碳税;2012 年,通过新碳税法案,将 500 家最大的能源集团(约占澳大利亚 60% 以上碳排放)纳入征税范围,并规定 2015 年以前采用固定征税价格征收,2015 年后逐步过渡到碳排放交易制度。但由于配套的援助计划没有起到预期效果,2014 年澳大利亚参议院通过议案废除《碳税法案》。

(五)加拿大

加拿大最早开始征收碳税的省是阿尔伯特省。2005 年,阿尔伯特省针对超过碳排放强度的二氧化碳排放每吨征收 10 美元罚款,由于采用超额征税方式,这项政策对石油开采成本基本没有影响。2008 年,不列颠哥伦比亚省开始征收碳税,并将所有碳税收入以所得税减免或一次性支付方式直接返还。至于加拿大联邦碳税,1988 年联邦政府首次作出温室气体减排承诺,但是由于各个省份无法就分配减排责任达成一致,2018 年加拿大才正式开始征收联邦碳税。截至目前,加拿大联邦碳税设定为每吨二氧化碳排放 40 美元。

截至 2021 年底,已经有 20 余个国家和地区引入了碳税。此外,还有越来越多的发达国家和发展中国家也在计划和考虑开征碳税。部分国家和地区开征的碳税基本情况见表 3.1。

表 3.1 征收碳税国家的基本情况

国家/地区	开征时间(年)	征收范围
芬 兰	1990	运输燃料、加热燃料
挪 威	1991	石油、矿物油、汽油、天然气、液化石油气
瑞 典	1991	所有未被 EU ETS 覆盖的化石燃料和汽车燃料
丹 麦	1992	燃料(煤炭、天然气和石油)消费,EU ETS 覆盖的电力和工业部门免于缴纳

续　表

国家/地区	开征时间(年)	征收范围
斯洛文尼亚	1996	EU ETS 部门之外的所有化石燃料(液体、气体和固体燃料)的生产商和进口商
英　国	2001	供应给工业、商业、农业和公共部门的电力、煤炭、天然气和液化石油气
拉脱维亚	2006	燃料燃烧装置、黑色金属、水泥熟料、玻璃、陶瓷、纸浆和纸张——如果活动量(装机量)低于 EU ETS 纳入标准的下限
爱沙尼亚	2006	热能发电厂(包含 EU ETS 覆盖主体)
加拿大英属哥伦比亚与阿尔伯塔	2008	汽油、柴油、天然气、加热燃料、丙烷、其他可燃物
瑞　士	2008	用于发电或发热的化石燃料(燃料油、煤炭、石油、天然气等)
冰　岛	2010	化石燃料的使用(液态或气态)
爱尔兰	2010	化石燃料的使用(汽油、重油、汽柴油、煤油、液化石油气、燃油、天然气、煤炭和泥煤、航空汽油)
日　本	2012	化石燃料的使用(石油、天然气和煤炭)
澳大利亚	2012	能源、矿业、工业和交通等行业
法　国	2014	化石燃料的使用(天然气、煤炭、燃料油、E85 乙醇汽油、生物燃料、天然气、柴油)
墨西哥	2014	除天然气外的所有化石燃料使用(发电和进口)
葡萄牙	2015	适用于非 EU ETS 部门使用的所有能源产品
智　利	2017	电力和工业部门
南　非	2017	化石燃料燃烧和工业生产过程(能源、工业和运输部门)

资料来源：Institute for Climate Economics, *Global Panorama of Carbon Prices in 2021*, Paris, 2021。

二、环境税

近些年来,环境税(与环境有关的各类税收)以极快的速度发展,这一特点在欧洲国家更为显著。除碳税以外,环境税还包含若干其他税种。各国实际情况不同,在经济社会发展、自然资源分布以及地理位置等方面都有区别,因此各国环境税的内容以及特点也有所差异。尽管各国根据自身不同国情,在遵循环境税收制度基本原则的情况下,设计出适应自身经济发展以及环境标准的环境税收体系构成也有很大不同,但总体来看,根据税基与征税内容,大体可以分为能源税、污染税、交通税。

福利经济学之父庇古的外部性理论中最早提出了环境税思想,之后随着国际上环境恶化事件频频发生,温室效应、冰川融化等问题的出现唤醒了世界各国的环保意识,环境税思想迅速发展,环境税作为保护环境的重要工具已经起到了巨大的成效。国外环境税的发展主要经历了三个阶段。第一个阶段是20世纪70年代到80年代污染者付费阶段,这一阶段遵循污染者付费原则,排污企业对于在生产过程中制造的污染物,需要按照排污量的标准缴纳税费,因此计税依据只计算排污企业的废弃物排放量。第二阶段是20世纪80年代到90年代的保护生态阶段,这一阶段环境税设立的目的除了弥补成本外,还增加了引导企业进行环境保护。第三阶段为20世纪90年代至今,国外尤其是OECD国家建立了较为成熟的环境税体系,除了按照生产、消费等不同环节设置了更为细分的税种或税目,还开始探索对国外的污染泄漏进行税收调节。在市场经济的条件下,国际社会通常认为使用价格机制可以以最小的成本解决环境问题。而环境税则是价格机制的重要措施,也是市场经济中各国用来改善环境污染问题的重要政策手段。

(一)能源税

能源税在环境税收入中占比最高,是主要的环境税收入来源,机车税及其他交通税的占比位居第二。对能源领域进行税制改革是全球各国亟需解决的问题,征收能源税可以减少能源使用以及排放对环境造成的损害。随着工业化深入发展,制造业、建筑业、交通运输业、电力行业等部门规模不断扩大,能源税开始与能源使用造成的环境成本逐渐偏离。因此2016年OECD成员国在能源领域采取提高税率、扩大税基的方法进行环境税改革。

能源税最主要的构成部分来源于对交通运输行业的燃料税收,根据OECD的测算,在OECD成员国中,交通运输业中燃料的碳税约为每焦耳5欧元,热力行业以及工业中燃料的单位税额低于每焦耳1欧元,电力行业燃料的单位税额则低于每焦耳0.5欧元,这种不同行业中能源税率的显著不同使得交通运输业承担了主要的能源税税负。2016年开始,希腊、墨西哥、爱沙尼亚、葡萄牙、瑞典等国家对交通运输行业中能源税的征收采取提高税率或者扩大税基的措施。2020年以来,爱沙尼亚、法国、南非对所有行业中的能源税征收都提高了税率或者扩大了税基,显示出更大的改革力度。韩国、芬兰、拉脱维亚对电力行业和热力行业中能源的使用提高了税率或者扩大税基。这些措施也使得行业之间、汽油和柴油之间的税率差有所缩小。

能源税改革为污染减排作出了巨大的贡献,但改革中仍然产生一些问题。首先,改革主要集中在交通运输行业,其他行业的能源税税率与能源环境成本不匹配的现象依然突出。近十年间,只有韩国、芬兰、拉脱维亚等国对交通运输业以外的行业(主要是电力或者热力行业)提高了能源税税率。而希腊在2016年对热力行业提高能源税税率之后又随即降低,原因在于政府担心能源税税负的增加导致本国运输行业失去市场竞争力。其次,柴油相比于汽油在燃烧过程中造成的污染更多。但是在交通运输行业对能源税税率的设置中,柴油相比汽油有效税率更低,能源税制度的合理性仍待改进。只有部分国家,比如比利时和法国,选择为柴油设置更高税率同时降低汽油税率,减少汽油与柴油之间的税率差,推动企业选择柴油作为燃料。

(二) 污染税

污染税是对向环境直接排放的污染物征收的税收,主要是为了控制污染物的排放,其中包括水污染税、噪音污染税、大气污染税等。水污染税是对产生并排放污水的居民以及企业直接采取税收,并将所收取的资金投入进污水净化产业,并不断演化成为污水排放税。在征收水污染税时,通常采用两种征收方式:一种是根据污水的排放量来计算税收,另一种则是以污水的污染单位,即排放污水的耗氧量来计算税收。

大气污染税是对排放实体在生产过程中排放的废气按照废气排放种类和浓度进行征税的税收,与其他税收相同,具备强制性、无偿性和固定性的特点。二氧化碳、二氧化硫是大气污染中的主要废气,所以大气污染税主要也是对二氧化碳税和二氧化硫税的征收。

碳税从本质上看也属于大气污染税,是一种常见的通过税收,对产品本身以及产品在生产过程中产生的大气污染物排放量进行征收的环境税。碳税根据征收方式可以分为两大类:第一类是根据化石燃料含碳量来进行征收;第二类是根据产品生产过程中释放的二氧化碳量进行征收。从目前各国税收征管实践来看,第一类方式计算及操作更加简便,因而更加流行,并由此对煤炭、石油以及天然气这三种主要化石燃料的消费产生了巨大的影响,从而推进了节能减排。因为化石燃料中碳含量和碳税的征收成正比关系,征收碳税被认为是减少碳排放极其有效的方法。私企在决策以及生产过程中并不会充分考虑生产带来的温室气体排放是否会对环境造成影响,但征收碳税会增加企业排放温室气体的成本,从而减少企业过度排放行为的发生。因此,碳税机制比碳排放权交易机制更易于调整与实施,同时不易受市场变化影响,可以更加有效地减少温室气体排放。

硫税的征收与碳税类似,也分为两种。一种是按照一定标准对排放单位生产过程中排放的二氧化硫进行征税,另一种是对燃烧后会排放二氧化硫的矿物进行征税。1972 年,美国首次提出并通过对二氧化硫进行征税的草案,之后法国、瑞典、丹麦等国家也陆续开始征收硫税。目前世界各国已经普遍征收硫税。

(三)机动车及交通税

世界各国主要通过调整车辆税以及一次性注册税对该领域进行改革,主要包括对使用传统能源的汽车增加税收,对新能源汽车减免税收。拉脱维亚、南非、葡萄牙等国增加了车辆税税率。丹麦在 2015 年全面降低车辆税的同时,免除了 2015 年新能源汽车的车辆税。2016 年,部分 OECD 成员国对新能源汽车进行税收减免,鼓励消费者购买排放量更小、能源更加清洁的新能源汽车。丹麦、芬兰等国降低了一次性注册税税率,避免由于较高注册税税率减少低污染的新型车辆注册。

(四)小结:环境税发展特征

环境税的快速发展对各个国家的减排效果起到了良好的帮助,几乎所有的 OECD 成员国都开始进行环境税的征收。但通过比较 OECD 各国进入 21 世纪之后环境税所占 GDP 的比重,近些年来各成员国 GDP 中环境税收入所占比例相比 21 世纪初期整体有所下滑。除了环境税收入的整体下滑,不同国家环境税收入占 GDP 比重的差距也在逐步扩大。通常认为是以下三方面导致了这一情况的发生。第一,金融危机以及国际原油价格的持续上涨对能源价格产生了冲击,造成能源需求的下降,对环境税税基的增长造成了不利影响。第二,环境税被许多 OECD 成员国当作一种征收范围有限的特殊消费税,这也使得许多国家无法保证在征收环境税时按照实际税率进行征收。第三,环境税的征收往往可能与相关的环境保护政策进行叠加,从而使得环境税的相关税基减少。长期来看,环境税在促进减少有害物质的排放同时,也会造成税基缩减、税收收入减少的结果。与 OECD 各成员国环境税收入占比整体下降的情况不同,巴西、南非、印度等新兴经济体近些年来环境税收入占比呈现上升趋势,但大部分新兴经济体环境税收入占比仍然低于 OECD 成员国,这说明新兴经济体环境税的改革虽然已经启动,但这些国家环境税的发展仍然处于初级阶段,并且存在极大的进步潜力。

回顾近年来各国环境税政策不难发现,其发展历程主要呈现出以下特点。首先,环境税的税目正不断扩张。OECD 于 1996 年建立的环境政策工具数据库包含了超过 80 个国家关于环境以及资源管理的政策信息。时至今天,环境税仍然是全球最主要的环境政策工具,尤其在能源、资源利用、交通以及污染等领域。其次,环境税的覆盖领域逐步扩张并呈现不断细化的趋势。如今环境税的覆盖领域被细分为水污染、空气污染、噪声污染、能源效率、自然资源等 12 个领域,对于环境保护的覆盖愈加全面。其中 OECD 各成员国最主要的环境税税收来源于能源领域。由于能源使用税收入的主要部分来源于交通运输行业所使用燃料的税收,交通领域对环境税收入的贡献紧随其后。

除此之外,征收环境税的国家正保持不断增加的趋势。20 世纪 90 年代,瑞典、丹麦等欧盟国家首先进行了环境税收制度改革,之后欧盟在应对环境污染影响时,积极提倡并推进环保一体化。例如,当欧盟开始征收碳税时,范围一开始仅限于部分成员国,之后逐渐发展至欧盟所有成员国。当各个国家减少自身碳排放时,环境污染不再由邻国买单,有利于地区间各个国家协调发展。如今,除了 OECD 各成员国,一些新兴经济体国家也逐步进行环境税改革。2019 年 6 月,南非发布《碳税法案》,成为非洲第一个征收碳税的国家,并出台相应的免税津贴政策。越来越多国家通过征收环境税的手段来减少污染物排放和节约能源,但由于课税对象相比其他税收种类征收对象更加特殊,世界各国并未采取全面征收的手段。美国全国性的环境税种类较少,仅在联邦层面设置了燃料税、噪音税等,同时由各州结合本州情况,自行出台对特定污染征收的环境税。英国设立了气候变化税,这一环境税种对天然气、电力、固体燃料的供应商一次性征税。各国在结合自身情况进行重点征税的同时也注重税制公平,欧盟在征收水污染税的同时采用差别税率,当污染物的浓度高于排放标准时,政府采取惩罚性税率,对污染物浓度较低的污水,则采取低税或者免税政策。OECD 国家也为无铅汽油和含铅汽油分别设置了税率。

目前,多数国家在对环境税的收入支配方面采用专款专用制度,将这部分收入投资进入环境保护领域。美国财政部将税收部门征收的环境税收入划入信托基金和普通基金预算中,同时在信托基金中设立超级基金,为环境保护项目提供资金。法国则是由中央和政府共同征收和使用环境税收入。其中全国性污染项目的环境税由中央和地方共同征收,对于地方性污染项目则由地方直接征收环境税,但资金仍需要专款专用,保证被应用于环境相关项目。波兰对环境税收入采取设立特别环境基金的模式,将税收收入用作对政府和企业关于环境方面的投资,同时对环境基金分别设立三个层次——国家环境保护基金、地区环境保护基金和市政环境保护基金,并建立了明确的预算划分。

目前世界上不少国家的税收已经处于较高水平,而环境税的征收或者提高更加使得各国税收负担加重。为了平衡税收,各国采用直接税收减免、加速折旧、投资收税抵免等税收优惠政策,促进社会经济可持续发展。例如，美国政府对企业通过综合利用资源的收入免收所得税；对循环利用的设备在出售时免征消费税；对于在太阳能领域和地热能领域，给予设备投资10%的税收抵免优惠；对于处理废弃物和控制污染的设备，可免除地方政府给予贷款的利息；采用加速折旧法对污染防治的环保设备减免税收。丹麦对减排效果良好的企业进行补贴，从而返还征收的环境税。为了维持正常的市场消费结构，许多国家采取差别税率对待法，以更高的税率对污染物浓度超标的排放物进行征收，例如德国对含硫量超过50毫升/升的汽油加征1.53欧元/升的环境税，鼓励企业使用低硫燃料降低成本。

除了推出一系列税收激励政策和采用差别税率来减轻环境税带来的税收负担，国外许多国家推行税收中性政策，即国家通过给予纳税者补贴、减少其他领域税收等方法，使得纳税企业不会因为环境税的征收产生额外负担，从而推进环境税的顺利实施。目前主要以三种形式进行税收返还：一是将环境税收入返还给纳税企业，用其购买专项环境设备；二是将环境税收入返还给相关产业或者领域；三是减少企业缴纳其他税种的税收，例如德国以及意大利，在环境税改革的过程中，增加了对石油制品的环境税征税，但也相应减少了社会保障缴款。

三、国外碳税征收的经验启示

（一）碳税的计税依据和税率

碳税的计税依据一般为化石能源（煤炭、天然气、石油等）的二氧化碳直接排放量或测算得出的排放当量，可见多数国家将碳税视为能源税的重要组成。碳税的征收常依据以量为计征基础的固定税率，并且大部分国家依据通胀情况和征收现状定期动态调整这一税率。例如，爱尔兰和阿根廷的更新周期分别为每年和每季度。典型国外国家的征收对象和定额税率如表3.2所示，可见碳税的税率集中分布在20—75美元/吨二氧化碳排放的区间。由于开征碳税较晚，部分国家每吨二氧化碳的税率低于10美元，位于较低层次，例如新加坡、日本及南非等。同时这些国家趋向渐进动态提高税率，以增强社会容纳度，降低改革阻力。部分国家征税对象及税率见表3.2。

表 3.2　国外碳税征税对象及税率

国　　家	征税对象	税率(美元/吨二氧化碳排放)
爱尔兰	煤油、标准气体油、液态石油、燃料油、天然气	39
荷　兰	二氧化碳排放量	35
斯洛文尼亚	矿物油、天然气、煤炭和焦炭	20
新加坡	每年产生温室气体 25 000 吨及以上的设施的二氧化碳排放量	4
南　非	每吨二氧化碳当量温室气体排放量	9
德　国	取暖、石油、天然气、汽油和柴油	29
瑞　典	所有化石燃料	137
阿根廷	所有液体燃料和煤炭	6
日　本	化石燃料	6
英　国	二氧化碳或其他温室气体	25
加拿大	年排放二氧化碳 50 000 吨及以上的所有发电和工业设施的温室气体排放量	40
挪　威	石油产出的二氧化碳、其他气体、油或冷凝物	4—69
芬　兰	二氧化碳排放量	62.3—72.8
法　国	汽油、柴油等化石燃料	44.6

资料来源:李建军、刘紫桐:《中国碳税制度设计:征收依据、国外借鉴与总体构想》,载《地方财政研究》2021 年第 7 期,第 29—34 页。

(二) 碳税的优惠政策

各国家纷纷把握家庭和企业两大方向,设定碳税的减免政策以缓和碳税压力。例如在家庭领域,法国实行税收抵免程度差异化的征收方式,澳大利亚制定家庭援助计划等。在企业领域,澳大利亚推行能源安全基金和产业援助计划,针对贸易行业南非实行额外 10% 的免税,针对工业企业瑞典减征 50% 的定额税率。日本给予渔业、传统行业等碳税优惠,且若碳排放量较高的企业开展减排行动,则减免 80% 的税收。

(三) 碳税收入的使用

各国政府的碳税收入用途一般为两类,即减弱劳动要素税收负担和一般预算,实践中多数国家遵循前者(范允奇和王文举,2012)。例如,瑞典旨在支持养老基金的运作,因此将碳税收入融入政府的一般账户。加拿大不列颠哥伦比亚省运用所得税减免的方式返还碳税。澳大利亚将一半的碳税收入投入对家庭的补贴。法国减征碳税或以"绿色支票"形式返还。针对工业企业,丹麦将碳税收入返还、减免或用于补贴。英国则将碳税收入应用于补贴节能减排投资以及社会保险,若有结余则调拨至碳基金。

第三节 碳排放交易市场

一、碳排放交易市场背景及发展概述

经济学家约翰·戴尔斯(John Dales)在 1968 年最早提出了"碳排放权交易"的概念,碳排放权交易指在满足环境保护要求下,政府可以给碳排放实体分配一定数量的碳排放权,这些排放主体有权利在一定时间内在分配的排放权内排放碳污染物,同时这些实体可以将自身的排放权放在市场上进行交易,从而达成减少污染物排放的目标。从本质上来看,碳排放权交易是一种带有政策性质的减排工具,其目的主要是减少碳排放,但这种基于市场的政策并不唯一。国家或者地区选择减排措施,需要结合自身的减排需求,同时也需要考虑国家的政治经济基础以及国内外市场环境因素。因此,选择建立碳排放权交易市场必须保证减排需求与国家现实情况有效结合,考虑来自各方面影响的共同作用。

1992 年 5 月,联合国环境与发展会议通过了《联合国气候变化框架公约》,并且在 1997 年 12 月通过了该公约的第一个附加协议《京都议定书》,计划通过市场机制来解决温室气体的减排问题,这也是第一次从国际公约的角度将二氧化碳排放权作为一种商品,并在此之后形成了被世界各国认可的碳交易。在此之后,世界各国确立了强制减少温室气体排放的目标,以欧盟为首的相关国家开始积极探索构建碳排放交易体系。

目前,碳交易市场已经在世界上多个国家或者地区运行多年。2005年,欧盟建立了世界上首个由多个国家加入的碳排放权交易体系,在限额交易的基础上,建立了以最小经济成本为代价实现碳减排目标的模式,碳排放交易开始进入全球交易市场并逐步发展成一种新的交易商品。此后,欧洲碳排放权交易体系除了现货交易,还增加了碳期货以及碳期权等衍生品商品,逐渐发展为全面的碳排放权交易体系。世界银行发布的《2019年碳定价现状与趋势报告》提到,到2019年,全球共有28个碳交易系统被陆续建立,这些碳交易系统分布在四大洲,占据了世界9%左右的碳排放量。而欧盟建立的碳交易系统不仅是世界上第一个国际碳排放权交易体系,同时也占据了超过国际碳交易总量四分之三的交易量,是全球最大的碳排放权交易体系。而在2020年,墨西哥也开始试点碳排放交易系统,这也是拉丁美洲第一个碳排放交易体系的设立。2021年,日本东京构建了全球第一个城市级别的强制排放交易体系。

二、碳排放权交易体系及机制

碳排放权交易体系主要分为两种,分别为强制减排交易体系和自愿减排的交易体系。在强制减排交易体系中,政府为碳排放实体设立一个强制性碳排放总量,在某一固定期限将该碳排放总量以免费发放或者拍卖的形式转移给排放实体,而排放实体必须依据这一碳排放总量来进行排放,如果排放实体的实际排放量超过政府给该实体设立的排放总量标准,则该排放实体必须通过碳排放权交易市场购买相应数量的碳排放量配额,而如果实际排放量低于排放总量标准,排放实体可以在交易市场上出售未使用的配额。中国采取的试点碳交易体系以及欧盟的碳排放权交易体系都属于这种体系。而自愿减排的碳交易体系则依靠企业节能减排的自觉性来减少排放或者购买超额排放量。

国际上目前存在两种主流的碳排放权的交易机制,分别为清洁发展机制(Clean Development Mechanism,CDM)和国际自愿碳交易机制(VCS),这两种机制在碳排放权交易中各自起到巨大的作用。清洁发展机制以国际协议中承担着减排义务的发达国家为缔约方,其政府和企业为了抵消减排义务,需要向发展中国家购买来自节能减排项目的碳排放权。清洁发展机制项目所产生的二氧化碳减排量需要国际认可的第三方机构进行认证并核准,成为核证减排量(Certified Emission Reduction,CER),从而进入国家间或主权国家内部碳市场进行交易。目前我国在与境外企业进行合作时，仍然主要通过清洁发展机制来参与全球碳交易市场。而在全球交易体系中，国际资源碳交易机制的市场正在逐步成熟并逐渐扩张。国际自愿碳交易机制在自愿性计划中使用最为广泛，国际自愿碳交易机制项目中的自愿减排量只需要通过被联合国指定的第三方认证机构进行核证，无须经过国家发改委的审批，也是清洁发展机制中核证温室气体减排量在自愿市场中的等价物，非控排企业通常选择自愿减排量来抵消碳排放。目前在国际自愿碳交易机制市场中，中国企业交易量正快速增长。

三、欧盟碳排放交易市场

（一）欧盟碳排放交易市场形成背景

2005 年，欧盟碳交易排放市场在 27 个欧盟成员国和 3 个非欧盟成员国正式启动，是世界上最大的碳交易市场。2020 年底英国脱欧后，英国不再属于欧盟碳市场管理体系，而是成为独立的主权碳市场。

（二）欧盟碳排放交易市场发展历程

欧盟统一制定各个成员国在一定时期碳排放配额总量，并按照一定的比例在各个成员国中分配这些配额数量，各个成员国再发放一定数量的排放配额给本国属于排放交易体系的排放实体。同时，欧盟每个时期设置的碳排放配额总量是一个变化的量，按照一定速度减少，从而推动欧盟整体碳排放减少。

在欧盟排放权交易体系的第一阶段，即实验阶段，多数成员国在制定本国碳排放配额的时候，采用全部免费的配额分配方式，最终实际以免费配额方式分配的数量达到了配额总量的 99%。即《京都议定书》附件中发达国家在明确本国一定时期内碳排放总量之后，该国家的企业可以参考历史的碳排放量，向政府申请碳排放配额，并在核准的碳排放量内进行经营。政府通过这种方式来降低国内温室气体排放强度需要承担的高昂财政损失。在进入第二阶段后，德国等部分成员国开始允许采用配额拍卖的方式，但由于大部分成员国仍然对本国的行业以及企业进行配额分配，最终实际以免费配额方式分配的数量为配额总量的 96.6%。

由于在第一以及第二阶段都出现了碳配额超额发放的情况,从 2013 年欧盟碳市场进入第三阶段之后,欧盟开始大力发展碳配额拍卖方式。但由于欧盟内部各个成员国经济发展水平并不一致,欧盟的政策仍偏向对相对落后成员国的保护,例如对经济相对不发达、能源结构相对单一的成员国,欧盟允许这些国家的相应部门逐步从免费配额发展到拍卖配额。同时对"碳泄漏风险极高"的行业仍然给予较高的免费配额,来保持行业在欧盟碳市场中的竞争力。

欧盟在第三阶段,即 2013—2020 年,设置碳排放配额总量上限为 20.8 亿吨,自 2013 年起,该配额总量应该保持每年 1.74% 的速度逐年下降。在欧盟碳市场进入第四阶段后,对碳排放配额总量的上限设置为 16.1 亿吨,同时调整配额总量下降速度上升为每年 2.2%。对于各个成员国而言,由于其经济发展水平、能源结构处在不同的阶段,所承担的减排责任也有差异,欧盟根据减排总量差异化地为各成员国分配了碳排放配额总量。

而在第四阶段,欧盟继续推动碳市场拍卖配额占配额总量的比例上升至 57% 左右,而其中电力行业的碳配额排放比例已经达到了 100%。对有着极高碳泄漏风险的行业,欧盟仍然为其保留免费配额,同时采取"基准线法",根据行业的进步更新基准线,保证免费配额的有效性,并在 2021 年取消抵消机制。

(三)欧盟碳排放交易市场特点

一是丰富的交易品种。

欧盟碳排放权交易体系与一般金融市场一样,在现货交易的基础上又发展出碳衍生品的交易。与基础金融产品派生出远期、期货以及期权等金融工具相同,欧盟碳排放权交易体系也发展出碳配额远期交易、碳配额期权以及期货等特色碳金融衍生品。2005 年 4 月,欧盟推出了欧盟碳排放权期货,并在碳交易所进行公开竞价交易集中买卖。在 2008 年,与此相关的碳期权产品也作为商品开始交易。基于现货市场形成的碳期货以及期权市场有助于提高碳交易的流动性,同时使得欧盟碳排放交易体系更加全面。除了以免费或者有偿方式进行分配的碳排放权配额以及相应碳金融衍生品,欧盟碳市场的主要交易品种还有核证减排量以及自愿减排量等。

在碳交易市场进入第四阶段后,欧盟对碳交易市场立法框架进行修正,建立了低碳融资机制,同时加入碳基金作为交易品种,推动碳交易市场低碳经济化。例如荷兰,其绿色基金机制运行超过二十年,有效推动了金融消费者积极投资绿色项目。荷兰银行大都设有投资绿色项目的绿色基金,但相比于市场平均值,该基金回报较低,无法有效吸引私人客户参与。因此,荷兰政府对参与绿色基金的投资者提供了总计高达 2.5% 的税收优惠,鼓励私人客户参与绿色基金投资。

二是严格的履约制度。

欧盟碳交易体系属于强制减排的碳交易体系,欧盟在设立碳减排目标,为各个成员国分配了碳排放配额之后,为了保证碳排放交易体系的有序运行,必须建立强有效的履约制度。欧盟通过构建严格的监测、报告、核查机制以及惩罚机制,保证企业推进节能减排。欧盟碳排放交易体系中的碳排放主体具有及时检测、汇报自身碳排放情况,强制减排的企业必须符合欧盟委员会相关政策要求,同时主体的监测以及核准报告,必须按照法律要求进行公示,受到环保组织和社会公众的监督。而如果企业没有完成减排任务,则会被政府征收高额的罚款,同时下一年度的减排任务需要加入这一年度未完成的额度。欧盟通过严格的履约制度,维护了欧盟碳排放交易体系的权威地位,对碳排放交易市场稳定运行起到了巨大的作用。

三是严格的监测、报告与核证制度。

欧盟碳排放权交易体系分别从欧盟整体和欧盟各成员国两个层面对温室气体减排措施的实施进展与实际效果进行分析总结,对欧盟各成员国实际碳减排效果进行真实有效的监督,从而确保完成《京都议定书》中的减排承诺;同时可以增强成员国之间进行减排决策的相关关联,保证成员国之间减排活动协调运行。

欧盟委员会为了监督欧盟和各成员国实际减排情况,要求各成员国对本国土地开发利用、碳排放情况以及其他涉及温室气体排放活动及时上报。

欧盟建立了控制温室气体排放的监测和报告机制,对各国提交的温室气体排放监测和总结情况进行复查,评估成员国是否执行碳减排目标并且确保成员国提交的相关报告和总结的准确性。各个成员国内部必须由国家级别的碳配额注册管理机构部门对碳配额分配进行签发,不得交易没有注册资格的欧盟碳配额。

各成员国的碳配额注册管理机构部门拥有决定监测标准和流程的自主权,但必须符合国际温室气体排放的标准。欧盟委员会对各个成员国年度提交的碳排放情况进行考核,如果成员国未能完成年度减排计划,则无法通过审核。同时未完成审核的成员国在第二年延后完成减排任务,但作为惩罚,该国第二年的减排任务相比于原本减排任务必须增加 8%。同时,该成员国必须将下一步碳减排方案提交给欧盟委员会,确定达到碳减排目标的最晚期限以及下一步采取的碳减排措施。

四、美国碳交易排放市场

1998 年 12 月,尽管美国签署了《京都议定书》,却一直未得到美国国内批准。在 2001 年,美国宣布正式退出《京都议定书》。因为美国认为这一决议对发达国家提出了强制性减排要求,但对温室气体排放量更大的印度、中国等发展中国家却未作出强制性减排措施。尽管美国退出了《京都议定书》,但应对气候变化以及环境相关挑战仍是迫在眉睫的事情,美国各州以自己的方式发展绿色经济。

(一)芝加哥气候交易所

截至目前,美国虽然仍未在全国范围内构建政府管制的碳排放交易体系,但也为打造碳交易市场作出了多次尝试。2003 年,美国建造了芝加哥气候交易所(以下简称 CCX),该交易所是全球第一家自愿减排的减排交易平台。与《京都议定书》中具备强制减排原则的减排机制不同,CCX 自成立便以会员制的形式进行运营,推动参与的会员企业采取自愿减排的方式,从而达到减少温室气体排放的目的。会员企业通过自愿性减排不仅履行了减排义务,还能增加企业知名度,提高商誉。

CCX 的会员企业通常属于能源密集型企业,覆盖航空、汽车、交通、电力等数十个行业,其将减排计划分为两个阶段,以会员企业 2002 年的排放量作为基准,对会员企业每个阶段的排放量作出要求。如果会员当年碳减排量超过了要求的减排额,可以将超出的减排量在交易所进行交易或者储存;如果企业减排量超过了减排计划要求数量,则企业需要在交易市场上购买碳金融工具合约。许多政府与企业自愿加入 CCX 来减少温室气体的排放。2008 年,CCX 联合天津产权交易所成立了天津碳排放交易所,并继续保持自愿减排的性质。

但 CCX 的交易市场并不完善,市场的供求关系难以达到平衡,导致碳排放的交易价格经常出现波动。再加上美国气候政策并不稳定,对 CCX 的发展并不友好,2010 年交易所母公司被收购后,连续几个月交易陷入停滞。这也说明自愿减排的交易机制存在议定的缺陷,难以依靠公众的责任感和道德感来实现减少温室气体排放的目标。由于美国政治体系的特征,美国难以在全国范围内通过征收碳税来减少温室气体排放,实行强制性减排的碳交易体系更符合美国环境保护未来的方向。

(二)区域温室气体行动计划

2005 年,美国东北海岸的十个州共同签署了应对气候变化协议。从 2009 年起,美国的九个州共同建立了本国的第一个强制性减排碳交易体系,即区域温室气体减排计划(以下简称 RGGI),其以市场为基础,同时基于总量控制区域温室气体的排放。该交易体系核心机制的设计、法律规范都为美国之后的碳排放交易体系的建立和改进提供了参考借鉴。RGGI 仅加入电力行业,将成员州中于 2005 年后化石燃料超过 50% 同时装机容量大于 25 MW 的发电企业视为排放实体,并计划到 2018 年,成员州中排放实体的碳排放量相比于 2009 年降低 10%。2021 年,RGGI 所设置的碳配额上限为 1.089 亿吨。

RGGI 碳市场采取拍卖法来分配几乎全部的碳排放配额,该计划同时还规定会根据各州历史的碳排放量分别对各州分配配额,并考虑人口、新排放源等多种因素对配额进行调整。成员州在能源战略或者消费者收益的项目上至少需要分配四分之一的配额。除了允许各州进行碳排放配额的拍卖，RGGI还允许各州根据自身情况，采取议定的措施来限制本州发电企业的碳排放量，所获得收益将会用来提升区域能源的效率、开发可再生能源、设立直接经济援助项目等活动。

RGGI吸取了世界上多个碳排放交易体系的经验并取得了进步。RGGI拥有严格的监测与报告制度，成员州选取独立的市场监管机构，对碳拍卖市场进行监督，同时排放实体必须按规定安装监测系统，每一季度向管制机构提供监测系统记录的数据，并由美国环境保护署保存在清洁空气市场部门数据库中，再自动上传到RGGI二氧化碳许可跟踪系统中。在RGGI中的排放实体同样通过使用拍卖获得的碳抵消配额来完成企业的减排任务，但企业通过购买进行抵消的配额不能超过3.3％，且该过程必须在RGGI的十个成员州中适用。

相比于CCX交易市场出现市场失灵的情况，RGGI为了防止类似情况的发生设置了两个安全阈值。其中第一个阈值用于抵御初次分配过程中产生碳价过高问题的风险，当碳交易一级市场中，排放配额的拍卖价格超过某一特定值时，会触发这一机制，RGGI会在一级交易市场中再次投放一定数量的配额来稳定价格。第二个安全阈值则是抵御供求关系失去平衡无法控制的风险。

但RGGI仍有一定的缺陷，尤其在建立初期暴露了许多问题，由于RGGI由美国的部分州发起建立，并不是一个全国性交易体系，其整体性不足。RGGI覆盖的行业太少，只包含电力行业的企业。因此，初期电厂使用煤炭、石油等化石燃料的成本上升，造成企业为了降低成本，将目光转向了价格相对较低的天然气来作为燃料。发电厂通过从煤炭到天然气的燃料转型降低了碳排放量，碳排放量的降低主要原因不是交易体制带来的影响，而是由于能源结构的变化。除此之外，RGGI通过拍卖碳排放配额的方式，获得了大量的财政收入，但部分成员州并未将此收入按计划投入提升区域能源效率项目，而是将其用于弥补州财政赤字，削弱了碳配额拍卖收益带来的好处。同时，初期各成员州为了确保本州的电力行业企业不会因为碳配额导致经营成本上升,丧失市场竞争力,都以最大限度来提供碳排放配额。这一阶段由于配额的过度分配,碳配额的二级市场较为冷清,并且其中大多数的交易都是现货交易,碳配额的衍生品失去对金融投资者的吸引力。

但2013年之后RGGI逐步进行了配额削减等一系列改革并取得了显著的成效,对碳市场配额的供求关系平衡提供了极大的帮助,使碳配额重新拥有市场稀缺性。从2014年开始,RGGI的一级市场和二级市场开始逐步走向繁荣。一级市场中,碳配额的拍卖价格以及二级市场中配额的现货交易价格和期货等衍生品价格都保持着上升趋势。同时,参与一级市场碳配额拍卖的主体不断增加,二级市场的交易规模也不断扩张。

种类丰富的碳金融衍生品增加了RGGI碳市场的流动性,保证了市场活力,促进碳市场更加多元化。企业实体可以从一级市场的碳配额拍卖中购买碳配额,也可以选择通过二级市场进行现货以及期权期货交易来获取碳配额,使得企业可以灵活结合自身经营情况支配拥有的碳配额,丰富了企业在履行减排责任过程中的选择。同时,众多投资机构也为碳交易市场保持活跃提供了帮助。在RGGI未进行改革时,碳配额一级市场的投标比例逐步降低,同时非控排企业成功拍得碳配额的数量也一直处于较低比例。在RGGI一系列改革措施出台后,非控排企业拍得碳配额比例相比之前明显提升,显示了这些投资机构对碳交易市场强有力的信心。投资机构的大量参与在增加碳交易市场繁荣度的同时,也可以减少碳配额一级市场价格大幅波动情形的出现。

RGGI碳市场在带来温室气体减排的同时也为各成员州带来了良好的经济收益。各个成员州在这些年GDP一直保持着良好增长,同时发电行业的二氧化碳排放总量相比与2009年取得了大幅下降。RGGI在减少二氧化碳排放总量的同时,还通过利用碳配额拍卖获取的收入,在能源效率提升、温室气体减排、可再生能源利用、直接经济援助等领域进行投资。自RGGI碳市场运行以来,其获得的收益共有38亿美元,其中2020年所获收益为4.163亿美元。

其中,RGGI在能源效率提升领域中投入占比最高,通过增加能源效率提升领域的投资,例如推广利用加工厂生产过程中产生的余热进行发电,从电力环节开始节约成本,使其传递到更广泛的消费者群体。对能源效率提升项目的投入也使得 RGGI 成员州的能源利用效率位居前列。RGGI 同样将收入投入发展利用清洁和可再生能源领域,采取给企业安装可再生能源系统以及为企业提供低息贷款等措施,清洁和可再生能源的使用规模扩大使得企业用电需求降低,从而带动电价降低,对环境保护有显著的帮助作用,消费者也因此获益。清洁和可再生能源利用过程中,RGGI 为企业提供的系统安装组件被要求需在本州进行生产制造,并由获得安装资格的商家进行安装,为各州带来经济收益,促进就业人口增加。RGGI 还进行温室气体减排项目的投资,直接促进了温室气体的减排。其中包括对先进能源进行研发、推进电力领域外行业进行温室气体减排、推进工业生产过程中的减排技术改进,以及支持各州的气候行动和政策。RGGI 的直接经济补助是将补助提供给符合条件的小型企业和低收入居民,可以极大缓解低收入群体来自燃料成本提升的经济负担。

(三) 加州碳排放交易体系

西部气候倡议(WCI)由加拿大的四个省以及美国的加利福尼亚州发起参与,加州碳排放交易体系是西部气候倡议的重要组成部分,也是美国减排力度最大的强制性总量控制交易体系。2006 年,加州政府通过了《加州全球变暖解决方案 2006》,即 AB32 法案。该法案通过立法,要求加州必须在 2020 年将本州温室气体的排放总量降低到 1990 年的排放水平。加州碳排放交易体系除了需要控制国际公认六种温室气体的排放,也对三氟化氮以及其他氟化温室气体的排放作出限制。该交易体系采取分阶段渐进式的实施方法,初期主要对电力行业和大型工业设施的温室气体排放进行控制,逐步扩展至燃料分销行业。对大型工业设施的减排,其初期以免费发放碳配额为主,逐渐转型为拍卖形式分配碳配额,从而达到促进工业产业转型升级的目的,同时可以避免工业企业排放转移情形的发生。

加州碳排放交易体系通过历史排放数据决定第一年的碳配额,之后根据效率标杆来决定每一年的配额发放量,同时对于电力设施进行配额的免费发放,维护公众的利益。加州碳排放交易体系计划对加州 2013—2023 年的碳排放总量进行控制,并以 3 年作为一个履约期,以 2013 年为起点将计划分为四个阶段。2013 年,加州碳排放交易体系覆盖超过 2.5 万吨排放量的发电行业以及工业行业,并将二氧化碳排放上限设定为 1.6 亿吨。2015 年,加州碳排放交易体系覆盖面继续扩张,包含了运输以及小型天然气用户,将二氧化碳排放上限设定为 3.9 亿吨并保持逐年递减。2020 年,交易体系将排放上限设定至 3.3 亿吨。2021 年,加州碳排放交易体系进入第四个履约期,覆盖加州大约 80%—85% 的温室气体排放,并将排放上限设定为 3.208 亿吨,之后保持平均 4% 的速度进行递减,这一减排速度远远高于欧盟碳交易市场 2.2% 的下降幅度。

加州碳排放交易体系在欧盟碳交易体系以及 RGGI 的基础上进行了总结和改进,为碳配额设立了严格的上限,同时禁止 CDM 项目额度与碳配额的转换,避免 CDM 额度的大量供给影响交易市场平衡关系,造成碳配额价格的波动。与 RGGI 在建立初期便引入配额拍卖方式相似,加州碳交易体系中碳配额仍然采用免费分配、拍卖分配相结合。加州碳排放交易体系在分配碳排放配额时考虑行业的实际需求问题,对其进行成本控制;同时利用市场机制对项目开发标准进行抵消,通过建立专业的机构对市场交易进行监督,排放实体每年碳排放量如果超过一万吨二氧化碳,则需要向专业机构提交年报进行核查。2020 年,加州碳交易一级市场中,大约 58% 的碳排放配额采用拍卖的方式进行发放。在加州的碳交易市场中,当企业碳排放量超过分配的配额时,企业可以在碳交易市场上购买配额,也可以选择利用抵消机制来抵消减排义务。加州碳排放交易体系允许进行排放实体碳抵消,并且为其设置了丰富的项目,例如森林项目、水稻种植项目等。抵消机制可以延伸至与加州碳交易市场连接的加拿大魁北克省,但抵消额度的上限不得超过排放总量的 4%—6%。

五、碳税与碳交易配合的国际趋势

碳税和碳交易体系虽各有优劣且构建逻辑相异,但这不意味着两者不能共生共存、相互补充。碳税和碳交易体系协调运用、联合释能的兼容性和高效能被越来越多的国家(或地区)重视并付诸实行,两者共存的模式主要有两种:一是碳税和碳交易体系互补覆盖范围,二是碳税和碳交易体系互补价格机制。

(一) 碳税与碳交易的调节范围互补

碳税和碳交易体系在效率层面上分别更适用于低排放主体、高排放主体,可见针对各产业部门、各规模主体、各排放源头实行不同的政策,既能实现覆盖范围互补,也能避免覆盖范围重叠所致的沉重负担。

欧盟碳排放权交易体系(EU ETS)纳入高排放特征的电力行业和大工业行业,而欧洲各国的碳税则涵盖汽车燃料、居民部门、小工业部门等领域,可见在欧洲一般情况下两者的覆盖范围迥异,互为补充。征收碳税初始期的国家常明确规定碳税的征收范围排除碳排放权交易体系的纳税主体,例如法国于 2014 年开始征收碳税,其重点覆盖范围为化石燃料,这与EU ETS 共存但不存在重叠。相似的国家还有葡萄牙,其于 2015 年实行碳税政策,并将碳税所覆盖的部门与 EU ETS 明确分隔开来。同时,丹麦、瑞典及冰岛等国家推行碳税政策的日期早于 EU ETS,这些国家则重修税法,以使两者的覆盖范围合理地分散互补。

但对于重点高排放行业,部分国家也实施碳税和碳交易体系双重覆盖模式,进而推动减排目标如期实现。例如,碳税在挪威被实行的时间早于EU ETS 的建立,且碳税的覆盖范围已较为全面,因此第一阶段挪威未在EU ETS 中纳入其他国家所覆盖的部分油气行业,此阶段挪威仅将二氧化碳排放总量的 10% 归属于 EU ETS。第二阶段挪威将碳税覆盖范围已包含的重点高碳行业逐步纳入 EU ETS,油气行业、航空部门分别自 2008 年、2012 年受到碳税和碳交易体系两大政策工具的规制。因此当今在挪威两类政策构成纵横交贯的关系:制造业的二氧化碳排放量占比为 22%,仅纳入 EU ETS;交通运输、渔业、热电等行业合计的二氧化碳排放量占比为36%,仅纳入碳税覆盖范围;油气行业和航空部门则位于两类政策覆盖范围的交叉区域,二氧化碳排放量占比达到 26%。

(二) 碳税与碳交易的价格调节互补

另一类碳税和碳交易体系的共存模式表现为价格机制的互补。碳税为单位二氧化碳排放量规定固定价格,本质上属于价格调控手段。碳交易体系则以碳排放量的把控为焦点,隶属数量调节机制,碳排放权的价格在市场机制中形成和变动,而这也使得价格在多重因素影响下可能出现大幅浮动。尤其碳排放权价格长期低于价值时,碳排放交易体系的减排功能无法有效发挥作用,进而与政策初衷相偏离。此类情景凸显引入碳税以稳定碳价的重要性,保障碳价维持在合理区间,防止减排政策框架的失效。当前两类政策实现价格互补的模式有两种:一是最低碳价机制(Carbon Price Floor),二是打通两类政策间的交易渠道。

实施最低碳税机制的典型国家是英国。英国基于考量 EU ETS 的配额价格常偏低,难以推动低碳投资积极开展,从而发挥抑制碳排放的功效,自 2013 年 4 月 1 日引进最低碳税机制,旨在驱动本国减排进程高效推进。英国在最低碳税机制运行初期,以气候变化税为基底加码碳价支持机制税率,以产品中的碳含量为同一计税单位,但针对不同能源产品设定差异化税率,进而增强企业的碳排放成本,按期实现减排目标。英国于 2013 年设定最低碳价为 16 英镑/吨,若 EU ETS 的交易价格低于此价格,则加码以使碳价达到社会合意水准。为匹配本国的政策目标,英国动态调整最低碳价,2014 年调低这一价格,而 2016—2020 年碳价回升至每吨 18 英镑,以期同时实现收紧化石能源消耗、鼓励节能减排投资的目标。为应对日益严峻的气候变化形势,2020 年英国的最低碳价升高至 30 英镑/吨。可见,碳税和碳交易体系实现价格机制互补和协调是可行的,有利于保障政策的有效性。可见,碳税和碳交易体系实现价格机制互补和协调是可行的,有利于保障政策的有效性。一些国家也紧随其后,积极探索和优化最低碳税机制。例如,法国于 2016 年针对电力公司达成实施碳价下线的初步意向,并计划渐进式提高碳价下限,从而在 2030 年前使得碳价下限达每吨二氧化碳 30 欧元。

碳税和碳交易体系实现价格机制互补的另一模式是打通碳税和碳交易体系的交易渠道,即许可排放主体参与碳税税额或碳配额的交易,从而抵消其纳税额度或排放限额。具体来说，被纳入碳交易体系的排放主体可以将未用尽的多余碳配额出售给需缴纳碳税的排放主体，从而后者可用购买到的碳配额抵扣需缴纳的税额。当前未有国家或组织推行这一模式，但墨西哥尝试许可排放主体的减排义务被碳信用所冲减，与这一模式较为类似，可见这一模式的运行思路落于实践也并非全无可能。

总而言之，随着碳交易体系和碳税在各国落地并持续推进和繁荣发展，更多国家对两者的关系逐步形成了更深入的认识。各国对两者关系的认识不再局限于对抗性，片面认为国家政策选择只能两者择一，而是更灵活、系统地运用这两个政策，尤其是逐步领会到一种政策存在时，国家如何配合使用另一种政策以实现覆盖范围和价格机制的互补，从而最大化预期减排效果。欧盟作为实行碳税和碳交易体系有效共存的佼佼者，其执行路线和方式为我国碳减排政策框架的搭建提供了丰富的借鉴经验和思考空间。

第四节　碳边境调节机制

一、欧盟碳边境调节机制的政策背景

2019 年 12 月，新一届欧盟委员会一成立便立刻提出并通过了《欧洲绿色协议》等一揽子计划，该协议重新设立了欧盟关于应对气候变化方面的承诺，计划为欧盟打造一个资源节约型、现代化同时充满竞争性的经济体系，并规定欧盟温室气体排放量在 2030 年末应该在 1990 年水平上减少 50%—55%。除此之外，欧盟委员会还拟定了推进碳边境调节机制、欧洲气候法等七十多项立法目标。2022 年 6 月 22 日，欧洲议会表决通过碳边境调节机制法案的修正案，这是继 2021 年 7 月以来，欧盟委员会与欧盟理事会先后通过碳边境调节税的征收机制法案后，欧盟碳边境调节机制立法的重要一步。

欧盟认为世界上许多国家对环境治理的目标与欧盟并不相同，并因此产生碳泄漏风险。例如，欧盟的部分产业转移到减排强度低于欧洲的其他地区或者国家，或者进口的碳密集产品代替了欧盟自身的产品，在这种情形下,全球整体的温室气体排放量并不会随着欧盟的努力而减少。因此,欧盟推动碳边境调节机制的实施来减少碳泄漏的风险。

目前国际上通常按照产品的生产过程来计算碳排放,这种方法更有利于部分碳净进口国家达到碳减排目标,同时减少这些国家碳排放的责任。相比于发达国家,发展中国家碳排放量更多,发展中国家属于内涵碳净出口国家的比例更高。因此,欧美发达国家为了实现碳减排并保护自身利益,敦促中国等发展中国家进行有效的碳减排措施,并酝酿采用碳边境调节机制对减排强度低于自身的地区或者国家的产品进行税收调节。

二、欧盟碳边境调节机制的运行方式

根据欧盟委员会关于碳边境调节机制的相关咨询以及欧洲议会关于碳边境调节机制的相关决议,欧盟碳边境调节机制所采取的形式可能有四种,即征收碳关税、征收碳税、扩大欧盟碳排放权交易市场、实行出口退税。

征收碳关税是对欧盟进口产品的减排措施强度进行评估,当其减排措施强度低于欧盟地区时,欧盟对这些进口产品征收碳关税。碳税则可能以消费税的形式对在欧盟消费的包括欧盟生产产品和进口产品的所有商品征收碳税。扩大碳排放权交易市场则是让欧盟的进口商或者外国的生产商通过欧盟碳排放权交易市场以及其他专门渠道以与碳排放权交易市场相同的价格购买碳排放许可证。出口退税则是欧盟对其内部生产并出口的同类商品进行退税或者免税,从而保障欧盟商品在与未实施减排措施地区的商品竞争时处于公平地位,但这一措施需要财政资金的补贴,同时与 WTO 的相关规则并不兼容。其中,出口退税和征收碳税受到的阻力更大,实施可能性比较低。但无论欧盟碳边境调节机制最终采取哪一种措施,都必须根据进口商品在其生命周期的含碳量增加其成本,使其承担成本和欧盟同类商品相同。

三、欧盟碳边境调节机制的相关争议

无论是国际上还是欧盟内部,都对欧盟碳边境调节机制存在一定的争议。这些争议集中在与 WTO 规则、国际气候治理中"共同但有区别的责任原则"以及技术可行性方面的争议。

在 WTO 的《关税及贸易总协定》中，最惠国待遇原则上禁止歧视不同出口国的"同类商品"，同时国民待遇原则不应将国内生产和进口的"同类产品"区别对待。即欧盟原则上不能根据不同国家之间减排计划的不同对进口的"同类产品"差别对待，那么能否根据生产过程中产品产生碳排放量来区分进口产品与国内生产产品存在一定的分歧。欧盟如果想避开关于最惠国待遇原则以及国民待遇原则的分歧，就需要通过一般例外条款，欧盟需要对出口国家的碳减排政策——进行评估，并与各方协商达成一致意见从而避开与 WTO 规则的冲突。

尽管"共同但有区别的责任原则"还没有成为国际习惯法，但从最初的《京都议定书》发展到《巴黎协定》，不同国家根据本国实际发展情况共同但承担不同程度的责任已经是国际气候治理的基础。欧盟推动碳边境调节机制实际上也是将自身减排政策产生的成本转移到其他出口国家，尤其是发展中国家。欧盟应该保证"共同但有区别的责任原则"，考虑碳边境调节机制对发展中国家带来的负面冲击。

欧盟碳边境调节机制采用全生命周期排放测算，这一测算方法需要考虑产品生产过程中投入的中间产品的碳排放，在技术实施上也是一个难题。许多发展中国家还没有建立高水平的排放数据监测、报告以及核算（MRV）体系，无法提供真实有效的数字。基于产品计算全生命周期碳排放核算相比于基于行业的核算工作量更大，但如果只对行业进行全生命周期碳排放核算，则无法对企业转向使用清洁生产技术产生有效的激励。因此目前欧洲议会的有关决议中，计划鼓励进口商提供产品碳排放数据，否则将会直接使用各个地区产品平均碳排放量作为默认值，这一做法无疑会增加 MRV 体系相对薄弱国家的核算成本，同时带来国际贸易摩擦。

四、欧盟碳边境调节机制的潜在影响

尽管欧盟碳边境调节机制能否顺利实行以及调节机制采取什么样的形

式仍然不确定,但仍需对欧盟碳边境调节机制可能产生的影响进行前瞻性的探讨,确保应对政策出台的及时性。

碳边境调节机制指的是一个国家或者地区对未执行与该国家或者地区同等强度减排措施的进口产品采取一定措施的单边气候政策,通常指对进口产品出售排放许可证或者征收碳关税。对于发达国家而言,该机制可以防止碳泄漏的风险,但对发展中国家而言可能导致变相的贸易保护。中国和欧盟双边每年都产生巨大的贸易额,是不可或缺的重要贸易伙伴。欧盟此次提出的碳边境调节机制立法毫无疑问会对中欧贸易造成影响,对中国碳密集型产业造成冲击。

发展中国家通常享受更多的人口红利,具备廉价的劳动力资源,同时矿产资源更为丰富。为了推动经济以及产业更快速地发展,发展中国家往往会利用比较优势,大力发展劳动力密集型或者资源密集型产业。而发达国家为了降低成本或者减少环境污染,会将一些污染产业或者能源密集型产业转移到发展中国家,从而完成污染的跨境转移。同时,发达国家由于国内的一些强制性减排政策,增加了企业在生产环节和交易环节的成本,降低企业在市场中的竞争优势,而发展中国家相同行业中的企业市场竞争力增强,进一步扩大了隐含碳净出口。而《京都议定书》规定减排国家需对生产过程中的碳排放进行限制从而实现减排目标,但并未限制能源密集型产品在消费过程中的碳排放,可见,发达国家通过内涵碳的影响不仅减少了自己国家温室气体的排放,同时还可以获得资本收益。发展中国家在生产产品的过程中排放温室气体,但产品最终由发达国家进行消费,如果欧盟再开始征收碳边境调节税,那么对于发展中国家是极不公平的。

中国各个行业在生产能够获得和欧盟相同经济效益的产品时,所花费的资源需要多出数倍。相关研究表明,中国相比于欧盟同行业产品的全生命周期碳排放强度普遍为其2倍到4倍。2021年4月,国家主席习近平在与德国总理默克尔以及法国总统马克龙的视频峰会中表达了中方的反对立场,应对气候变化不应该成为某些地区或者国家设置贸易壁垒的借口、地缘政治的筹码。一些学者对欧盟推进碳边境调节机制的效果进行了测算,认为欧盟的碳边境调节机制并不会对中国经济产生明显的影响。欧盟的碳边境调节机制可能使得自身总产出下降幅度最大,对中国和美国的总产出影响较小,并且影响主要体现在资源密集型和能源密集型行业。而欧盟运用碳边境调节机制征收税收时,进口产品的价格水平将会提升,带动欧盟自身整体物价水平上升。

欧盟碳边境调节机制对全球碳减排活动的促进作用并不显著,调节机制在实际实施过程中复杂度较高,会给欧盟贸易国家以及欧盟带来高昂的成本。碳边境调节机制的实施与 WTO 规则的争议也需要进行各方谈判才能得出结果,最后通过的需征收碳关税的行业和产品种类可能范围较小。而从长期来看,全球减排最重要的是低碳和无碳技术的发展,发达国家设立关税保护机制,可能导致国内相关行业的企业失去降低成本的激励,减少对低碳和无碳技术的研发投资。

第四章
我国开征碳税的基础与意义

　　本章从多个角度论证我国开征碳税的可行性、必要性和紧迫性。首先，从我国现有税制体系来看，2016年第十二届全国人大第二十五次会议通过《中华人民共和国环境保护税法》，2018年1月1日起《环境保护税法》开始正式实施，标志着我国绿色税收体系化建设的开始。然而时至今日，我国与环境、污染、能源相关的法律依然存在零散化、多头化、重叠化的弊端，尚未在法律制度中正式明确提出"环境税"的概念，对于二氧化碳排放定价、环境税收利用、生态补偿定价也未能作出明确的规定。本章详细梳理了中国环境相关税收的发展现状，围绕环境保护税、资源税、成品油消费税、车辆购置税和车船税、增值税相关，从税制设计、税收主体、征税标准、税收管理、实施效果等方面对相关税收进行了全面分析，进而为本书后续研究如何丰富我国环境税收的内涵和外延、增设符合我国经济及产业发展需求的环境税种奠定了基础。其次，本章分别具体讨论了现有税种或税目对技术创新的作用及影响，这也是回应本书主题"碳税征收与技术创新的关系"。能源技术创新和绿色技术进步，是节能减排、推动经济与环境协调发展、人与自然和谐共存的关键。那么包括碳税在内的环境类税收能否在能源技术创新上发挥有效的正向激励效应？在国内外相关理论和实证研究的基础上，本章进一步探讨了环境税收的作用机制与能源技术创新的内涵，并具体诠释了环境税、资源税、车船税、企业所得税和增值税优惠等不同税收手段如何倒逼企业进行技术创新，对环境成本进行内生化的效果如何。通过集中梳理现有税收、财政、市场、产业、金融等政策在碳排放领域的效果与局限，凸显出尽快出台碳税、补齐政策短板的紧迫性和必要性。

第一节　我国碳排放的现状与特征

一、碳排放的阶段性动态变动

中国碳排放量仍处于高位上升阶段，人均碳排放量于 2021 年超过发达经济体的平均值，但碳排放增速及强度随产业结构升级向好发展。2001—2020 年我国碳排放量由 3 523.1 吨上升至 9 899.3 吨，上升约 2.81 倍，而 2001—2020 年间 GDP 增长约 4.87 倍，可见碳排放量增速低于经济发展增速，结构效应对规模效应的抗衡力量见长。2001—2020 年碳排放变动大致经历两个阶段：2001—2011 年间碳排放增速较快，环比增速的平均值高达 9.74%，同时碳排放强度先升后降。国际能源署（IEA）数据表明 2001 年我国单位 GDP 排放 1 kg 二氧化碳，小幅提升后于 2005 年连续下降，并在 2011 年再次回落至 2001 年水准，可见结构效应对碳排放的作用由正转负，但规模效应依旧强劲。2012—2020 年间碳排放强度延续下降趋势，同时碳排放增速大幅回落，环比增速平均值回落至 1.2%，可见结构效应的减排效力由弱转强，对规模效应的掣肘越发强烈。我国碳排放的阶段特征与产业结构变迁相关联，2001—2011 年我国依托经济全球化和国际分工格局的转变，加入 WTO 后凭借人口红利承接一批劳动密集型行业及高耗能制造业，推动经济高速增长的同时带来碳排放量的高速增长。不过，自 2005 年起我国在"十一五规划"中开创性提出建设资源节约型、环境友好型社会，环境制度体系逐步完善而弥补市场机制短板，助力我国碳排放强度连年下降。2012 年是我国第三产业的比重首次超越第二产业的转折点，如图 4.1 所示，借鉴干春晖等以第三产业和第二产业比重的比值衡量产业结构高级化，这一指数自 2012 年起超过 1 且斜率明显更陡峭，产业结构由"二三一"向"三二一"的转变推动碳排放量步入低速增长的平台期。

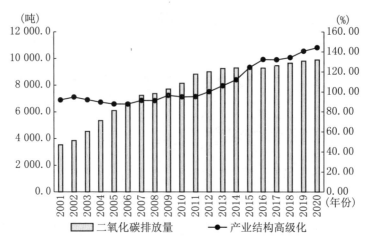

资料来源:英国石油公司(British Petroleum)数据库,《中国统计年鉴》。

图4.1 2001—2020年中国碳排放量

　　第二产业是实现双碳目标的核心关卡,在产业结构向"三二一"升级的进程中伴随第二产业内部的结构升级,双重释放结构效应的减排效力。我国高碳行业集中于第二产业内部,电力、热力生产和供应业和工业的碳排放总和量占比常年高达75%以上[1],因此第三产业的比重上升虽带动全局碳排放强度的相对下降,但第二产业的碳排放强度实现绝对下降关乎减排的持续性和长远性。由2014年"新常态"到十九大"高速增长阶段转向高质量发展阶段",2020年我国的经济阶段进阶为"高质量发展阶段",经济支点的转变与第二产业的结构优化紧密相连,并推动我国工业的碳排放总量于2014年达到高点后下落。近年来第二产业以新要素、新技术构筑新动能,2012—2021年间规模以上高技术制造业基本保持10%以上的高增速,工业增加值的占比由9.4%上升至15.1%,且高耗能产业[2]的比重下降,其增速在2010年达到极值13.5%后逐步下降,可见第二产业由要素驱动向创新驱动过渡,以此打破第二产业内部高碳行业和低碳行业的力量对比,释放减缓碳排放强度的结构效应,我国第二产业的碳排放强度平稳下降。

---

[1] 来自国际能源署(IEA)数据库。

[2] 我国统计局将电力热力的生产和供应业、黑色金属冶炼及压延加工业、化学原料及化学制品制造业、非金属矿物制品业、有色金属冶炼及压延加工业及石油加工炼焦及核燃料加工业界定为高耗能行业。

我国高碳行业的碳排放强度及总量的变势分化见图 4.2,而电力行业是当前低碳转型的核心领域。基于中国碳核算数据库(CEADs)聚焦产业结构的行业层面,2019 年我国电力、热力生产和供应业的碳排放量占比高达47.39%,其余依次为黑色金属冶炼及压延加工业(18.92%)、非金属矿物制品业(11.35%),以及交通运输、仓储及邮电通信业(7.48%)。这四大高碳行业的合计碳排放量占比约 85%,因此我国碳排放量的增势很大程度上取决于这四个行业的碳排放变化。四大高碳行业的碳排放总量变势分化,黑色金属和非金属领域的碳排放规模均于 2014 年达到高点,电力和交通领域碳的排放增速虽趋缓但总量仍保持上升趋势。[①]此外,各行业的碳排放强度在量级和变势上不尽相同,非金属矿物制品的碳排放强度自 2001 年起连续下降,但电力和钢铁领域的碳排放强度分别自 2007 年和 2004 年陷入迟缓下降期,尤其电力行业的碳排放强度常居高位。可见我国碳排放总量仍保持加速状态,首要在于碳排放强度缓下降、碳排放量正增长的电力行业,推动电力行业尽早达峰关乎碳达峰目标的按期实现。同时第三产业内部交通运输业的碳排放不容忽视,其碳排放强度虽连续下降但仅次于电力行业。

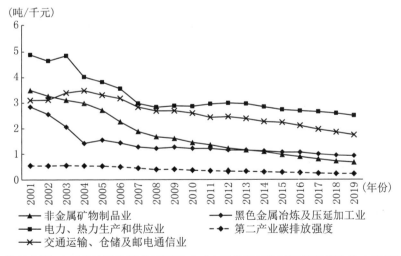

资料来源:中国碳核算数据库(CEADs),《中国统计年鉴》《国民经济和社会发展统计公报》。

图 4.2 主要高耗能行业的碳排放强度

---

① 根据国际能源署的数据,电力和交通领域的碳排放变动趋势亦能得到印证。

高碳行业间碳排放关联紧密而相互叠加碳产出,隐匿其后的推手是产业联系。电力和钢铁是我国第二产业内部高排放的主要领域,产业联系强化两者碳排放强度下降瓶颈所带来的减排阻力。钢铁行业对电力的依赖性较强,黑色金属冶炼加工业所需电力的能耗占比为 12.12%[①],同时钢铁需求贯穿电力发、输、储、配、用等各环节,可见电力和钢铁领域的高碳特征相辅而行。因此,双碳目标的高效实现既依赖于从微观要素入手自下而上提升行业的脱碳能力,同时系统化借助行业协同从而间接提升各行业的减排效力。

二、与典型碳达峰国家的比较

各国陆续明确碳中和的时间安排和实现路径,截至 2021 年底已有 136 个国家确立碳中和目标。从各国实现碳中和的时间安排来看,碳中和的实现时间集中于 20 世纪 50 年代,如日本、英国和美国。尽管三者的碳达峰时间不一致,但达峰年度产业结构所呈现的特征对我国双碳目标进程具有参考意义。英美日碳达峰时每千美元所产出的二氧化碳量下降至 0.55 吨以下,且基本完成工业化和构筑起科技强国地位,第二产业的比重下降至 25% 以下(见表 4.1)。而新冠肺炎疫情前我国碳排放强度于 2019 年下降至每千美元 0.71 吨,第二产业的比重为 39.4%,可见我国与典型国家的达峰特征仍存在一定差距。聚焦第二产业内部,我国第二产业面临广而不精、大而不强的困境,高价值国际竞争力仍待提升,全要素生产率对经济发展的贡献率仍与典型国家存在一定差距,以此联动现代服务业滞后,从而产业结构升级对碳排放的结构效应需进一步释放,但这也意味着产业结构升级和低碳化转型的耦合拥有更广的增量优化空间,从而抑制延迟成本的累积。

产业投入端的能源转型是典型国家减排加速的开路先锋,带动电力部门的显著减排,减排历史实践与当前我国碳排放量集中于电力行业的现状相契合。典型国家减排成效最显著的领域集中于能源消费结构的清洁化,

---

[①] 《中国钢铁工业节能低碳发展报告(2020)》,中国节能协会冶金工业节能专业委员会和冶金工业规划研究院,2020 年 12 月。

表 4.1 典型国家碳达峰特征

国家	碳达峰时间(年份)	碳排放强度(吨/千美元)	第二产业比重(%)
美国	2007	0.42	16.54
英国	1991	0.53	24.86
日本	2013	0.26	21.75

资料来源:全球碳图集(Global Carbon Atlas),联合国粮农组织(FAOSTAT)宏观数据库,国泰安数据库。

如图 4.3 所示英美日 2020 年清洁能源的比重分别约为 63%、52%、35%。1990—2019 年间能源部门是英国减排效果最卓著的部分,天然气消费规模逐步与石油分庭抗礼,并以风电、生物质发电及光伏发电等替代煤电,促进能源所引致的碳排放规模从 2.4 亿吨大幅下降至 0.9 吨①。美国则得益于页岩气革命而扩充清洁能源的选择,页岩气广泛的商业化开发和运用推动其天然气产量的比重于 2020 年高达 77.34%,其产量在 2000—2020 年间增长近 73.3 倍②,以此推动电力生产部门成为自 1990 年来碳排放规模下降最多的经济部门。

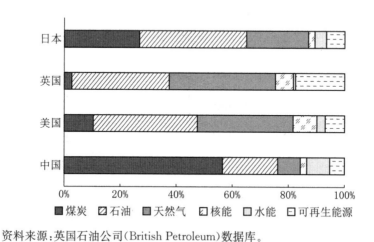

资料来源:英国石油公司(British Petroleum)数据库。

图 4.3 2020 年部分国家能源消费结构

---

① 来自英国商业、能源和工业战略部(BEIS)。
② 《能源革命的弄潮儿——页岩气》,河北省自然资源厅官网,2021 年 7 月 14 日。

　　然而这些国家能源消费结构的转变非一蹴即就,能源转型显著与技术、制度等累积相关。例如美国页岩气开采和勘探技术的成型可追溯至20世纪七八十年代,同时20世纪末天然气运用相关的能源政策由市场自由向鼓励转变,从而造就页岩气在21世纪的井喷式运用。当前我国清洁能源的占比虽渐进上升至约23%,但与上述国家相比这一比重仍存在较大差距,能源消费仍高度依赖于煤炭。电力行业作为我国能源消费的重点部门,近年来其碳排放强度陷入下降瓶颈期,间接说明新能源技术仍需一定时间累积而形成突破性质变。而我国碳中和时间只晚于上述国家十年,因此当前阶段加快实现制度建设引领产业结构升级和低碳化的耦合,针对性、系统性、多元性从产业的微观机制入手提升高碳行业的脱碳能力,并借助产业协同最大化吸收减排效力,有利于为我国减排加速夯实基础。

　　交通运输业深度脱碳是英美日国家实现碳中和的难点,图4.4所示2010—2019年英美交通运输业所引致的碳排放量均小幅上升且比重上升显著,2019年其占比均高于35%。日本的达峰时间晚于英美而其比重徘徊于20%左右,但交通运输业所致碳排放规模在2010年和2019年的变化不明显,呈现与英美相似的变势。我国城市化水平仍处于提高阶段,这将进一步推动城市交通体系建设而推动碳排放量走高,因此从长远看,近零碳交通体系和低碳偏向型产业布局的预先筹划关乎深层脱碳目标的实现。

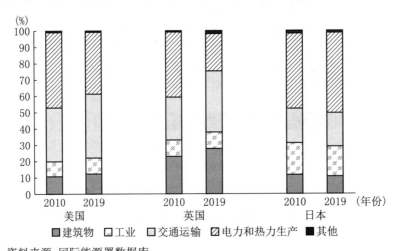

资料来源:国际能源署数据库。

图4.4　部分国家按产业部门划分的碳排放来源变化

第二节　我国现行碳排放相关的税收政策

基于能源和环境税的界定,我国的税收体系中尚未形成专门的环境税,但依托能源产业链的延展环境税收对能源生产和消费结构发挥重要影响。随着能源产业链上下游的纵深拓展,我国的碳税元素分散于资源税、成品油消费税、车船税、车辆购置税、环境保护税等税目之中。因此鉴于碳排放过程涵盖能源生产、流通、消费等环节,贯穿能源产业链上下游,本节将重点讨论与能源和能源产品关系密切的各项税收,包括资源税、成品油消费税、车船税、车辆购置税、环境保护税及增值税等。

一、资源税

我国的资源税起征于 1984 年,经历了按利润率实行超率累进税率、定额征税和从价征税三个阶段。如表 4.2 所示,实际征税对象逐步扩大,从最初限定的原油、煤炭、天然气三种类别覆盖到目前能源矿产、金属矿产、非金属矿产、水气矿产和盐五大类别,对不同能源矿产适用税率的划分也逐步细致,征税范围的拓展体现了资源全民所有和有偿使用特征。2019 年颁布的《中华人民共和国资源税法》从立法高度明确了我国资源税的纳税人、税率、税目以及税收优惠等,也是对 2016 年全面开展从价计征改革的成果总结。资源税由定额征税转变为从价计征为主、定额征收为辅,更加真实反映价格变动。改革以来资源税由 2016 年的 950.83 亿元上升至 2020 年的 1 755 亿元,年均增长率达到 11.1％。但基于上述对资源和能源的区分,当前资源税征税对象中只有能源矿产才是能量的表现或载体形式,因此涉及能源矿产的资源税才属于环境税收。

能源矿产自资源税创立起就被纳入征税范围,特别是我国能源结构中份额最大的三种能源:原油、原煤和天然气(见表 4.3)。初期对原油、煤和天然气征税的地域范围是选择性的,局限于资源条件较好的地域。随着环境

表 4.2　资源税的改革历程

阶　段	时间	政策名称	政策内容
利润率划分超率累进税率	1984 年 10 月 1 日起试施行	《中华人民共和国资源税条例（草案）》	（1）条例明确从事原油、天然气、煤炭开采等个人和单位为纳税主体，以销售收入利润率为基准实行超率累进税率，以 12％、20％、25％为节点分为四挡税率。 （2）优惠政策包括：当地政府对需要照顾和鼓励的小煤矿实行不超过应纳税额50％以内的减税。
		关于资源税若干问题的法规	细化《中华人民共和国资源税条例（草案）》提到的纳税主体、减免税优惠等。 （1）暂时只对原油、煤炭、天然气征税，对其他类型的税收暂缓征收。其中天然气的纳税范围不包括煤矿生产的天然气。 （2）对年产量在 1 000 吨及以下的小煤矿免税，同时明确给予税收优惠的小煤矿指县及县以下的煤矿。
定额征收	1986 年 6 月发布	《关于对原油、天然气实行从量定额征收资源税和调整原油产品税税率的通知》	将原油、天然气的征收办法转变为定额征收。以资源条件的优劣确定纳税的多少，油田自资源条件由好及差分为六挡，每吨缴纳的资源税依次递减，具体为24 元、8 元、6 元、3 元、1 元和暂缓征收；而天然气只对大庆油田以每吨 12 元定额税征收，对其他油田暂缓征收。
	1986 年 9 月发布	《关于对煤炭实行从量定额征收资源税的通知》	定额征收范围扩大至煤炭，煤炭的计税依据限定为原煤销量，国家统配煤矿的定额税按照资源丰度定为每吨 0.2—4.7 元不等。
	1986 年 10 月 1 日起施行	《中华人民共和国矿产资源法》	明确矿产资源的开采主体需缴纳资源税和资源补偿费。
	1994 年 1 月 1 日起施行	《中华人民共和国资源税暂行条例》	煤炭、原油、天然气定额税略有提高，同时征收范围扩大，采取普遍征收。原煤每吨 0.3—5 元，原油每吨 8—30 元，天然气每千立方米 2—15 元。

阶　　段	时间	政策名称	政策内容
从价计征为主,定额征收为辅	2010 年	关于印发《新疆原油天然气资源税改革若干问题的规定》的通知,《财政部 国家税务总局关于调整原油天然气资源税有关政策的通知》	2010 年 6 月,油气资源税由从量计征向从价计征改革的首个试点为新疆,税率为 5%,并对一些减少能耗的行为作出优惠规定。同年 12 月油气税率提升至 6%,清费立税并陆续扩充试点,包括内蒙古、甘肃、四川、青海、贵州、宁夏等 12 个西部省区。2011 年 11 月改革扩大至全国范围。
	2014 年	《财政部 国家税务总局关于实施煤炭资源税改革的通知》	资源税计价征税改革拓展至煤炭,税率为 2%—10%。
	2019 年	《中华人民共和国资源税法》	以立法形式确定了资源税从价计征为主、从量计征为辅的征收方式,自 2020 年 9 月 1 日起施行。
	2020 年	《关于继续执行的资源税优惠政策的公告》《关于资源税有关问题执行口径的公告》	资源税法的配套政策。

资料来源:由税务总局发布的各项公告整理所得。

表 4.3　能源矿产资源税的税率表

税　　目	征税对象	税　　率
原油	原矿	6%
天然气、页岩气、天然气水合物	原矿	6%
煤	原矿或者选矿	2%—10%
煤成(层)气	原矿	1%—2%
铀、钍	原矿	4%
油页岩、油砂、天然沥青、石煤	原矿或者选矿	1%—4%
地热	原矿	1%—20%或者每立方米 1—30 元

资料来源:《中华人民共和国资源税法》。

意识的逐步提高,原油、煤的征收逐渐普遍化,定额税收也呈现一定幅度的提高。自转变为从价计征方式后,企业的能源投入决策与资源供需情况和价格波动紧密联系,旨在激励企业提高能源利用效率。而天然气作为一种相对清洁的能源,自每千立方米征收 2—15 元转变为当前按 6% 计征,与原油和煤炭相比差别较小。这一现象可能阻碍税收在清洁能源和非清洁能源中发挥选择效应,从而促进能源结构的转型。资源税法列举六项税收减免政策,主要涉及自用和提效两个方面。一类是生产过程中部分自用资源,另一类是可"物尽其用"的衰竭期矿山、低丰度油气田等,从而遏制能源生产采富弃贫现象,推动资源利用效率的提高。总而言之,征收地域和种类的拓展、税负的提高以及减免税优惠等转变与我国能源结构转型的需要相匹配。资源税改革的初衷在于提高矿产能源的成本,遏制企业滥采和浪费的不合理行为,从而敦促企业在利润考量下提高资源的利用效率。

二、成品油消费税

能源税收体系与能源产业链的分布密切相关。基于一次能源和二次能源的分类,能源的生产可分为开采业和加工转换业。能源消费的产业链完备(见图 4.5)。国际能源署根据不同能源形式进行了界定,能源消费主要集中于煤、石油、天然气和电能四类。不同能源的消费均大致可划分为工业、交通、居民生活以及非能源使用部分。非能源使用部分指煤炭和石油未被作为能源使用或转化为其他能源,而是转变为其他生产部门的原材料,例如石油经过分解精制转变为乙烯、丙烯,成为塑料制品的原材料。

成品油消费税属于狭义的环境税,其设置的目的就在于通过税收调节不可再生能源和非清洁能源的使用。我国成品油消费税经历了多次上调(见图 4.6),特别是在 2014—2015 年间短时间内经历了三次上调,以期引导能源需求合理转变,从而带动石油资源利用效率的提高和能源结构升级。但此轮单位税额提高并未到达预期效果,成品油价格的提高并未抑制成品油的消费量。如图 4.7 所示,价格上调后成品油表观消费量仍在连年上涨,尤其在 2015—2016 年成品油环比增长率迅速上涨,税收政策目的与结果出现背离。

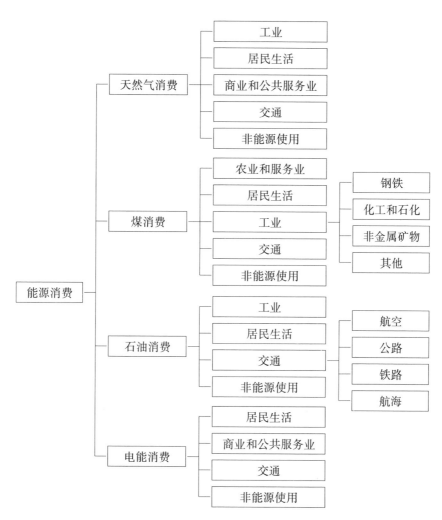

资料来源：根据 *Key World Energy Statistics 2020* 整理所得。

图 4.5　国际能源署对能源消费的划分

	2014 年 11 月 29 日起	2014 年 12 月 13 日起	2015 年 1 月 13 日起
汽油、石脑油、溶剂油和润滑油的消费税单位税额	1 元/升 → 1.12 元/升 → 1.4 元/升 → 1.52 元/升		
柴油、航空煤油和燃料油的消费税单位税额	1 元/升 → 0.94 元/升 → 1.1 元/升 → 1.2 元/升		

资料来源：由税务总局发布的各项公告整理所得。

图 4.6　2014—2015 年成品油消费税的上调过程

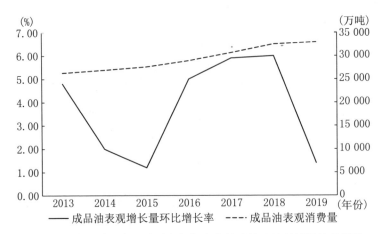

资料来源:由国家改革和发展委员会每年发布的成品油运行情况整理所得。

图 4.7　成品油表观消费量变动趋势(2013—2019 年)

三、车辆购置税和车船税

交通是能源消费的主力军之一,我国以车辆为征税对象的税目包括车辆购置税和车船税两类。车辆购置税与车船税在纳税主体、征收方式、税率政策等方面存在差异。车辆购置税的应税车辆包括汽车、有轨电车、汽车挂车和排气量超过一百五十毫升的摩托车四类,纳税义务的发生局限于时点,按照10%的统一税率实行一次性征税。而车船税规定车船的管理人或所有者每年缴纳税款,以辆为单位对每一类特定的车船设置相应的定额税。但追本溯源二者的设置是对纳税主体财产的规制和调整,有利于调节收入差距以维护社会公平。但在实践过程中税收优惠政策对能源消费结构的影响体现在排量分类和新能源汽车优惠两个方面。小汽车消费税的税收政策中并未体现对新能源的偏好,其主要目的在于限制不合理消费,因此本章不予详述。表 4.4 显示,车辆购置税对新能源汽车免税的政策始于 2014 年 9 月并延续至今,免征车辆购置税的新能源汽车车型已更新至第三十一批。车船税在 2015 年也对节约能源车船和新能源车船实施优惠政策,此外乘用车的车船税按照排气量划分为七挡,排气量越高则定额税越高。这些政策有利于激励消费者选择清洁能源或能源消耗较少的汽车,推动能源的清洁化以预防环境污染。

表 4.4 车辆购置税和车船税有关新能源的税收优惠

税 目	税收优惠文件	税收优惠内容
车辆购置税	《财政部 国家税务总局关于贯彻落实减征 1.6 升及以下排量乘用车车辆购置税有关问题的通知》	自 2015 年 10 月 1 日至 2016 年 12 月 31 日期间购置的排气量在 1.6 升及以下的乘用车,暂减按 5%的税率征收车辆购置税。
	《关于新能源汽车免征车辆购置税有关政策的公告》(2020 年)	2021 年、2022 年购置新能源汽车免征车辆购置税。
车船税	《关于节约能源,使用新能源车船车船税优惠政策的通知》(2015 年)	(1) 对节约能源车船,减半征收车船税;(2) 对使用新能源车船,免征车船税。

资料来源:由税务总局发布的各项公告整理所得。

四、环境保护税

环境保护税在我国属于"新兴"税种,我国于 2018 年起施行《中华人民共和国环境保护税法》并开始征收环境保护税。环境污染是非清洁能源使用的副产品,征收环境保护税的目的在于激励企业采用清洁能源和技术,从而实现环境污染防治。2018—2020 年我国环境保护税收入共计 631.5 亿元。环境保护税共分为四类,分别是大气污染物、水污染物、固体废物和噪声。其中前两类将污染数量折合为污染当量作为计税依据,固体废物直接以污染数量作为计税依据,噪声则是通过测定超过分贝数的部分进行计税。环境保护税实施以来对环境质量改善的成效显著。大气污染物排放量显著下降,2020 年缴纳环境保护税的主体二氧化硫、氮氧化物排放量相较于 2017 年各下降 42.5%、28.7%。水污染的改善情况也很乐观,2020 年与 2017 年相比化学需氧量、氨氮排放量各减少 54.5%、35%。纵然化石能源的使用为环境带来了沉重的负担,但环境污染的成因众多而不仅是能源的使用,因此环境保护税只能与能源部分挂钩。

尽管现行的环境保护税体系已经取得一定成效,但是从减排目标出发,环境税在税额设置、税款使用、配套政策协调性等方面均有待优化。其一,推动税额设置与企业污染程度和区域生态状况挂钩。我国环境保护税对大气污染物的征收税额是每污染当量 1.2—12 元,各省级地区在此标准内综合考量当地生态保护和经济发展情形以确定具体税额。目前对污染量低于国家或地区标准的企业实行税收优惠,但对超额污染量的规制作用并未体现。应推动各地尽快依据当地产业结构和减碳要求制定合理的排放上限,对超额污染量设置梯度税额,推动高耗能企业的低碳转型。此外,碳税调控下企业的碳排放量将逐步下降,税额和排放上限的设置应基于企业的排放情况动态调整。其二,确定税款在地区和中央政府间的合理分配比例,实现专款专用。当前我国的环境保护税属于地方税收,这可能激励地方政府和污染型企业勾结,从而以高污染、高排放换取地方财政收入的扩充,反而违背环境保护税设置的初衷。并且碳排放常涉及跨区域问题,中央政府应当将一部分税款用于碳排放区域间的横向治理。因此,应在地方和中央政府间确立合理的分配比例,实现地方治理需要和中央监督、跨区域治理的平衡。当前环境保护税收入被纳入地方一般预算管理,并未针对性地投入污染物的治理和环境改善。因此,未来环境保护税应逐步实现专款专用,并提高税款收支的透明度,以提高税款的使用效率。其三,环境保护税在征收过程中应加强部门联动,同时与其他政策相互协调。环境保护税的征收立法先行,同时生态部门的介入加强对污染量监测的准确性。环境保护税的良好运行与部门间的密切配合息息相关,因此部门间应明确各部门职能以确保分工明确,畅通信息渠道以加强交流。

五、增值税

资源税、成品油消费税、车船税、车辆购置税以及环境保护税的征收针对特定的能源或能源产品,而增值税的征收范围更为广泛,2015 年《资源综合利用产品和劳务增值税优惠目录》中列举了五类:共、伴生矿产资源,废渣、废水(液)、废气,再生资源,农林剩余物及其他,资源综合利用劳务。目录中列举的产品或劳务均适用于退税优惠政策,退税比例为 30%—100% 不等,旨在推动废弃资源的有效利用和污染物的治理。此外增值税对能源的影响还体现在新环境税收优惠政策,尤其是对新能源发电的优惠政策,以此激励清洁和可再生能源的投入,加速能源的更新换代(见表4.5)。但能源产品的税收优惠形式集中于退税政策,优惠形式缺乏多样性。

表 4.5　新能源发电的增值税优惠政策

风力发电	自 2015 年 7 月 1 日起,对纳税人销售自产的利用风力生产的电力产品,实行增值税即征即退 50% 的政策。
光伏发电	自 2013 年 10 月 1 日至 2018 年 12 月 31 日,对纳税人销售自产的利用太阳能生产的电力产品,实行增值税即征即退 50% 的政策。
水电	装机容量超过 100 万千瓦的水力发电站(含抽水蓄能电站)销售自产电力产品,自 2013 年 1 月 1 日至 2015 年 12 月 31 日,对其增值税实际税负超过 8% 的部分实行即征即退政策;自 2016 年 1 月 1 日至 2017 年 12 月 31 日,对其增值税实际税负超过 12% 的部分实行即征即退政策。

资料来源:由税务总局发布的各项公告整理所得。

第三节　具体税种对清洁技术创新的影响

为实现人与自然的和谐相处,提升环境质量,实现生态平衡,中国积极主动地采取了许多举措,建立起一系列以保护环境为目的的"绿色税收"体系。"绿色税收"就是指对于投资于防污治理的企业进行税收减免优惠,但是对于排放污染物的企业征收税款,以达到节能减排、改善环境的目的。

对于实现中国向世界人民承诺的"碳达峰、碳中和"的目标,全球能源互联网发展合作组织首次在国内提出了实现碳中和的三步走战略:第一步是推进清洁能源基地以及电网的建设,压缩对于化石能源的消费需求,增强新能源对于化石能源需求的替代性,迎接"碳达峰"的到来;第二步实现电网的全面建设,实现电力的零排放,推进清洁替代和电能替代实现产业结构的调整;第三步推进各行业的深度脱碳,利用自然碳汇、碳移除等技术实现碳中和。目前中国实行的用于刺激企业采用清洁技术、新能源技术的税收政策主要有环境保护税、资源税、车船税、车辆购置税、对化石能源等征收的部分消费税,以及对从事防污治理企业的企业所得税的减免税等。

一、环境保护税

2018 年 1 月 1 日,《中华人民共和国环境保护税法》正式开始实施,是中国第一部真正意义上的"绿色制度"税收法规,该税法的建立是为了改善和保护环境,减少污染物的排放,针对直接向环境中排污的单位或个人征收税种。自 2003 年起实施的排污费制度虽然一定程度上改善了环境质量,但是由于多种原因,并没有起到预期的效果,而环境保护税法相对过去实施的排污费制度来说更加规范,环境保护税法具有法律效应,需要负法律责任。因此,正式对环境保护立法之后很大程度上改善了排污费的收费标准不统一、管理制度不规范、征收监管不严格等问题,很好地解决了部分企业出现少缴、欠缴、不缴的现象。根据《中国环境税收政策发展报告(2018)》研究显示,2018 年环境保护税收入约为 200 亿元,相比于同期的排污费呈现出增长的趋势。

第一,环境保护税不影响企业的经济负担,同时有利于促进企业向绿色经济转型。首先,环境保护税与排污费的最低标准相差不大,对于正常缴纳排污费的企业来说,没有太大影响,企业的负担不会有太大变动。但是,对于过去欠缴或少缴排污费的企业来说,因为税法的实施力度更强,监管力度更大,法律效应具有刚性,企业进行数据造假的成本更高,逃税漏税的惩处力度更大,其承担的环境保护税率相对于排污费费用来说更高,这部分企业的税收负担增加;同时,对于排污量高、不注重节能减排的企业的负担也会加重,并且排污量越多,税负就越高。而且如果企业不减少污染物的排放量就不能享受到减免税收的优惠,导致经济负担加重。这尤其对钢铁、火电、水泥、石油等主要使用化石能源的高排污企业的影响最大。其次,环境保护税实行的是从量征收,遵循的是多排放多征收税收、少排放少征收税收、不排放不征收税收的原则。因此排放污染物越多的企业,税收负担就越重,并且享受不到税收减免的优惠,就此征收环保税可以倒逼企业进行技术升级,淘汰高耗能、高排污的落后设备,采用绿色清洁的设备,不仅实现产业结构的转型升级,经济的高质量发展,同时改善环境质量,实现人与自然的生态平衡。

第二,环境保护税法促进企业节能减排,实现环境质量和企业持续性发展的共赢。在环境保护税法的税收减免中规定对于将污水、生活垃圾等在政府指定的地方集中处理的不属于直接向环境中排污的范畴,且不对其企业或单位征收环保税,这一条例有利于污水集中处理的效率。同时因为减少企业的排污成本,这有利于促进企业进行技术升级改造。假如某地一个大型化工企业在 2020 年需要缴纳的环保税为 1 000 万元,投入 300 万元对企业内的高耗能高污染的设备进行改造升级,不仅实现了单位能源的产出增加,而且排放的污染物大幅度减少。根据税法的相关规定少缴纳环保税 400 万元,说明少缴纳的税收已经抵扣了对于设备的投入。如果进一步对设备进行改造升级,缩小污染物的排放量,企业缴纳的环保税能够进一步缩减。从全国污染物的排放量来看,环保税的开征以来,各地的环境质量有所好转,企业和环境双赢的局面已经初步显现。

第三,税收优惠正面激励企业采用清洁技术、新能源技术,有利于实现节能减排的目标。《环境保护税法》的第十三条规定,企业或单位向环境中排放的污染物的浓度如果低于国家和地方标准的百分之三十,减按环境保护税的百分之七十五征收;如果低于国家和地方标准的百分之五十,按环境保护税的百分之五十征收。环境保护税相当于庇古税,是将企业排放污染物的外部成本内部化,通过提升排污成本倒逼企业减少污染物的排放量。而税收优惠是对企业节能减排的间接补贴,对于排污量达标或者排污量较少的企业实行减免税收,这有利于企业加大对于清洁技术、新能源技术的研发,刺激企业对高耗能高排污的设备进行升级改造,减少污染排放量实现节能减排,同时减少企业的排污成本。

环境保护税并没有直接对企业的排污量进行强制的规定,只是通过税率以及税收优惠政策间接干预企业的决策行为。根据经济学理论,企业是否会选择升级设备,取决于环境保护税的税率与企业进行治理的边际成本之间的关系。当税收优惠的力度较大,使得企业防污治理之后有利可图时,企业会选择升级设备采用清洁技术；但是当企业的防污治理成本较高，且税收优惠不足以抵扣成本时，企业就没有动机节能减排。因此，税率越高的地区，排污的成本越高，企业越有动机节能减排降低企业成本，进而税收优惠的影响力越大。

但是《中国环境税收政策发展报告(2018)》中对东北某高污染的重工业地区实证研究显示，税收优惠占企业的成本比例较大，并且达到税收优惠的条件能够较大程度的降低成本，但是企业并没有对设备进行升级。主要原因可能有：税收优惠的激励效果不显著，税收优惠减免额小于企业进行治理的成本；企业进行防污治理的不确定性大，投资存在风险；中小型企业的收益较低，不具备改造设备的能力等。

虽然在环境保护税法的《环境保护税税目税额表》中没有直接对于二氧化碳的排放进行征税的规定，但是由于二氧化碳经常作为含碳物质的副产物，因此对于含碳污染物的课税间接减少了碳排放量。环境保护税的开征符合中国保护环境的基本国策，符合人类发展的自然要求，并且让企业和居民看到了中国进行环境治理的决心，有利于促使企业加快向绿色技术的升级、向绿色低碳产品生产的转型，促进中国向高质量发展的转型。并且从长期来看，环保税的收入会随着全社会环保意识的提升，清洁技术、新能源技术的升级逐渐下降，最终实现中国"碳达峰、碳中和"的目标。尽管如此，环境保护税还是存在一些问题需要完善，加强税务部门与环保部门的合作，加强大数据在环保中的应用，加强税收优惠的激励作用都有助于加快实现节能减排的目的。

二、资源税

自然资源归国家所有，对于开采资源的企业或单位征收资源税是对利用国有资源的一种补偿。1984年，为建立健全资源税税收体系，我国开始对煤炭、石油、天然气征收资源税。但是随着中国社会的发展，从量计征的资源税税收制度不能适应中国向资源节约型、环境友好型发展的要求。最初中国为促进经济的快速发展，个人可以以较低的成本取得资源的开采权，进而获得巨额收益,也给中国经济的起飞作出了突出的贡献。但是资源的富有以及技术的不先进导致企业对于自然资源的利用不合理,利用效率低下,产生大量的废弃物,致使环境迅速恶化。从本质上说环境问题很大程度上是资源问题,导致气候变化的原因是资源利用的不合理。因此,提高资源的利用率,寻找对不可持续能源的替代品是我们的重要任务。2010 年至今,为实现节约资源,提升资源回收率、利用率,从价计征的资源税税收体系形成,该体系全面贯彻党的十九大精神,推进绿色循环经济的发展,推动形成绿色低碳的生活方式。

低碳问题是解决全球气候问题的关键步骤。中国作为煤炭消费大国,要实现绿色低碳可持续的经济发展,必须推挤能源消费结构的转变,提升消费者的节能环保意识,转变消费习惯。资源税的从价计征改革以来,其功能也从调节极差收入转变为提升资源利用效率、保护生态环境,成为中国实现绿色循环经济中的重要一步。

资源税与环境保护税相比,有相同之处,又有不同之处。首先,从理论基础来说,环境保护税和资源税都是庇古税的一种,都是对外部性的解决。通过内在外部化,环境保护税通过对排放的废弃物征税实现节减排的目的;资源税通过对开采的资源征税实现提高资源利用率的目标。其次,两者的治理效应有相同的倾向。两者治理的过程中都是通过税收政策使得企业考虑到生产过程中产生的外部成本,从而实现资源的有效配置。环境质量和自然资源作为公共产品,如果不对其征税企业产生的外部成本会由社会承担,最终导致"公地悲剧"的发生。两种税种的征收通过增加企业的成本促进企业节能减排、高效率的使用资源,实现保护环境的目的。但是,两者作为对不同环节征税的税种,最终的作用效用是不同的。环境保护税是对末端的排放物征税,体现的是"先污染、后治理",不能实现根本性的零污染;而资源税是从能源开采的源头上征税,通过提升资源利用的成本,一方面促进企业升级设备提高资源的利用率,另一方面减少对能源的需求量,从根源上实现节能减排的目的,并且实现资源的可持续利用。

资源税的替代效应促进生产者节能减排,促进消费者转变消费观念。

从生产者的角度来说,资源税的征收提升了企业利用自然资源的成本。一方面,由于投入的边际成本提高,企业会希望取得的边际产出提升,以实现利润最大化。提升边际收益产出需要更高的技术水平,因此企业会加大对技术的研发、对设备的升级改造以实现提高资源的利用率,从而使得投入的单位产品的自然资源产生更多的边际收益。一般来说,由于技术限制,燃烧不彻底的煤炭不仅利用效率非常低,而且会产生更多的污染物。对于煤炭燃烧技术的改进,不仅可以提高产能,还能够减少污染,实现企业和环境的双赢。除此之外,煤炭作为利用率最低,排放二氧化碳最多的化石能源,"煤制油""煤改气"的技术突破是实现高碳到低碳发展的重要手段。另一方面,根据要素之间的替代效应,煤炭、石油、天然气等化石能源的价格提升会促使企业寻求相对价格较低的替代能源,比如风能、太阳能、生物质能等新能源。而对于新能源技术的开发会使得企业对化石能源尤其是煤炭的使用减少,从而实现减少污染物排放量的目的,进而改善环境。总之,资源税能够有效地刺激企业升级设备,提高对于自然资源的利用效率,同时激励企业寻找相对价格更低的替代性能源,实现绿色低碳可持续经济发展。而且,自然资源价格的提升还有助于企业提高能源的回收利用率,进而推动循环经济的发展。

从消费者的角度来说,资源税的征收提高了能源消费的价格,在相同的收入水平下,可购买的能源减少。一方面,在价格的压力下,消费者会逐渐转变消费观念,节约资源、保护环境的意识会逐渐增强,消费习惯慢慢改变,减少对于自然资源的需求。另一方面,由于居民消费产生的二氧化碳也占有较大的比重,主要是体现在居民的衣食住行中。当消费者开始有意识地寻求新能源家用设备,食用绿色食物,绿色出行,会有效减少二氧化碳的排放量,最终形成对于新能源的市场需求。依据市场导向,生产者也会减少对于不可持续能源的供给,增加对于可持续能源的供给,最终实现"无废社会"。

自然资源归国家所有,企业为追求利润对自然资源进行开采,并缴纳一定的资源税。但是对于清洁技术、绿色技术、新能源技术的开发需要大量的资金投入,并且市场需求没有完全打开,中小型企业没有雄厚的资金支持,不能够承担失败的风险,因此,对于自然资源的替代能源的寻求及研发,还需要政府部门的支持。资源税的征收不仅促进企业升级设备提高资源的利用效率,实现节能减排、绿色低碳经济的发展;而且增加财政收入,补贴企业对于清洁技术、新能源技术的研发,助力企业早日实现节能减排的目标。

三、消费税

消费税作为一个广泛面向所有消费者征收的税种,除了调节收入分配、增加财政收入,还有保护环境、节能减排的功能。近年来随着空气污染的日渐严重,环境质量的日益下降,气候变化越来越威胁到人们的生活,建立一套能够有效治理环境的政策尤为重要,其中消费税作为税收体系中重要的一环,也在不断地向节能减排的趋向调整。在消费税中,为了引导消费者合理消费、促进节能减排的税目主要包括:鞭炮焰火、成品油、摩托车、小汽车、游艇、一次性筷子、实木地板等税目。消费税作为流转税的一种,最终其税负都会转嫁到消费者身上,因此在向消费者广泛征收的过程中,会引导消费者选择环保型产品,养成节约能源、保护环境的习惯,减少消费者对于高耗能、高污染产品的偏好,进而促使生产者转变产品类型的供给,实现节能减排的目的。

首先,对于成品油征收消费税是调整能源消费结构、减少污染物的排放量、实现绿色低碳经济发展的重要帮手。党的十八大以来,国家高度重视中国的生态文明建设。税收政策作为宏观调控的重要手段,完善绿色税收体系有利于中国的可持续发展战略。为了减少对于能源的消费,2014 年政府部门发布了《财政部　国家税务总局关于提高成品油消费税的通知》(财税〔2014〕94 号)将汽油、石脑油、溶剂油、润滑油的消费税税率提高到 1 元/升,将柴油、航空煤油和燃料油的消费税提高到 0.8 元/升,根据相关报道指出,受到消费税的影响,国内汽油和柴油价格每吨分别上调 500 元和 240元。同年 12 月,财政部、国家税务总局对汽油和柴油的消费税税率分别提升 0.28 元/升和 0.16 元/升。为加大节能减排的力度、实现改善环境的目的,2015 年 1 月 12 日国家财政部再次发布《关于继续提高成品油消费税的通知》提高成品油的消费税税率,国家对于成品油消费税税率的不断调整导致国内油价波动,但是,国家对于消费税的调控主要是为了增强企业对于成品油的利用效率,提高其产能,实现节能的目的。在对于成品油消费税税率提高的同时,政府部门为了促进企业对于能源的综合利用程度,相继发布了《财政部 国家税务总局关于对利用废气的动植物油生产纯生物柴油免征消费税的通知》(财税[2010]118 号)《财政部 国家税务总局关于废矿物油再生油品免征消费税的通知》(财税[2013]105 号),对能够综合回收利用能源的企业进行税收减免。而税收减免相当于一种间接补贴,能够促进企业对于相关技术的研发,不仅实现了节能的目标,更符合中国循环经济的发展方向。

其次,交通尾气排放是污染源的主要来源之一。转变居民的出行方式,促进绿色低碳生活方式,是实现中国绿色可持续发展的主要推手。汽车行业作为能源消耗和尾气排放的主要行业,是节能减排的主要对象,在税收政策中对交通污染的改善主要体现为对大排量汽车征收较高的税率,对于小排量的汽车实行较小的税率[①],并且加大对于新能源汽车的税收优惠。通过消费税引导消费者对小排量汽车以及新能源汽车的选择偏好,进而实现对于高能耗、高污染的汽车的挤出效应。虽然消费税作为流转税最终转移到消费者身上,但是由于大排量汽车的税率提高,进而其价格也增加,根据替代效应和收入效应,消费者在选择的时候会倾向于购买小排量汽车。根据供给需求理论,此时供大于求,生产者不得不降低大排量汽车的价格,因而生产者承担一部分税负。由于税负的存在导致其边际成本增加,此时企业会减少产量使得边际收益重新等于边际成本,最终实现大排量汽车的生产量减少,小排量汽车的生产量增加,实现减排的目标。

---

① 财政部 国家税务总局《关于调整乘用车消费税政策的通知》规定,气缸容量在 1 升(含 1 升)以下的乘用车,税率由 3% 下调至 1%;气缸容量 1 升至 4 升(含 4 升)的乘用车,税率由 15% 上调至 25%;气缸容量在 4 升以上的乘用车,税率由 20% 上调至 40%。

再次,随着生活节奏的加快,快餐应运而生,伴随而来的是对一次性筷子、一次性饭盒、一次性包装袋等一次性产品需求的暴增。一次性产品的使用寿命非常短,造成了极大的浪费,而且一次性产品的生产需要消耗大量的木材,处理不当甚至会对环境造成破坏。2006 年的消费税修改条例中新增了对于一次性筷子、实木地板征收 5% 的消费税。但是从实际情况来看,对一次性筷子进行征税并没有实现减少使用的目的,其原因是一次性筷子的价格较低,即使征税产品价格变化也不会太大;另外由于新冠肺炎疫情的影响,基于卫生安全的考虑,消费者就餐就更倾向于使用一次性产品。真正实现对于一次性产品使用的限制,需要提升消费者的环保意识,使消费者能够自觉主动地减少对于一次性产品的使用。

除此之外,消费税还对产生污染的电池、涂料等征税。总之,消费税作为一种对于消费者广泛征收的税种,可以使消费者在日常消费中提高保护环境、节能减排的意识,构建一个绿色低碳的消费市场,实现能源的可持续发展。同时消费税作为财政收入的重要来源,还可以支持政府对于节能减排的财政支出,通过补贴政策刺激企业对于新能源技术的研发投入,提升整个社会的技术水平。

四、车辆购置税、车船税

车辆购置税是对购买车辆、船只的纳税人征收的一种行为税,一定程度上它也具有促进节能减排的效果。因为交通尾气的排放是二氧化碳排放的主要来源之一,通过征收车辆购置税可以很好地调整消费结构,引导消费者减少对于大排量汽车的消费,增加对小排量汽车以及新能源汽车的消费。为了促进节能减排,实现汽车消费结构的调整,2009 年和 2015 年都对购置1.6 升及以下的排量乘用车暂减按 5% 的税率征收车辆购置税①。实现生态文明建设,促进能源的可持续发展,推进居民绿色低碳出行,增强对于小排

---

① 相关政策体现在《财务部 国家税务总局关于减征 1.6 升及以下排量乘用车车辆购置税的通知》(财税[2009]12 号)、《财务部 国家税务总局关于减征 1.6 升及以下排量乘用车车辆购置税的通知》(财税[2015]104 号)。

量汽车的偏好一定程度上能够改善空气中二氧化碳的含量,但是从根源上解决问题,必须研发新能源汽车,摆脱对于化石能源的依赖。2014年8月,中华人民共和国工业和信息化部、国家税务总局关于发布《免征车辆购置税的新能源汽车车型目录》(第一批)的公告(工业和信息化部公告2014年第54号)已经发布了三十一批免征车辆购置税的新能源汽车车型目录,这表明中国的新能源汽车市场正在逐渐的发展壮大,对传统的燃油汽车形成替代。《2021年新能源汽车产业链现状及行业发展趋势分析报告》指出,目前全球的新能源汽车对于汽车市场的渗透率在不断增加,已经从2012年的0.2%增加到2020年的4%,这得益于全球对于新能源汽车的支持,体现了全球对于实现碳减排、保护环境的责任。

车船税是对拥有车辆、船只的纳税人征收的一种财产税,在车主每年缴纳保险的时候强制征收。近年来我国对于车船税的修订体现了要实现车船税对节能减排的促进作用,同车辆购置税一样,对于节约能源的新能源汽车同样减免征收车船税。而车船税与车辆购置税的不同之处在于征收环节不同,车辆购置税作为一种行为税,更有利于引导消费者的选择,最终对汽车生产商的生产决策产生影响。

据统计,在2016年中国消费的小排量汽车(1.6升及以下排量的汽车)已经占到全部乘用车的76.03%,新能源汽车的销售量也有较大幅度的提高。而中小排量汽车(2.0升及以下排量的汽车)已经占全部乘用车的90%以上,大排量的汽车(2.0升排量以上)只占较小一部分。由此可见,车船税和车辆购置税不仅可以实现对财富的再分配,而且较好地起到节能减排的作用。在金税三期征管数据中显示,2016年征收的车船税对占比为73.03%的小排量汽车征得的税额仅占44.13%。虽然大排量汽车有逐渐被小排量汽车和新能源汽车所取代的趋势,但是近十年来,中国的车船税和车辆购置税的税收收入还是呈现出不断增长的趋势(见图4.8),其原因一方面可能是人们的生活水平提高,财富增加,汽车消费量增加;但是另一方面也意味着由于交通导致的污染物的排放量是增大的,而不是逐渐下降的。

资料来源:《中国统计年鉴》(2011—2020 年)。

图 4.8　2010—2019 年中国车船税和车辆购置税收入

车船税和车辆购置税都体现了节能减排的效应,但是对于两者的同时征收存在着重复征税,会加重消费者的负担。随着科学技术水平的提升,汽车零件的不断升级,对于能源的利用率越来越高,仍旧采用汽车的排气量作为衡量排污量的标准并不利于生产者对于碳排放标准的关注。借鉴国外的成功经验,我们应尽快实现税收政策与二氧化碳的排放量直接挂钩,这样才能更有效抑制碳排放,有助于实现"碳达峰、碳中和"的目标。

五、企业所得税的税收优惠

企业所得税对于节能减排的效应主要体现在税收优惠上,一方面是对符合条件的保护环境、节能节水的项目以及节能服务公司实施的合同能源管理项目实施"三免三减半"[①]的企业所得税政策;另一方面,对于购置并使用的节能节水、环保的专用设备抵扣 10% 的投资额。合同能源管理是指节能服务公司与用能单位之间的一种协议,即节能公司实现用能单位的节能目标,而用能单位以减少的能源成本来支付节能单位的相关支出,实现节能公司与用能单位双赢的局势,即实现节能公司和用能单位的利润增加的同

———————————
① 三免三减半是指对于符合条件的企业的所得收入在前三年不征收企业所得税,第四到第六年减半征收。

时还达到节能减排的目的。对节能、环保项目的间接补贴有利于引导企业业务向节能环保绿色低碳的方向转变,并且在价格相同的情况下优先选购节能环保的设备,从而实现节能减排的目的。更进一步,为了更好的生态文明建设,促进污染防治的专业化和规模化发展,2019 年相关政府部门出台的《关于对从事污染防治的第三方企业所得税政策问题的公告》(财务部公告 2019 年第 60 号)规定了对于从事防治污染的第三方企业减按 15% 的税率征收企业所得税。与合同能源管理相呼应,给予节能服务型企业支持,有利于促进节能服务型企业的发展,使企业发展和节能减排相联系,实现两者的共同发展。

企业所得税虽然一定程度上能够对节能减排起到促进作用,但是税收优惠对于企业的激励效应不足,首先,对于循环生产周期长的企业来说,"三免三减半"中的六年时间较短,企业还不能实现净收益回流;其次,对于众多的中小企业来说,短时间内改变发展战略风险太大,其不能承担更换设备后失败的风险。

六、增值税

对于不可再生资源来说,遭遇盲目开采或粗放使用会导致资源的迅速衰竭。为了促进社会对资源的合理利用,实现能源的可持续性发展,必须增加资源的综合利用效率,并且减少对于不可再生资源的大量消耗。对此,2003 年相关部门根据《国务院批转国家经贸委等部门关于进一步开展资源综合利用的意见》(国发〔1996〕36 号)对增值税中关于资源综合利用目录进行了修订完善,即给予能够循环利用资源的企业一定的增值税税收优惠,并且采取即征即退的政策,促使企业充分利用废弃物品,变废为宝,使资源得到充分的利用,实现资源的可持续发展。

避免资源的枯竭殆尽,除了提高现有资源的利用程度、寻找开发替代品外,刺激企业对于清洁技术、绿色技术、新能源技术的研发和使用也非常重要,需要政府充分当好宣传人。对于高耗能、高排放的电力行业,为了鼓励企业采用清洁技术,《财政部、国家税务总局关于核电行业税收政策有关问题的通知》(财税[2008]38 号)规定对于企业采用核力发电生产的电力产品的增值税实行三阶段的先征后退的政策,期限达 15 年,并且对于取得的增值税退款不征收企业所得税。同时,为鼓励太阳能发电、风力发电的绿色健康能源技术的发展,《财政部、国家税务总局关于光伏发电增值税政策的通知》(财税[2013]66 号)规定在 2013—2015 年对利用太阳能发电的电力产品实行增值税即征即退 50%的政策,以及《财政部、国家税务总局关于风力发电增值税政策的通知》(财税[2015]74 号)规定自 2015 年起对由风力发电生产的电力产品也实行相同的政策。在国家政策引导以及利用化石能源成本提升的情况下,企业向清洁能源、绿色能源的项目转变,促进实现相关产业的绿色健康发展。

但是增值税中实施的两挡税率,并没有体现出对于节能减排、保护环境的政策倾斜和激励,并且先征后退的政策可能会由于前征后退时取得凭证的不一致性,增加了税收的复杂性,反而增加了企业的负担,对于企业的激励效用不大。税收政策作为宏观调控的主要手段,政府要充分合理利用税收政策,引导社会向绿色低碳方向发展。刺激企业节能减排,采用清洁技术、绿色技术、新能源技术主要是通过一系列的绿色税收体系引导企业转型升级,对一些能够超额达标的企业给予一定的税收优惠。税收优惠能够有利于企业减少生产高耗能、高排污的产品,增加有益产品的生产。虽然税收优惠减少了当期的一部分财政收入,但是对于未来的可持续发展道路奠定了基础,实现以当前较少的牺牲换取未来绿色健康的永续发展,同时,规范人们的行为有利于更快地实现生态文明的建设,恢复人与自然的和谐相处。

第四节 我国现行碳排放相关的其他政策

一、碳排放权交易市场

中国在碳排放交易体系的建设上起步相对较晚,2011 年 10 月,国家发展改革委发出《关于开展碳排放权交易试点工作的通知》,该通知采用"试点先行＋全国推广"政策，批准上海、北京、天津、上海、重庆、湖北、广东以及深圳七省市展开建设碳排放交易试点工作，各省市结合自身实际，建设具备地区特色的碳排放交易系统，并于 2013 年起陆续进行试点工作，这也标志着我国碳排放交易开始逐渐发展。2016 年，福建作为第八个碳排放交易试点开始开展碳排放权交易工作。2021 年 6 月，全国统一的碳排放交易市场在上海设立，碳配额登记系统在武汉设立。国家生态环境部综合经济增长、产业结构转型升级、能源结构优化等因素，结合国家温室气体排放要求，对碳配额设立供应上限以及分配方式。我国在积极探索建立碳排放交易体系的同时，也对发展全球碳排放交易市场起到重要的推动作用。

当特定行业排放单位温室气体排放量到达国家生态环境部所规定标准，即在 2016—2018 年如果排放实体某一年的排放量超过一万吨，其应该加入温室气体重点排放单位名录，履行按配额进行排放的义务。重点排放单位可以通过多种交易方式进行碳排放交易，例如协议转让、公开交易等。各个试点地区通过在试点区域内设立碳排放交易所为重点排放单位提供交易场所，并结合各地实际情况对交易规则进行设立及修正，并分别在交易品种、交易形式等方面进行细化。

在中国八个碳交易市场试点工作中，各个试点地区都明确对排放总量进行严格控制，各地区根据行业发展、产品产量等因素将碳配额设置在千万吨到亿吨。2020 年，广东所设置的碳排放配额位居全国首位，达到 4.65 亿吨，深圳、北京尽管相比于其他试点地区企业数量更多，但配额总量却低于其他试点地区，其碳排放配额为 1 亿吨左右，总体设置的配额供应总量相对严格。

分配碳配额方面，全国八个碳交易市场试点地区中，除广东外的七个试点地区均采用对初始碳配额进行免费分配的方式，但在细化配额的分配方面有所调整。当前，已经由六家碳排放交易试点地区开始增加使用拍卖的方式来进行碳配额的发放，但除了广东外的其他试点地区目的是为了配合政府进行市场调控，并且拍卖配额所占比例较低。北京对已有的排放设施采取历史总量法以及历史强度法逐年缩减，同时对新增的且具备一定碳排放量的设施,对其未达到超额排放的碳配额通过行业先进法进行扣除,从而保证碳排放权交易市场总量保持减少,严格把控碳配额排放量。广东碳交易市场采取初始配额免费分配与有偿分配相结合方式,对不同行业的企业分配不同比例的免费配额,同时对同一行业各个工业生产过程进行分解,对不同过程采用的碳配额计算方法可能不同。2020 年,广东碳交易市场对航空业企业设定 100% 免费分配比例,对钢铁、石化等行业设定 97% 的免费分配比例,对电力行业设定 95% 的免费分配比例。

各个试点地区将具备高碳排放、减排空间较大的公业,例如钢铁、化工、电力行业,以及能源生产行业加入覆盖行业,同时各地区充分考虑区域产业结构中特色产业碳排放,在传统高碳排放行业基础上进行覆盖,例如上海、北京、深圳等地第三产业主导性更强,因此碳交易市场覆盖了服务业、交通运输业;湖北与其他碳试点地区先指定控排行业范围再设定控排门槛不同,其直接设置控排门槛来判断行业中的企业是否应该被纳入碳排放交易体系,因此湖北碳交易市场覆盖了汽车、医疗行业。与国外碳排放交易市场的处理方法不同,中国各试点地区在进行碳排放核算时,均将间接排放考虑在内。因为在我国电力市场中,其价格由政府进行主导,这与国外情形有较大区别,碳排放交易市场中的电力行业无法进行成本转移,在实际排放中考虑企业用电产生的间接排放,更有利于消费端减排。

各试点地区都设置了严格的碳市场履约机制,对排放违法行为进行行政处罚,从而确保重点排放单位履约。试点地区的碳交易市场对未完成履约的重点排放单位,通常对其责令限期整改,在其下一年碳配额中加倍扣除违约配额或者扣除未足额的配额同时处以罚款。其中天津并未设置罚款机制,上海、广东对违约企业罚款相对更加固定,北京、深圳对违约企业未足额清缴的碳配额按照市场均价处以三到五倍的罚款,其中北京还会对未按照规定向规定机构或者部门上报碳排放报告的排放单位处 5 万元以下的罚款。北京、上海、广东、天津试点地区碳排放交易市场还规定对于未尽履约义务的企业,其在政策补贴以及企业信用记录方面都会受到影响。

我国试点地区碳排放交易市场交易品种包含碳排放权配额进行现货交

易,同时将国家核证自愿减排量(以下简称 CCER)业加入交易体系中,作为补充履约手段。CCER 是对中国境内关于可再生能源、甲烷利用、林业碳汇等温室气体减排项目的减排效果进行量化,并且登记在国家温室气体自愿减排交易注册系统中的温室气体减排量。贯彻国务院"放管服"相关要求,组织对温室气体自愿减排交易机制进行改革。CCER 积极参与试点碳市场履约抵消,截至 2020 年 8 月,各试点碳市场累计使用约 1 800 万吨二氧化碳的 CCER 用于配额履约抵消,约占备案签发 CCER 总量的 22%。2019 年 6 月发布《大型活动碳中和实施指南(试行)》,规范了大型活动实施碳中和的基本原则、评价方式、相关要求和程序等,为促进 CCER 用于大型活动"碳中和"与生态扶贫奠定了基础。我国试点地区排放交易市场在碳配额以及 CCER 现货交易的基础上,引入碳金融产品来丰富交易品种,其中包括碳配额相关衍生品及融资工具。其中碳质押融资作为一种融资工具,就是企业将自身碳配额或者 CEER 作为质押,向银行或者非银机构获取融资。上海碳排放交易市场引入碳配额远期交易作为衍生品,同时允许推出借碳等金融产品。

地方试点碳交易市场体系在运行期间积累了丰富的实际经验,有效推动排放实体排放总量的下降。截至 2021 年三月,全国碳交易试点累计配额成交量大约 4.4 亿吨碳排放量,成交金额达到 104 亿元。根据数据显示,2020 年北京碳配额价格最高,平均价位于每吨 80 元,其余各试点地区碳配额基本都处于每吨 20—50 元这一区间波动,我国试点地区碳配额价格相比于国际碳交易市场普遍偏低。建立碳交易市场本质上还是要通过建立市场化的机制,帮助企业能够以较低的成本完成减排,因此合理的碳定价极为重要。目前中国的碳排放交易体系尽管仍然属于初级阶段,但已经在如下方面建设取得了一定进展。

第一,在制度体系建设方面,起草完善《碳排放权交易管理暂行条例》,为碳交易奠定法律基础。在起草过程中专门向社会公开征求意见,广泛征求企业、地方政府、行业部门的意见。积极推动制定相关配套制度,研究起草《全国碳排放权配额总量设定与分配方案》《发电行业配额分配技术指南》和重点排放单位温室气体排放报告管理办法、核查管理办法、交易管理办法等配套政策法规。

第二，在技术规范体系建设方面，印发《关于做好 2018 年度碳排放报告与核查及排放监测计划制定工作的通知》，要求各省（区、市）组织重点排放单位持续开展碳排放数据监测、报告和核查工作，进一步完善发电行业配额分配的技术方案。2019 年 5 月，印发《关于做好全国碳排放权交易市场发电行业重点排放单位名单和相关材料报送工作的通知》，组织各省级主管部门报送拟纳入全国碳市场的电力行业重点排放单位名单及其开户材料，为注册登记系统和交易系统开户、配额分配、碳市场测试运行和上线交易打下坚实基础。

第三，在基础设施建设方面，稳步推进全国碳市场注册登记系统和交易系统建设。在原有全国排放权注册登记系统和交易系统的建设方案提出后，组织专家进行优化评估，根据专家的意见进一步修订完善，之后会开展注册登记系统和交易系统建设。

第四，在能力建设方面，气候变化工作由生态环境系统牵头，碳交易的工作在地方层面也由地方生态环境系统负责。针对经验缺乏的情况开展大规模培训行动，目的是做好相关的能力建设支撑准备。

二、产业调控政策

2021 年作为向"双碳目标"迈进的元年，政府和企业所面临的减排压力是前所未有的。在可以遇见的未来，无论是政府还是市场资本，都将更加关注减排绿色产业——对于政府，出台各类财政补贴、税收优惠、产业基金引导等政策是其主要抓手；对于社会资本，利用金融杠杆、资本市场和技术市场加码布局节能产业也将是大势所趋。

产业调控政策旨在调整产业结构和产业内部各行业的转型发展以推动碳减排。产业结构可以从提高生产性服务业、环保行业、新能源相关行业等快速发展入手，推动新兴行业和清洁生产行业的市场份额上升，提高低碳经济的比重，从而优化产业机构。碳减排的要求催生出新能源材料、新能源汽车、新能源发电等新兴产业，通过政策倾斜给予其宽松的发展空间。针对工业内部的产业政策旨在优化不同类型的产业比重和生产流程清洁化,产业政策常常与财政政策相协调推进碳减排。

一是提高重点行业的准入门槛以控制高耗能、高排放工业的规模和投资,并通过碳税调控的税费政策推动产业的转型升级。对于传统的电力、化工、钢铁等高耗能工业,推广绿色技术以降低碳排放总量和强度,促进高耗能产业清洁化、高端化发展。同时对于资金投入大、风险高以致企业难以承受研发成本但受益面广的技术,政府应积极推进技术研发以扩充技术存量,发挥技术的溢出效应推动相关产业转型升级。

二是积极推动新能源开发产业的发展。产业结构的前端是能源结构,产业节能减排对碳减排的作用存在上限,产业深度脱碳根本上要求能源结构向清洁能源和可再生能源的转变。初期新能源的开发成本和使用成本较高,因此可运用补贴、税收优惠等正向政策积极推动产业的兴起。随着新能源产业的发展,补贴和优惠动态下调以推动产业的独立健康发展,新能源使用成本的下降将使产业逐步摆脱政府支持而融入市场机制,并自发替代化石燃料的使用。电力是新能源运用的重点部门,但各区域新能源电力产量存在差异,需加强统筹完善全国性电力市场的建立,以打破省际壁垒,推动新能源电力的供需匹配和合理使用。

三是立足地方特色制定产业政策。我国各区域的产业布局和发展阶段各不相同,产业政策的侧重点和发展方向应体现出差异性。应在各地发挥比较优势的基础之上,加强各地区间的联动和合作,相互协调推动碳减排。

四是积极推动绿色技术的发展。技术发展是碳减排的重要抓手,推动绿色技术产业化发展,并搭建绿色技术交易平台,以推动绿色技术在企业间的转移和应用。同时化石能源产业链涉及生产所需的原材料和生活所需的众多产品,节能减排技术的单独运用不能真正摆脱对化石能源的依赖,长期看必须推动更广领域的生产技术的创新,以逐步、诸环节替代化石能源。

三、货币与金融政策

环境系统和经济系统间相互关联,碳排放引致全球气候变化的连锁反应将传递至金融领域,为金融的平稳发展带来系统性风险。同时碳减排过程中能源结构调整和产业结构转型升级也伴有风险,银行持有的高耗能产业资产的价值将随着技术创新、政策导向等波动从而影响银行的信用创造过程,因此碳中和进程下货币和金融政策既要支持产业机构的转型升级,还应预防气候风险和经济转型风险。绿色金融的构建有利于引导资源偏向低碳产业,从而与碳减排下的产业结构转型升级相匹配,此外货币政策将助力和激励金融机构实现绿色金融和风险规避。现阶段我国绿色金融体系发展还存在不断完善的空间。

一是绿色金融标准体系建设亟待健全。应涵盖绿色项目分级、产品识别、信息披露等方面,对标国际标准体系,提高绿色金融体系运行的规范性,提升我国绿色金融体系短板和国际参与度。二是金融机构支持高耗能产业转型和低碳新兴产业的积极性亟待提升。应将绿色金融的实行程度融入业绩考核和奖惩机制,推动金融机构助力新能源开发产业和其他低碳产业;同时加强央行和其他部门的联动合作,优化金融机构的绿色资产比重。三是气候风险的披露机制亟待建立,以提高金融体系面对气候冲击的韧性。应引进气候风险压力测试和情景模拟,提高金融机构的风险管理能力;探索 ESG 投资适应我国金融体系的机制,以从政府和企业两个主体行为入手推进与环境改善的协调发展。四是加强金融产品的创新。应探索碳期货、碳基金、碳证券等业务在中国落地实施以响应全国性碳排放交易市场的建立,同时结合能源结构和产业结构的调整方向开拓新产品和新业务。

第五节　我国开征碳税的必要性与可行性

一、推动能源消费结构优化的迫切要求

20 世纪 90 年代,《中华人民共和国节约能源法》第二条指明"能源指煤

炭、石油、天然气、生物质能和电力、热力以及其他直接或者通过加工、转换而取得有用能的各种资源",将资源视为能源的外延概念。随着环境保护意识的增强和能源开发能力的提高,我们对新能源的认识也不断深化。2020年《中华人民共和国能源法(征求意见稿)》将能源的范围更加细化和明确,并强调能量是能源的核心。能源指"产生热能、机械能、电能、核能和化学能等能量的资源",此外节约能源法还在能源定义的基础上添加了"核能、氢能、风能、太阳能、水能、生物质能、地热能、海洋能"等新能源形式。国际能源署对能源的定义范围大体与我国相同,但强调能源来源于周围环境,并且能源的生产是对资源中杂质的去除。可见,能源界定一般从能源的具体表现形式及其资源载体出发。资源和能源的区分可以根据能源的产生分类得出。能源按是否需要加工可分为一次能源和二次能源,一次能源通过再加工而得到二次能源,如煤炭通过加工转换为电能。这一分类方式体现出一次能源常为现存的资源,但能源还包括资源再加工后形成的二次能源。此外,按照对环境的影响程度可以分为清洁能源和非清洁能源,化石能源的使用是环境污染的主因。目前我国的能源消费结构仍以化石能源为主,2019年原煤和原油的消费占能源消费总量的76.6%。化石能源的消费比重下降趋势较为稳定,自2010年以后下降幅度加快,但我国的能源消费结构仍需优化。能源生产结构基本与消费结构总体,但原油和原煤的份额变化有所不同。我国能源消费结构中原油的消费份额变化幅度较小,而原煤的份额稳定下降;在生产结构中却恰好相反,我国的能源获得高度依赖于煤炭,如图4.9和图4.10所示,与其他国家相比这一特征更为显著。无论是能源的消费结构还是能源的生产结构,清洁能源的比重虽呈现逐年上升的趋势,但比重依然只占较小份额亟待提高,而环境税收的实施和清洁技术的创新是推动能源结构转型的重要手段,因此剖析环境税收体系有助于实现能源生产结构和消费结构的协同优化,促进我国经济系统和环境系统的协调发展。

一方面,我国仍是碳排放总量大国;另一方面,我国碳排放强度逐年降

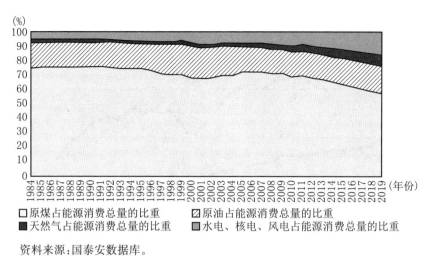

资料来源:国泰安数据库。

图 4.9　我国能源消费结构演变(1984—2019 年)

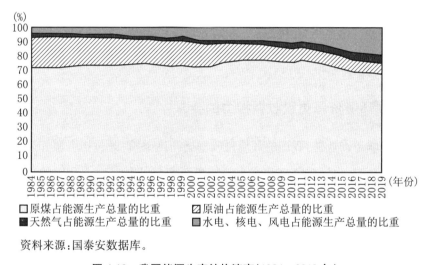

资料来源:国泰安数据库。

图 4.10　我国能源生产结构演变(1984—2019 年)

低(见图 4.11)。但我国碳排放仍高于世界平均水平,减排难度不容小觑。能源使用所带来的环境成本理应由受益人承担,而环境属于公共资源,因此运用国家权力征收碳税有助于内化外部成本,实现环境保护的目标。碳税改革不仅关乎一代人的能源生存所需和生态环境质量,更关系到后代人平等的生存权利,保障后代人拥有同等的发展权利。鉴于我国能源生产和消费结构仍需改进的现实,以及稀缺性和外部性的存在,碳税的存在和完善具有极强的必要性和重要性。

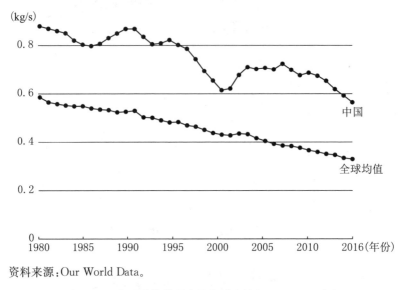

资料来源:Our World Data。

图 4.11　中国碳排放强度及全球均值(1980—2016 年)

二、增强环境资源类税收调控力的要求

　　基于能源产业链,我国的环境税收框架初见全貌,既包括资源开采及转换的生产环节,也涵盖家庭和企业的能源消费(见图 4.12)。我国的环境税收的征税对象主要是化石能源及其附属产品,而以税收优惠激励新能源的使用。能源对生产和经济发展不可或缺,也与人们的衣食住行息息相关,但化石能源的稀缺性和环境成本迫切要求能源结构的转型和升级。环境税收的期望效果包括两个方面:其一是提高资源的利用效率,延长能源的可使用年限;其二是推动能源结构的清洁化,通过化石能源及其产品的价格上升达到其投入下降,或以新环境税收优惠激励清洁能源产业发展和使用份额上升。我国的环境税收在资源利用率和环境改善方面都曾取得一定成效,但也曾出现税收政策目的和结果背离的反常情形。因此,探究税收的作用机制是十分必要的。此外,我国环境税收中存在征收环节重叠、调节方式单一等尚需改进之处,环境税收中大多税目的设置也并非基于能源调节目的,而

只是在实施中间接影响能源结构和效率,不同税收的影响相叠加加剧税收
政策结果的不确定性,甚至违背税收政策的初衷,因此专门的环境税是必要
的。税收是能源使用的外部调节器,但究本溯源能源结构的转型和环境保
护迫切需要技术的支持,两种方式的结合路径将有助于更快速地实现经济
和环境协调发展的目标。

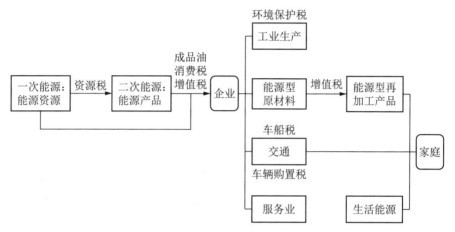

图 4-12 我国环境税收主要税目与能源生产、消费过程示意图

与资源税、燃料消费税等税种间接调控碳排放不同,碳税是指直接向企
业排放的二氧化碳征税,其目的主要是改善环境,减少二氧化碳的排放量从
而减缓对气候变化的影响。一些发达国家,比如美国、加拿大、北欧等地区,
都有征收碳税的情况。在政府控制碳排放总量的条件下,征收碳税使企业
的碳排放成为奢侈品。实践证明,征收碳税能够有效减少企业对二氧化碳
的排放量,减缓人类活动对全球变暖的影响。

从短期来看,碳税的征收会减少企业的生产量进而抑制经济增长;但
是,长期来看,碳税通过促进技术创新,能够有效减少二氧化碳的排放量,实
现经济的绿色发展。碳税对于节能减排的作用机制主要有以下几点。首
先,促进企业节能减排。根据不同学者的研究来看,随着碳税税率的提高,
二氧化碳减排程度提高。对二氧化碳征税直接增加了企业碳排放的成本,
一方面迫使企业减少生产量进而减少二氧化碳的排放量,另一方面促进企
业调整能源的消费结构,增加对能源的综合利用程度,尽可能减少碳排放。

因此碳税税率的设置需要根据碳减排的程度变化而变化,从而真正起到抑制碳排放的效果。其次,促进企业技术创新。碳排放数量越多,生产成本就越大,迫使企业采用绿色清洁技术,加大对低碳产品、低碳服务的创新投入,向绿色低碳发展转型。同时,一些国家准备实施的碳关税政策也促使越来越国际化的中国企业加大对绿色技术的研发力度,从而增强国际竞争力。再者,调整能源的消费结构。碳税的征收提高了使用化石能源的成本,缩小了化石能源与清洁能源之间的价格差距,削弱了化石能源的价格优势。因此,企业在投入生产时不仅会选择节能技术,还会使用清洁能源取代化石能源,提高生产效率,减少碳排放,实现能源消费结构的转变。最后,提升全社会的节能环保意识。据相关的研究显示,消费者比生产者更容易接受碳税。政府的宣传引导政策在逐渐改变消费者的消费观念,促进低碳环保的美好社会的建立。消费者从自身生存环境质量考虑,而生产者从自身所获利益考量,因此促进企业积极主动的节能减排,不仅要政策方面的鼓励支持,还亟需提升企业的社会责任意识。

三、争取全球气候治理话语权的必然要求

气候问题是一个全球性的问题,需要全球人民共同面对。随着科学和技术的快速发展,工业化的步伐不断加快,工业化进程中产生的废气、废水等污染物直接排向大气、河流,在使人类的生活水平越来越高、生活方式越来越便捷的同时,带来越来越糟糕的环境。空气中二氧化碳的含量超标,雾霾天气、温室效应的出现不仅对人类的健康造成不良的影响,而且破坏了整个生态系统的完整性,这使得人们意识到保护环境、绿化环境、与生态环境和谐相处的重要性和迫切性。党的十六大提出科学发展观这一重大的战略思想,要实行健康可持续的发展战略,实现经济发展、保护资源和保护生态环境的协调一致。

中国作为世界上人口数量最多且最大的发展中国家,又作为碳排放量最多的国家,有责任且有义务对保护环境、节能减排作出承诺。2020 年 9 月 22 日,国家主席习近平在联合国大会上提出:"中国将提高国家自主贡献

力度,采取更加有力的政策和措施,二氧化碳排放力争于 2030 年前达到峰值,努力争取 2060 年前实现碳中和。"其中,"碳达峰"是指在 2030 年前某一个时点,二氧化碳的排放达到峰值且不再增长,并且在之后碳排放量呈现出逐渐降低的趋势;"碳中和"是指企业、团体或个人在一定时间内直接或间接产生的温室气体排放总量,通过植树造林、节能减排等形式,以抵消自身产生的二氧化碳排放量,实现二氧化碳的相对"零排放"。这一承诺受到世界各国广泛的欢迎与支持,并且中国的这一承诺对世界上其他的工业化发达的国家产生了积极作用,促使其重新审视本国的二氧化碳的排放目标。2020 年 12 月 12 日,国家主席习近平在气候雄心峰会上进一步对 2030 年要实现的二氧化碳排放量、非化石能源在一次能源中的占比、森林蓄积量和清洁能源发电总装容量的具体目标作出宣告。中国对世界的宣告,表明了中国要对全球气候变化承担责任的决心。同时,这一宣告顺应了中国创新、协调、绿色、开放、共享的新发展理念,有助于中国建成富强民主文明和谐美丽的社会主义现代化强国。"双碳"目标提出以后,国内多次会议都对碳达峰、碳中和作出了指导工作,中央财经委员会第九次会议中明确指出,"十四五"期间是碳达峰的关键期、窗口期,要重点做好清洁低碳安全高效的能源体系、工业领域减污降碳行动、绿色低碳技术突破、绿色低碳市场体系的完善、推进绿色低碳生活方式、提升生态碳汇能力、加强国际交流合作等方面的相关工作,中央以及各地方都纷纷响应,对此重新作出规划,要为实现"双碳"目标作出贡献。但是,中国基于"富煤、贫油、少气"的资源禀赋,并且作为最大的能源生产国和消费国,要实现"双碳"目标,还是有很大的压力。对中国来说,实现碳达峰、碳中和是一场硬仗,也是对中国共产党能力的一次巨大考验,需要政府制定强力有效的政策与措施,引导企业使用清洁技术、绿色技术、新能源技术降低二氧化碳排放量,从而实现节能减排的目的。

中国如何才能实现"碳达峰、碳中和"的目标?为促进碳达峰、碳中和目标的实现,政府又应该采取怎样的政策激励企业采用清洁技术、绿色技术、新能源技术,以达到节能减排的目的呢?根据庇古理论,外部性是指企业或个人的经济行为对他人或企业产生了影响,而这些活动所产生的成本或者利益并没有通过市场价格反映出来,从而使得经济活动的主体没有获得相应的报酬或承担相应的成本,造成私人收益与社会收益或者私人成本与社会成本的不一致。大量工业企业的生产会向大气排放二氧化碳等温室气体,基于庇古对于产生外部性的根本原因的揭示以及公共产品理论,工业企业向大气中排放二氧化碳造成环境质量下降,对其他人造成了影响,甚至破坏地球的生态系统,但是由于环境是公共产品为人类共同使用,在工业企业不必承担相应成本的情况下,工业企业的私人成本小于社会成本,造成二氧化碳排放过度,进而产生一种低效率现象。庇古对由于外部性所造成的市场失灵现象提出的解决方案是政府通过税收或补贴的形式对市场经济进行干预,使得外部成本内部化,进而使私人成本等于社会成本或私人收益等于社会收益,最终提升社会的总体福利水平。因此,要实现绿色低碳发展,政府必须建立一套有利于绿色低碳发展的财税制度体系,通过税收或补贴的政策使得企业将排放二氧化碳的成本考虑在内,刺激企业升级设备,采用清洁技术、绿色技术、新能源技术,以实现降低二氧化碳排放量的目的。

从我国现阶段税制体系构成来看,仅有环境保护税直接对碳相关的污染类排放物征税,其他部分税种尽管与碳减排过程也密切相关,如能源端的资源税和成品油消费税,产业端的车辆购置税、车船税等,但这些税收的设置目的不在于改善环境,仅是在其征收过程中或通过税收优惠设置间接调整能源结构和产业结构,间接起到加快碳减排进程的作用。且以上税种的设置存在征收环节重复、税收优惠方式单一等短板,未来应加快厘清不同税种的定位,将互相割裂的税种整合成为完善的环保税收体系,并通过税收设置在产业能源投入、上下游产业生产、消费等环节配合碳减排要求。同时,通过调整税率、征税对象、税收优惠等,将环境整体规制水平限定在合理范围内,以助推产业结构的转型升级。此外,财政政策还可以通过增加财政支出并配合产业政策的方式支持碳减排进程,加强对新能源开发和技术研发的投资力度,同时以补贴、奖励等多样化的形式激励企业节能减排,实现清洁生产。

从全球气候与环境治理的发展趋势来看,中国是以煤炭为主的能源结构国家,且还是发展中国家。为了促进国家的经济发展,提高居民的生活水平,我们对能源的依赖性还很大,如果贸然实施碳税会对经济发展造成很大的影响,付出很大的代价。因此,实现"碳达峰、碳中和"的目标必须构建有中国特色的绿色环保政策体系,使政策之间相互协调,相互影响,在促进企业节能减排的同时促进经济的高质量发展,达到经济和环境"双赢"的效果。

四、补足碳交易市场调控盲区的制度要求

自 2011 年启动七个碳排放权交易市场地方试点以来,总体来看,在交易市场的机制建设、活跃程度、产品开发、平台运行、价格水平等各方面,我国碳排放权交易市场发展总体相对缓慢。2021 年全国统一碳市场启动以来也暴露出入场行业单一、交易方式单一、参与主体单一等问题。以上实践表明,在继续建设全国碳市场并进一步完善碳排放权交易体系的同时,仍需迫切考虑建立并行的碳税制度,否则仅仅依靠碳交易单一调控手段,远不足以解决我国碳减排工作所面临的多层次、多类型挑战。

第一,全国碳市场和地方碳交易试点的并行依然无法覆盖全国大多数碳排放来源。从地方碳市场试点经验来看,各地进场交易主要是高耗能电力企业和工业企业,部分试点将入场范围扩大至大型公共基础设施、建筑行业、部分涉及排放服务业企业等。截至 2020 年 12 月,共有超过 2 000 家企事业单位被纳入地方碳交易试点,合计发放超过 12 亿吨二氧化碳当量的碳排放配额。但是,年排放量达到 2.6 万吨二氧化碳当量(包括直接和间接碳排放)的碳交易市场进入门槛依然偏高;相对于我国的工业企业规模和行业结构而言,能够进入交易体系的企业依然只是少数。尽管部分试点市场已经尝试将更多的行业部门引入碳排放交易体系,如北京对交通等移动源排放、上海对零售及金融业、广东对纺织行业开放,但是全国碳交易市场进一步扩大开放的步伐预期将继续保持缓慢。当然,这一缺陷本质上来自碳交易的经济学机理,即交易市场本身更适合对大规模、大体量碳排放源进行调控,而对于小型碳排放源调控的效率则相对较低。因此,2021 年全国碳市场在电力部门率先启动,主要原因也在于电力行业是我国国内目前最主要的碳排放来源。在全国市场运行的第一年,年能耗超过万吨标准煤的发电

厂及电力相关企业首先入市,数量约为2 225多家,排放量超过40亿吨。根据《碳排放交易管理办法(试行)》(2021版),未来全国碳市场将陆续对石化、化工、建材、钢铁、有色金属、造纸、航空等八大重点控排行业开放,然而尽管如此,仍旧只能覆盖到全国约一半的碳排放总量,其他行业的碳泄漏和碳转移依然不可避免。因此,随着碳交易市场边际调控空间的递减,针对余下约50%的碳排放被排除在市场化调控以外的状况,需建立相应的互补机制,而最优的选择便是运用碳税手段进行拾遗补漏。

第二,部分地方碳交易试点发生市场失灵现象预示着全国市场存在类似风险。在七大碳交易地区试点中,上海、广东、北京的市场交易行为较为活跃,市场换手率和流动性相对较高,但是,从2021年全国碳市场首个履约周期的表现来看,碳价格形成机制的市场化程度依然较低,市场流动性差、交易规则不明晰、交易产品不够丰富、市场金融属性不强的弊端显现。价格形成机制是碳交易市场有效运行的基础,只有通过市场供求的匹配和市场竞争的作用,合理的市场化碳价格才能够得以形成,以此引导排放企业灵活交易减排资源,通过资源重新配置实现低成本基础上的节能减排目标。而市场化价格机制建立的条件包括:交易规模的稳定性、配额分配的灵活性、参与主体的多元性、履约规则的确定性、排放数据的准确性、产品的流动性等。与证券交易等市场不同,碳交易市场是为了实现减排目标而专门设立的市场,具有一定的行政性质和功能,因而会呈现出与一般交易市场相比更加复杂的行动轨迹,对市场机制设置、监督管理法律法规完善的要求更具体、更严格。目前欧盟、加拿大、新西兰等国外最为成熟的碳交易市场依然经常面临价格失灵风险,需要政府通过各类储备机制、维稳机制、支持机制加以调节。所以,在我国要素市场化配置程度普遍不高的约束下,有必要运用碳税手段为碳交易市场设定一定的价格标准,避免因市场失灵所带来的价格波动及价格信号传导问题。

第三,我国市场体量巨大,区域间、行业间发展差异显著,碳市场实施差异化的精准调节。从地区差异来看,不同省、省内不同地方之间,在产业结构、企业特征、收入水平等方面存在不容忽视的差异性,因此各地的碳减基础、目标、路径等各不相同。此外,各地政府的治理和监管能力,以及市场体系的发育水平同样参差不齐。根据过去近十年间的地方碳交易试点经验,制度设计和产业禀赋差异会导致不同地区碳市场在市场开放度、交易行为、平台运营模式方面各有侧重,因而需要辅以更为标准化的统一手段加以补充。总之,我国的碳减排政策体系设计既需要对接国际气候变化治理的先进理念和趋势,又要立足本国国内绿色低碳发展的具体需求及挑战。在经济和社会发展的不同阶段,碳交易和碳税均有其合理性和优缺点,不能简单地对其加以比较。在我国既定的双碳目标下,在借鉴参考国外运用不同措施的经验教训基础上,需要全面考虑和设计双措并行的问题。

五、我国实施碳税政策的独特优势

理论和国际实践的分析都表明,单一实施碳交易难以实现本国的碳减排目标,开征碳税是未来我国碳减排政策的必要可能选择。碳税和碳交易的并行实施,有利于扬长避短,促进我国碳减排目标的实现。作为碳减排的两种政策手段,碳税与碳交易各有优缺点。相比碳交易机制而言,碳税的覆盖面更广,更为公平,碳税计量较碳交易简单,可操作性强。同时,在中国的国情下,开征碳税具有独特的优势,是未来我国碳减排政策的可能选择。

其一,立法效力更高。与西方多党制国家相比,我国中央政府的决策能力及政策落实能力更强,对立法权力的掌控力和可执行性更高,对市场主体的监督和约束力也更强。因此,开征碳税不仅能够加强政府对碳市场主体交易及排放行为的调控检测力度,更有助于向国际社会彰显中国政府在积极参与引领气候变化治理方面的能力和决心。

其二,开征更为灵活。由于我国已经基本形成以环境保护税为主体的多层次碳排放相关税收体系,因而在碳税开征的实现路径上具备更加灵活的选择,便于在较短时间出台碳税。在良好的税制基础上,我们既能够选择单独开设名为"碳税"的独立税种,也可以在现有的环境保护税种下新增"二氧化碳排放"的税目,这不仅有利于减低碳税单独立法和实施的难度,而且可以减少为构建新税制体系花费的成本和时间。

第五章
包含碳税的 DSGE 模型构建

　　本章构建了支持实证研究与情景预测的 DSGE 模型框架，用于描述不同碳税情景的环境与经济影响。模型主体分为三个主要模块——家庭、企业、政府。上述模块通过三个市场——劳动力市场、资本市场、商品市场——相互关联。家庭部门提供劳动力，并围绕其消费水平、购买政府债券和公司股票进行决策；同时，家庭部门在劳动力市场上与企业部门进行交流，实现工作岗位的供需对接并协商工资水平。为了更好描述劳动力市场的就业匹配机制，假设存在一个"特殊的"中介性企业从家庭部门"购买"劳动力并将其"出售"给生产性企业。在各具体产业中，企业使用三类投入（资本，劳动力，能源、原材料或中间产品）进行商品生产。作为对其提供劳动和储蓄的报酬，居民从企业获得工资与红利，从政府获得利息，同时向政府直接支付税款。企业生产最终产品，被家庭用于消费，由生产者用于再投资，并由政府用于提供公共产品。作为资本拥有者，企业利用对其利润的"垄断"权，为其股东提供一定红利，同时向政府支付收入所得税和增值税。政府将其税收收入用于三种用途——公共消费、公共投资、社会转移支付。消费产品、投资品、中间产品的价格在产品市场上生成：企业从其他企业购买原材料和投资品用于生产，政府从企业购买原材料、投资品、最终产品用于改善经济或社会环境。工资由劳动力市场上的供给与需求决定。由于雇主和雇员之间的关系是"分散式"的岗位搜索机制与"集中式"的工资协商机制，因而劳动力市场呈现"非瓦尔拉斯均衡"结果，自然失业率始终大于 0。资本市场存在通过债券发行方式进行的资金借贷——企业可以通过发行股票筹措资本并向股东(家庭)支付红利;这也意味着在资本市场上,家庭部门可以通过向企业分流资金,实现跨期消费在动态时间轴上的平滑化,以达到最大化跨期贴现总效用的目的。

第一节　消费模块

本书首先假设在一个集权式的经济系统中,经济个体对消费、投资、排放的选择与社会计划者(通常是中央政府)的选择相一致,这意味着污染排放者的行为受到其排放成本的影响,因而所有污染外部性将被内生化。下一步,本书将该模型扩展成为一个分权式经济系统,其中各主体对于全要素生产率冲击的信息是非对称的。经济系统主要架构如图 5.1 所示。

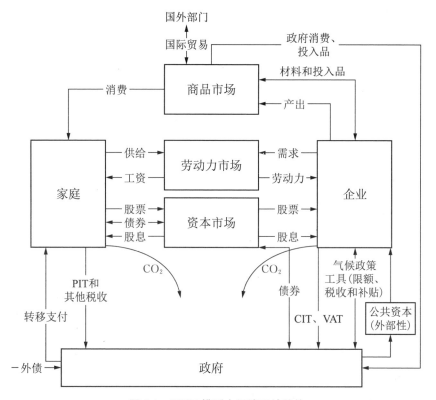

图 5.1　DSGE 模型中经济系统结构

t 时期经济系统中存在数量为 POP_t 的消费者,其中包括就业人口和非就业人口,共同构成一个代表性家庭部门。家庭部门通过调整当前和未来各时期的消费流,以获取最大化预期贴现总效用的目标。模型抽象如下:

$$U_t = u_T + \beta \times E_t \left[U_{t+1} \left(\frac{U_{t+1}}{U_t^L} \right)^{\varepsilon_U} \right]$$

$$U_t^L = \omega^U \times U_t^L + (1-\omega^U) \times U_{t-1}^L$$

$$u_t = N_t \times u(C_t^N, L_t^E) + NE_t \times u(C_t^U, L_t^U)$$

$$u(C_t, L_t) = \frac{1}{1-\sigma} \{ [C_t (L_t)^\omega]^{1-\sigma} - 1 \}$$

其中,N_t 代表就业人数,$NE_t = POP_t - N_t$ 代表非就业人数;C^N 和 C^{NE}、L^N 和 L^{NE} 分别代表两类人口的消费和闲暇;ε_U 代表跨期效用替代弹性,它决定了居民消费的跨期替代效应规模,同时也将影响劳动力供给对冲击的响应程度。

假设政府对居民的转移支付 T^H 实现了就业人口和非就业人口对于失业风险的中性,T_t^N 和 T_t^{NE} 代表居民部门内部就业人口与非就业人口之间的相互转移支付,即:

$$(1+\tau_t^G) \times C_t^N = C_t^B + (1-\tau_t^W) W_t - T_t^N$$

$$(1+\tau_t^G) \times C_t^{NE} = C_t^B - T_t^{NE} + T_t^H$$

$$T_t^N \times N_t + T_t^{NE} \times NE_t = 0$$

基础消费 C_t^B 由如下部分构成:

$$P_t^C C_t^B = \frac{1}{POP_t} \times \left[(1-\tau_t^D) \times \Pi_t + B_{t-1}^{hh} - \frac{B_t^{hh}}{R_t} + B_{t-1}^{hf} \frac{q_t^f}{q_{t-1}^f} - \frac{B_t^{hf}}{\varrho_t R_t^f} \right]$$

其中,P_t^C 代表消费品价格,Π_t 代表居民自有企业的利润,B_t^{hh} 代表国内政府债券(非风险性资产),B_t^{hf} 代表外国政府债券,$R_t = 1+r_t$ 和 $R_t^f = 1+r_t^f$ 分别代表国内债券和国外债券实际利率,ϱ_t 代表国外利率风险溢价,W_t^C 代表单位劳动时间的实际总工资,τ_t^D 代表企业收入所得税率,τ_t^W 代表劳动工资所得税率,τ_t^G 代表政府部门综合税率。

当经济系统进入稳态时，$T_t^N = T_t^{NE}$ 说明就业人口的消费完全由劳动收入所提供、而非就业人口的消费完全由政府转移支付所支持，因而稳态消费水平 $\bar{C}$ 和工资率 $\bar{\omega}^T$ 将从以下条件中求解：

$$\frac{\partial u(C_t^U, L_t^U)}{\partial C_t^U} = \bar{\omega}^T \frac{\partial u(C_t^N, L_t^E)}{\partial C_t^N}$$

为了更好地体现劳动力供给波动，假设广义边际上的劳动力供给 N_t 变动由居民部门决定，而集约边际上的劳动力供给 $L_t^E = \bar{L}^E + \xi_t^l$ 波动则完全受随机冲击 ξ_t^l 影响。此外，非就业人口的求职强度 h_t^{NE} 也随冲击而调整，并通过以下方式影响闲暇时间：

$$L_t^U = 1 - \bar{\omega}^U (h_t^U)^\chi$$

其中，χ 代表闲暇对求职努力 h_t^{NE} 的弹性。稳态工资率 $\bar{\omega}$ 等于由时间衡量的失业居民长期求职强度。居民部门的劳动供给决策收到劳动力市场摩擦的影响，后者代表企业提供的职位与失业者搜寻职位之间无法实时有效对接匹配。因此，在计算劳动力供给的影子价格 h_t^U 时，家庭要考虑如下因素：

$$N_t = (1 - \delta^N) N_{t-1} + \Phi_t NE_{t-1} \times h_t^U$$

其中，成功找到工作的概率 Φ_t 对于家庭本身来说是外生变量，但从整个经济系统来看仍是内生变量。家庭部门总消费 C_t 定义如下：

$$C_t = N_t C_t^E + NE_t C_t^U + T_t^R$$

其中，T_t^R 代表政府对退休居民的转移支付。为简单起见，假设退休人员的数量是固定的，并且将其全部收入用于消费。基于总消费支出 $C_t^{EXP} = P_t^C C_t$ 可定义福利损失/收益 W_t^L：

$$W_t^L = \frac{U_t - \bar{U}}{U_t^C}$$

$$U_t^C = \lambda_t^c C_t^{EXP} + E_t U_t^C$$

上式表明，福利损失在本研究中被定义为总效用 U_t 与其稳态值的偏离程度,并近似等于消费支出 U_t^c 的永久性变动。消费支出 C 通过拉格朗日函数 λ 转化成效用单位。

第二节　生产模块

一、生产结构

生产部门包括 11 个产业:农业和食品制造业(AGR),轻工制造业(LIND),重工业(HIND),能源与热力生产(ENG),煤炭开采和燃料生产(FLS),建筑服务(CST),交通运输服务(TRN),金融服务(FIN),公共服务(PUB),零售和批发贸易服务(TRD),企业服务业(SRV)。生产过程分为四个阶段:在第一阶段,各产业基本商品由完全竞争的企业生产,企业使用资本、劳动、材料和能源作为生产要素。在第二阶段,上述商品由具有价格制定权的企业进行定价,并出售给在国内和国外市场上的贸易公司。在第三阶段,基本商品生产企业以中间需求的形式向贸易企业购买服务(性商品)。在第四阶段,三类最终产品用于投资、政府购买和私人消费。最终产品在商品市场上与家庭、基本生产者和政府按照投入产出矩阵的流量关系进行交易。

二、生产性企业

在每一个产业 $s \in S$ 存在一个典型的代表性企业生产基础消费商品 Y_t^s 并以 P_t^s 的价格卖出。θ_s 代表企业具有一定的市场垄断权。在生产过程中,企业使用的资本 $K_t^{s,c}$、劳动力 N_t^s、原材料 M_t^s、能源 ENG_t^s 作为要素投入。企业向政府支付企业所得税 CIT 和增值税 VAT。企业决策过程基于如何组织生产才能实现预期贴现现金流的最大化。

$$\max E_0 \widetilde{\Pi}_0^s, \quad \widetilde{\Pi}_0^s = \sum_{t=0}^{\infty} \Lambda_t \Pi_t^s$$

其中，Π_t^s 代表 t 时期企业的临时现金流，$\Lambda_t = \dfrac{\lambda_t^c}{\lambda_{t-1}^c}$ 代表能够体现家庭企业偏好的随机贴现因子，λ_t^c 代表与家庭预算约束相关的拉格朗日乘数。因此，企业的临时现金流等于 $P_t^s Y_t^s$ 加上政府生产补贴 $S_t^{G,s}$，减去投资支出 $P_t^I I_t^s$，劳动成本 $N_t^s W_t^s$，购买中间产品和能源支出 CM_t^s，并减去三类税收 EXC_t^s、CIT_t^s、VAT_t^s。中间产品 $M_{i,t}^s$ 主要用于生产原材料 M_t^s，即某种生产技术所需要的投入品。

$$\Pi_t^s = P_t^s Y_t^s - N_t^s W_t^s - P_t^I I_t^s - CM_t^s - CIT_t^s - EXC_t^s - VAT_t^s + S_t^{G,s}$$

其中，N_t^s 代表 s 产业的劳动需求，P_t^I 代表投资品价格，I_t^s 代表 s 产业代表企业的投资需求，$M_{i,t}^s$ 代表 s 产业对 i 产品的中间需求，这种需求是通过贸易中介企业获取的。企业对政府的税收支付如下：

$$VAT_t^s = \frac{\tau_t^{V,s}}{1 + \tau_t^{V,s}} \times P_t^s Y_t^s - \sum_{i \in S} \frac{\tau_t^{V,i}}{1 + \tau_t^{V,i}} P_t^{OE,i} M_{i,t}^s$$

$$CIT_t^s = \tau_t^C \times \left[P_t^s Y_t^s - N_t^s W_t^s - CM_t^s - VAT_t^s - (\delta_K^s + \psi^s r_t) \times K_{t-1}^{A,s} \right]$$

$$EXC_t^s = \tau_t^{E,s} \times P_t^s Y_t^s$$

其中，$\tau_t^{V,s}$、τ_t^C、$\tau_t^{E,s}$ 分别代表增值税、企业所得税、消费税的实际有效税率，$K_t^{A,s}$ 代表企业固定资产的账面价值，企业购买原料的成本如下：

$$CM_t^s = \sum_{i \in S} P_t^{OE,i} M_{i,t}^s + IM_t^{E,s}$$

其中，$IM_t^{E,s}$ 代表消费需求中由进口产品支持的部分。公司报表登记的累积资产水平 $K_t^{A,s}$ 由以下公式体现：

$$K_t^{A,s} = (1 - \delta_K^s) K_{t-1}^{A,s} + P_t^I I_t^s$$

其中，δ_K^s 代表折旧率，各产业资产折旧率可能不尽相同，主要取决于固定资产的性质。由于投资摩擦的存在，账面资本和生产资本不会完全相同。投资通过以下方式影响生产性资本的积累：

$$K_t^s = (1 - \eta^{-1} \delta_K^s) K_{t-1}^s + \left(\frac{I_t^s}{K_{t-1}^s} \right)^\eta K_{t-1}^s$$

其中，η 代表反映投资刚性的弹性系数，资本、中间产品、能源、劳动力参与基本产品 Y_t^s 的三阶段生产过程。在第一阶段，资本 K_t^s 和能源 ENG_t^s 通过 CES 生产技术生产合成商品 KE_t^s：

$$KE_t^s = \left[(1-\theta_{ENG}^s)^{\frac{1}{\epsilon_E^s}} (K_t^s)^{\frac{\epsilon_E^s-1}{\epsilon_E^s}} + (\theta_{ENG}^s)^{\frac{1}{\epsilon_E^s}} (ENG_t^s)^{\frac{\epsilon_E^s-1}{\epsilon_E^s}} \times e^{\xi_t^{EF}} \times e^{\xi_t^{ENG,\,s}} \right]^{\frac{\epsilon_E^s-1}{\epsilon_E^s}}$$

其中，θ_{ENG}^s 代表 s 产业对能源的中间消费，ϵ_{ENG}^s 代表资本和能源之间的替代弹性，能源效率的变动和中间需求的变动通过冲击项 ξ_t^{EF} 和 $\xi_t^{ENG,\,s}$ 实现。在第二阶段，合成品 KE_t^s 和 N_t^s 劳动用于生产另一种合成品：

$$KLE_t^s = \left[(1-\theta_N^s)^{\frac{1}{\epsilon_N^s}} (KE_t^s)^{\frac{\epsilon_N^s-1}{\epsilon_N^s}} + (\theta_N^s)^{\frac{1}{\epsilon_N^s}} (N_t^s)^{\frac{\epsilon_N^s-1}{\epsilon_N^s}} \times e^{\xi_t^{Y,\,s}} \right]^{\frac{\epsilon_N^s-1}{\epsilon_N^s}}$$

其中，θ_N^s 代表生产技术中的技术占比；ϵ_N^s 代表劳动与资本—能源与成品之间的替代弹性；$\xi_t^{Y,\,s}$ 代表产业层面的技术冲击并能直接作用于 s 产业的劳动生产率。在第三阶段，资本—劳动—能源合成产品 KLE_t^s 与原材料合成产品 M_t^s 均作为投入生产基本产品 Y_t^s：

$$KLEM_t^s = \left[(1-\theta_M^s)^{\frac{1}{\epsilon_N^s}} (KLE_t^s)^{\frac{\epsilon_M^s-1}{\epsilon_N^s}} + (\theta_M^s)^{\frac{1}{\epsilon_M^s}} (M_t^s)^{\frac{\epsilon_M^s-1}{\epsilon_M^s}} \right]^{\frac{\epsilon_M^s}{\epsilon_M^s-1}}$$

$$Y_t^s = e^{\xi_t^Y} \times KLEM_t^s \times \left(\frac{K_t^P}{K^P} \right)^{\epsilon_{KP}}$$

其中，θ_M^s 代表生产过程中的原料占比，ϵ_M^s 代表原料与劳动—资本—能源和成品之间的替代弹性，产业部门商品的生产能够从公共部门资本积累 K_t^P 的正外部性中得益，ξ_t^Y 代表整个经济范围内的生产率冲击，用于模型动态特征的校准，ϵ_K^P 代表商品与公共基础设施之间的替代弹性，总中间原材料 M_t^s 由各产业产品 $M_{i,\,t}^s$ 依照 Leontief 技术进行生产：

$$M_{i,\,t}^s = \theta_i^s M_t^s + \xi_{i,\,t}^{M,\,i}$$

其中，$\alpha_i^s (\sum_{i \in s-\{ENG\}} \theta_i^s = 1)$ 代表 s 产业原料投入中间产品 i 的比重，$\xi_{i,\,t}^{M,\,i}$ 代表 s 产业对 i 产业的需求冲击，$\theta_{i,\,M}^s$ 和 θ_M^s 代表投入产出表中的产业间物质流动（直接投入系数）。

资本除了投入生产，还有附加的隐性价值属性：（1）能源效率 $\epsilon_{t,\,i}^{EN}$，

（2）碳排放效率 $\varepsilon_{t,i}^{EM}$。其平均水平 $\varepsilon_{t,i}^{x}$，$x \in \{EN, EM\}$ 表达如下：

$$K_{t,i}\varepsilon_{t,i}^{x} = (1-d_i)K_{t-1,i}\varepsilon_{t-1,i}^{x} + (I_{t,i}/K_{t-1,i})^{\eta}K_{t-1,i}A_{t-1}^{x}Z_{t,i}^{x}$$

其中，η 是衡量投资刚性的弹性系数，A^x 是资本属性 x 的技术前沿（技术存量）。企业通过调整 $Z_{t,i}^{x}$ 使投资 $I_{t,i}$ 满足其改变能源或排放效率方面的需求，因此 $Z_{t,i}^{x}$ 可以理解为投资中用于能效革新的 R&D 支出份额。通过在利润最大化目标下选择 $Z_{t,i}^{x}$ 的规模，企业得以决定其新增资本是高于（$Z_{t,i}^{x} > 1$）还是低于（$Z_{t,i}^{x} < 1$）当前技术前沿 A_{t-1}^{x}。如果企业选择投资于相对落后陈旧的技术（$Z_{t,i}^{x}$ 较小），将会导致资本属性 $\varepsilon_{t,i}^{x}$ 价值的降低；如果企业愿意将更多资金投入内部研发（$Z_{t,i}^{x}$ 较大），则能够改善资本属性 $\varepsilon_{t,i}^{x}$ 价值。需要注意的是，$Z_{t,i}^{x}$ 需要付出经济上的代价，例如，企业想要开发并使用更先进的设备，就必须牺牲当前的部分利润。此外，新技术研发活动的边际生产率越高，企业越有兴趣投资于能源或排放效率更高的资本。

当企业增加投资以改善资本属性 $\varepsilon_{t,i}^{x}$ 时，将对整个经济系统能源或排放的一般技术前沿产生正的外部效应，即：

$$A_t^x = (1-d_A)A_{t-1}^x + d_A A_{t-1}^x (Z_t^x)^{a_i}$$

其中，d_A 是技术折旧率（可以理解为新旧技术更新换代的平均速率），a_i 是 i 产业占经济系统总产出的比重，Z_t^x 是提升效率 ε^x 的 R&D 强度，$Z_t^x = \sum_i (I_{t,i}Z_{t,i}^x)/\sum_i I_{t,i}$，分子 $\sum_i (I_{t,i}Z_{t,i}^x)$ 代表用于提升资本属性 x 的总投资规模。

三、价格制定企业

在每个产业，均存在一家在产业层面上具有一定垄断力的企业，能够对第一阶段生产的基本产品制定价格标准，而其他企业则根据该标准确定自己的价格。因此，生产者的需求函数如下：

$$Y_t^s = (P_t^s/\hat{P}_t^s)^{\eta_M^s}\hat{Y}_t^s$$

其中，$\hat{P}_t^s = P_t^s$ 是均衡状态的市场出清条件；η_M^s 代表垄断力。利润和增

加值之间的关系如下:

$$\Pi_{E,t}^{s}=\left(\frac{P_t^s}{1+\tau_t^{V,s}}-\frac{\lambda_{Y,t}^s}{1-\tau_t^{C,s}}\right)Y_t^s$$

$$VA_t^s=P_t^sY_t^s-CM_t^s-VAT_t^s$$

其中,$\lambda_{Y,t}^s=\partial\widetilde{\Pi}_t^s/\partial Y_t^s$ 代表 s 产业生产的影子价格(边际成本)。

四、贸易企业

生产性企业可以选择将其产品在国内和国外进行出售。交易(贸易)通过本产业内部的贸易企业来实现,后者目标是最大化当期利润:

$$\Pi_t^{OE,s}=P_t^{OE,s}Y_t^{OE,s}-P_t^sY_t^{H,s}-(1+\tau_t^{V,s})P_t^{F,s}q_t^FX_t^{F,s}$$

其中,$\Pi_t^{OE,s}$ 代表 s 产业贸易企业的利润,$P_t^{OE,s}$ 代表价格,$Y_t^{OE,s}$ 代表产品出售量,$P_t^sY_t^{H,s}$ 代表购买本国产品的成本,$P_t^{F,s}q_t^FY_t^{F,s}$ 代表在国外购买产品的成本,q_t^f 代表实际汇率,$P_t^{F,s}$ 代表以国外货币衡量的国外产品价格。最终,s 产业的国内产品 $Y_t^{H,c}$ 和国外产品 $X_t^{F,s}$ 被共同用于生产本产业的总产品 $Y_t^{OE,s}$:

$$Y_t^{OE,s}=\left[(\theta_H^s)^{\frac{1}{\epsilon_H^s}}(Y_t^{H,c})^{\frac{\epsilon_H^s-1}{\epsilon_H^s}}+(1-\theta_H^s)^{\frac{1}{\epsilon_H^s}}(X_t^{F,c})^{\frac{\epsilon_H^s-1}{\epsilon_H^s}}\right]^{\frac{\epsilon_H^s}{\epsilon_H^s-1}}$$

其中,θ_H^s 代表 s 产业中本国产品占比;ϵ_H^s 代表 s 产业本国产品与国外产品之间的替代弹性。

本模型仅在总量层面上对外国经济进行描述。因此,假设出口规模完全取决于外生需求 $DEM_t^{F,s}$,而后者则与国外 GDP 相关。出口规模主要受到外部贸易条件的影响,以及由参数 μ_F 衡量的本国企业在 s 产业是否具有垄断影响力:

$$Y_t^{F,s}=\left[\frac{P_t^{OE,s}}{(1+\tau_t^{V,s})P_t^{F,s}q_t^F}\right]^{\mu_F}DEM_t^{F,s}$$

其中贸易动态体现为 $DEM_t^{F,s}=DEM^{F,s}\times e^{\xi_t^F}$,$DEM^{F,s}$ 代表稳态的国外需求,ξ_t^F 代表国外需求冲击;这表明,国外需求规模(出口)将在动态冲击下偏离稳态水平,并通过贸易渠道推动国内经济波动。出口值 EX_t^s、进口值 IM_t^s、进口厂商增值税额 $VAT_t^{I,s}$、出口厂商退税额 $VAT_t^{X,s}$ 定义如下:

$$IM_t^s = P_t^{F,s} q_t^F (X_t^{F,s} + \xi_t^{I,s}), \quad EX_t^s = \frac{P_t^{OE,s}}{1 + \tau^{V,s}} Y_t^{F,s}$$

$$VAT_t^{I,s} = \tau^{V,s} IM_t^s, \quad VAT_t^{X,s} = \tau^{V,s} EX_t^s$$

其中,$\xi_t^{I,s}$ 代表进口冲击。对 11 个产业进行加总即可得到进口 IM_t、出口 EX_t、VAT 的总价值,进而得到各产业的 GDP:

$$GDP_t^s = P_t^s Y_t^s - CM_t^s + VAT_t^{I,s} - VAT_t^{X,s}$$

国际贸易相关的经常账户和资本账户定义如下:

$$CA_t = EX_t - IM_t$$

$$KA_t = B_{t-1}^{hf} \frac{q_t^f}{q_{t-1}^f} - q_{t-1}^f B_{t-1}^{fh} + q_t^f \frac{B_t^{fh}}{\rho_t^f R_t} - \frac{B_t^{fh}}{\rho_t^f R_t^f} + EU_t$$

假设国外利率固定在国内利率的稳态水平 $R_t^f = R$。持有国外债券的风险溢价为:

$$\ln \varrho_t^h = -\phi \frac{B_t^{hf} - B^{hf}}{GDP_t}$$

$$\ln \varrho_t^f = -\phi \frac{B_t^{fh} - B^{fh}}{GDP_t^F}$$

其中,B^{hf} 代表国内居民持有国外债券的稳态值,B^{fh} 代表外国居民持有本国债券的稳态值,$GDP_t = \sum_{s \in S} GDP_t^s$ 代表国内 GDP 总量,$GDP^F = \sum_{s \in S} Y_t^{F,s}$ 代表整个国外经济的 GDP。s 产业的贸易企业负责将产品出售给生产最终产品的企业、生产基本产品(中间产品)的企业以及出口到国外。

五、最终产品生产

模型中存在三种不同类型的最终产品:消费 CNS、投资 INV、政府产品 GOV,由 $\Gamma = \{CNS, INV, GOV\}$ 指代。消费产品由居民购买,投资产品参与私人和公共资本的积累过程,政府产品由政府购买以提供公共消费。在 t 时期企业生产 f 产品以最大化以下函数:

$$\max \Pi_t^f = P_t^f Y_t^f - \sum_{s \in S} P_t^{OE,s} Y_t^{f,s}$$

其中,Π_t^f 代表生产 f 产品的最终利润,$Y_t^{f,s}$ 代表 f 产品对 s 产业的最终需求。生产技术函数遵循 CES 形式:

$$Y_t^f = \Big[\sum_{s \in S} (\theta_f^{F,s} + \xi_{t,f}^{F,s})^{\frac{1}{\epsilon_f^F}} (Y_t^{f,s})^{\frac{\epsilon_f^F-1}{\epsilon_f^F}} \Big]^{\frac{\epsilon_f^F}{\epsilon_f^F-1}}$$

其中,$\theta_f^{F,s}$ 代表 s 产业最终产品 f 生产中所占的比重,ϵ_f^F 代表投入要素之间的替代弹性,冲击 $\xi_{t,f}^{F,s}$ 将最终需求从最终产品 f 引向 s 产业产品。

第三节　劳动力市场

一、撮合/中介企业

家庭向作为劳动力市场中介的完全竞争公司——"撮合匹配"企业提供劳动力供给 N_t。撮合企业最大化预期贴现利润:

$$\max E_0 \widetilde{\Pi}_0^L, \quad \widetilde{\Pi}_0^{L,s} = \sum_{t=0}^{\infty} \Lambda_t \Pi_t^L$$

其中,t 时期的临时利润 Π_t^L 定义如下:

$$\Pi_t^L = \sum_{s \in S} W_t^s N_t^s - W_t N_t$$

其中,N_t 代表家庭的劳动力供给,W_t 代表企业提供的工资,N_t^s 和 W_t^s 分别代表 s 产业真正实现的劳动力需求和实际支付的工资率:

$$N_t = \omega_t \times \Big[\sum_{s \in S} \omega_N^s (N_t^s)^{\epsilon_L} \Big]^{\frac{1}{\epsilon_L}} + \upsilon_V \times V_t$$

$$N_t = (1-\delta^N) N_{t-1} + \psi_t V_t$$

其中,ω^s 反映了劳动者偏好并决定了各产业的劳动力供给结构,ϵ_L 代表劳动者偏好的替代弹性，v_V 衡量了职位空缺的成本，企业招聘成本为 $CV_t = W_t v_t V_t$；换言之，数量为 $N_t - v_t \times V_t$ 的雇员生产基本产品，从事招聘活动的雇员收入为 CV_t。外生变量参数 ψ_t 决定了职位空缺被成功填补的概率。与家庭部门最大化问题类似，劳动力市场中介机构在其优化问题中也无须考虑就业动态这一约束条件，仅仅需要针对 N_t 计算一阶条件从而确定企业就业的影子价格 Σ_t。ω_N 在均衡状态满足条件 $N_t = \sum_{s \in S} N_t^s$。

二、就业动态

本模型的就业和匹配过程遵循莫滕森（Mortensen，1989）和皮萨里季斯（Pissarides，1990）。首先，企业雇主发布一个待填补的空缺职位，求职者（失业者）通过向企业发出求职申请来应聘工作。由于劳动力市场存在结构性摩擦，因而匹配过程无法实现完全均衡，所以最终被填补的职位空缺数量 J_t^s 低于雇主的需求和雇员的供应：

$$J_t = \vartheta_t^m V_t^{\lambda_J} (NE_{t-1} h_t^U)^{1-\lambda_J}$$

其中，V_t 代表 t 时期有待填补的职位空缺总量，ϑ^m 代表职位与求职者匹配效率的参数，λ_J 代表搜索匹配过程中劳动力供给和需求的相对权重。因此，s 产业中空缺职位被成功填补的概率 ψ_t，以及求职者成功找到工作的概率 Φ_t 如下：

$$J_t = \psi_t \times V_t$$
$$J_t = \Phi_t \times NE_{t-1} h_t^U$$

同时，匹配过程的迭代动态如下：

$$N_t = (1 - \delta^N) N_{t-1} + J_t$$

三、工资协商

在每个时期 t，雇员与雇主进行工资谈判的过程遵循纳什议价程序。家庭剩余 Γ_t 由劳动力的影子价格来衡量，意味家庭每增加一名成员参与劳动所带来的额外效用。企业剩余 $\varSigma_t$ 代表每多一个职位空缺被填补所带来的收益。

$$\varGamma_t = \frac{\partial E_0 \varXi_0^c}{\partial N_t}, \quad \varSigma_t = \frac{\partial E_0 \varPi_0^L}{\partial N_t}$$

其中,求职劳动者和具有意向的企业进行合同谈判,商讨未来的预期工资。谈判遵循纳什讨价还价机制,双方都试图从就职/雇佣中获得最大的整体剩余。上述最大化过程同时考虑到企业作为匹配过程中介的一阶条件,以及家庭相对于就业水平 N_t 的个人优化而产生的一阶条件。模型还将考虑工资和工作时间对消费的影响,及其对已就业人员效用的间接影响。简言之,雇员和雇主间谈判的最终目标是最大化以家庭效用单位衡量的合同总剩余。效用目标函数如下:

$$\max_{W_t}(\varGamma_t \lambda_t)^{\eta N}(\varSigma_t)^{1-\eta N}$$

由于所有的职位空缺无法被完全填补,自然失业率定义如下,其中 U_t 代表总失业人口存量 NE_t 中的月度样本数:

$$UR_t = \frac{U_t}{N_t + U_t}$$

$$U_t = (1 - e^{-h_t^U}/3) \times NE_t$$

第四节　碳排放模块

早期的环境政策研究文献认为,环境污染来自排放物的流量(Weitzman, 1974; Malcomson, 1978; Watson and Ridker, 1984; Costello and Karp, 2004)。尽管污染流量会造成一定环境问题(如健康损害等),但包括全球变暖在内的主要环境问题是由于累积排放,因而模型构建应关注排放的存量而非流量问题。本书借鉴法尔科和门德尔森(Falk and Mendelsohn, 1993)、赫尔和卡普(Hoel and Karp, 2002)、彼得罗相和扎克尔(Petrosjan and Zaccour，2003)、赫特尔(Heutel，2012)、诺德豪斯和斯托克(Nordhaus and Sztorc，2013)、本彻罗恩和乔杜里(Benchekroun and Ray Chaudhuri，2014)的研究,建立了排放流量与污染存量之间的联系:假设 t 时期的排放存量 x_t 对经济造成的负面影响由产出损失 $d(x_t)$ 来衡量; $d(x_t)$ 是取值在 $(0,1)$ 之间的增函数。损失函数 $d(x_t)$ 代表由于碳排放而产生的潜在最优产品供应损失,主要来源于排放对生产过程的制约和影响,例如对土地、空气、水、森林等资源获取所产生的负面影响。

　　排放存量以 η 的速度衰减, η 代表因无法被森林和海洋等生态系统自然吸收而存留于大气中的碳比重。排放存量 x_t 的递归函数如下:

$$x_t = \eta x_{t-1} + m_t + m_t^{row}$$

其中, m_t 代表本国排放量, m_t^{row} 代表国外排放量。

碳排放来自生产过程:

$$m_t = (1 - \mu_t) h(y_t)$$

　　其中, y_t 代表产出, h 代表给定(减排)技术水平下排放与产出之间的关系, $0 \leq \mu_t \leq 1$ 代表 t 时期被处理净化的碳排放占总排放量比重。

$$g(\mu_t) = z_t / y_t$$

　　其中, $g(\mu_t)$ 代表与产出成正比的边际减排成本,减排总成本支出是边际减排成本与总产出的乘积:

$$z_t = g(\mu_t) y_t$$

　　本书模型中,企业和家庭均为温室气体排放主体。在第一种情况下(对于企业),温室气体是企业使用中间产品的副产品。 GHG_t 代表经济系统中碳排放总量:

$$GHG_t = \sum_{s \in S} GHG_t^s + GHG_t^{CNS}$$

　　其中, GHG^s 和 GHG^{CNS} 分别代表 s 产业和居民部门的排放水平。假设两部门碳排放均只来自能源(燃料)消费:

$$GHG_t^s = \theta_{GHG}^s M_t^{s,\,FLS} \times e^{\xi_t^{GHG,\,s}}$$

$$GHG_t^{CNS} = \theta_{GHG}^{CNS} Y_t^{CNS,\,FLS}$$

其中,θ_{GHG} 代表产业和居民部门的排放校准参数,$\xi_t^{GHG,\,s}$ 代表冲击,例如能源效率或生产技术提高而带来的排放强度改变。

本模型将冲击分为两类。第一类是驱动经济周期性行为的冲击,包括:总体生产率冲击 ξ_t^Y 和具体产业生产率冲击 $\xi_t^{Y,\,s}$,集约边际上的有效劳动力供给冲击 ξ_t^L,政府消费冲击 ξ_t^G,国外需求冲击 ξ_t^F。经济系统的主要周期性特征均主要来源于以上四类冲击。

第二类冲击主要用于描述不同类型的减排政策,包括:原材料需求变动 $\xi_{t,\,t}^{M,\,s}$,进口需求变动 $\xi_t^{I,\,s}$,能源效率冲击 ξ_t^{EF},能源需求变动 $\xi_{t,\,t}^{ENG,\,s}$,对产品 s 的消费需求变动 $\xi_t^{FC,\,s}$,生产过程的碳排放强度冲击 $\xi_t^{GHG,\,s}$,轻重工业政府补贴冲击 $\xi_t^{S,\,KL}$、$\xi_t^{S,\,KH}$,能源投资公共补贴变动 $\xi_t^{P,\,E}$,税率冲击 $\xi_t^{\tau,\,Z}$。假设各类冲击都是一阶自回归随机过程:

$$\xi_t^X = \rho^X \xi_{t-1} + \varepsilon_t^X$$

其中,ε_t^ξ 代表服从正态分布 $N \in (0,\,\sigma^X)$ 的独立随机干扰项;在后文的政策情景模拟中,将通过 Kalman 滤波程序对这些干扰项进行过滤。

第五节 政府模块

政府收入来自增值税 VAT_t、个人收入所得税 PIT_t、企业收入所得税 CIT_t、红利收入、消费税 EXC_t、其他税收 TAX_t:

$$VAT_t = \sum_{s \in S} VAT_t^s + VAT_t^{I,\,s} - VAT_t^{X,\,s}$$

$$TAX_t = \tau_t^G \times (N_t \times C_t^E + NE_t \times C_t^U)$$

$$PIT_t = \tau_t^W \times W_t \times N_t, \quad CIT_t = \sum_{s \in S} CIT_t^s$$

$$DIV_t = \tau_t^D \times \Pi_t, \quad EXC_t = \sum_{s \in S} EXC_t^s$$

政府支出包括购买公共产品 $P_t^{GOV}G_t$、对居民进行转移支付 T_t、进行公共事业投资 $P_t^I I_t^P$、对能源部门进行补贴 $P_t^I I_t^{P,E}$、对企业与居民的资本支出进行补贴 $S_t^{G,K}$、对企业进行补贴 S_t^G。因此，政府预算约束为 $G_t^{EXP}=G_t^{INC}-G_t^{DEF}$：

$$G_t^{EXP}=P_t^{GOV}G_t+T_t+P_t^{INV}(I_t^P+I_t^{P,E})+S_t^G+S_t^{G,K}$$

$$G_t^{INC}=VAT_t+EXC_t+PIT_t+CIT_t+DIV_t+TAX_t$$

$$G_t^{DEF}=B_{t-1}^{hh}-\frac{B_t^{hh}}{R_t}+q_{t-1}B_{t-1}^{fh}-q_t\frac{B_t^{fh}}{\rho_t^f R_t}$$

其中，$T_t=NE_t\times T_t^H+T_t^R$ 以及 $T_t^R=\theta^R\times\overline{T}$ 代表对劳动力市场中非活跃人口（如退休金领取者）的转移支付，而养老金转移在总转移中的份额将根据数据校准。假设公共债务保持恒定 $B_t=B_t^{hh}+q_t^f B_t^{fh}=\overline{B}$。

$$P_t^{GOV}G_t=\omega^G\times\overline{GDP}(GDP_t/\overline{GDP})^{\epsilon_G}\times e^{\xi_t^G}$$

上式将政府消费与 GDP 水平联系起来。ξ_t^G 代表外生性随机冲击，用以描述政府支出政策中的不确定性部分（例如用于应对处理突发性公共性事件或危机）。类似地，政府的能源补贴 $P_t^I I_t^{P,E}$、资本支出补贴 $S_t^{G,K}$、企业补贴 S_t^G 定义如下：

$$P_t^I I_t^{P,E}=\xi_t^{P,E}\times GDP_t$$

$$S_t^G=\sum_{s\in S}S_t^{G,s}$$

$$S_t^{G,K}=P_t^{LIND}S_t^{G,KL}+P_t^{HIND}S_t^{G,KH}$$

其中，

$$P_t^{LIND}S_t^{G,KL}=\xi_t^{S,KL}\times GDP_t$$

$$P_t^{HIND}S_t^{G,KH}=\xi_t^{S,KH}\times GDP_t$$

$\xi_t^{S,KL}$ 和 $\xi_t^{S,KH}$ 代表轻工业政府补贴和重工业政府补贴的冲击，这两个随机变量在下文中减排政策建模中将发挥重要作用。公共资本的积累过程遵循经典公式：

$$K_t^P = (1-\rho_K)K_t^P + I_t^P$$

$$P_t^{INV}I_t^P = \omega^{KP} \times \overline{GDP} \times e^{\xi_t^{IP}}$$

其中,ω^P 代表公共投资占 GDP 比重的稳态值,ξ_t^{IP} 代表公共支出冲击。对有效税率 $\tau_t^{V,s}$、τ_t^W、τ_t^C、τ_t^D、τ_t^E、τ_t^G 简单定义如下:

$$\tau_t^Z = \omega^{\tau,Z} + \xi_t^{\tau,Z}$$

其中,$\omega^{\tau,Z}$ 代表税收收入占 GDP 比重的稳态值,冲击参数 $\xi_t^{\tau,Z}$ 将用于下文分析经济对于政府财政政策变动的响应。政策的内生部分由政府目标函数(隐性地)决定,这意味着政府可以通过调整赤字和转移支付水平来应对宏观经济的冲击。

第六节　市场出清条件

市场均衡条件要求实现商品、劳动力和国际交换市场的供求关系的出清。基本产品(中间投入产品)$s \in S$ 的均衡意味着,作为交换中介的贸易企业所提交的需求,必须等于国内外市场实际出售的产品规模 $Y_t^{H,s} = Y_t^s$。贸易企业将基本产品出售给生产最终产品的企业、生产基本产品的企业,以及出口到国外部门,由以下平衡公式表示:

$$Y_t^{OE,s} = \sum_{f \in F} Y_t^{f,s} + \sum_{i \in S} Y_{s,t}^i + Y_t^{F,s} + S_t^{G,Ks}$$

其中,对于 $s = HIND$, $S_t^{G,Ks} = S_t^{G,KH}$;对于 $s = LIND$, $S_t^{G,Ks} = S_t^{G,KL}$。投资品的供给和需求同样需要实现均衡:$Y_t^{INV} = I_t^P + I_t^{P,E} + \sum_{s \in S} I_t^s$。政府公共产品供给等于公共消费:$Y_t^{GOV} = G_t$。用于投资和公共产品的总支出分别表示如下:$INV_t^E = P_t^{INV}Y_t^{INV}$, $G_t^E = P_t^{GOV}G_t$。由于消费品价格是用于模型中所有价格的参照(消费产品用作计价单位 numeraire,即 $P_t^{C,c} = 1$),因此消费部门的均衡将自动实现。总消费表示如下:

$$C_t = N_t \times C_t^N + NE_t \times C_t^U + T_t^R$$

企业对居民的利润转移等于所有企业的利润总和：

$$\Pi_t = \sum_{f \in F} \Pi_t^f + \sum_{i \in S} (\Pi_t^s + \Pi_t^{OE,s}) + \Pi_t^L$$

最后，外汇市场的出清条件为 $CA_t + KA_t = 0$。

第七节　模型参数标定与变量估计

DSGE 模型的估计一般包含如下步骤：基于各类主体的行为优化基本理论假设；推导经济主体的优化行为推到一阶条件（FOCs），一阶条件与包括市场出清条件、随机冲击在内的结构方程一起，成为动态随机方程系统建立的基本要素；对上一步骤中得到的系统方程在某一定点附近（通常是系统的非随机稳态）进行近似估计，以解决非线性模型系统没有闭合解不适于进行经验分析的问题；对系统参数进行估计或校准；设置随机冲击的大小和方向（通常设定为一个标准差），运行模型并获得脉冲响应函数；根据研究的具体目的，对模型结果进行分析和评估。

在近几年的相关参考文献中，DSGE 模型的参数估计方法一般分为两种：校准法和贝叶斯估计法。采用校准法的参数是借鉴前人的研究成果直接引用的数据。一般来说，这类参数是经过学者在 DSGE 模型中反复验证，一般不随着模型稳态的变化而发生改变，所以可以直接取确定值。校准法虽然不是严格意义上的统计估计方法，但校准法得到的参数源于现实经济数据，是对稳态时变量间长期关系的良好近似替代，能较好地解决卢卡斯批判问题。贝叶斯估计方法是用来估计模型动态参数，也就是和模型外生冲击相关的参数，这一类参数会随着外生冲击的变化而发生改变。对于现有文献还没有达到一致结论的静态参数也应该使用贝叶斯估计法，以减少由于参数选取错误而造成的系统误差。

本模型需要校准的静态参数如表 5.1 所示：

表 5.1 DSGE 模型参数校准

参数	名　　称	取值	经验依据
δ_E^i	资本与能源间弹性	0.1	根据大多数实证研究,这两类要素间的替代弹性非常低,如 Németh, Szabó, and Ciscar (2008);Xing, Huang and Zhou(2009)
δ_{KE}^i	资本—能源合成品与劳动力间替代弹性	0.95	Chepeliev(2015)
δ_M^i	资本—能源—劳动合成品与物质原料间替代弹性	0.3	Antimiani(2011)
δ_{RM}^i	原材料与其他物质中间投入产品间替代弹性	0.1	原材料中最通用的产品是能源燃料,与其他中间产品之间的替代度较低,Barbara(2012)
δ_H^i	国内产品与进口产品间弹性	0.4	该参数取值的浮动区间较大,Hooper et al.(2010)估计 G7 国家取值在 0.1—2 之间;McDaniel, Christine and Balistreri(2012)指出较低的取值能够更好地复制变量的经济周期特征
η	投资调整带来的成本变动	0.6	Bi,Hao & Sun(2018)
ε^s	不同中间品之间的替代弹性	4—21	Karmaker(2019)
ε_N^s	劳动投入占最终产品中的比重	0.5	杨小海等(2017)
χ	决定长期就业水平的参数	0.58	Li and Ouyang(2019);李雪松、王秀丽(2015)
θ_M^s	决定长期投资水平的参数	0.18	Shahbaz and Jiao(2019)
δ_K^s	折旧率	0.025	张岩(2017)
$\varepsilon_{t,i}^{EM}$	碳排放的负向效用权重	3	张佐敏(2017)
ϑ_t^C	家庭消费权重	0.98	朱智洺、方培(2018)
η_M^s	价格调整成本系数	1—6	Rotemberg(2017),庄子罐、崔小勇、赵晓军(2016)
ε_U	消费跨期替代弹性	0.8	武晓利(2017);胡小文、章上峰(2015)

参数	名　称	取值	经验依据
θ_{GHG}	消费与环境之间的权衡值	0.65	Angelopoulos(2010)
τ_t^C	消费税率	0.1	黄赜琳等(2019),王曦、汪玲、彭玉磊、宋晓飞(2017)
τ_t^W	劳动税率	0.051	
τ_t^D	资本税率	0.266	
μ_t	企业节能减排成本参数	0.15—2	蔡栋梁等(2019)
h	产出的碳排放强度	0.15	Angelopoulos(2010)

　　贝叶斯参数估计法的步骤是:首先,选择模型可观测的宏观经济变量;其次,利用 HP 滤波法消除时间趋势分离出经济趋势;再次,确定模型动态参数的先验均值以及先验分布;最后,利用贝叶斯方法估计模型的动态参数。贝叶斯估计具有减少模型偏误的特点。本模型假设:所有的一阶自回归系数服从 Beta 分布,所有的冲击服从逆 Gamma 分布;中性生产技术冲击的一阶自回归系数,碳税税率冲击的一阶自回归系数。利用后验分布 MCMC 方法,通过 Markow 链抽样 5 万次模拟估计,需要的贝叶斯估计参数结果如表 5.2 所示:

表 5.2　DGSE 模型参数估计结果

	先验均值	分布	后验均值	后验置信区间
劳动投入弹性的倒数	1	Normal	1.020 7	[0.86, 1.18]
投资调整成本变动系数	2	Normal	2.017 9	[1.85, 2.19]
中间产品可替代弹性	6	Normal	6.002 7	[5.83, 6.17]
政府治污支出转化系数	5	Normal	5.001 6	[4.84, 5.17]
生产技术冲击系数	0.7	Beta	0.585 2	[0.415, 0.783]
政府补贴率冲击系数	0.5	Beta	0.493 0	[0.330, 0.655]
碳税税率冲击系数	0.5	Beta	0.499 6	[0.336, 0.666]
生产技术冲击扰动项	0.5	Inv.Gamma	0.125 0	[0.099, 0.157]
政府补贴率冲击扰动项	0.5	Inv.Gamma	0.380 5	[0.229, 0.617]
碳税税率冲击扰动项	0.5	Inv.Gamma	0.437 4	[0.241, 0.746]

　　由表 5.2 可知,虽然有的参数的先验均值与后验均值差异比较大,但是后验均值都落在 90% 的置信区间以内,从后验均值的角度来看,各个参数的后验分布都拟合得很好。另外,先验参数与后验参数的分布曲线拟合得越好,也说明贝叶斯估计的效果越好。

　　本章主要构建了一个多部门 DSGE 模型。引入碳税政策、碳排放量以及环境质量等环境变量,基于建立的初始方程计算得到模型的均衡方程组,并通过现有研究对模型中的静态参数进行校准,根据外部观测数据对动态参数进行贝叶斯估计,为后续研究碳税政策影响我国经济波动的脉冲响应分析奠定基础。本章所涉及的模型均衡和参数校准方法如下:模型均衡的求解方法是通过构建拉格朗日函数的方法将各个部门的约束方程和目标方程写为一个方程,并对各变量求偏导数得到满足的其一阶条件。参数校准的方法借鉴了已有的相关研究,并结合我国当前的碳排放现状和政策现状,对参数进行合理校准。

第六章
碳税的诱导性技术创新效应分析

　　低碳技术创新是实现低碳经济发展的核心与根本动力。尽管已有研究指出碳税可通过经济结构和能源结构的优化以实现碳减排,但是技术创新的渠道作用却并未获得一致认可。本章利用 DSGE 的结构分析机理,探讨碳税政策对创新相关指标的影响方向和规模。直观看来,碳税征收对于创新经济发展的影响主要体现在以下方面:(1)从宏观经济的角度分析,征收碳税将形成各市场主体自主调整能源利用结构,提高能源利用效率的市场激励,从而夯实经济可持续发展的能源基础,同时,用于采购新型能源利用设备的投资行为将促进国民生产总值的发展;(2)征收碳税将增加企业的生产成本,促使企业不断开展与能源有效利用相关的技术创新,从而提高企业技术创新能力;(3)随着低碳生活的理念和要求不断深化,碳税将通过融入产品的全生命周期,规范企业的生产行为,提高产品的节能减排标准,进而为居民消费提供更加绿色、清洁的商品选择。基于此,本章从三个角度论证碳税的创新效应:第一,比较在征收碳税前后,在外生冲击下,模型中与技术创新的相关状态变量将发生何种应对与响应;第二,当外部技术环境发生波动时模型中的状态变量,如总碳排放量、产出、消费、就业将受到何种影响;第三,当税率发生改变时,模型中的状态变量,如总碳排放量、产出、消费、就业将受到何种影响,而内生技术变动机制又在上述指标的变动中发挥了何种作用。

第一节　碳税征收前后:创新指标 对外生冲击的响应分析

尽管模型中涵盖的指标及变量众多,但是与技术创新最为密切,抑或最能够反映技术创新水平的主要指标包括:企业技术存量指标、企业研发投入、能源及原材料使用强度。因而本节主要关注以上三个变量,探讨在外生性的技术冲击作用下,碳排放政策对经济系统内部技术水平的动态影响。

一、技术创新对外生性技术冲击的响应分析

图 6.1 比较了有无碳税情景下企业技术存量对外生中性技术冲击的脉冲响应。从企业技术存量指标来看,有无碳税对其影响存在显著的差异。在未征收碳税情景下,技术存量指标在外生性技术冲击发生后的第 1 期出现增长,随后以递减的速率单调上升,在 5 期左右到达峰值后转为下降,下降速率同样不断减小,并于 15 期左右收敛至新的稳态水平。这一路径表明,外生性技术进步可以被企业吸纳、消化或利用,有助于改进企业自身技术水平,然而这一效应具有不可持续性,外在技术引进对技术发展、产出扩大(如下文所示)的正向促进作用存在一定的上限,因为企业本身没有不断提升技术的主动性。换言之,如果不为企业创造自主创新的环境或倒闭机制,企业将仅仅停留在通过投入资本引进外来的技术,而技术红利也将在持续一段时期后趋于消失。在征收碳税情景下,尽管变动路径与先前类似,然而区别在于,技术存量不仅单调递增区间较大,而且峰值与新稳态值也较高,这得益于税收成本提高使企业有积极性主动寻求成本节约的方式,而积极进行清洁技术开发利用则是规避碳税负担的根本解决方案。

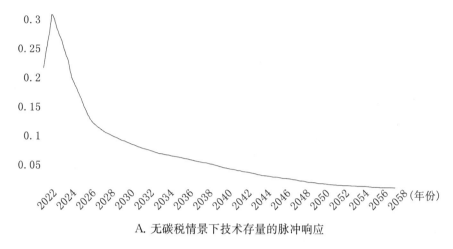

A. 无碳税情景下技术存量的脉冲响应

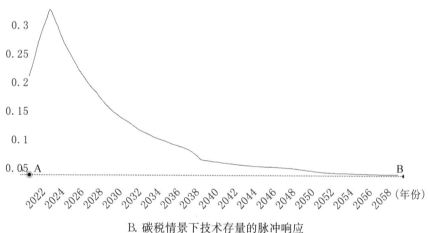

B. 碳税情景下技术存量的脉冲响应

图 6.1　有无碳税情景下企业技术存量对外生中性技术冲击的脉冲响应

　　图 6.2 比较了有无碳税情景下企业研发费用对外生中性技术冲击的脉冲响应。从企业研发投入指标来看,在未征收碳税情景下,外生性技术冲击会在发生当期导致企业研发投入瞬时骤降,该变化可直观地解释为企业将削减自主创新研发费用而选择依赖外来技术的直接获取吸收;而后研发支出将随技术红利的退却而逐渐回升,最终回归到原先的稳态水平。在征收碳税情景下,短期内研发投入同样呈现先下降后上升的趋势。不同的是,约从 1 期到 7 期增长率均为正,这意味着上升路径会在较长时期内得以保持;大约在 7 期左右研发投入将突破先前的均衡稳态值,继续上升并收敛于新

的稳态水平。这表明碳税的激励(或称)倒逼机制放大了外生技术进步的积极效应,降低了企业对技术引进的依赖程度,在一定程度上实现了技术水平可持续性的改善。

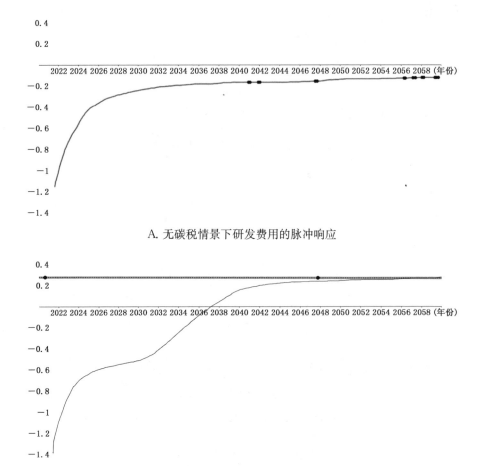

A. 无碳税情景下研发费用的脉冲响应

B. 碳税情景下研发费用的脉冲响应

图 6.2 有无碳税情景下企业研发费用对外生中性技术冲击的脉冲响应

总体看来,在碳税调控政策缺位的情况下,企业普遍缺乏主动进行技术创新的动力;即使外部整体技术环境改善,企业通常在惰性趋势下更多选择通过吸收利用外来技术。假使在外部技术并非环境友好的极端情况下,这种技术改善无异于野蛮生长,可能会对经济社会可持续发展造成一定的损失。与此相反,如果存在碳税管制,外部技术的溢出效应将得以放大,同时技术进步方向也将向着减排脱碳的方向发展,从而为技术的优化升级提供了政策保障。

由此得出结论,其一,碳税征收会在一定时期对经济及产出增长产生负向抑制作用。碳税导致企业厂商能源使用和生产成本增加,利润边际和空间压缩,从而不利于提升企业短期生产积极性。但是,随着时间推移,多数企业为了继续留在市场,会逐渐适应接受新增税种的开征,并努力调整自身行为、改进自身技术以寻求进入纳税标准以下,随之带来生产能力和规模的逐渐恢复甚至增强。其二,碳税对减排的激励作用和实际效果是逐渐减小的,尤其是 2030 年左右碳达峰目标实现后,碳排放强度降低将伴随着碳排放总量和政府碳税收入的双重下降。这便凸显了内生性定向技术进步在经济系统中的重要性,其能够弥补碳税对产出与消费的负面作用,从源头上为经济发展与碳排放脱钩提供动力源泉。

二、技术创新对碳税税率冲击的响应分析

本小节考虑技术创新对碳税税率冲击的响应,因此暂时不考虑不存在碳税征收的情景。图 6.3 展示了企业技术存量和研发费用对碳税税率冲击的脉冲响应。当对经济系统施加一个标准差的碳税税率冲击时,企业技术存量大约在第 1 期开始呈现下降趋势,但这一下降路径并不会持续太久,在第 2 期左右即进入拐点,而后进入反弹上升阶段。上升将在未来 3 期内保持较高的速率,并在 10 期左右速率减少,开始展现出缓慢增长的发展趋势。随着这一趋势保持长期持续,技术存量最终将趋近原有的稳态水平。上述变动路径可以解释为,在冲击发生初期,预料之外的碳税税率增加可能影响企业的市场预期,作为本能的应对措施,大部分企业将削减投资以避免面对额外的税收负担;随后随着碳税冲击的影响逐渐减弱并消失,企业用于技术开发和设备更新的投资也将逐步回归到正常水平。

类似地,不难发现,企业研发支出同样会在碳税冲击发生的当期产生突降,这意味着预期以外的政策突变会因增加不确定性而对企业行为决策产生抑制作用。保守企业会选择减少投资、维持甚至缩减生产规模以"静观其

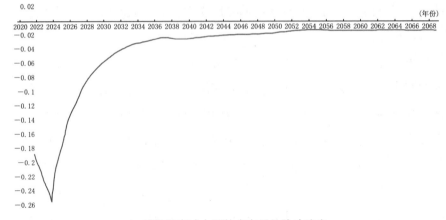

A. 碳税税率冲击下技术存量的脉冲响应

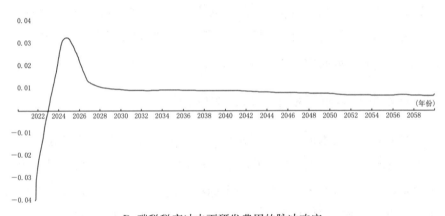

B. 碳税税率冲击下研发费用的脉冲响应

图 6.3　企业技术存量和研发费用对碳税税率冲击的脉冲响应

变",等待政策进入稳定期后再采取行动。因此表现在调整路径上便是,研发支出在当期"断崖式"下跌之后也将随着税收冲击影响的消退而逐渐上升。这其中值得注意的是,由于企业担心税收可能抬高自身生产成本,会愿意在开发低排放技术上多下功夫,因而研发费用将在 5 期作用突破原先的稳态值而继续上升,达到峰值拐点后开始下降,最后同样收敛到原先的稳态水平。

三、是否存在内生性技术创新的模拟结果对比

为了更加清晰地考察内生性技术创新这一机制在经济体系中的作用及

效果,本小节将对模型参数进行调整,在是否将内生性技术变迁纳入经济系统的两种情景下,比较主要经济变量对碳税和技术冲击的动态响应。有无内生技术创新机制下技术冲击对产出的动态影响比较见图 6.4。

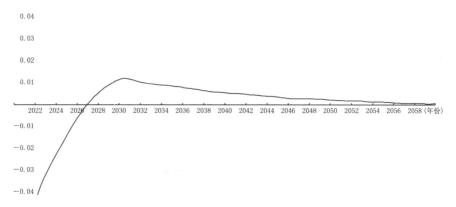

A. 无内生技术创新机制下产出的动态响应

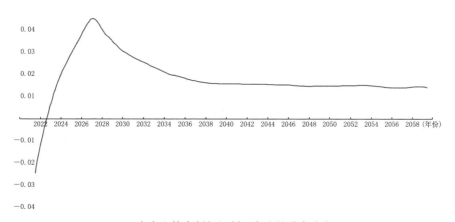

B. 有内生技术创新机制下产出的动态响应

图 6.4　有无内生技术创新机制下技术冲击对产出的动态影响比较

首先,将内生性技术变迁排除在模型系统之外,模型系统中仅含企业引进吸收外来技术的创新机制。如果对系统施加一个单位标准差的正向(中性)技术冲击,主要变量的动态响应路径如下:产出的变动路径表现为先下降后回弹上升,且负向影响仅仅将维持较短的一段时间,增长和收敛过程将持续较长的周期。技术冲击将在较长时期内对居民消费起到正向的促进影响。碳排放量和碳税收入同样呈现出先骤降而后转为上升的趋势,由于这两个指标与企业生产行为及能力关联密切,因而变动在时间上较产出滞后2—3期。上述结论背后的机制在于三点。其一,外生性技术进步在短期内对经济发展的暂时性抑制效应是多方面的,包括技术研发支出、科研人力投入、技术推广应用、迭代更新厂房设备、培训工人等,都将在预测期初期挤占用于扩大再生产的投资,从而降低产出和经济增长速度;在中长期,技术创新对产出的积极效应显现,研发投入成本得以覆盖,因而不应因为暂时的负面影响否定绿色技术发展的必要性和趋势性。但从时间进展来看,在实现2030年碳达峰目标之后,仅仅依靠外来绿色技术引进式创新将不足以刺激因碳税征收和碳排放总量约束下带来的经济增长放缓。结合当前理论研究普遍认同的我国位于环境库兹涅茨曲线左侧发展阶段的结论,这意味着经济增长和双碳目标的"双赢"无法仅靠当前的技术研发趋势和外来技术吸收引进来支持。其二,绿色技术冲击将在长期对消费产生刺激和提升效应,这主要得以于产出长期增长带来的居民工资及可支配收入的增长,以及随着企业和居民环保自觉性提升而引致的消费质量升级。因此推动环境友好型技术进步也是巩固和实现"双循环、内为主"新发展格局战略的重要一环。其三,外生性技术所引致的创新对碳排放总量削减效果显著,然而,在保持现有能源效率、碳排放强度、企业创新行为的趋势下,碳排放下降路径仅持续到2033年左右,也就是说,在实现碳达峰目标后,外来技术影响在改善排放质量上的效果几乎接近上限,原因可能归结于企业在现有技术水平下已经达到减排能力峰值,这意味着无法仅靠吸收、利用外生性的绿色技术实现"双碳"目标,必须开发具备长期可持续性的创新渠道和动力机制。

接下来,将内生性技术变迁机制纳入模型系统以内,模型系统中将包含企业引进吸收外来技术和成本驱动下自主研发清洁技术的这两种创新机制。如果对系统施加一个单位标准差的正向(绿色)技术冲击,主要变量的动态响应路径如下:总产出依旧先下降后上升,然而无论是下降幅度还是回升速度都得到较明显改善;消费的变动路径更加复杂,先是有即时性上升,而后呈现短暂下降,再转而回升并趋于稳态,其中负向影响维持的时期并不长;碳税收入和碳排放量均为先减后增,但是后者的负面响应将一直持续到新的稳态。上述结论背后的机制在于三点。其一,在经济系统中引入内生性定向技术创新机制后,外来绿色技术引进无法完全抵消碳排放量降低约束下的经济增长放缓问题,从而实现了2030年碳达峰之后,碳排放脱钩与经济增长继续并行的良好趋势。其二,相应地,外来绿色技术冲击对居民消费的促进作用也将持续更久,这主要得益于总产出以及居民可支配收入的持续性增长。其三,此情景下的一个新趋势是,经济系统对技术存量的需求反而随时间而减少,因为短期直接吸收利用绿色技术创新将带来更迅速和更显著的碳减排效果,然而2030年以后随着碳排放总量达到峰值,外生技术冲击带来的创新效应将会触及天花板或进入瓶颈期,此后企业自主研发将发挥更加重要的作用,技术存量资本需求也将随之增加。

第二节　碳税征收前后:技术冲击对经济环境指标的动态影响

一、碳排放量对技术冲击的响应分析

碳税开征的最直接目标是减少碳排放水平,所以,政策模拟的首要结果是评估碳排放量的变动情况。首先,模拟不存在碳税情景下的碳排放动态路径,能够判断经济系统中自发的技术进步能否实现自主减排。换言之,可供观测在缺乏政府相关约束激励的情况下,技术冲击下的经济主体生产和投资是否以减排为方向。进一步地,模拟存在碳税情景下的碳排放动态路径,与非碳税情景进行比较,则能够凸显碳税手段在限制生产活动排放量、引导投资向更清洁的生产技术等方面,是否具有有效性。图6.5比较了有无碳税情景下碳排放总量的动态路径。

未征收碳税情景下碳排放量对正向技术冲击(技术进步)的动态响应如下。碳排放总量一直呈现增长趋势(增长率为正),但是增长的速度随时间推移而逐渐下降,因而碳排放总量增长将逐步放缓并最终趋于稳定。主要

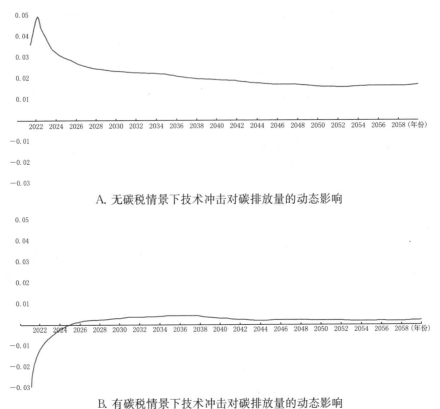

A. 无碳税情景下技术冲击对碳排放量的动态影响

B. 有碳税情景下技术冲击对碳排放量的动态影响

图 6.5　有无碳税情景下碳排放总量的动态路径比较

原因在于,在政策管制缺位时,企业从事生产活动的边际排放成本不会随着产出增长而增加,因此企业主体在扩大投资、扩张生产规模时往往不会主动考虑使用新技术来降低排放强度或提高能耗效率;反而在获得新技术、劳动生产率提高的短期内,企业增加生产的意愿更加强烈,刺激企业更多地投入利用能源,导致碳排放量增加。随着投资边际产出随时间递减,产出规模在技术冲击下的递增趋势也逐渐放缓,最终带来碳排放总量向最终水平的逐步收敛。整体看来,如果不向经济系统施加外生的减排压力(即不征收碳税),碳排放量发散性递增的趋势不会随着技术自主进步而改变。换言之,缺乏引导的技术进步虽然有助于提高生产效率,推动经济的增长,但这种经济增长方向反而加剧碳排放问题的严重性,产生污染回弹效应。所以,先发展后治理的传统理念不可行,采取减排措施势在必行。

　　征收碳税情景下碳排放量对正向技术冲击（技术进步）的动态响应如下。不难发现，碳排放总量相对于税收的弹性较高，这意味着企业行为对于税收政策较为敏感，预测期当期碳排放总量表现为即时性减少。尽管固定资产投资短期难以调整而导致产出粘性较强，无法随技术冲击而立刻变动，但是，征收碳税意味着当前（旧）生产技术的产出边际成本升高，所以企业拥有即刻削减生产规模的动力，产出减少带来排放总水平的降低。此后，产出削减带来的减排效应随时间趋向于饱和，减排水平有所回升；但回升速度却不断降低，这得益于企业投资新技术（低排放清洁生产方式）的回报开始显现，总产出的增加不会再带来总排放的增长。除了以上所述的减排技术带来的减排效应，部分选择不进行低排放技术更新的企业也将触及能源使用上限（这意味着扩大产出获得的利润已经无法弥补碳税负担成本），因而将相应地削减能源投入。综合上述各类效应，当达到并超过一定门槛值后，碳排放量在技术进步和清洁生产的共同作用下开始减少并收敛至稳态下限值。

　　从上述对比中可以看出碳税作为减排政策的必要性和有效性，否则放任下的技术自由发展将会导致排放无上限的增长。同时，碳税作为市场化的调节手段，能够与技术进步产生积极的协调互动效应，诱导或引导生产行为向着环境友好方向发展，从而在中长期内实现减排的目标。

二、减排成本对技术冲击的响应分析

　　除了对总碳排放水平的影响以外，减排成本也是评估碳税作为减排措施直接效果的重要指标之一。本小节主要对比考察有无碳税情景下，技术冲击对减排成本的动态作用路径，从而分析碳税这一宏观政策的成本—收益情况。

　　减排成本反映了政府对排放污染的干预治理成本。总体而言，碳排放总量越多，减排总成本越高；而减排边际成本则与碳排放总量、经济发展水平之间均呈现"倒 U"形关系——当排放总量和经济总规模达到一定门槛值，进一步减排的空间将减小，必须投入更多的资源、推动更先进的技术升级,才能够实现额外单位的减排量;与之相对,经济发展水平较低的国家一旦生产技术水平有所改善,便能够表现为较为明显的减排效果。此外,从技术进步机制来看,发展水平较低的国家可以通过直接引进吸收、外国技术溢出等渠道利用外来技术成果;而较发达国家只能通过增加研发投资、"干中学"等方式来促进技术创新和进步,因而边际成本较高。图 6.6 比较了有无碳税情景下减排成本的动态路径。

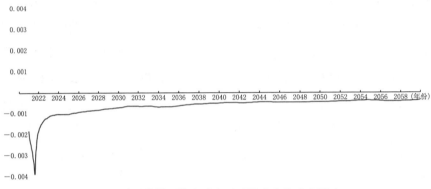

A. 无碳税情景下技术冲击对减排成本的动态影响

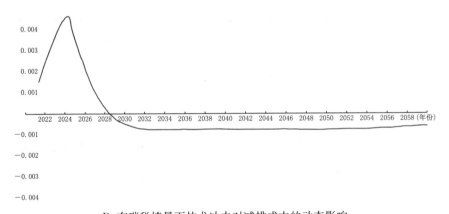

B. 有碳税情景下技术冲击对减排成本的动态影响

图 6.6 有无碳税情景下减排成本的动态路径比较

未征收碳税情景下碳排放成本对正向技术冲击(技术进步)的动态响应如图 6.6 所示。在缺乏政策规制的情况下,技术进步首先将推动减排成本实现即时下降,但该效应将随时间而逐步减弱,最终趋近于无效。这也从理论上验证了"先发展、后治理"的策略选择不具备成本—收益意义上的效益，而"预防为主"的策略选择则可避免治理成本随着经济增长而不断抬升。

征收碳税情景下碳排放成本对正向技术冲击（技术进步）的动态响应如图 6.6 所示。尽管在技术冲击发生的当期，减排成本有明显提高，但随后则不断随时间递减，而且下降速度越来越快；大概在第 10 期左右下降到最低水平，而后有缓慢反弹，并逐渐收敛。原因在于，在冲击发生初期，部分企业在碳税激励下存在技术改进动机，然而无论是研发创新还是更新设备，均需要大量资本投入，导致整个经济系统内减排成本的增长。到中后期，随着技术进步及设备更新的效应开始显现，成本节约效应逐渐超过投入效应，减排成本不断下降，直至所有企业均实现技术及设备更迭，技术对成本的缩减空间逐步减弱。

三、投资对技术冲击的响应分析

本小节将对比征收碳税前后社会总投资在技术冲击下的动态响应路径，进而考察新税种开征是否会影响企业的投资积极性及信心。宏观经济政策制定执行的初衷，都是为了保障社会及经济的平稳发展，而投资不仅是经济增长的核心驱动因素，更是政府收入、社会福利得以实现的重要基础。因此对碳税的影响进行评估，必须考虑其对投资的深远影响。图 6.7 比较了有无碳税情景下企业投资的动态路径。

未征收碳税情景下社会总投资对正向技术冲击（技术进步）的动态响应如图 6.7 所示。技术冲击将对投资产生即时的促进作用，但这种正向影响仅仅将持续 1 期，随后将快速下降，且下降速率随时间增长，到第 10 期便减弱为 0。因此可以说，不存在排放管制下的外生性投资拉动效应是不可持续的。

征收碳税情景下社会总投资对正向技术冲击（技术进步）的动态响应如图 6.7 所示。总体效应可概括为：征收碳税一方面通过提高企业生产成本抑制企业进行重复投资及扩大生产规模的积极性；另一方面则增强企业对于开发使用绿色清洁技术的重视和实际行动，其将新增资本用于排放治理、清洁技术研发、更新固定设备等，因此，将对投资需求产生较为显著的促进

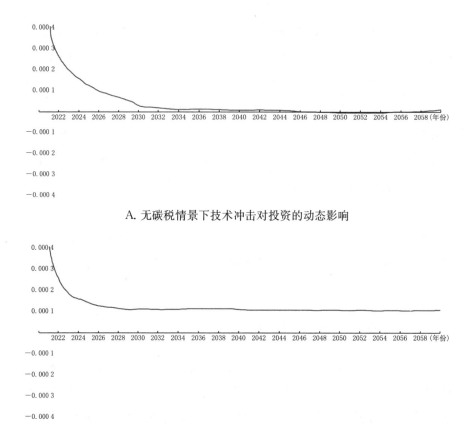

A. 无碳税情景下技术冲击对投资的动态影响

B. 有碳税情景下技术冲击对投资的动态影响

图6.7　有无碳税情景下企业投资的动态路径比较

效果。在技术冲击的当期,投资会比征收碳税时发生更大幅度的跃升,这是因为碳税给予企业更大的刺激增加投资用于技术创新和设备更新。与未征收碳税情景相比,技术对投资推动作用的持续时间更短(仅为5期左右),究其原因,初始投资的增加主要源于部分最有积极性改善技术与生产方式的企业,这部分企业可以被称作"原创性"创新的引领者或先行者,而余下企业则保持"维持现状"的状态。随着原创技术的产生、应用和成熟,"维持现状"的企业将可能通过购买、学习、模仿等方式获取新技术,显然上述技术进步方式所需要的资源投入要低于"原创性"技术研发投入,所以在一定阶段限制了总投资增长。最终与未征收碳税情景类似,投资增长率也将逐渐下降并趋近于较高的稳态值。因此,碳税对投资的刺激作用更多体现在长期的规模效应(level effects)而非动态增长效应(transitional dynamics)。

　　需要强调的是，以上分析比较结果并非否定碳税对投资的正向效用。相反地，在投资领域评价碳税政策需要采用更加全面的评估指标和方式，而非一味盲目追求投资总量增长。这一结果对政府在政策制定上的启示是很重要的，因而这预示着如果碳税调控缺位，技术进步很有可能会使更多社会资本和资源盲目涌入当前依旧存在收益的落后技术，或者被用于大规模扩张高排放高污染的落后产业。

　　进一步模拟资本存量在开征碳税前后对于技术冲击响应的结果类似。模型通过加总当期投资与上一期资本折旧现值来获得资本存量水平。在未征收碳税的情景下，正向技术进步冲击将始终对总资本产生推动作用，只不过增长速度逐渐放缓，直至资本达到一个新的更高稳态水平。在征收碳税的情景下，仅有的区别在于：冲击发生当期总资本会产生即时下降，主要原因在于碳税带来的生产成本增加会将一部分企业驱逐出市场，退出市场或破产企业的资本不再被计入生产环节，进而导致社会总资本的减少。在发生骤降之后，随着时间推移，一方面退出市场的企业数量逐渐减少，另一方面被碳税激励创新的企业逐渐扩大用于技术研发和设备更新的投资，所以总资本下降速度放缓并开始回升，最终资本存量回归到新的稳态，而这一稳态水平介于旧稳态与未征收碳税冲击后新稳态水平之间。

四、产出对技术冲击的响应分析

　　本小节将对比征收碳税前后总产出在技术冲击下的动态响应路径。未征收碳税情景下产出水平对正向技术冲击(技术进步)的动态响应如下所示。在技术进步的推动下，企业投资扩张，有效劳动力供给增加，进而带来总产出的增长。但由于增加固定资产投资、教育培训劳动力等需要花费一定时间，因而产出调整表现出一定的粘性，并非在冲击发生当期发生"骤升"，而是从0开始渐进增长，并在规模报酬递减作用下增速逐渐趋向于0，最终新的均衡产出要高于冲击前的初始值。需要指出的是，以上增长依然可能属于"粗放式增长"，因为它依靠的是单纯的要素投入规模增长。图6.8

比较有无碳税情景下企业产出对技术冲击响应的动态路径。

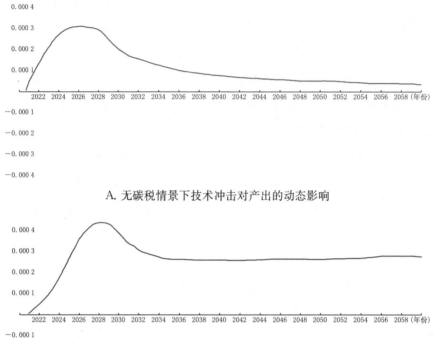

A. 无碳税情景下技术冲击对产出的动态影响

B. 有碳税情景下技术冲击对产出的动态影响

图 6.8　有无碳税情景下企业产出响应技术冲击的动态路径比较

征收碳税情景下产出水平对正向技术冲击(技术进步)的动态响应如下所示。此时的动态变动路径与无碳税情景有较大差异。首先是冲击当期由于粘性作用产出并不会发生瞬间变化。从 1 期开始,产出将呈现快速增长趋势,且增速越来越高,这是因为:面对碳税所施加的成本,一部分企业可能选择在现有设备技术基础上扩大投资从而增加产出,以市场规模扩张带来的销量增加弥补被成本挤压的利润空间;另一部分企业则可能选择开放并使用排放率较低的新技术,而这一选择也将随技术的成熟、溢出推广步伐的加快,带来整个经济系统产出水平的提升。随着预测时期进入中后期,在原有技术水平上扩大产出的企业利润边际逐渐缩小进而枯竭；低排放新技术带来的额外产出效应也渐渐缩小，所以产出增速逐渐平缓并达到最高拐点。接下来，随着选择不进行技术更新的企业逐步退出市场，总产出开始进入下降趋势，并最终到达新的稳态水平，但稳态水平要高于未征收情景下的稳态值。

以上对比分析显示，在技术自主存在的前提下，征收碳税无论是短期还是中长期，均不会对社会总产出，进而社会总财富等产生负面影响。恰恰相反，碳税能够避免技术野蛮放任发展，引导其向环境友好型方向进步，同时驱动在改进技术上具有"惰性"的不作为企业退出市场，实现市场主体的优胜劣汰。

五、居民部门对技术冲击的响应分析

本小节将围绕居民部门的两大行为——消费和就业，对比征收碳税前后技术冲击下的动态响应路径。消费和就业作为决定居民实际收入、购买能力乃至福利水平的基础性因素，在政策设计中处理不当将可能带来严重的社会问题。因此，二者均是评判碳税综合效果不可或缺的重要指标，比较有无碳税时居民消费和就业的动态变化，可供探讨新税征收对社会生活平稳运行的相关影响。图 6.9 比较了有无碳税情景下居民消费响应技术冲击的动态路径。

从影响规模来看，是否征收碳税对于消费的实际作用均相对较小。未征收碳税情景下消费水平对正向技术冲击（技术进步）的动态响应如图 6.9 所示。技术冲击当期消费水平有小幅度下降，原因在于产出由于粘性尚未及时调整，同时企业投资行为的积极性提升，导致资本扩张占用居民储蓄，带来消费的暂时性减少。而后随着投资的产出效应逐渐显现，以及新技术推动下的消费组合多样性提升，消费不断回升并超过冲击前的水平。征收碳税情景下消费水平对正向技术冲击（技术进步）的动态响应如图 6.9 所示。短期来看，居民消费先有小幅度提升而后增幅不断下降，这得益于部分

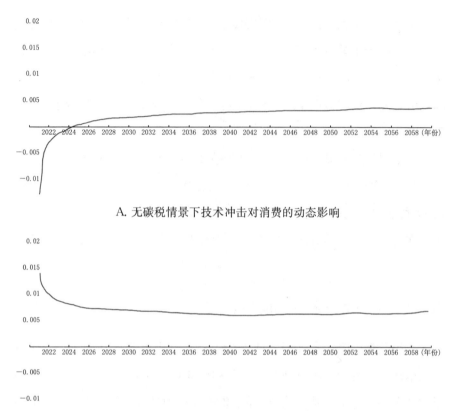

A. 无碳税情景下技术冲击对消费的动态影响

B. 有碳税情景下技术冲击对消费的动态影响

图6.9　有无碳税情景下居民消费的动态路径比较

企业为了弥补碳税成本而快速增加产出以获取短期利润。在中长期,企业用于技术创新的投资效应开始逐渐显现:一方面技术成熟为产出新一轮增长带来驱动力,另一方面低碳新技术增加了可供选择的更为多元的消费产品,两方面作用下原本呈下降趋势的消费水平重新上升,并且最终收敛于较高的均衡稳态值。

图6.10比较了有无碳税情景下就业总量响应技术冲击的动态路径。未征收碳税情景下居民就业对正向技术冲击(技术进步)的动态响应如图6.10所示。在预测期初期,为了应对技术进步所带来的投资需求增加,企业将增加劳动力需求,从而推动社会总就业实现小幅度的跃升。在碳税不存在的情况下,企业没有向低排放改进技术的动力,因而投资及就业需求增长

的脚步将随着正向技术冲击影响的消减而逐步下降,劳动力市场也将回归新的稳态水平。值得注意的是,新稳态值反而低于冲击发生前的旧稳态值,说明技术冲击对劳动者就业实际产生了消极的综合影响。究其原因,技术水平改进的直接影响是劳动生产率的改善,企业得以通过较少的资本投入改造更新设备并获得更大的规模报酬,从而降低对劳动力的需求。这意味着,如果环境管制政策缺位,外来技术进步将诱导企业进行劳动节约型的技术投资,模型估计结果也印证了这一推理:在新的稳态水平,劳动力下降幅度大于资本上升幅度,技术进步在一定程度上向着"机器对人力替代"的方向发展。

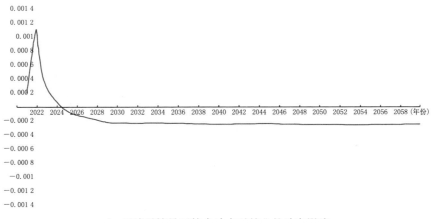

A. 无碳税情景下技术冲击对就业的动态影响

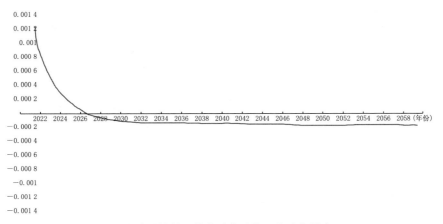

B. 有碳税情景下技术冲击对就业的动态影响

图 6.10　有无碳税情景下就业总量的动态路径比较

征收碳税情景下就业对正向技术冲击(技术进步)的动态响应如图 6.10 所示。变动趋势在大体方向上与未征收碳税情景类似,只是冲击当期就业骤升的幅度要远远高于后者。这是因为除了扩大投资与生产规模推动就业上升以外,企业进行研发投入也需要匹配额外数量的劳动者,用以新型低排放技术的开发。同样地,就业上升趋势也将随时间推移而逐步放缓并最终趋于稳定,主要原因包括两个方面:一是部分劳动密集型企业可能由于税收成本增加而遭遇利润空间压缩,面临减产甚至破产,释放部分劳动力需求;二是研发活动所需的额外劳动力投入大多发生在初期或早期,中后期新技术设备将得以批量生产,或者通过出售、专利、特许等方式让渡给低技术企业,而无须耗费更多的人力资本。

本节主要变量(部门)在征收碳税情景下面对外生性技术冲击的反应可以总结如下。第一,碳税政策的短期效应是降低企业进行重复投资,或者说在原有技术条件下进行生产活动的积极性,短期内企业再生产规模缩减,较低的边际利润空间导致产出水平逐步下降。但是在长期上,企业进行节能减排技术投资、研发、利用的主动性将被激发出来,新技术的应用和推广将逐步覆盖征税带来的成本压力,对产出的负面影响也将逐步转向甚至"熨平"。第二,企业面对碳税将迅速调整投资行为,将更多的资金、要素、中间产品(原料)投向低排放技术或清洁型产品,这是规避高额碳税负担的根本解决途径,由此将带来额外的新兴投资需求。第三,从短期来看,征收碳税暂时降低居民消费水平,而从中长期来看,消费水平出现反弹甚至高于技术冲击前水平,这既得益于低排放技术应用成熟后产出能力升级、消费品组合多元化,也可能源于居民消费行为随时间推移而作出相应调整,对绿色、低碳、环境友好型产品的需求和购买有所上升,整体消费结构也得到优化。此外,本节尚未考虑碳税"中性"的相关配套政策,如果政府将碳税收入部分转移给居民部门,居民可支配收入的提升将进一步改善其消费状况和福利水平。第四,本节模型假设只对污染型基本产品(中间投入产品)征收碳税,这将诱发生产要素、原材料、能源等中间投入产品在产业和企业之间的再分配,资源重新分配将对产业结构产生深远影响,生产清洁型、低能耗、少排放最终产品的产业和企业将成为市场的主导力量,而这类企业通常在更高的稳态技术与投资水平上经营和运行。这便意味着,以碳脱钩为标志的可持续发展和以自主创新为标志的高质量宏观经济发展"双赢"局面得以实现。

第三节 碳税征收下:碳税冲击对经济环境指标的动态影响

本节对经济系统施加一个标准差单位的碳税税率冲击,正向税率冲击意味着经济主体将面临预期之外的税率上升。主要经济变量的动态路径概括如下(变动路径见图 6.11)。总产出在冲击发生当期开始快速下降,降幅约为 0.1% 左右;下滑路径持续 2—3 期之后立即转向上升,上升速率递减至第 15 期,并在此时攀升至总产出的峰值;随后产出水平转而低速下降,在预测期范围内尚未收敛至稳态值。主要原因在于,在面临"猝不及防"的税负上升后,多数企业生产意愿会被突然抑制,因而企业选择关停部分设备,减少产品产出;然而在预期到额外的高税率不会成为常态后,企业便会重启原有的产能进行生产。甚至部分创新资源丰富、创新意愿强烈的企业会在碳税冲击的驱动下,开始新一轮清洁技术研发,因而带来投资增加以及产出反弹并超过原有水平。

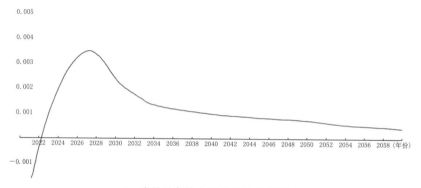

A. 碳税税率冲击对产出的动态影响

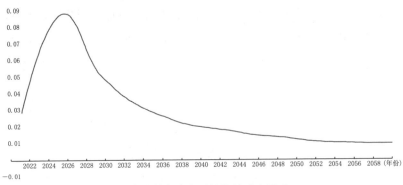

B. 碳税税率冲击对投资的动态影响

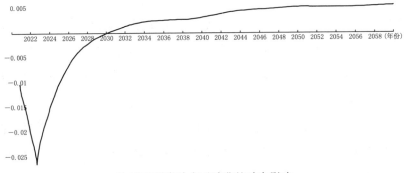

C. 碳税税率冲击对消费的动态影响

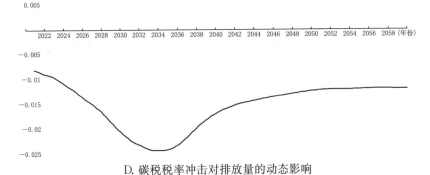

D. 碳税税率冲击对排放量的动态影响

图 6.11　碳税税率冲击下主要经济环境与变量的动态路径

投资在税率冲击下将从第 2 期发生小幅度的跃升,上升幅度在 0.02 左右;在这之后将以递增的速度继续增长,这一加速增长态势将保持到第 6 期,随后增速减少但投资增长趋势继续保持,在 15 期达到峰值后开始以递减的速率下降,但总体来看,直至 22 期以前碳税对投资的影响均表现为正向,之后会收敛到位于原有均衡值以上的稳态路径。投资对碳税税率冲击的反馈较为迅速且正面,在某种程度上说明碳税的存在培养并强化了企业对于减排技术的重视程度,为培育企业创新"习惯"提供了良好的制度环境,因此,即时在暂时的、非持续性的管制加强的刺激下,仍有部分企业会在清洁生产技术领域进行新一轮的额外投资,从而推动更高水平技术和投资路径的形成。

消费同样在冲击第 0 期小幅度降低,随后继续下滑,约在第 5 期左右到达最低拐点,而后转向回升;在第 15 期超过冲击前水平,继续上升而后趋于平缓。这一变动路径可以解释为:税率的突然提升导致企业削减支出、损失利润,同时减少了居民工资收入和消费产品选择,从而造成消费下滑。此外,由于企业新增投资主要来自居民储蓄,进而进一步挤出消费。随着时间推移,消费在暂时下降之后出现反弹的主要原因是生产活动恢复乃至扩张,产出及劳动者报酬有所上升,共同推动居民消费不仅能够回到税收冲击前的规模,甚至上升到更高的消费水平。消费结构也可能随之得以优化,因为更多采用创新型技术生产出的绿色和清洁产品可供居民选择。但是与投资上升幅度相比,消费增长幅度相对较小,这意味着消费尚未成为经济增长的首要推动力,新发展格局下强化内循环基础的任务依然任重而道远。

就业响应碳税税率冲击的路径趋势与产出及投资基本相一致:冲击当期即发生即时性骤降,随后上升反弹,约在 4 期左右超过冲击前的旧均衡稳态,约在 6 期达到峰值,而后以递减速率缓慢下降并收敛至新稳态。不难理解,预测初期就业规模缩减的主要原因在于企业收缩产能、减少产出,由此减少了劳动需求。而后随着随机碳税冲击效应的逐渐熨平,企业产能恢复,甚至超越冲击发生前的投资需求,与之相匹配的是劳动力供给需求也出现反弹即上升。

最后来看碳排放量对于碳税税率冲击的响应。碳排放总量随正向税率冲击表现出骤降,约在第 3 期左右触底拐点,这一正向的减排效应大约将持续 20 期左右。所以,碳税政策的强化对于减少排放具有显著而迅速的作用,因为税收成本上升迫使企业降低生产规模,进而对减排起到立竿见影的效果。但需要注意的是,直接性提高税率对于碳排放改善的效果非常有限,在 1 个标准差税率的冲击下,减排量仅提升 0.4%左右,其隐含其实是,税收的边际效应(回报)也是递减的;当税率到达一定水平,持续提高税率所带来的额外效应将不断减少。随着正向税率冲击效应的逐渐消退,减排量的上升趋势将在 4 期终止,触及拐点之后下降趋向新的均衡稳态。

综合上述各变量变动结果,预期以外的(随机)碳税税率变动仅仅会在短期对产出或经济增长造成负向影响,但不仅作用时间较短,而且作用幅度也较低;从市场主体反馈来看,碳税创造了企业主动寻求节能减排的制度环境,优化企业长期决策,反而会对企业投资产生促进作用,且在短期内的投资扩张效果显现非常迅速。在中长期,产出、消费、投资等指标在经历波动后都将回归平稳,不仅如此,一旦达到新的均衡状态,总体生产和消费水平均有所提升,这意味着社会总财富和居民生活水平都得到永久性的改善。从冲击影响的持续时间来看,无论是经济类指标还是环境质量类指标,中长期的反馈影响都是积极正向的,且作用时间较长,基本印证了碳税理论中的"双重红利"假说。

第四节　碳税产生技术创新激励效应的机制分析

一、碳税调控对技术创新的总体作用方向

从能源需求理论看(Medlock,2009),碳价格政策旨在提升清洁能源和低碳基能源的相对需求,从而具备碳减排潜力。具体看,碳排放水平与人类生产和生活所使用的能源商品直接相关,高碳基能源(例如煤炭和石油)、低碳基能源(例如天然气)和清洁能源(例如风能和光伏发电)在等量消耗下所释放的二氧化碳水平依次递减。造成全球二氧化碳水平剧增的直接原因在于高碳基能源的大量使用,而主要动因则在于大规模低成本采掘之下高碳基能源的低价格优势。相比于选择昂贵且可得性较弱的清洁能源或低碳基

能源,高碳基能源是预算约束下厂商或居民为了实现高效生产或节约生活的最优选择。而相比于上述无干预的政策环境,碳价格政策可以为碳排放贴上合理的价格标签。经过价格传导机制,碳价格政策可以改变高化石能源消耗商品(如燃煤发电)和低化石能源消耗商品(如天然气或光伏发电)的相对价格,以价格为杠杆改变上述商品的相对市场需求。随着低化石能源商品需求的相对上升,低碳基能源和清洁能源的相对需求也会随之上升,这种能源结构的持续优化将会传导至环境系统,进而在碳强度抑制方面发挥潜力。

第一,碳税政策的存在,有助于优化能源结构。从偏向性技术进步理论看,碳价格政策在供给侧具备经济结构低碳化潜力。在偏向性技术进步理论应用于环境问题的经典研究文献中(Acemoglu et al.,2012),该理论假定经济中存在两个相互竞争性地提供同一类产品的部门——清洁部门和污染部门,两个部门在相对产品价格、相对技术水平和相对市场规模等方面的权衡,将决定整个经济中污染部门的比重,并进一步决定了整个经济的污染排放强度。运用相似的逻辑,在合理的碳价格水平下,高化石能源消耗的行业或产业将会面临生产成本的显著提升。尽管这些产业可以通过价格转嫁的方式让消费者承担上升的成本,但是替代性产品的崛起和消费者需求结构的改变仍然会大大增加高化石能源消耗行业的成本压力,并使之面临两条退路:一是压缩高化石能源消耗的产能,二是转型为低化石能源消耗行业。因此,在合理的碳价格政策下,经济中的产业结构低碳化水平将上升,从而具备碳减排的可能性。

第二,碳税政策的存在,有助于促进产业结构调整。从偏向性技术进步理论看,碳价格政策在需求侧具备低碳技术创新激励效应。在合理的碳价格水平下,低碳技术相关行业的竞争优势逐渐上升,能够吸引更多的稀缺性研发资源。偏向性技术进步理论假定所有的研发活动都是逐利的:在一个经济体中,能够引起技术进步的研发资源(如科学家)有限,如果一个行业的期望利润水平越高,那么它越能够吸引到技术投资者和科学家的关注。在合理的碳价格水平下,高化石能源消耗行业将同时面临生产成本上升和需求萎缩,故而面临期望利润的缩减;低化石能源消耗行业则反之,其相对期望利润将上升,那么可以引导技术研发者将资本和人员投入至低碳技术研究活动中。因此,碳价格政策作用下低碳技术创新水平的上升,将通过经济生产函数进一步推动低碳行业产出增长,并可能在技术层面提供碳减排的可行方案,从而发挥碳减排效应。

第三,碳税政策的存在,能够激励低碳技术创新。综上,结合能源需求理论与偏向性技术进步理论,碳价格政策可以通过刺激低碳技术创新、能源使用结构清洁化以及产业结构低碳化等路径产生碳减排效应。

二、碳税调控对企业技术创新行为的影响

(一) 碳税调控下企业的反应策略

生产技术的创新是产业结构升级的重要标志,企业的反应策略随碳税调控的强度而转变,进而影响产业的结构升级。碳税调控使企业内化环境成本以实现环境改善,合理强度的碳税调控能同时助推产业结构的升级,实现环境利益和经济效益的双赢。碳税调控下高耗能企业需要支付更高的环境成本,淘汰落后产业,倒逼产业实现高耗能向低耗能、高排放向低排放转型,但碳税调控下不同的企业策略使其产品附加值和生产率的变动趋势具有不确定性,因此这一部分主要探讨技术变迁下企业劳动生产技术变化所助推的产业结构升级。碳税调控下企业的反应机制体现为要素投入调整策略和技术创新策略。要素投入调整策略下规制效应占据主导地位,企业将碳税调控带来的成本上升压力通过调整劳动力或资本的投入化解。资本投入调整的重要途径是技术调整,这一类策略中主要运用有关环境改善的技术存量从而及时应对环境成本的上升。技术存量包括环境改善技术和生产技术,在碳税调控未出台前企业基于利润考量往往选择采用生产效率更高的技术,但基于环境产权的公共属性企业往往将环境外部性排斥在成本分析之外,因此对环境改善技术的采用程度较低。碳税调控的出台推动企业按其污染程度或受益程度承担环境成本,当现存环境改善技术的引入成本小于碳税调控成本时,企业将购买相关设备以减少能耗或处理污染物。技

术创新策略则主要基于创新补偿效应，这类策略主要适用于规模较大或创新能力较强的企业。技术创新资金投入要求高、风险性较大的特征使得单个企业的技术创新决定更为谨慎，当技术预期收益高于投资成本时企业技术创新行为才有可能发生。企业的技术创新更多集中在应用型技术，可分为环境改善技术的创新和生产技术创新。同时碳税调控下社会公众对环保产品偏好增强，迫使高耗能、重污染企业转型升级才能重新获得市场生存空间，从需求端推动企业改善产品品质。

（二）碳税强度变化与企业策略的互动机制

随着碳税调控强度发生变化，企业从盈利出发调整两类策略的使用。当碳税调控强度较低时，企业主要受到规制效应的制约而调整生产要素投入。碳税调控使企业的支出增加，规模较小的企业资金流动性较差，只能通过减少劳动力的投入以维持既定成本，此时无法促进产业结构的升级。虽然碳税调控强度较低使企业只需小幅调整劳动力投入，但规模较大企业在有闲置资金情况下不倾向减少劳动力投入以对生产规模造成负面影响，更有可能将碳税调控成本视为引入现存技术的机会成本加以衡量作出决策。并且碳税调控强度较低时企业持续改进的动力不足，通常只局限于引入环境改善技术而不会借助其他类型的生产技术节约成本。当碳税调控成本小于引入技术成本时企业将接受碳税调控而不调整技术，反之企业才有激励引入新技术。环境改善技术假定可严格区分为治污技术和节能减排技术，技术引入是否能引起产业结构升级取决技术存量的覆盖范围和引入的技术类型。当企业只引入治污技术以进行末端治理时，并未涉及生产过程的优化和改进，企业生产率和产品的附加值并未发生实质性提高。治污技术偏向于普适性技术，技术存量基本能满足企业所需；而节能减排技术与生产链相融合使得其属性更为多元化，企业的技术引进易受到技术存量的限制。若技术存量不能满足企业技术更新换代的要求，企业则退而求其次选择末端治理以缓解成本上升。反之，现存技术足以满足企业节能减排需要时，企业将引入技术向低能耗转型而非旨在产品质量的改善和产业链的优化。总而言之，碳税调控强度较低时可能引发产业转型，但基本不会推动产业结构升级。随着碳税调控强度进一步提高,一些产业运用现存技术所节约的成本将不能覆盖碳税调控成本,因此部分企业将率先采取技术创新策略,研发新技术以满足降低成本的要求。企业在短期内技术调整的灵活性有限,将致力于眼前环境成本上升问题而先革新治污技术与节能减排技术。但治污技术与生产过程相脱离,并且这两类技术的投入增加会挤占其他生产技术的研发,可能阻碍产业结构的升级。长期企业将由单一式创新转变为复合式创新,不再局限于环境改善技术的创新而力求多种技术创新以实现节约成本,企业的创新行为逐步拓展到产品质量改善、附加值提高、生产流程优化,甚至管理制度等领域,以更好地匹配碳税调控下所引发的改变,并且逐步探索出环境改善技术和不同类型生产技术互补的平衡局面。技术创新提高企业的竞争力和生产效率,并弥补规制效应所带来的成本上升。技术创新外溢使得技术存量得到扩充,规模较小企业也可能从中获益。同时全方位的技术创新使得对低端劳动力的需求下降,从而带动社会生产率的提高,因此技术创新和劳动力结构的转变将推动产业的结构升级。总言之,碳税调控强度维持在合理限度时,环境改善和产业结构加速升级可以并行存在。但随着碳税调控强度进一步提升,其造成的成本上升甚至高于技术创新的预期收益,此时更多企业将难以承受高昂的环境成本而采用要素投入策略,难以催化技术创新并实现产业结构的升级。

(三) 碳税对企业行为的命令控制效应

命令控制型碳税调控指政府通过法律或环境相关标准规制企业的生产行为,以行政处罚等手段强制约束企业的行为,如制定企业排污标准、实施环境保护法等。命令控制型碳税调控的核心在于制定环境污染上限的"标准",企业的执行缺乏弹性,倾向于按部就班执行统一标准。环境标准的制定改变企业的行业进入门槛,企业进入污染型产业的成本提高,推动更多资源流向清洁型产业和服务业。同时环保标准之下现存企业的生产成本提高,也将面临去留的行为决策。环保标准的强力程度构成企业筛选机制的基础,污染程度高的企业在较高的规制成本压力下退出行业,资源进一步流向环境友好型产业,而具备转型潜力的企业则积极推动企业在短时间内改善环境不友好的生产方式。企业为快速达到规制要求,最优的决策将局限于引进技术进行末端治理以达到减少污染物的目的,而技术研发耗时较长且成败不定,不能满足企业的在限定时间内达到标准的需求,因此此时碳税调控对技术创新的激励效应尚未发挥。设备改造支出挤占原有的研发资源,甚至阻碍技术创新。并且碳税调控破坏企业原有积累的最优生产模式,短时间内调整力度和方式有限,命令控制型碳税调控在实施初期对企业的生存和发展带来负面影响。规制使得行业的集中度提高,留存的优势企业技术创新能力较强,这些企业进一步竞争并寻求差异化优势,进而部分企业将会通过技术研发和创新寻求新的利润空间和发展契机。命令控制型碳税调控对技术创新的作用机制呈现由抑制向推动的转变,同时标准的统一性使企业的调整策略缺乏自主性。命令控制型碳税调控的制定主体包括地方政府,在地方分权下不同地区的实施效果易受到地方政府间竞争的影响,标准的制定、测度、监督等环节的政府管理成本也较高。

（四）碳税政策对企业的市场激励效应

市场激励型碳税调控运用价格信号机制,调动企业自发实施环境保护行为的积极性和创造性,包括税收、费用、补贴等弱市场激励手段,以及配额交易、许可证交易等强市场激励手段。弱市场激励手段涉及企业和政府间的资金往来,而在强市场激励手段的实施过程中,政府更多充当中介人和平台搭建者角色,将交易主体地位赋予不同类型的企业之间。企业税收的梯度征收赋予企业生产调整一定的灵活性,从而技术调整的空间和时间跨度得以延长。与命令控制型碳税调控相比,规模较小、创新能力不足的企业延续至新技术扩散和外溢时期的机会增加。补贴和费用的规制方向相反,但两者的规制对象均可直接作用于技术,进而推动偏向型技术的发展。以清洁技术为对象的补贴有利于弥补企业的资金难题,直接推动这一类技术的研发创新。基于生产链的延伸和扩展,特定技术类补贴价将带动相关技术的进展。但补贴的针对性常表现为对特定产业所需新技术的支持,使得这一连锁反应的覆盖范围有限,技术创新的普遍性和多样性不足。同时地方政府间的财力存在差异,经济发展水平较高的区域更有能力支出较高的补贴,易出现"强者越强"的局面,进一步拉大区域间的经济差距。强市场激励型碳税调控将清洁型企业和污染型企业向连接,双向影响企业的生产调整和技术创新。一方面放大清洁型企业的环境优势并增加利润,补充技术研发资金来源途径,进而推动环境友好型产业规模的进一步扩展。另一方面,超出配额的污染型企业将增加支出以补偿其对环境的负外部性,在合理碳税调控强度下部分先行企业将积极寻求技术创新,并且这类碳税调控未制定特定的技术发展路径,企业拥有更大自主权选择符合自身利益的技术进行投资,有利于促进多反向的技术进步。但这一类碳税调控的实施效果依赖于所在地区的市场化程度,市场化程度较弱的地区实施效果面临打折扣的风险。

(五)碳税政策对企业的社会舆论效应

非正式碳税调控主要从社会维度入手,实施主体扩展至民众、环保协会、新闻媒体等,而不再聚焦于政府行为。企业的环境污染行为将面临周边社区居民、环保协会及新闻媒体的审视,污染程度较高的企业从而需支出更高的社会公关成本。舆论过度情况下企业的社会公关成本处于高位,占用技术研发和应用的资金,进而对技术创新产生负面影响。同时为获得消费者的认可,企业将改变技术的投资方向,营造绿色生产的正面企业形象。可见,非正式碳税调控对技术创新既存在推力也存在拉力,但非正式碳税调控不可或缺,是正式碳税调控的重要补充。当企业的环境污染行为较为严重,公众上访、媒体报道等方式将有利弥补监督漏洞,引起相关部门的重视,并推动相关问题的快速处理。非正式碳税调控常聚焦于具体的单个问题,对整个社会环境改善缺乏全局性把握。此外居民常处于获取信息的弱势地位,企业污染型行为危害较大时才能被居民所感知,因此非正式碳税调控存在无法发挥效用的区间。

在规制初期命令控制型碳税调控先行,随着环境保护的共有信念加强和市场化进程的纵深发展,政府的管理成本相较于市场交易成本渐显劣势,制度向市场激励型碳税调控为主、命令控制型为辅变迁。而不同类型的碳税调控对企业技术创新的作用路径和效果存在差异,命令控制型碳税调控对技术创新的影响呈现出 U 形特征,市场激励型碳税调控对技术创新的助推作用总体上强于命令控制型碳税调控。因此基于碳税调控制度的变迁过程,制度涵盖更多的技术属性和效率特征,进而使得碳税调控对技术创新的作用方向也呈现出动态变化特征。碳税调控类型的变化趋势符合技术的发展趋势,在不存在碳税调控时技术锁定效应将促进生产延续原有模式和技术进步路径,强力的命令控制型碳税调控冲击推动企业扭转原有的生产要素投入组合,技术创新方向向环境友好型转变。但技术从研发到应用是一个需要耗费大量人力、物力的长期过程,绿色经济的实现需要技术发生系统性转变,因此在技术创新方向转变后企业需要更为灵活的技术调整空间以应对碳税调控的长期影响,市场激励型碳税调控资金支持和渐进改善的特征使其在这一时期更具优势。

三、碳税调控下不同类型产业的技术调整

(一) 清洁型产业和污染型产业的技术调整机制

不同产业对能源的依赖程度和对环境的污染程度存在差异,因此碳税调控下技术创新的侧重环节和激励程度也各有不同。不同产业可划分为污染型产业和清洁型产业两类。从产业大类上看,服务业比第二产业更为清洁,而从工业内部结构看,能源开发类及能源合成产品类产业对环境的负面影响更显著。在碳税调控下,污染型产业和清洁型产业规制成本和技术投资意愿不同。显然污染型产业的生产模式更易受碳税调控的冲击,污染型产业对碳税调控的反应强度高于清洁型产业,但污染型产业的技术创新激励在较高的碳税调控水平时发生。这主要是由于污染型产业固定资本的清洁化改造成本或清洁设备的重置成本远高于清洁型产业,并且污染型产业常与能源的生产和消费相关,技术改造难度大,因此当碳税调控较高使规制成本超过改造支出或技术研发支出时,污染型产业在利润激励下探索清洁化生产道路。而清洁型产业受污染管制类制度影响较小,对技术补贴的正向支持政策将助推企业发展指定类型的技术。同时技术的创新和发展也将对产业结构的变化产生反馈作用,技术创新赋予传统产业新的发展模式,同

时新技术的应用过程中将会带动新材料、新能源等新兴行业兴起,产业内部的转变将派生出对技术创新的新需求。

(二) 工业内部不同类型产业的技术调整机制

化石能源的使用是碳排放的主要来源,工业内部产业的清洁低碳程度与能源的投入紧密相关。合理强度的碳税调控引导资源流向技术进步的新需求,增强企业技术研发的强度和动力,推动技术投入实践应用过程。同时基于产业能源及能源衍生品的投入和使用强度不同,不同类型的产业对碳税调控的反应机制存在差异。总体而言碳税调控对能源密集型行业的规制作用较强,但技术转型和调整难度较大,而技术和知识密集型行业对能源的依赖程度低且技术创新的基础牢固,碳税调控下技术调整的成本相对较低,相比之下能源密集型在更高的碳税调控水平下才会发生技术创新。不同产业在能源产业链中所处的环节也将影响其碳税调控下的应对机制。碳税调控下传统能源开采产业感知到环境保护的压力和行业前景的衰落,且向新能源技术的转变是长期渐进的过程,部分企业甚至会选择在这一窗口期加快提高能源开采速度以应对规制成本。补贴对新能源开发技术提供一定的利益激励,但传统能源开发产业在碳税调控下的技术发展路径更多聚焦于技术调整成本较小的技术创新,如污染治理技术和提高能源开采效率的技术。对于以能源衍生品为材料的产业,包括钢铁、化工、建筑等高耗能产业,碳税调控下能源价格的改变使其生产成本上升,从而推动部分龙头企业寻求新型材料生产技术的创新以压缩化石能源类材料的投入强度,从而实现低碳排放。但这一类行业的基础生产高度依赖化石能源的衍生材料,且衍生材料非常多元化,新型材料往往只能替代部分传统材料,技术研发复杂且替代范围有限,因此新材料技术的研发难度大且成本较高。因此更大比例的企业将首先瞄准生产过程中能源节约和污染物减少,以尽可能减少碳税调控所带来的成本。随着碳税调控制度的进一步完善和企业间竞争,企业改进生产过程的空间逐渐被压缩,这些企业中难以转型的企业将被淘汰,而留存的优势企业积极探索技术的根本性转变和创新以谋求自身优势。此外,部分产业所生产的产品属于能源消耗产品,如汽车制造行业、电器行业等。随着产品交易的发生,碳税调控常由针对生产者的新能源产品补贴政策转向为消费者负担的税收负担,因此生产厂商的产品创新更多是由于补贴政策激励,而非抑制类碳税调控所引发的。

四、碳税调控下不同区域的技术调整差异

不同区域间的经济发展阶段、创新能力、资源禀赋等方面存在差异,同时地方政府作为正式碳税调控制度的重要制定者,地区间的碳税调控水平存在差异,区域客观条件和政府意愿的异质性也将影响碳税调控的实施效果。

（一）区域客观条件的异质性

当区域处于经济发展水平较高且处于向高质量发展的转变阶段,经济发展要求与环境保护要求相契合,碳税调控的实施符合当地经济发展的需求。而当经济处于快速发展的初期阶段,经济先行而碳税调控对经济发展速度存在不确定性影响。区域经济发展水平常与技术创新能力、居民收入和绿色消费需求、配套政策的完善程度等方面相关,而碳税调控是否能推动技术创新将受到这些因素的影响。在低创新力区域,企业的技术研发易受到低端锁定效应的制约,依赖于现存的技术存量而难以进行技术调整以应对碳税调控,而高创新区域研发人才充足,能更自如地凭借技术创新手段以应对碳税调控,从而助推实现产业结构的升级。经济发展水平高的地区居民收入水平较高,对低碳和清洁生产的关注度更高,非正式碳税调控发挥的空间更大,有利于碳税调控下技术推动作用的发挥。碳税调控制度的执行程度和责任明晰程度是保障实施效果的重要因素,同时知识产权保护、投融资支持等配套政策的完善程度将影响企业规制下的技术创新意愿。可见,区域客观经济条件的异质性使得碳税调控对技术创新的作用方向存在差异,同时能源分布的自然条件也将影响不同区域对碳税调控的反应机制。对于资源丰富地区,当资源相关产业所获的利润大于规制成本时,资源类产品的经济优势依然存在,技术创新的激励不足。劳动力集中于能源相关的获利部门,挤占技术研发人员岗位,技术创新的人力资本基础也比较薄弱。

因此企业将进一步提升产量以弥补碳税调控所带来的成本缺失。当资源相关产业所获的利润不足以弥补规制成本时,资源富集的比较优势受到抑制,企业通过提高产品附加值、资源向非能源密集型产业流动等手段化解规制所带来的不利影响,同时也将推动部分实力雄厚的企业加快技术创新以定位新的竞争优势。资源丰富地区在资源开发的不同阶段,技术创新的激励程度也会存在差异。当区域处于资源开发的上升阶段,资源开发模式尚处于粗放型,技术创新的空间和潜力较大,因此碳税调控下企业技术创新激励存在。当区域处于资源开发的后期,资源趋近枯竭以致区域经济发展形势低迷,公众更关注与自身利益紧密相关的就业情况,非正式碳税调控对污染的修正作用难以发挥,同时碳税调控下企业缺乏资金进行设备改造或技术研发,碳税调控对技术改进的实施效果不佳。

（二）地方政府碳税调控强度的主观差异

政府竞争是影响碳税调控对技术创新作用机制的不稳定因素。地方政府出于地方利益最大化的考量,碳税调控强度在地区间存在差异。经济发展水平较低的地区为了吸引更多的资源和产业流入当地,存在激励选择较低的碳税调控强度,而不同区域间的规制强度差异将影响企业的区位选择。部分污染型企业将向低规制强度地区转移,从而逃避碳税调控所带来的技术创新要求。伴随污染型产业转移进程,最终污染型产业在低碳税调控强度地区聚集。产业的聚集使得生产的规模扩大,产能持续扩大从而对环境产生更强的负面效应。同时规模效应有助于技术溢出效应的发挥,发展程度各异的企业相互竞争,促使实力较弱企业模仿先进企业的技术,从而带动产业整体技术水平的提高,但碳税调控的技术创新效应依旧被企业的迁移行为所逃避。

第七章
不同碳税征收方式下的发展情景模拟

　　第六章主要是利用 DSGE 刻画随机冲击与经济波动的特征,从多个角度、全方位地论证碳税技术创新效应的"存在性";而本章则是利用 DSGE 进行情景模拟的优势,预测不同碳税征收方式对经济增长和技术进步的影响差异性。尽管在碳税制度下,诱导性技术创新确实存在,但其作用效果、作用规模还将受到具体税制安排的影响,尤其是碳税的征收方式、征收环节、征收目标、实际税率等。从生产流通角度看,碳税征收方式可分为两种——投入环节碳税和产出环节碳税。如果征税的主要目标在于规范要素市场价格,即按照实际社会成本(包含其社会负外部性)制定资源的市场价格,则应当对能源行业的生产投入征税(Corrado,2016);如果更加重视减轻当前生产活动对未来世代的负面影响及负担,那么对能源行业的产出品征税是较好的解决办法(McDowall et al.,2017)。那么,碳税的纳税环节适宜确定在生产还是产出(销售)环节呢? 投入环节征税与产出环节征税相比较,其对GDP、就业、投资、进出口等宏观经济主要指标以及资源利用效率的影响是否有显著差异呢? 碳税所诱导的内生性技术进步机制又在上述经济变量的变动中发挥什么样的作用呢? 围绕上述两个重要问题问题,本章比较了投入环节碳税和产出环节碳税下,不同目标导向的碳税税制安排下,GDP、就业、投资、能源投入等宏观经济指标在 2020—2049 年的变动轨迹。研究发现,无论在哪个环节征税均会对经济增长产生一定的抑制作用,但是投入型碳税的负面影响较小,并且对能源消耗的削减作用较为显著,原因在于其能够为企业提供改进能源使用技术、提高能源效率的激励机制。特别是配合上降低劳动所得税的税收循环方式,从长期来看,可以抵消掉能源成本上升对投资、就业以及 GDP 的负面效应,使经济增长路径向稳态水平收敛。此外,投入型碳税能够为政府提供较为稳定、规模适度的财政收入。因此,碳税的征收应设置在投入环节较为适宜。

第一节 碳税征收方式、目标与税率的情景设置

本章模型建构所关注的核心问题是投入型碳税与产出型碳税的效果差异,其主要来源是微观企业面对各征税方式所做出的不同行为反应与决策调整,因而本节仅对企业部门的生产结构进行详细阐述,尤其是其中的技术调整机制是本模型在标准模型基础上的创新之处。本章主要考察投入型碳税和产出型碳税对 GDP、就业规模、产业结构和能源使用的影响。本模型对两种征税方式进行如下抽象化描述:投入环节碳税是指制造业、原材料行业、建筑业和交通运输业这四个行业购买由能源行业所提供的中间投入品时所缴纳的特种行为税(excise tax),产出环节碳税是指对以上四行业产出增加值所征收的产品税。

为了对两种征税方式的比较结果进行敏感性分析,本章设置了 4 种假想情景。情景 1 假设到 2049 年整个经济的能源投入相较于 2020 年将下降20%;情景 2 假设到 2049 年来自碳税的税收收入将占当年 GDP 的 1%;情景 3 假设政府将当年碳税收入的 20%用于降低劳动者的工资所得税,进行"税收循环"(tax recycling)①。此外,考虑到能源与节能技术之间的替代弹性有可能会影响 GDP 等宏观经济指标的变动路径,因此在情景 4 中考察了不同的弹性参数取值。以上 4 种情景具体描述如下。

---

① 环境税(环境类庇古税)"税收循环"的方式存在多样性,其税收收入的用途一般包括:对居民进行转移支付、对劳动所得税进行减免、对企业(资本)进行补贴、用于环境治理(提供公共产品)。由于"双重红利"效应主要考察通过环境税收减轻现税制对要素(主要是劳动力)产生的扭曲作用,因而本章也仅仅设置劳动所得税削减情景。税收循环不同方式的差异化影响期待在以后的研究中进一步细化。

情景 1：碳税的征收将使得能源行业的产出规模递减程度在 2020—2049 年间从 0％逐渐提高到 20％，各年碳税税率则在这一假设下由模型内生决定。本试验的目的在于比较两类征税方式在节能降耗方面的宏观经济成本。

情景 2：碳税的征收将使得碳税的税收收入在 2020—2049 年间从 0 线性递增至 GDP 的 1％，各年碳税税率则在这一假设下由模型内生决定。同时遵循税收中性原则，每年碳税收入均一次性转移支付给居民，以便分析企业对价格刺激的反应。本试验的目的在于比较两类征税方式在增加公共收入方面的宏观经济成本。

情景 3：延续情景 1 的税率设定，同时假设每年政府将碳税收入的 20％用于削减扭曲性劳动收入所得税。本试验最主要的目的在于比较两类征税方式是否均能产生"双重红利"。

情景 4：延续情景 1 的税率设定，同时对能源—技术替代弹性参数 β 设定不同取值进行敏感性分析。本试验最主要的目的在于检验比较结果的稳健性。

所有情境下的模拟均利用 Kalman 滤波，模拟结果表示为各变量距离其基准增长路径（不存在碳税下的 BAU 状态）的变动率。

第二节　不同征税方式下的产业结构效应比较

一、以能源节约为目标的碳税

图 7.1 描绘了 GDP、就业、投资与进口 4 个宏观经济变量对两类征税方式的响应。不难发现，无论是投入环节征税还是产出环节征税均对 4 个宏观经济指标造成了负面影响，且产出环节征税时，各指标偏离基准值的幅度更大一些。GDP 影响方面，在 2049 年，产出型碳税带来的 GDP 下滑规模约为 9.55％，几乎是投入型碳税作用效果的 10 倍（1.29％）；相当于前者导

致未来 30 年间平均经济增长率减少 0.6%,而后者仅减少 0.06%。与 GDP 相比,投资受环境税影响而产生的波动相对较大:到 2049 年,产出型碳税情景下就业和投资分别降低 9.66% 和 16.26%,而投入型碳税情景下的降幅则是 4.29% 和 3.26%。环境税对贸易的波及效果同样较为明显,进口产品价值量在产出型和投入型税制情景下分别收缩 17.41% 和 9.74%。

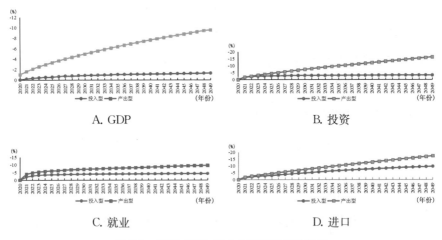

A. GDP

B. 投资

C. 就业

D. 进口

图 7.1　GDP、投资、就业与进口的变动轨迹

图 7.2A 展示了内生性环境税率的上升路径。结果显示,2049 年与 2016 年相比,投入环节环境税率提高了 39.56%,而产出环节环境税率上升了 21.71%,且税率几乎都沿着近似线性的路径逐年增长。但是,与税率增长路径的高低对比相反,投入型碳税所产生的税收收入总额相对较低——2049 年环境税收入仅为当年 GDP 的 1% 左右,而产出型碳税收入则接近 GDP 的 5.5%(图 7.2B)。考虑到各类税种中体量最大的增值税在 2018 年占当年全国 GDP 的比重也仅约 6%,所以,一旦将企业的产出环节作为课征对象,环境税将不仅仅是以减少生产部门能源及原料使用为目的的边缘性小税种,而是很有可能成为比肩增值税的大规模财政收入来源。两种征税方式所导致的巨大税收收入差异主要源于其税基规模的不同:根据模型计算结果,投入型碳税的税基只占 GDP 的 3%,而产出型碳税税基则高达 GDP 的 25%。而且,随着环境税税率的不断提高,各产业部门

对能源的使用量也逐渐减少,导致投入型碳税的税基收缩速度要高于产出型碳税。

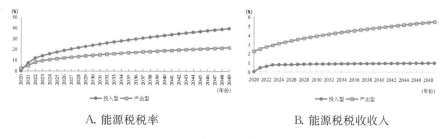

A. 能源税税率　　　　　　　B. 能源税税收收入

图 7.2　环境税率和税收收入的变动轨迹

二、以税收中性为目标的碳税

除了探讨环境税的价格激励效应,对其财政政策意义进行考察同样重要。由于在生产不同环节征税所面对的税基不同,而税基对征税行为的反应也存在差异,因此情景 2 将两种征税方式所产生的税收收入固定下来,即假设到 2049 年两类方式均能创造约占 GDP 约 1‰的税收收入,进而比较两者的经济成本。图 7.3A 的模拟结果显示,在实现相同的税收收入目标前提下,所需要的产出型碳税率将低于投入型碳税率;同时根据图 7.3B,投入环节征税所产生的收入将呈现出曲度更高的轨迹——在 2049 年以前,投入型碳税的税收收入总是高于产出型碳税,并且在预测期的前几年(2026 年以前)税收收入的增速单调递增。这种变化趋势说明,投入型碳税的税基对于征税行为的反应更加强烈。而产出型碳税税基则相对具有"惰性",收入的

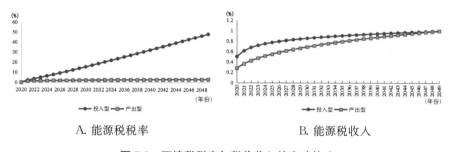

A. 能源税税率　　　　　　　B. 能源税收入

图 7.3　环境税税率与税收收入的变动轨迹

变化更加稳定。在现实的政策实践中,为了避免将环境税负转嫁给消费者,无疑需要将一部分环境税收入转移给居民作为补偿,而这种转移补偿的变动情况应当在各年保持基本相同,不宜忽高忽低导致居民预期受到影响进而导致宏观经济波动,因而产出型碳税可能更加适合作为与居民转移支付配套的政策组合在现实中实施。

图 7.4 描绘了两类征税方式对 GDP 和就业的影响。从短期来看,两大关键宏观经济指标相对于环境税的收入弹性几乎相同,但是在长期,投入型碳税的负面效应则较弱。主要原因在于,当时间充分时,企业总能够对资本进行重新配置,通过投资于能源消耗率更低的先进技术以适应税收带来的能源价格上升,从而逐渐对经济增长和就业的下滑产生一定的缓冲作用。

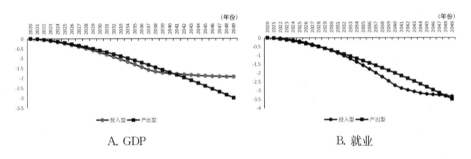

A. GDP   B. 就业

图 7.4 GDP 和就业的变动轨迹

三、以双重红利为目标的碳税

在主流宏观经济理论中,消除或减少环境政策消极影响的重要途径是通过改善税制扭曲以提高劳动供给的积极性。因此情景 3 假设政府将各年环境税收收入的 20% 用于降低劳动所得税。根据理论预期以及以往研究,将环境类税收收入通过降低所得税的方式传递给劳动者至少将产生两种重要影响:一方面,所得税负的减轻将增加劳动供给,进而对提升就业作出贡献;另一方面,就业增加带来的额外产出对于能源投入将产生抵消效应,尤其是当资源密集型产业产生出大量新增就业的时候。

图 7.5A 和图 7.5B 分别展示投入型碳税和产出型碳税状态下,所得税

削减与对居民一次性转移支付这两种税收循环方式对 GDP 的动态影响。显而易见,在投入型碳税下,所得税削减的效果更好——GDP 不仅相对于基准情景的偏离程度大幅度减少,甚至在预测区间后期逐渐收敛至基准水平,这意味着征收能源所带来经济下滑只是暂时的,长期来看经济增长将不会受到实质性的负面影响。与此相反,产出型碳税下的经济发展轨迹则完全不同——税收循环方式的改变并不能挽回 GDP 下降的长期趋势。原因在于,当所得税率降低时,能源产业劳动供给增加,能源产出规模上涨,因而其他产业得以用较低的价格获得能源。而在本试验中,能源使用总量目标是给定的(到 2049 年降低 20％),为了达到这一目标,必须对能源产出征收更高的税率。因此,到 2049 年,产出型碳税税率是投入型碳税税率的 2 倍左右——转移支付方式下约为 1.9 倍,削减所得税方式下则是 2.2 倍。加之在产出环节征税无法刺激企业改进技术提高能源效率,所以削减所得税对 GDP 的带动作用较为有限。

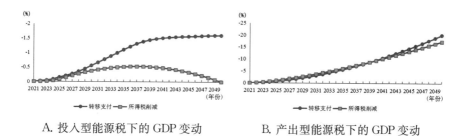

A. 投入型能源税下的 GDP 变动　　　　B. 产出型能源税下的 GDP 变动

图 7.5　转移支付和所得税削减对 GDP 变动轨迹的影响

接下来进行敏感性分析。在本章 DSGE 模型中,β 代表能源效率相对于额外投资的变化刚性;同时,$1/\beta$ 也可以解释为决定节能新技术对能源投入的替代可能性的参数(替代弹性)。因此,情景 4 主要围绕替代弹性 β 的取值进行敏感性分析。

当 α 取值在大范围波动时 GDP 偏离基准水平的路径模拟见图 7.6。在对投入环节征税时,GDP 对环境税的响应受 β 取值变动的影响较为显著。β 取值较小时,即企业使用新技术替代能源投入的可能性较小时,2049 年产出降幅约在(-1%,-2.2%);而 β 取值较大时,产出收缩将提高至

（—4.2%，—5%）。与之相反，在对投入环节征税时的参数敏感性分析结果则恰恰相反。β 取值越大，GDP 降低幅度越小；且相较于在投入环节征税，产出型能源税在 β 最大值和最小值时 GDP 路径之间的差异较小。

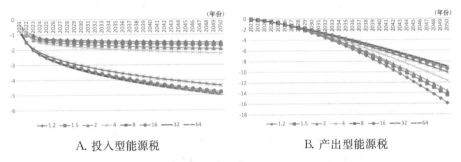

A. 投入型能源税　　　　　　　　　　B. 产出型能源税

图 7.6　参数 β 取值对 GDP 影响的敏感性分析

第三节　不同征税方式下的能源结构效应比较

在能耗递减情景下，为什么在不同环节征税会产生如此巨大的在经济影响差异？关键原因在于，企业通过调整用于改进技术的投资对能源效率产生了不同的影响。图 7.7A 和 7.7B 比较了两种征税方式下，各产业能源效率的变动轨迹——投入型碳税推动各产业能源效率持续提升，而产出型碳税则带来各产业能源效率的单调下降。投入环节征税推升了生产函数中能源产品的价格，内生性地促使企业在能源技术效率上追加更多的额外投资。根据模型预测，到 2049 年，每 1 单位能源投入所带来总产出量将提高 20% 左右。与此相反，产出型碳税的价格信号作用方向则恰恰相反——征税与能源效率之间并无直接关联，企业只会在原有的技术水平上扩大投资（即用资本代替能源），增加产量以抵消征税对企业利润的负面影响，导致用于低能耗技术开发的投资更少。但是由于资本要素与能源要素之间的替代弹性非常有限（仅为 0.1），因而其 GDP 的下降幅度反而高于投入型碳税（如图 7.7 所示）。

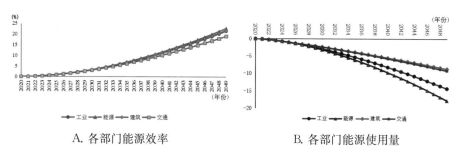

A. 各部门能源效率　　　　　　　　B. 各部门能源使用量

图 7.7　分部门的能源效率变动轨迹

那么征收环境税能否推动经济结构调整呢？通过比较两种征税方式下GDP 及就业在 2049 年的构成情况发现，两种征税方式均未能带来较为显著的、以服务为方向的产业结构优化调整。产出型碳税下的服务业最终产值增长幅度较投入型碳税略高，却仅为 1.65％ 左右，相应的该部门就业规模提升幅度也只有 4 个百分点；被征税的 4 个产业（制造业、能源、建筑业、交通运输业）在 GDP 中所占的比重有所下降，但降幅不超过 0.5％。总体看来，产出环节征税对经济结构的作用效果相对较强，尤其是在就业方面。投入环节征税之所以对经济结构的影响有限，很大程度上在于个体企业会选择加大技术投资以改善能源投入效率，从而避免产业的产值和就业规模过渡收缩或波动；这也说明，其对经济的调节作用更多的是通过效率渠道，而非通过要素在产业间的再分配。

在税收收入递增情景下，图 7.8 展示了制造业行业能源利用对于不同征税方式的内生效应。不难发现，无论对是能源效率的改善还是能源使用总量的削减，投入型碳税的影响均更为显著。产出型碳税由于在预测区间内一直保持较低税率（见图 7.8A），所以无法对产业的能源效率改进产生积

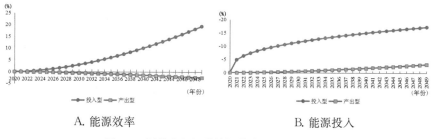

A. 能源效率　　　　　　　　　　B. 能源投入

图 7.8　制造业部门的能源效率和能源投入量

极的正面效应,因此其环境影响同样较为微弱。所以,尽管产出型碳税能够在较低的税率水平产生规模较大、变动平稳的税收收入,从财政政策角度看具有一定的优越性,然而这种优越性却在一定程度上被其较弱的环境改善功能所抵消。

图 7.9 展示了能源效率受 β 取值变动影响的模拟结果。无论 β 取值大小,投入型碳税对能源效率的影响方向均为正向。当 β 取值较大时,企业通过投资新技术来代替能源投入的可能性越大,能源效率提升水平越高。在投入型碳税下,由于企业更倾向于在原有的低技术水平上进行简单的重复投资,因而能源效率均是下降的;然而 β 越大,企业进行简单再投资的规模越小,能源效率的损失也越低。

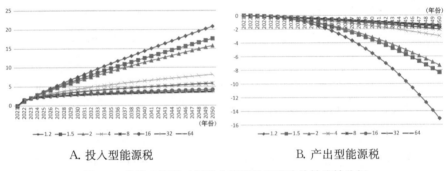

A. 投入型能源税　　　　　　　　　　B. 产出型能源税

图 7.9　参数 β 取值对制造业能源效率影响的敏感性分析

第四节　内生性技术进步机制所发挥的重要作用

本章基于内生技术转变的 DSGE 模型,设置了若干政策试验情景,对环境税征收环节差异所产生的不同宏观经济影响进行了模拟,获得如下结果。

其一,如果给定了能源投入量降低的目标,在投入环节征税所带来的宏观经济成本将低于在产出环节征税。无论是从 GDP、就业、投资或是贸易的标准衡量,这一结论普遍成立。此外,投入型碳税在实施过程中,带来的经济结构性调整幅度较低,无论是产业结构还是就业结构,均未经历较为剧烈的变动。这一事实有积极的一面——它意味着劳动力再就业所必需的教育培训需求较低,同时也表明增强环境治理所要求的社会成本较低;但也有消极的一面——仅仅依靠环境税的征收无法推动经济整体向以服务业为主导的高层次结构转型,环境税自身对于产业和能源甚至资源的脱钩效应较弱。

其二,如果以给定财政收入目标代替能耗削减目标,模拟结果表明,投入性环境税给 GDP 和就业造成的宏观经济成本依然要低于产出型碳税。如果遵照"税收中性"原则,将部分碳税收入用于降低劳动所得税,根据试验结果,"双重红利假说"仅在投入型碳税制下成立。此时,从长期来看环境税对 GDP 和就业的消极影响几乎可以忽略。而产出型碳税制下进行税收循环则几乎不会改变 GDP 降低与就业收缩的轨迹,宏观经济成基本与不存在税收循环及对居民进行一次性的转移支付相同。这背后的原因在于,在对产出环节征税时,降低劳动所得税将有助于提高各产业包括能源产业的生产规模和物能源消耗,因此,必须不断提高环境税率,才能满足能源使用规模降低的目标要求,但此举必然将为经济系统引入更大程度的扭曲。

其三,投入型碳税和产出型碳税之所以会产生差异明显的宏观经济效应,重要来源之一在于税收引致的企业技术性调整。投入型碳税能够为能源密集型产业的企业提供增加用于开发能源节约新技术的投资激励,使企业技术替代能源成为可能,因而无须为降低能源使用总量而大量削减生产规模与产出水平。也正因如此,基于能源—技术替代弹性参数的敏感性分析结果表明,当替代弹性很小,企业无法选择投资于能源节约型先进技术时,投入型碳税的宏观经济成本反而将更高。与之相反,产出型碳税无法为企业创造直接的"以技术代替能源"的动机或积极性,因而其直接效果便是迫使企业为追求降低能耗规模的目标而选择减少产出、削减各类生产要素的使用,而技术作为重要生产要素,企业减产也将导致在技术方面的投资降低。且敏感性分析显示,当替代弹性越低时,企业越无须在技术上进行投资收缩,那么企业能源效率降低的幅度反而越小。

碳税调控使企业内化环境成本以实现环境改善,合理强度的碳税调控能同时助推产业结构的升级,实现环境利益和经济效益的双赢。碳税调控下高耗能企业需要支付更高的环境成本,淘汰落后产业,倒逼产业实现高耗能向低耗能、高排放向低排放转型。

生产技术的创新是产业结构升级的重要标志,企业的反应策略随碳税调控的强度而转变,进而影响产业的结构升级。碳税调控下企业的反应机制体现为要素投入调整策略和技术创新策略。要素投入调整策略下规制效应占据主导地位,企业将碳税调控带来的成本上升压力通过调整劳动力或资本的投入化解。资本投入调整的重要途径是技术调整,这一类策略中主要运用有关环境改善的技术存量从而及时应对环境成本的上升。技术存量包括环境改善技术和生产技术,在碳税调控未出台前企业基于利润考量往往选择采用生产效率更高的技术,但基于环境产权的公共属性企业往往将环境外部性排斥在成本分析之外,因此对环境改善技术的采用程度较低。当碳税调控出台,推动企业按其污染程度或受益程度承担环境成本,现存环境改善技术的引入成本小于碳税调控成本时,企业将购买相关设备以减少能耗或处理污染物。技术创新策略则主要基于创新补偿效应,这类策略主要适用于规模较大或创新能力较强的企业。技术创新资金投入要求高、风险性较大的特征使得单个企业的技术创新决定更为谨慎,当技术预期收益高于投资成本时企业技术创新行为才有可能发生。企业的技术创新更多集中在应用型技术,可分为环境改善技术的创新和生产技术创新。同时碳税调控下社会公众对环保产品偏好增强,迫使高耗能、重污染企业转型升级才能重新获得市场生存空间,从需求端推动企业改善产品品质。

随着碳税调控强度发生变化,企业从盈利出发调整两类策略的使用。当碳税调控强度较低时,企业主要受到规制效应的制约而调整生产要素投入。碳税调控使企业的支出增加,规模较小的企业资金流动性较差,只能通过减少劳动力的投入以维持既定成本,此时无法促进产业结构的升级。虽然此时碳税调控强度较低使企业只需小幅调整劳动力投入,但规模较大企业在有闲置资金情况下不倾向减少劳动力投入以对生产规模造成负面影响,更有可能将碳税调控成本视为引入现存技术的机会成本加以衡量作出决策。并且碳税调控强度较低时企业持续改进的动力不足,通常只局限于引入环境改善技术而不会借助其他类型的生产技术节约成本。当碳税调控成本小于引入技术成本时企业将接受碳税调控而不调整技术,反之企业才有激励引入新技术。环境改善技术假定可严格区分为治污技术和节能减排技术，技术引入是否能引起产业结构升级取决技术存量的覆盖范围和引入的技术类型。当企业只引入治污技术以进行末端治理时，并未涉及生产过程的优化和改进，企业生产率和产品的附加值并未发生实质性提高。治污技术偏向于普适性技术，技术存量基本能满足企业所需；而节能减排技术与生产链相融合使得其属性更为多元化，企业的技术引进易受到技术存量的限制。若技术存量不能满足企业技术更新换代的要求，企业则退而求其次选择末端治理以缓解成本上升。反之，现存技术足以满足企业节能减排需要时，企业将引入技术向低能耗转型而非旨在产品质量的改善和产业链的优化。

总而言之，碳税调控强度较低时可能引发产业转型，但基本不会推动产业结构升级。随着碳税调控强度进一步提高，一些产业运用现存技术所节约的成本将不能覆盖碳税调控成本，因此部分企业将率先采取技术创新策略，研发新技术以满足降低成本的要求。企业在短期内技术调整的灵活性有限，将致力于眼前环境成本上升问题而先革新治污技术和与节能减排技术。但治污技术与生产过程相脱离，并且这两类技术的投入增加会挤占其他生产技术的研发，可能阻碍产业结构的升级。长期来看，企业将由单一式创新转变为复合式创新，不再局限于环境改善技术的创新而力求多种技术创新以实现节约成本，企业的创新行为逐步拓展到产品质量改善、附加值提高、生产流程优化，甚至管理制度等领域，以更好地匹配碳税调控下所引发的改变，并且逐步探索出环境改善技术和不同类型生产技术互补的平衡局面。技术创新外溢使得技术存量得到扩充，规模较小企业也可能从中获益。同时全方位的技术创新使得对低端劳动力的需求下降，从而带动社会生产率的提高，因此技术创新和劳动力结构的转变将推动产业的结构升级。

当碳税调控强度维持在合理限度时，环境改善和产业结构加速升级可以并行存在（见图7.10）。但随着碳税调控强度进一步提升，其造成的成本上升甚至高于技术创新的预期收益，此时更多企业将难以承受高昂的环境成本而采用要素投入策略，难以催化产业的结构升级。此外，区域异质性也将影响产业结构升级的实现。在低创新力区域,企业依赖于现存的技术存量而难以进行技术调整以应对碳税调控,而高创新区域则能更自如地凭借技术创新手段以应对碳税调控,从而助推实现产业结构的升级。

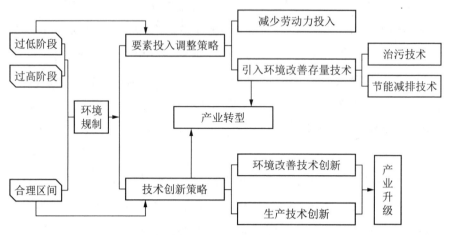

图 7.10　碳税调控下企业策略选择示意图

综合所有情景下的试验结果,本章认为,通过合理设置征收方式,碳税有潜力成为避免经济波动、保证社会平稳发展的政策工具。这一结果具有如下意义。

第一,丰富了中国特色社会主义理论中关于政府宏观调控的内容,尤其是财政政策和税收理论。在中国当下要素市场发育尚不完善、能源价格信号扭曲导致资源被过度开发利用的现实下,本书论证了政府通过财税手段调节纠正市场失灵的合理性与可行性。

第二,本书论证了在适当的环节征收环境税能够起到刺激企业开展能源节约型技术创新的激励作用,不仅有助于改善环境治理,推广集约型生产技术模式,而且将助推自主创新,符合国家"绿色""创新"的新发展理念。

第三,本书为完善我国能源相关的税制体系提供了理论依据。设立以投入环节征税为主的统一性环境税将改善我国现行的能源类税收零碎繁杂、重复征税的局面,一方面能够以较低的税率创造较高的政府税收收入,另一方面也会以较低的宏观经济成本,发挥改善整个经济系统能源效率的作用。

第五节　政策实践中碳税调控的重点、产业和方向

　　产业由高耗能、重污染向低碳清洁转型对碳减排发挥直接推动作用，而产业结构升级对碳减排的作用机制可以分为三次产业的转变和产业内结构的升级。三次产业的转变一般遵循第一、二产业占比较高向第三产业占比较高转变的规律。工业相较于服务业能源投入比重较高，钢铁、化工、电力等高耗能工业部门排放大量的温室气体，因此工业转型是实现碳减排的关键。在产业结构向以第三产业为主的转变过程中，碳排放的变化趋势取决于工业的发展路径。若工业依靠高能耗实现生产效率的提升，碳排放处于上涨趋势以致抵消第三产业比重上升所减少的碳排放，此时碳排放总量仍将处于高位。而若工业实现清洁化转型，化石能源的消费比重下降而清洁能源的比重提升，此时工业和第三产业的碳减排效应叠加，碳排放总量将呈现下降趋势。工业内部由劳动密集型和能源密集型升级为技术和知识密集型，由高耗能、高排放产业为主向低耗能、低排放产业为主转型，产业内能效提升和能源替代也将推进碳减排进程。高耗能工业包括石化、化工、建材、钢铁、有色、造纸、电力等，常处于产业链的前端为其他产业提供能源或原材料，因此高耗能产业通过清洁技术的创新和生产流程的精简将带动下游产业结构转型升级，扩大碳减排的生产领域。此外区域间的产业链相互关联，部分先行区域实现产业结构的转型升级且发挥空间溢出效应，从而带动周边区域随后进行产业结构的调整，实现更广地域范围内碳排放总量的下降。

　　碳减排的实现路径可从减少碳增量和化解碳存量两方面入手。减少碳增量要求能源结构和产业结构的联动调整，依托于清洁能源和新能源替代传统的化石能源，带动工业部门和交通运输部门的终端电气化，缩减生产部门的碳排放。化解碳存量的途径主要是运用吸收二氧化碳的技术，如生态碳汇、碳捕集等。这两类实现路径的选择与具体调整方向依赖于区域特征，同时也会对能源和产业的区域分布产生影响。因此，能源结构、产业结构和

区域结构均会进行调整以匹配碳中和目标。

一、能源结构调整

我国能源高度依赖煤炭资源的情形有望改善,但短期内难以根本逆转。煤炭在我国能源结构中的比重长期处于高位,但煤炭占比在 2011 年已出现稳定下降趋势,2011—2019 年煤炭消费比重每年平均下降 1.6％左右(见图 7.11)。而水电、核电、风电等清洁能源的比重持续增长,能源结构清洁、低碳发展的态势稳定,但能源结构整体可改善的空间仍较大。新能源运用的主要方向在于电力供应,目前我国水能发电在各类新能源发电中产量最高。

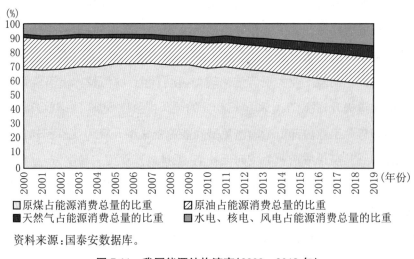

资料来源:国泰安数据库。

图 7.11　我国能源结构演变(2000—2019 年)

短期来看化石能源比重较高的情形仍将持续一段时间。一是我国经济发展方式曾长期依赖于资源密集型和能源密集型,化石能源占比高位情况的改善仍需一段时间。二是化石能源的使用量降低既依赖于能源生产过程中节能减排技术的提高,也依赖于新能源开发和储能技术的保障,因此技术的发展水平是实现能源结构跨越的重要影响因素。此外化石能源的产业链较长,延伸至许多产业生产必需的原材料。因此能源结构调整和产业结构调整的关系紧密,能源下游产业的生产率提高和产品质量的提高有利于能源型原材料的高效使用,延长使用时间以减少浪费。同时各产业需要较长时间以革新生产技术并投入实践,减少对能源型原材料的依赖,从而匹配能源结构的转变。基于任务重、技术要求高、下游牵连产业多等原因,能源结构的根本转变仍需长时间坚持技术创新和政策支持。

　　长期来看,各省份基于其新能源分布及开发的比较优势,积极推动地区占优新能源的发展,如西南地区各省份发展水能,新疆重点发展风能和太阳能等。基于我国可再生能源的分布、蕴藏量情况以及技术展望,水能、风能、太阳能等新能源的比重将大幅提升,清洁能源替代化石能源将从源头处推动碳减排,以能源供应结构的多元化助力经济的可持续发展。

二、产业结构调整

　　产业结构的调整主要集中于工业结构内部的调整,从能源供给型产业和能源需求型产业入手。产业结构的调整依托于能源结构的调整。开采、电力等能源供给型产业的调整方向与能源结构的调整方向一致,均为降低化石能源的消费比重。一方面提高资源的利用效率,减少资源的浪费;另一方面研发并运用节能减排技术,减少或吸收化石燃料燃烧产生的碳排放。碳排放的治理由末端治理逐步转向源头治理,事前运用新能源或控制传统能源能耗以减少碳增量的增加,而不是将污染和治理割裂为独立的两个过程。以煤炭消耗为基础的火电造成大量碳排放,因此我国将电力行业首批纳入全国碳交易市场,以提升传统化石能源发电企业的成本,积极推动新能源发电以实现电力脱碳。未来新能源开发产业的比重将进一步上升,并逐步延伸至能源需求型产业,带动制造业部门更多运用新能源。对于能源需求型产业,如建筑、化工等高耗能产业,环境成本的上升使得落后、低效产能被淘汰,使高耗能、高污染企业将面临更高的环境成本甚至被出清,从而提高行业的集中度。在碳税调控压力下,部分先行企业将积极寻求产品质量、生产技术、管理制度等方面的改善以增强自身的竞争力,企业间的竞争将促进整个产业升级。在碳减排推进过程中,公众的环保意识也会相应提高,进而更加偏好环保、低碳的产品,从产品的需求端倒逼产业转型。汽车行业与石油的消耗密切相关,未来新能源汽车产业将快速发展以实现低碳交通,并颠覆传统的汽车制造产业链。上游带动电池、电动化零部件等行业的发展，下游充电桩等基础设施的设置、运营、维护及回收等相关行业将兴起。传统汽车制造企业逐步进入新能源产业，与新兴的新能源汽车企业双头并进，生产链、需求定位、技术研发等方面的差异竞争将进一步加快新能源产业的升级。我国的产业转型升级过程中不仅使能源供给型产业和需求型产业的内部结构改变，一些与能源循环利用、废弃物处理、负碳技术等相关的新兴行业也将应运而生。

各省市在十四五规划中纷纷对碳减排进程中未来产业的布局和发展进行展望，主要围绕绿色工业、绿色交通、绿色建筑、环保产业等方向，刻画出我国未来的产业结构调整路径。一是重点耗能产业将实现转型，现存项目实现清洁生产和节能减排，而高耗能项目的新增数量将大幅减少。二是绿色技术将融入产业结构调整全过程，相关产业向知识密集型发展，实现碳减排和产业升级的共赢。三是绿色金融普及到各省市，为低碳项目和绿色技术创新提供资金支持。四是将产业结构调整和消费结构调整相结合，以绿色生活和低碳生活方式从产品需求端推动产业的转型升级。五是产业结构调整采取多样化的方式，运用不同产业差异化电价、建设绿色园区等方式实现产业转型升级。我国不同省市的碳减排进程、产业结构和各项产业的发展潜力各不相同，因此各地产业结构的调整方向有所差异。总言之，产业结构调整的前端匹配能源结构的清洁化，终端通过环保低碳产品的消费实现绿色生活，以能源、生产链、产品为核心实现低碳经济的传导。

（一）钢铁产业

钢铁产业的碳排放过程复杂，涵盖投入化石能源燃烧炼制至生产线运行，以及所需的电、热等能源的生产。再加之我国是世界上重要的钢铁生产国，2019 年我国粗钢产量占世界总产量的 53.3%（来源：世界钢铁协会），钢铁产业碳减排的任务艰巨。我国由于天然气缺乏的资源禀赋，长期以来钢铁产业采用的是以焦炭还原为主的长流程制钢方式，碳排放钢铁产业的技术转型旨在寻找清洁能源从而代替焦炭炼钢的传统生产方式，短期内则主要依靠炼钢工艺的改进和生产流程的优化进行过渡。钢铁产业应提高钢材的利用效率,转变钢铁产业的原材料结构,推动将生产过程中的边角料和废钢循环利用。短流程炼钢方式是短期内碳减排的重要手段之一,具备经济效益高、灵活性高、碳排放少等优点。目前这项技术已较为成熟,且以废钢为原材料,节能减排效应明显。但我国正处城镇化的上升阶段,部分钢铁的使用年限达不到使用时间的上限使得废钢的存量有限,限制短流程制钢方式的推广。因此目前长流程生产线尝试提高在原材料投入中提高废钢的占比,但随着城镇化的推进和环境成本的上升,废钢存量将快速提升并使短流程炼钢方式显示出更强的成本优势。此外,钢铁产业副产品还涉及生产过程中的余热、高炉矿渣、炼钢渣等,而这些副产品可投入电力、水泥等产业被再次利用。因此,钢铁产业副产品的再利用也是钢铁产业实现环保效益的途径之一。长期炼钢技术将实现更为彻底的清洁化转型,目前氢冶金技术备受各国关注,其运用可以实现钢铁产业碳排放的大幅减少。但目前制氢的技术尚不完善且成本较高以致应用不足,因此各国纷纷加快技术研发进程。部分国家已开始运行以核能、天然气、风能等能源制氢的研究项目以寻求技术突破,我国钢铁企业也在积极探索氢冶金技术的运用。随着碳税调控以及技术的成熟和推广,制氢成本相对于传统技术的劣势将被进一步消除,这将加快碳冶金向氢冶金的转变,从而推动钢铁产业的转型。低碳炼钢技术的规模化使用和生产流程的优化配套发挥作用将进一步推动钢铁产业深度脱碳。

（二）建筑产业

建筑产业链贯穿建筑物自建造、施工、运用到拆除的全过程。建筑产业与建材、设计及装饰、家电、电力、供热等行业的联系都非常密切,其中建筑的建造和运用环节是碳减排的重点环节。建造环节依赖于水泥、钢铁、铝材等材料的使用,但这些材料的生产环节是碳排放的重灾区。水泥的低碳生产既要求提高水泥性能,提高优质产能比重,降低生产过程中不必要的资源浪费,也需要发展能源替代技术,采用更清洁的能源生产水泥。我们对传统建材的改造的同时,应加快研发绿色建材以尽可能降低碳排放。建筑的运用环节中则需提供电、热、气等能源保障基本的生产和生活活动,而当前这些能源的生产主要依靠化石燃料的使用。建筑的运用环节的减排路径可从建筑存量改造和新建筑绿色设计两个方面入手。绿色设计通过改变建筑的空间布局、材料运用等方式优化建筑功能,使建筑适应气候或自行获取可再生能源的功能增强,从源头上减少建筑使用所产生的碳增量。建筑使用时间长达多年且我国传统建筑的存量较大,建筑物能源的供给优化将以减少能源消耗和能源替代为抓手。我们应引入智能化、自动化管理系统以减少能源的非必要损耗,同时采用建筑光伏一体化、生物发电等低碳方式提供能源,使建筑由被动接受能源输入转变为生产可再生能源的载体。此外,我们应修复生态并提升建筑物附近的植被面积,加快推广碳汇等碳吸收方式。建筑构件的预先生产再装配能降低碳排放的时间跨度,建筑的施工环节向装配式转变也将有效减少碳排放。

(三)电力产业

新能源和清洁能源的技术突破和平价化是电力产业技术转型的关键。图7.12显示,2016—2020年我国火力发电产量的增长趋势趋缓,水电产量平稳上升且是占比最高的新能源发电方式,太阳能发电产量的增速则最快,但火电仍是碳减排的重点领域。火电在短期内仍将是我国主要的电力生产形式,但在碳中和要求下投资放缓从而使新增装机增长趋缓,倒逼装机存量的生产效率提升和节能减排。水、核、风、光等零碳能源替换化石能源的消耗将实现电力清洁化和深度脱碳的目标。电力产业的转型升级将带来能源产地、输送、储备等多环节的转变。清洁能源发电成本的下降趋势已开始展现,伴随技术进展和新能源发电产业规模的扩大,其发电成本将进一步下降至低于传统发电形式的成本,在市场作用下新能源发电的占比将自发提高。水电开发优先布局在金沙江、长江上游等优质水电的分布区域,但目前水电的开发区域空间需进一步扩大从而扩充水电的产量。雅鲁藏布江水能储能丰富,但这一地区地质和生态情况复杂,建设成本和能源输送成本高使得开发难度较大,因此这一地区的水电潜力仍未完全释放。随着技术成熟和综合考量,十四五规划纳入雅鲁藏布江下游的开发,建成后水电产量将进入新量级。核电建设具有投资数额大、周期长、泄漏危害大等特点,因此核电的发展需要政策的引导和支持。风电和光伏发电的成本正逐步下降,尤其是光伏发电成本在近十年大幅下降,逐步摆脱对政府补贴的依赖而融入市场机制,实现平价化。而风光发电成本的下降有利于吸引大量市场需求,从而推动供给端进一步加大投资以扩大风光发电的规模,规模效应或将进一步降低生产成本。

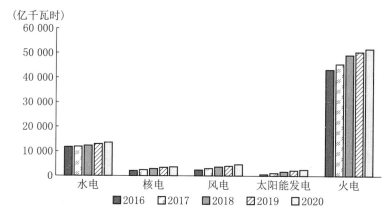

资料来源:中国能源统计年鉴。

图 7.12 中国电力产量(2016—2020 年)

(四) 化工产业

化工产业的重要原料包括煤、原油、天然气等资源,生产过程中碳排放表现为二氧化碳、甲烷等多种形式。而化工产业链下游涵盖钢铁、电子、建材等众多部门,碳排放贯穿生产环节和终端消费环节,因此碳减排压力较大。短期内化工产业使用煤或石油的生产的状况将较难转变,因此短期内技术转型的方向主要在于控制能耗促进节能减排。碳减排要求将推动落后产能和小规模企业淘汰,抑制化工产业的无序扩张,而资金雄厚、创新能力较强的企业在技术加持下将进一步扩大市场份额。短期内部分新能源材料的生产技术有望投入应用,拓展化工原料多样化来源渠道,缓解部分化工产业的碳减排要求,如生物合成纤维技术、生物合成可降解塑料等。此外,推动二氧化碳在化工产业的再利用也有助于碳减排。长期来看,化工产业仍需加大技术研发以实现新能源代替化石燃料,可使用天然气、氢能等含碳量低的能源作为过渡。当前我国制氢主要依赖于煤炭和天然气,但已逐步开展研究利用电解水、核能、风能等清洁方式制氢的技术,这有利于推动制氢成本的下降和碳排放的降低。

（五）交通运输

新能源汽车的推广是实现绿色交通的要点,我国通过财政补贴、双积分制等政策积极引导新能源产业的发展,以实现 2025 年、2050 年新能源汽车销售量占总量的份额分别达到 20%、50% 的目标。2020 年我国新能源汽车销售量为 136.7 万辆,新能源车的国内零售渗透率在 2021 年 3 月首次超过 10%（来源:乘用车协会）,新能源产业的发展有望进入快速上升期。但质量体系不健全、配套设施不充分等问题仍制约着新能源产业的发展,发展痛点在于电池续航、充电桩的布局等问题。汽车制造企业因电池产能不足而主动参与上游产业,研发电池技术以满足电动化需求;专门的电池制造企业也在积极推动电池生产向高能源密度、低构件数量、低成本的高效化生产方式转变,电池成本的下降空间仍较大,并且电池技术的发展将推动更多优质的新能源汽车车型投入市场。依据市场定位和消费者偏好,异质电池原材料将为不同需求的消费者提供更多选择。充电桩的投放涉及土地占用、物业协调、电力接入和管理、区域投放力度差异等问题,而在运营过程中用户找桩难、企业难盈利的矛盾依然存在,因此充电桩技术转型的关键在于提高车桩的功能通用性和分布匹配度。其一在于加快建立统一的充电桩建设标准,打破不同企业间的信息孤岛状态。在政府的引导下,各企业积极加入全国性的充电桩信息平台,定期发布运行和建设情况,并推动形成充电桩的合理区域布局。其二在于加快研发兼容性的充电桩接口,以提高不同型号的新能源汽车和充电桩之间的匹配度。其三在于推动支付的联动性,改善充电桩储值卡或软件分散化的情形,优化用户的使用体验。

三、区域结构调整

区域结构调整与各省市的能源分布和产业结构挂钩,而我国不同区域的优势产业、能源分布等地域经济基础和资源禀赋各不相同（见表 7.1）。因

表 7.1　2019 年电力生产区域分布

电力类型	电力生产量前十省份(从高至低)
火力发电	山东、内蒙古、江苏、广东、山西、新疆、河北、安徽、河南、浙江
水力发电	四川、云南、湖北、贵州、广西、青海、湖南、甘肃、福建、广东
风能发电	内蒙古、新疆、河北、云南、甘肃、山东、山西、宁夏、江苏、辽宁
太阳能发电	山东、河北、内蒙古、青海、江苏、新疆、山西、安徽、浙江、甘肃

资料来源:《中国能源统计年鉴》。

此各区域的碳中和实现路径将基于各地特色和比较优势,因地制宜探索适宜的发展方向。基于我国东部和中西部的经济发展差距,碳中和的实现时间可以梯度设置,东部先实现从而带动中西部实现。东部地区是主要的能源输入地区,本地传统能源匮乏而主要依赖于其他区域的能源输入,当前能源结构依旧以传统化石能源为主。但东部地区经济基础较好,制造业和技术创新能力优势明显,碳减排路径将紧紧围绕技术改造和研发这一抓手,以产业结构升级的内在推动力实现碳减排的双赢局面。长三角地区可率先实现碳达峰,推动关键节能技术和设备、终端电气化的发展,并促进科技成果快速应用于实践以减少工业领域的碳排放。在交通领域积极推广新能源汽车,加快交通运输领域的能源替代;同时基于资源分布发展光伏发电和风电产业,提升区域的可再生能源产能以缓解本地传统能源匮乏局面。而粤港澳大湾区则依托广东清洁能源进展优势和优越的创新能力,使低碳技术尽快形成完整产业链,并及时推动其应用。而中部地区在碳减排的过程中要兼顾经济发展,以产业结构转型升级带动碳减排。当前我国的能源仍严重依赖于中部的煤炭资源,如山西、陕西、内蒙古等重要原煤产区。碳减排过程中经济增长将逐步由高耗能、高排放模式转向低碳高效的集约式发展方式,对于部分资源型城市清洁技术和节能减排技术将加快推广。山西省煤炭资源储量丰富,作为传统能源大省将推动煤炭开采、使用全过程的绿色化和高效化,依据煤炭资源质量分级合理运用,以减少煤炭消费引致的碳排放。此外中部地区结合本地资源分布,发展清洁能源以满足化石能源占比下降的能源缺口。西部地区的工业发展滞后,短期经济爬升过程中碳排放的增长趋势仍将持续一段时间,因此暂时聚焦于生态环境改善的基础上适度考虑减碳过程的推进。西部地区加强对林地、草场等植被的保护力度,纠正不合理占用林地和草场的现象,为吸收碳排放、实现碳中和打下基础。西部地区新能源发展潜力较大,加快能源输送和传递的基础设施建设,为向外输送清洁能源提供基础设备保障。从区域的地域范围缩小至各省份,碳排放的实现路径也存在差异。目前上海、江苏、广东、福建、天津、海南、西藏、青海八个省市提出将提前实现碳达峰。这八个省份集中于东部沿海地区或西部服务业比重较高的省份。各省份的实现时间存在梯度,产业政策将立足于当地产业结构和潜力制定。

区域差异化的碳减排路径将导致能源中心转移,我国能源中心先主要向西部转移,随后向东部转移。随着清洁能源比重上升,我国以中部为中心的能源产出布局将发生改变。电力部门是我国碳排放量最高的部门,而我国的水能是当前发电量最高的可再生能源,主要分布在西南地区,2019年四川、云南、贵州三省水力发电量占总量约53%。核电的分布暂且聚集在少数省份,区域分布较为分散,且建设周期较长,在短期内对能源结构优化的作用有限。因此我国水电产量在新能源发电方式中相对较高的情况将维持一定时间,短时期内能源中心将向西部转移。我国风能资源的分布不均匀,东南沿海地区、东北和西北地区以及青藏高原北部是我国风能丰富的地区,而太阳能则主要聚集于我国西部。风能发电和太阳能发电在量纲上尚不及水电,但风电和光伏发电的建设周期短,部分省份也已积极规划支持风电和光伏发电的发展。因此,随着能源结构的改善和清洁能源发电成本的下降,风力发电和太阳能发电的产量将达到一定量级,我国能源中心将向东部和西部双向拓展。而东部的能源需求高于西部,因此未来西部将成为主要的能源输出区域。核能的优化效应叠加将进一步改善我国的能源结构。但新能源发电稳定性相对较差,中部火电的生产将成为新能源发电的补充和应急储备。

第八章
全球治理视角下的中国碳税征收问题

　　我国碳税制度的设计面临多重桎梏,因而长期停滞,难以正式落地实施。而由于对全人类命运共同体最基本生存条件、最基础自然环境的保护与治理作用,碳税可以被看作一种全球公共物品。因此,本章在兼顾国际视野下我国"碳达峰"与"碳中和"战略规划的大背景,基于全球治理视角对我国碳税政策执行过程中可能存在的问题进行分析。如今气候环境已成为关系世界各国国家利益的国际问题。国际社会已经通过了一系列立法和公约来共同关注环境问题,包括《联合国气候变化框架公约》(1992 年)、《京都议定书》(1997 年)、"巴厘岛路线图"(2007 年)等,这些立法及公约明确指出了发展中国家在减排方面的责任。中国积极主动参与全球气候制度的构建,在国内开征碳税,既是世界经济可持续发展的要求,亦是造福子孙后代的举措,同时也有助于我国掌握国际环境气候谈判的主动权。

第一节　全球范围的减排目标与政策路径

一、主要国家对碳减排的目标承诺

　　2018 年,IPCC 发布的《全球 1.5 ℃温升特别报告》中指出碳中和是在一定时期内,在全球范围内完成人为二氧化碳移除与人为二氧化碳排放相互抵消,实现二氧化碳的零排放。报告同时也指出,只有全球范围内的净碳排放量在 2030 年相比于 2010 年减少 45%,并在 2050 年附近实现净零二氧化碳排放量,则有望达成 1.5 ℃的温控目标,从而避免气候变化给生态环境以及人类带来无法挽回的结果。但根据联合国环境署发布的《排放差距报告2019》,以目前世界各国的减排力度,难以达到 2050 年 1.5 ℃的减排目标。2030 年,世界各国及地区所作出的减排承诺与达到 2 ℃的温控目标差距达到 130 亿吨至 150 亿吨的二氧化碳排放量,与 1.5 ℃的温控目标差距达到 290 亿吨至 320 亿吨的二氧化碳排放量。因此,在各国已经作出的排放承诺无法实现《巴黎协定》中定下的温控目标情况下,各个国家需要有更多的动力去促进国内以及国际间温室气体减排措施的力度。

世界上越来越多的国家在给出碳中和目标承诺的同时,也通过向《联合国气候变化框架公约》提交本国的长期低排放发展战略(以下简称 LTS)来确定本国直至 2050 年的长期减排任务。各国实现长期温室气体减排目标的路线图也在 LTS 中被提出,LTS 可以通过政策措施以及技术路线使得国家减排的短期目标与长期目标协调一致。《巴黎协定》通过鼓励缔约国尽快提交 LTS 促进了世界各国制定本国长期低排放战略的进程。我国可以参考各国提交的长期低排放战略中关于本国相关工作进展、主要实施政策方向、措施,以及中长期减排目标等多方面的内容,将其作为我国长期低排放战略框架的补充完善。

在各国提交的 LTS 中,虽然基本要素类似,但各国注重的方向存在一定的区别。美国、加拿大的长期低排放战略中,始终贯穿创新这一思想。美国突出了不同行业中具备广阔发展前景技术的研发,以及对创新性减排措施进行示范,从而说明技术创新在低排放战略领域的重要性。而加拿大则以独立章节的形式对清洁技术产业进行叙述分析,这些都显示出两国对发展绿色低碳产业及其所能带来潜在经济收益的重视。日本在提交的 LTS中提出推动环境保护与经济增长实现良性的循环,除此之外,日本还重视企业产生的颠覆性技术在长期减排过程中产生的巨大作用。日本、美国以及加拿大等国家认为温室气体减排的发展会带来又一次的产业技术革命,因此更注意在长期低排放过程中本国经济如何持续保持竞争力,并利用自身的技术、市场等方面优势提前获取产业技术革命的先发优势。墨西哥、马绍尔群岛等国家在气候变化过程中受到的不利影响较大,因此在长期低排放战略中突出了适应气候变化的重要性,将适应气候变化视为和减缓气候变化同样的地位,同时对减排过程中需要的相应技术保持关注。

目前世界上一些国家虽然作出了碳中和承诺,但支持完成碳中和目标的相关政策措施不够完善,缺乏具体落实的政策文件。部分国家虽然也通过颁布相应政策文件来推进碳中和进度,但国内政策实施力度和实现碳中和承诺预期之间存在一定的差距。欧盟各成员国为实现碳中和承诺设立了积极的减排目标,建立了科学系统的政策支撑体系,同时识别发展减排重点技术领域,通过积极参与碳中和行动推动了世界各国作出碳中和承诺的进度,增加碳中和在国际上的影响力。以日本为首的部分发达国家结合世界经济技术发展趋势,提出保守的气候治理策略,在设定碳中和目标上留有一定的空间,强调行业在长期发展中具备不确定性。部分发展中国家给出的碳中和目标相对模糊,例如哥斯达黎加作出碳中和承诺时,仅保证在部分行业实现温室气体的净零排放。总的来看,各个作出碳中和承诺的国家都在为实现碳中和目标进行努力。

作出碳中和承诺的承诺国需要通过加强减排力度或者负排放技术实现净零排放,这也要求各国控制碳排放严格程度与碳中和目标高度一致。而各个国家承诺实现碳中和目标的年份、范围以及分解行动等安排则可以体现各国对实现目标的信心和力度。

从实现碳中和目标的年限来看,可以将目标分为 2050 年前、2050 年和 21 世纪下半叶三类,其中芬兰、冰岛等国家将碳中和目标设立在了 2035—2040 年,欧盟的各成员国则普遍将碳中和目标定在 2050 年,一些小岛屿的发展中国家也将碳中和目标设定为 2050 年,例如马绍尔群岛、斐济等国家,但这些国家如何达到零排放目标的技术路径还不确定。新加坡等国考虑本国环保减排成本,将 21 世纪下半叶定为其实现碳中和的目标年份。目前仍然缺乏具备显著成本效益的减排技术,各国各地区实现碳中和目标的减排技术路径仍待商议。

从完成碳中和目标的范围来看,IPCC 定义中的碳中和指二氧化碳的净零排放,但大多数国家在给出碳中和目标承诺中往往包含实现全部温室气体的净零排放,并将温室气体净零排放与碳中和等价。其中部分国家对除二氧化碳的其他温室气体减排也作出了具体的要求,日本、英国对除二氧化碳外的其他温室气体提出与《基加利修正案》一致的减排目标,即要求在2036年将含氟温室气体的排放水平降低到2011—2013年的平均排放水平的85%以下。一些国家为了保护自身的产业结构,在所提出的碳中和目标中去除特定的温室气体,新西兰的碳中和目标将动物排放的生物甲烷移出碳中和的温室气体范围。而德国、法国等国则未将林业和土地利用变化等领域的排放纳入碳中和范围。

实现碳中和需要国家或者地区各个行业在每个阶段完成相应的减排任务,因此将碳中和目标进行分解,使不同行业和不同时间阶段承担合理的减排任务对实现碳中和目标起到重要的作用。从分行业减排目标来看,部分国家对自身行业在不同排放路径下的减排力度以及减排潜力进行了预测,发现由于长期减排成本的客观存在,不同行业的减排潜力不确定性较大,各国难以将减排目标分解给相关行业,因此世界上只有日本、法国等国家提出了明确的分行业目标。其中法国将2023—2028年作为国内第三个碳预算期,并给出了2050年完成碳中和的行业分解目标。德国给出了2030年完成温室气体阶段性减排的行业分解目标。通过分析比较后可以发现,各国目前量化本国长期减排目标需要建立长期的温室气体排放情景分析,但由于国家差异以及未来产业、技术发展等领域不确定度较高,又与减排场景息息相关,各国假设减排场景中行业排放路径中离不开设置假定参数,因此各国难以确切完成分行业减排的目标。但随着长期低排放战略在全球范围内的不断推进,为了更有效的完成碳中和目标,分行业减排目标的确立必不可免。

分阶段减排目标来看,各国即使完全实现了2030年所定下的减排目标,仍与1.5℃的温控目标之间存在300亿吨左右的二氧化碳排放量差距,这需要各国制定力度更强的减排目标,一些在碳中和行为中更加积极的发达国家为此作出了贡献。欧盟以及挪威将2030年的减排目标从相比于

1990 年减少 40％的排放提升至减少 50％—55％的排放。未来强化分阶段减排目标以及分部门减排目标仍是各个国家实现碳中和目标的重点方向。

二、主要国家推动减排的政策手段

为了实现碳中和目标,发展具备经济有效性的减排技术是各个国家的必经之路。在各个实现碳中和技术路径中,实现能源系统低碳转型和控制能源消费需求是极其重要的技术发展方向,能源系统低碳转型主要包括推动能源消费终端电气化、积极发展可再生能源等。各个作出碳中和的承诺国也致力于发展能效提高技术,例如欧盟在 2016 年《巴黎协定》中提出在2030 年将能效相比于 1990 年提高 32.5％的目标。法国从需求侧进行管理,强调采取低碳出行以及低碳住宅等生活方式来进行低碳生活方式的转型,日本则提出通过能源管理数字化系统促进人民低碳消费。控制能源消费总量则可以通过提高不同行业能源使用效率、实现工业循环经济、从需求侧对能源进行管理等方式。

尽管各个国家在作出碳中和承诺时都将目标定为实现温室气体的净零排放,但在实际减排过程中由于技术以及成本等问题,大部分国家通常以某一年的排放量作为基准,实现相比这一基准减少相应比例排放量的减排目标,与实现完全的零排放有一定区别。因此,发展负排放技术来进行温室气体排放的抵消对实现碳中和目标极为关键。目前世界各国负排放技术的发展路径主要包括碳捕集、利用与封存(以下简称 CCUS)技术以及发展农林业碳汇两大方向。在发展农林业碳汇方向中,各国发现通过加强森林管理,进行植树造林活动,可以有效增加森林覆盖面积,从而增加碳汇。这一技术发展路径既可以对生态环境保护作出极大贡献,也可以提高地区减排潜力,促进经济可持续发展。例如欧盟为了促进森林碳汇以及保护环境等功能正常运转,发布了《欧盟新森林战略》,该战略能够涵盖森林的整个生命周期,增加减排潜力。日本、葡萄牙等国家通过管理森林砍伐规模确保森林覆盖率的提升。

在发展 CCUS 技术方向,世界各国开始重视生物质能结合碳捕集与封存(BECCS)的技术,并将其视为负排放的重点技术。为了将全球升温范围控制在 2 ℃或者 1.5 ℃,世界各国必须将消费燃料从排放较多二氧化碳的传统的化石能源转换到污染较小的低碳能源,同时也必须使用包括BECCS、土地恢复及土壤碳封存、海洋碱化等非常规减排措施。IPCC 第五次评估报告以及《全球升温 1.5 ℃特别报告》将 BECCS 等视为未来全球控制升温在低水平的关键二氧化碳移除技术,各个国家或者地区的学术界以及政治领域也加强了对相关技术领域的重视程度。但 BECCS 技术成熟程度仍然较低,BECCS 技术的发展需要经历生物质能利用以及 CCS 两个阶段。但这两个阶段当前仍然存在技术成熟程度较低的问题。在生物质能利用阶段,目前许多先进的相关技术仍然处在研发阶段,未来发展的不确定性较高。日本提出将于 2023 年开始对这些二氧化碳移除技术的商业化探索,并争取在 2030 年之前完成二氧化碳移除技术的商业化。但由于现阶段BECCS 等技术的技术成熟度低、减排成本较高,发展中国家想要通过这一技术路径实现碳中和目标的难度较高。

随着温室气体减排领域技术的不断发展,在实现碳中和过程中创新性的技术在国际中的地位日益提高。各国为了在完成国内行业减排目标的时候保持本国行业的竞争力,越发将技术创新视为重要的实现路径。例如现在世界各国普遍对将数字技术应用到温室气体减排领域给予关注,一旦实现这一技术的全面应用,不仅会为完成全球温控目标提供一大助力,而且会对各国的产业和消费结构带来巨大的影响。

从国家层面来看各国对减排技术采取的措施,欧盟中积极参与碳中和行动的成员国往往对本国重点发展的技术作出了详细的部署。瑞典等国本身的温室气体排放量较低,因此与欧盟中的发达国家不同,没有侧重于从技术层面进行碳中和行动的长期规划。日本等国相比于欧洲的国家对碳中和行动态度更为模糊,但在其提交的 LTS 中,从温室气体排放的技术层面进行了详细的规划,致力于推动低碳技术的创新,同时推动低碳技术的商业化。由于碳中和承诺国中的小岛屿国家温室气体排放量也一直处于较低的水平,同时国内经济水平以及科研能力相对落后,其进行碳中和行动的措施往往偏向发展可再生能源以及提高能效领域。在长期减排领域中,这些国家强调实现发达国家先进技术的转移来促进本国减排技术的发展。

目前,世界上越来越多的国家通过推动碳中和行动中相关政策的正式立法来保证其法律效力。在碳中和行动相关政策中,气候政策的立法已经成为完成碳中和目标的重要工具。在已经向《联合国气候变化框架公约》秘书处提交 LTS 的国家中,法国提交了相关立法草案,而英国和德国已经完成国内立法。2019 年 6 月,英国通过了《气候变化法案》,在该法案中明确提出了碳中和目标,也是世界上第一个将碳中和目标作为立法的国家。2020 年 3 月,欧盟委员会提交了《欧洲气候法》草案,该草案同样明确了欧盟的碳中和目标。部分国家虽然没有提交低排放长期发展战略,但已经通过立法的形式明确了本国实现碳中和的目标,例如瑞典、丹麦等国。爱尔兰等国的包括实现碳中和目标的立法草案也已经在修订和审批过程中。

除了在气候政策立法过程中明确碳中和目标,将气候政策与市场相结合也可以有效的推动温室气体长期减排活动。在各国碳中和行动的相关文件中,建立碳排放权交易市场、对不同行业使用的化石燃料征收碳税、给予征收碳税或者研究减排技术的企业补贴是常被提出的政策措施。当前,欧盟正计划将自身的碳排放权交易市场体系更加完善化,将其行业逐步覆盖至建筑业和海运业,通过控制碳排放总量的方式促进碳中和行动。同时欧盟也在逐步推动全球碳排放交易市场的建立,新加坡等国家已经提出建立国际碳排放交易中心。

世界上各个国家也在从税费制度的角度来推动碳中和行动。一些国家取消对减排活动产生不利影响的活动的相关补贴,同时完善本国税费制度。例如葡萄牙在税目中增加了石油和能源产品税,欧盟宣布将于 2021 年 6 月底前提交碳边境调节机制的立法草案并正式启动立法程序,计划对减排强度低于欧洲的其他地区或者国家采用征收碳边境税的方式来进行税收调节。对于发达国家而言,该机制可以防止碳泄漏的风险,但对发展中国家而言可能导致变相的贸易保护。中国和欧盟双边每年都产生巨大的贸易额,是不可或缺的重要贸易伙伴。欧盟此次提出的碳边境调节机制立法毫无疑问会对中欧贸易造成巨大影响,对中国碳密集型产业造成极大的冲击。从长期的角度去看,全球减排最重要的是低碳以及无碳技术的发展,发达国家设立关税保护机制,可能导致国内相关行业的企业失去降低成本的激励,减少对低碳及无碳技术的研发投资。

在实现碳中和目标、推动社会向低碳方向进行转型的过程中,也必须要保证社会的公平转型,各国的长期低排放发展战略普遍都提到需要通过绿色就业、绿色增长的方式促进温室气体减排活动,在长期过程中,将温室气体减排活动当作新的保证国家经济增长,提高国家不同产业在国际市场竞争力的动力,同时保障减排活动与经济社会发展形成良性循环。例如德国在其发展战略中说明德国为了应对气候变化而采取的一系列政策措施,并没有对国内各产业在国际间竞争力造成损害,反而促进了部分行业创新能力的提升,从而推动了经济增长。英国同样将清洁型增长作为新一轮工业战略的核心驱动力,认为清洁增长不仅可以减少温室气体的排放,还可以通过建立新型绿色工业降低能源的价格,带动更多产业繁荣,实现更高的就业从而促进国民收入的提高。

2018 年,欧盟委员会提出"2050 愿景",其将碳中和行动中关于社会公平转型的侧重点从关注绿色工业带来就业的增长转向关注社会公平转型中给公民利益带来损失的可能性。欧盟为了解决在碳中和行动中可能产生的利益分配问题,作出了积极的探索。欧盟提出建立公平转型机制,例如通过成立公平转型基金等方式为转型过程中受到损失的公民提供补助或者就业培训计划,降低公民失业的损失并加强其再就业的能力,缓解社会进行绿色低碳转型过程中所带来的的结构性失业问题。截至 2020 年底,欧盟理事会已经批准从绿色复苏计划中划拨 175 亿欧元对公平转型基金进行投资。

总体来看,西方发达国家普遍综合性地使用政策法规、财税政策、产业政策、市场机制等手段推动节能减排,并不断地通过提高这些手段之间的协同化程度来更好地适应减排目标。

(一) 欧盟

在应对全球气候变化以及环境污染问题上,欧盟一直处于领导者的位置。欧盟在处理气候危机过程中,将环境治理转化为促进经济增长的动力,大力发展欧盟在绿色低碳领域的竞争力。在1973年巴黎高峰会议中,欧盟就已经通过并推出了第一个环境行动计划,即《欧共体第一个环境行动计划》,从而为之后一系列的环境政策奠定了基础,推动欧盟统一环境政策的形成和发展。2014年欧盟开始实施《第七环境行动规划》。2022年欧洲委员会通过《欧洲气候法》,将2050年实现气候中性的目标上升为正式法律约束。

2010年,欧盟委员会公布了《欧盟2020战略》,该战略提出相比于1990年,欧盟在2020年的温室气体排放应该减少20%,同时可再生能源的使用占比应当提高到20%,能源效率提高20%的目标,并将此目标根据各国实际情况进行了分配,同时通过碳交易排放体系来推动目标的实现。2014年发布的《欧盟2030气候与能源政策框架》提出相比于1990年,2030年欧盟的温室气体排放量应该减少40%,可再生能源消耗占比达到27%,同时能源效率提高30%的目标。而在2016年《巴黎协定》中,其进一步作出承诺,在2030年将可再生能源使用占比提高至32%,能效提高32.5%。从实际的减排效果上来看,2018年欧洲的温室气体排放量相比于1990年减少了23%,已经提前完成2020年的减排目标;可再生能源消耗占比为18.9%,欧盟的GDP增加了61%,占全球GDP的22%,但在能源消耗以及碳排放量方面只占全球的12.5%和10.3%,这也说明欧盟的能源转型取得了一定进展,在绿色转型道路上的优势使得欧盟相比于其他国家可以以更低的难度继续转型。

欧盟的绿色产业已经逐步形成了强大的竞争力,欧洲清洁能源在2006—2019年间总计投资达到1.16万亿美元,超过了中国和美国,占全球累计投资的29.1%。2000—2014年,欧盟与环保相关的产业就业人数的产业平均增长率为49%,而在此期间经济部门的就业人数增长率仅为6%。但根据2019年欧洲环境署发布的《欧洲环境状况与展望2020报告》测算,按照欧洲目前的减排进度,2050年欧洲的温室气体排放量只能减少60%,不足以实现欧盟在《巴黎协定》中所承诺的目标,需要通过更有效的政策措施加快推进减排进度。

随着新一届欧盟委员会的建立,欧盟对气候能源领域越发重视,将其打造为优先政策领域之一。欧盟推出了一揽子环境保护政策,更积极地应对气候变化以及促进能源和经济的绿色化转型。2019 年 12 月 11 日,欧盟委员会发布了《欧洲绿色新政》,提出欧盟计划于 2050 年在全球范围内实现碳中和,加快推行绿色新政的速度。2020 年 9 月,欧洲委员会发布了《盟情咨文》,欧盟计划在 2030 年将温室气体排放量在 1990 年基础上减少 55%,并在 2050 年成为世界上第一个碳中和大陆。

1. 气候变化和能源转型领域成为政策领域中心

欧盟一直对能源转型领域以及气候变化领域的政策措施给予极高的重视,当前欧盟已经逐渐将气候变化以及能源绿色转型领域作为首要的政策领域。欧盟委员会主席在向欧洲议会陈述施政纲领之时,在其六大政策领域中,将欧盟经济、民主、国际地位、数字化等领域摆在后位,将《欧洲绿色新政》摆在首位,这也反映了新一届欧盟委员会对气候变化以及绿色能源转型领域的重视。同时,欧盟委员会再次将 2030 年的减排目标提高至相比 1990 年减排 50%—55%。

《欧盟绿色新政》包括经济、产业、投资以及国际关系等多个领域,是欧盟在促进经济增长、能源结构转型、应对气候变化,以及实现可持续发展模式的总纲要,注重于实现可再生能源产业快速发展以及减少人类活动对气候变化造成影响两大方面。目前,欧盟关于《欧洲绿色新政》的相关支持政策正陆续推出或者审批。2020 年 1 月,欧盟委员会推出了《欧洲可持续投资计划》,用来补充欧盟绿色新政政策中的投资政策。该计划通过调动欧盟及欧盟各成员国预算,利用其现有的公共投资框架,为应对气候变化在未来十年内总计进行一万亿欧元的总投资,同时该框架下的公平转型机制也计划对在气候变化以及温室气体减排过程中遭受负面影响的产业、公民进行补助。2020 年 3 月,欧洲委员会又推出了《欧洲气候法》作为欧洲绿色新政的法律支撑,欧洲气候法将欧盟委员会定下的 2030 年完成相对 1990 年 50%—55%减排,以及 2050 年实现碳中和的目标加入法律框架中,这一做法也显示了欧盟对于实现碳中和目标的决心。在不断提升减排目标的同时,欧盟也通过相应的政策加强对各成员国减排措施的约束以及执行力度。

而前任欧盟委员会主体的施政纲领中,欧盟相对气候变化以及能源转型领域更为重视在经济发展、建立数字市场等方面的发展。这一时期欧盟的气候能源政策依赖于《能源联盟》战略,并没有对气候变化对人类活动影响的严峻性作出反应,欧盟也没有发挥应有的作用。欧盟这一时期战略以保证传统的能源安全为主,气候环保处于辅助的位置,虽然也大力发展可再生能源领域、研发提高能效的技术,但本质上还是为了保证能源安全。除此之外,上一届欧盟委员会在刚建立的时候,提出对绿色转型投资计划进行3 150亿欧元的投资。相比于现任欧盟委员会在2020年提出的总计一万亿欧元的投资计划则有明显落后。从欧洲委员会推出的政策变化可以看出欧盟如今已经将气候变化和能源转型领域置于政策领域的中心,欧洲推行绿色新政是未来数年乃至数十年最主要的任务。

2. 经济和产业政策向绿色低碳方向转型

尽管在很长一段时间内,欧盟的经济和产业政策对环保、可再生能源等绿色产业给予极高的重视,并将其视为未来经济发展中极其重要的产业。但欧盟的经济和产业政策仍旧更加强调保持增长性和竞争性,并未将绿色产业当作驱动经济发展的重要动力。欧盟委员会于2017年推出的《更新的欧盟工业政策战略》便提出将欧盟低碳经济发展为领导地位,并接受经济在转向低碳经济和循环经济过程中的过渡阶段,这一战略在更大程度上促进可再生能源相关产业的发展,顺应制造业向低碳转型的趋势,而欧盟目前的绿色新政则是推动经济、产业向绿色化和低碳化发展,与气候变化和能源转型相呼应。2019年3月,欧洲委员会提出《欧洲新工业战略》,计划打造绿色可持续的工业体系,将产业发展视为实现碳中和目标的重要路径。不再像以往政策只对特定产业进行政策推动,而是通过低碳技术和创新型技术来推动欧盟制造业进行新工业转型。例如,在传统高碳排放量的能源行业中引入清洁技术,实现低碳排放生产目标;对新型可再生能源的技术发展提供政策支持。欧盟的工业发展绿色化已经不再局限于仅仅发展低碳能源产业,这种绿色化的发展也能推动欧洲工业以及整体经济的可持续发展。除了打造绿色可持续的工业体系,欧盟绿色化发展也逐渐覆盖至其他产业中,2020年2月,欧洲委员会发布了《人工智能白皮书》等数字经济领域的政策,并提出将利用信息技术构建节能型经济、实现对各产业生产过程中二氧化碳排放量的监测及优化,从而在技术层面对欧洲新政实行起到支撑作用。2020年7月,欧洲委员会发布了《能源系统一体化战略》和《欧洲氢能战略》,对氢能等具备战略性地位的新兴产业进行扶持,推动能源体系的转型。欧盟的各成员国,例如德国和法国,也陆续发布了《国家氢能战略》,通过发展并利用氢能这一种可再生能源,实现氢能在工业、交通业等领域对传统高碳排放的化石能源的替代,从而实现这些能源密集型行业温室气体排放量的减少,为2050年实现碳中和目标提供助力。

3. 政府对绿色新兴产业支持力度增强

欧盟一直坚持欧盟市场中的公平竞争,同时严格把控反垄断机制。因此在过去长期的一段时间里,政府很少对新兴产业进行扶持,主动帮助产业发展,而是主张让产业在市场中经历市场机制的调整,让市场自由发挥作用。但近些年来,对于清洁能源等新兴的绿色产业,欧盟不再放任市场力量发挥作用,而是主动采取相应的政策措施对这些产业进行扶持。以电池行业为例,电池行业对电动汽车行业和储能行业具备极其重要的作用,而电动汽车行业相比传统汽车行业,无论是能源消耗还是污染排放环节,都对气候和环境产生的影响较小,因此电动汽车行业的快速发展可以显著减少温室气体的排放,欧盟及其各成员国都对电池行业进行了政策扶持。2017年10月,欧洲委员会提出建立欧洲电池联盟,并由欧盟对欧洲电池相关企业以及科研资源进行整合形成合作网络,从而提高欧洲电池产业的发展速度和国际间竞争力,目前该合作网络已经包含两百六十多家企业和科研机构。2019年4月,欧洲委员会发布《推进战略电池行业行动计划》,该计划打算在欧洲建立20—30个的超大型电池厂,从而推动欧洲电池全球产能在2028年提高到7%—25%。

新一届欧盟委员会一建立,便迅速在气候和能源领域制定相关政策措施,加强资金投入,将气候能源领域作为未来数年最优先的政策领域。欧盟通过绿色转型道路,寻找经济增长新的动力,增强成员国各个产业以及产品在国际市场上的竞争力。2014—2017年,欧盟的经济曾迎来复苏,但2018年,欧盟经济再次面临下行压力,其经济增长速度显著低于中美等国。欧盟内部面临经济增长动力不足、缺乏新增长点等长期问题,外部面临丧失国际竞争力优势的挑战。全球新冠疫情暴发再次对欧洲经济造成了极大程度的冲击,欧洲为了稳定经济、促进就业而使用了大规模的积极财政政策,这也使得各国政府财政压力大幅度上升,同时高失业、低增长等问题并未得到解决并持续恶化。

除此之外,欧盟各成员国在全球化进程中出现制造业"空心化"现象,制造业所创造的产业附加值在全部产业附加值中占比不断减少,制造业从业人数也处于下降趋势。发展中国家的中低端制造业,例如钢铁、化工等行业,相比欧洲的发达国家成本较低,使得欧洲的相关产业在国际市场上处于不利地位。同时在高端制造业行业,例如汽车、电子等领域,欧洲也面临着日本、美国等国家的激烈竞争,欧洲在高端制造业方面的技术优势并不明显,部分产品的出口顺差在减少。

除了在传统制造业领域受到其他发达国家和发展中国家的挤出,在新兴的数字经济产业发展中,欧盟的发展速度也处于相对落后的位置。2019年,联合国贸易和发展会议发布了《数字经济报告》,报告显示,目前世界上数字经济的大部分份额属于中美两国。中美两国的数字平台市值占全球前七十大数字平台市值的90%,而欧洲数字平台市值份额仅占4%。世界上占据总计市值三分之二的七家超级平台——微软、亚马逊、苹果、谷歌、"脸书"、腾讯、阿里巴巴无一来自欧洲,欧盟处于相对边缘化的位置。欧盟在这种内外部都面临困境的情况下,决定改变现有的发展模式,寻找新的经济发展驱动力来保证自身在国际上的竞争力,防止欧盟在国际上经济地位的下滑。

在可再生能源发展方面,当前全球经济中,以可再生能源为代表的绿色能源和绿色产业扮演的角色越来越重要。根据国际可再生能源组织(IRE-

NA)发布的《全球能源转型和地缘政治》,可再生能源对化石能源的替代将提高可再生能源在国际上的地位,对国际经济格局产生重大影响。化石能源的出口国原本在出口过程中会因为掌握出口权而获得经济权利,但这种经济权利可能随着可再生能源使用占比的提高而逐渐消失,向可再生能源发展程度更高的国家转移。在这种情形下,在可再生能源领域研究更加深入的国家由于在相关产业上具备领先优势,可以从全球市场中获得更多的投资红利,未来国际市场间也会出现对可再生能源技术、基础设施等方面的竞争。在此背景下,欧盟对原来发展模式下所导致的产业空心化以及自由资本主导经济进行了审视与讨论,发现这种传统模式下的发展路线会对欧盟经济的长期发展带来巨大的局限性,只有牢牢把握住当前全球绿色低碳化产业转型势头,积累技术优势,才能解决欧盟经济下行压力增大的问题。因此,欧盟将发展绿色经济、推动经济转型作为保证经济增长、提升产业国际竞争力的重要发展路径之一。

欧盟委员会主席认为《欧洲绿色协定》不仅对欧洲经济增长作出了战略性的规划,同时也对欧盟在生产、生活、消费等多个领域的变革起到了推动作用,覆盖范围包括农业、能源产业、交通业等多个产业,推动欧盟企业绿色技术积累,带动就业岗位的增加。欧盟期望通过实现绿色新政为欧洲经济带来变革性的提升。

在欧盟成员国中,德国在 20 世纪 90 年代就已经实现了碳达峰,进入 21 世纪后,德国从 2000—2019 年,将国内的二氧化碳排放量降低了近 20%。2019 年 5 月,德国退出煤炭委员会,并计划在 2038 年之前逐步取消燃煤发电。2019 年 9 月,德国发布了《气候保护计划 2030》,该计划提出德国在 2030 年温室气体排放量在 1990 年基础上减少 55%,并于 2050 年实现碳中和的目标。2020 年 11 月,德国通过《德国联邦气候保护法》为气候行动计划提供了法律支撑,保证做出的碳中和目标只能提高,不能降低,为德国实现温室气体减排目标建立了严格的法律框架。该保护法明确了德国在 2020—2030 年之间分部门的刚性减排目标,对各个部门都起到了极强的温室气体排放约束作用。

德国的《气候保护计划 2030》在能源、工业、运输、农林、建筑、住房等六大部门中进行了减排目标的分解,并为各个部门减排目标调整、减排措施提供了法律机制。在工业部门,德国政府鼓励工业企业研发绿色创新技术,在降低能源消耗的同时减少温室气体排放。例如,德国发布高技术气候保护战略,通过国家氢能战略投入 70 亿欧元,鼓励企业进行技术创新,增加德国不同产业在国际间竞争力,对德国整个能源链对气候的保护作用作出贡献。同时,德国通过建立产业基金的方式,加大对碳捕集利用与封存技术、材料节约型的循环经济等技术投资。在能源部门中,2019 年德国通过了《2050年能源效率战略》,该战略为德国制定了在各领域提高能源使用效率、并在2030 年减少一次能源使用的目标。2020 年德国通过的《煤炭逐步淘汰法案》也提出了德国应该分阶段逐步减少国内的燃烧发电,从而推动德国温室气体排放总量的减少。2020 年 9 月,德国发布的《可再生能源法修正案草案》为德国设立了 2030 年,总电力消耗中来自可再生可能发电的比例应该达到 65% 的目标。在运输部门,德国也实施了一系列的政策措施减少该部门温室气体的排放总量。德国鼓励居民采用电动汽车、铁路等碳排放量较小的出行方式出行。2019 年 11 月,德国对电动汽车的购买者提供最高6 000 欧元的补助,对 2021 年之后购买的燃油汽车,德国对其征收基于其每公里产生温室气体量的车辆税。在建筑和住房领域,2020 年 11 月,德国通过的《建筑物能源法》明确提出将旧供暖系统由依靠可再生能源运行的新供暖系统进行取代。德国为了推动可再生能源的发展以及提高能效,制定了一系列的税收优惠政策,例如德国对建筑的节能改造可以从节能建筑基金中获得信贷支持,同时由政府提供免税政策。

德国除了通过分部门分解碳减排目标的方式促使各部门向绿色低碳化转型,也从其他方面减少温室气体排放。2021 年初,德国建立全国的碳排放权交易体系,将二氧化碳排放配额的价格定为每吨 25 欧元,并在之后逐年提升碳排放配额的价格,并计划在 2026 年时,将碳排放配额价格提升至每吨 55—65 欧元。德国通过对企业出售二氧化碳排放额度的方式提高企业排放成本,促使企业进行减排或者研发绿色低碳技术,减少二氧化碳的排放总量。德国在推行全国碳排放权交易体系的同时,也考虑到这一体系对居民和企业会造成更大的经济压力,因此通过其他方式,例如财政补贴或者减免其他税收的方式,降低居民和企业的经济负担,例如德国根据《可再生能源法案》于 2021 年和 2022 年降低可再生能源的税收。除此之外,德国政府计划在 2021—2030 年这十年期间对气候变化问题以及促进能源转型方面投资数千亿欧元,同时德国从碳排放权交易体系中所获得的资金也会用于对居民进行直接经济补贴或者通过建立绿色基金,投资于其他环境保护项目。

(二)日本

1. 从能源供应端促进能源清洁化

日本身为全球第五大碳排放国,在 2013 年已经达到碳排放的峰值,但尚未进入快速下降阶段,目前仍处在平台期。日本在《京都议定书》一期中所承诺的减排目标为 6%,但直至 2018 年,日本温室气体的排放量为 12.4 亿吨,相比于 1990 年的排放量仅下降 2.9%,远未完成承诺。随着近些年来部分极端气候事件的发生,日本逐步加大了对气候变化领域的重视程度,2012 年日本发布了《绿色增长战略》,该战略计划实现能源从核电厂到绿色的转向,克服主要能源约束。2018 年,日本发布第五期《能源基本计划》,该计划规划了日本能源直至 2050 年的中长期发展战略,降低能源消耗中和核电以及传统化石能源的占比,积极发展可再生能源领域,提高零排放电力占比。日本也通过颁布多个氢能战略,例如《氢能基本战略》,推动氢能这一清洁能源的发展。2020 年 1 月,日本发布《革新环境技术创新攻略》,在能源、交通、工业、建筑以及农林水产业这五大领域中推动绿色技术的创新,从而推动减排技术的发展,该战略计划在未来十年中投资总计三十万亿日元来进行技术上的创新,并提出了 39 项重点绿色技术,例如碳捕集利用和封存、氢能、可再生能源等。日本近年来的战略也体现出日本对发展绿色技术以应对气候变化、实现温室气体减排的决心,同时增加了对国际及其国内资金的吸引力。因此,日本政府认为解决气候变化问题不再会对日本产生负面影响,日本应该牢牢抓住机会,将应对气候变化视为促进未来经济可持续增长的动力。

因此,2020 年 10 月,日本首相宣布日本将于 2050 年实现温室气体的净零排放。为了切实完成碳中和承诺,日本于 2020 年 12 月发布了《面向 2050 碳中和绿色增长战略》,该战略提出氢能、交通、食品与农林水产业、海洋风力发电、碳回收、飞机、汽车与蓄电池、核能等 14 个具有发展潜力产业的发展目标以及当前阶段重点任务,通过政策措施引导产业正确积极发展,促进民间企业对日本社会和经济的绿色发展进行积极投资,推动经济发展与环境保护形成正向循环,努力实现碳中和目标。

日本的能源结构以传统的化石能源为主,其在日本一次能源消费中占比高达 87%,而消费化石燃料会带来大量的温室气体排放,因此,日本想要实现碳中和承诺,必须调整本国的能源结构,增加低碳能源的使用占比。日本计划从海上风电产业、氨燃料产业、氢能产业以及核能产业入手,从能源供应端实现清洁化以及低碳化。

日本为海上风电产业制定了一系列基础设施建设的实施方案,计划在国内建立完整的供应链,创造国内市场并吸引国内外资金的投资。日本政府将逐步提高产业界对海上风电产业投资占比,在 2035 年使海上风力发电的成本降低至 8—9 日元/千瓦时,加强对供应链的评估,促进日本在全球范围内对发电设备的采购。在发展氢能产业方面,由于氢气在电力、生产、运输等领域都能得到广泛使用,发展氢能对实现碳中和承诺起到重要的作用。日本相对世界上其他国家更早地发布了《氢能基本战略》,日本政府支持民间企业开发氢燃料电池商用车、加速涡轮氢气发电机并进行应用,推动氢能商业化速度,同时加速研发完善氢能炼铁技术,争取早日完成零排放炼铁目标。同时,日本对企业水电解制造氢气装置的出口提供了支持,制定了 2030 年进口氢气 300 万吨,成本降至 20 日元/立方米,2050 年实现 2 000 万吨的氢气供应量目标。核能产业方面,日本政府应提高核反应堆的安全性,同时加强对核能创新技术的研发,通过国际合作融入国际小型模块化反应堆产业链,争取在 2030 年之前完成对高温试验反应堆制造氢气技术的开发与利用。在氨燃料产业方面,日本积极开展 20% 氨混烧技术的实际应用,并加强对 50% 氨混烧技术的开发,通过构建全球氨生产设备的供应链以及加强生产设备制氨能力来提高氨燃料的供给。

2. 对重点行业的减排措施

交通运输业、农业以及工业是产生温室气体排放的重点行业,日本计划通过对绿色技术的创新和发展,实现重点排放温室气体行业中清洁能源的替代以及能效提高,减少二氧化碳的排放。在交通运输领域中,日本一直在努力推动电动汽车的发展,并努力提高蓄电池的效率并降低其成本。目前,世界上部分国家或者地区,例如欧洲部分国家、美国的加利福尼亚州已经禁止销售以燃油为燃料的汽车。日本也在制定一系列政策,构建全球化的电动汽车产业供应链,并计划于 2030 年在日本国内实现电动汽车对燃油汽车的全部替代。日本计划完善电动汽车相关的基础设施建造,同时加强电动汽车相关产业的技术研发,例如提高电池能效、使用燃料电池等,从而推动汽车使用方式的变革。同时,日本也在加大对绿色创新技术的投入,提高合成燃料的效率减少其温室气体排放,促进合成燃料的商业化。在对蓄电池产业发展方面,日本通过对相关技术的研发实证,提高创新型电池以及锂离子电池的性能,并通过数字技术对电池使用周期温室气体排放量进行可视化处理,构建相关国际规则来减少温室气体排放。除此之外,日本也在积极打造低碳物流,将物流向高效率、电动化以及燃料脱碳化的方向发展。在循环利用领域中,日本通过发展绿色技术实现碳回收利用,例如利用藻类固碳,并利用生物质燃料代替传统化石能源,推动二氧化碳分离回收设备商业化进程,积极推动对可再生材料的利用。

3. 碳中和行动的政策支持

日本认为在 2050 年完成碳中和目标面临极大的挑战,因此推动企业进行关键减排技术的创新极为必要。政府和民间企业在进行某些重要项目时,可以共享具体目标,政府也应该采取一系列政策来保障企业有足够动力去进行绿色低碳技术的研发。2020 年 9 月,日本发布了《2020 年气候创新融资战略》,将设立长期资金支持机制以及成果联动性利息优惠制度,引导民间力量加强创新、绿色等领域的投资。政府将设立转型基金以及创新基金,分别对处在转型阶段的需要技术支持的企业以及研发绿色低碳技术企

业进行投资。日本国立研发法人新能源产业技术综合开发机构计划设立总
计 2 万亿日元的支持基金,对碳捕集与封存技术、氢能以及电力绿色发展等
领域的企业相关研发活动进行投资。

日本在设立碳中和目标后,建立了碳中和投资促进税制,对具有低碳绿
色特点的产品进行减税或者给予特殊折旧等优惠。对于需要进行业务重组
的企业,日本提高了其结转亏损资金的扣除上限。同时日本对研发活动的
税收制度进一步完善,提高企业进行研发活动的动力,推动创新技术发展。
在国际合作方面,日本计划在温室气体重点排放领域加强与世界各国的合
作,实现技术标准化,去除各国之间的贸易壁垒,并通过召开能源环境等方
面的国际会议,将日本的低排放长期绿色发展战略进行展示。

(三) 美国

美国是世界上第一大原油进口国以及第一大能源消费国,美国的绿色
发展战略一直高度重视能源领域的作用,并不断增加对能源技术方向研究
的投入。奥巴马执政时期美国的能源政策将发展新能源作为核心领域,陆
续出台《美国清洁能源安全法》《清洁能源计划》《全民清洁能源计划》等,促
进绿色清洁能源的发展和利用。而特朗普执政期间,美国的能源政策再次
由发展新能源转向使用传统化石能源,这也使得清洁能源的发展速度受到
一定影响,但美国并没有停止对减排技术研发的投入,仍对太阳能、生物能
源以及核能等清洁能源的发展进行了大量的自主,同时加强对碳捕集利用
和封存等技术的研发以及试用。目前全球 BECCS 示范项目大部分位于美
国及欧洲,其中包括生物质混燃和生物质纯发电厂、水泥厂、乙醇工厂。其
中具备最大规模的 BECCS 项目位于美国伊利诺伊州。该项目乙醇工厂成
立于 2017 年 4 月,主要在乙醇的生产过程中捕获产生的二氧化碳,并将捕
获的二氧化碳进行压缩以及脱水处理,并永久封存到地下 2.1 km 位置的砂
岩地层中,该 BECCS 项目每年可以捕获一百万吨左右的二氧化碳。2020
年 2 月,美国能源部计划对太阳能技术进行 1.255 亿美元的资助。同年 4
月,美国能源部发布了《恢复美国的核能源领导地位战略》,增强核能的领导
地位,其中包括加强对核能技术的投资,保证美国在世界上的技术优势,鼓

励铀矿的开采以及转化产业发展,对美国的出口起到积极的影响。

拜登执政下的美国政府相比于之前更重视气候变化所带来的影响,能源政策出现了巨大的转折,并将应对气候变化作为政府的首要工作之一。2021年1月,美国宣布重返《巴黎协定》,随后发布了《应对国内外气候危机的行政命令》,该命令提出美国社会需采取一定行动来应对气候危机,同时再度加强对清洁能源技术的研发。同年2月,美国能源部宣布为低碳能源技术的研发提供一亿美元的投资,美国众议院与商业委员会发布《清洁未来法案》,该法案计划在经济领域内全面实施绿色清洁能源解决方案,同时拿出1000亿美元的资金推动全美各州的经济向清洁能源经济方向转型。

尽管美国与欧盟同样提出在2050年实现碳中和目标,但美国与欧盟实际情况的不同,使得美国不会与欧洲采取同样的态度对待传统的化石能源。美国属于油气大国,和欧洲相比具有更丰富的油气资源,同时美国物质基础足以支撑油气消费,目前美国仍然处在页岩油气革命中。而欧洲情况则与美国截然不同,欧洲在20世纪70年代油气产量达到最高峰,在之后的几十年时间里,欧洲的油气行业一直处在衰退中。也正是由于资源在供应端的不足,欧洲发展非化石能源的决心更强,不仅可以促进欧洲经济向绿色低碳方向转型,也可以加速欧洲的能源独立。同时由于过度依赖可再生能源仍然存在一定的风险,美国在具备丰富油气资源的情况下,在制定政策时一定会充分利用这一优势,目前来看,欧洲的石油公司对发展非化石能源极其重视,而美国的石油公司则是在利用化石能源的同时推动碳捕集与封存技术的应用。因此,美国能源政策的整体目标仍然是实现化石能源与非化石能源的多元化供应。中国的能源供应状况与美国更加类似,因此在完成2050年实现碳中和承诺时同样需要考虑传统化石能源对经济所带来的保障。

(四)韩国

韩国同样将绿色技术当作经济增长的驱动力。2008年,韩国发布《低碳绿色增长战略》,首次提出建立通过发展绿色技术以及清洁能源来促进经济增长,增加社会就业的新发展模式,在此之后,韩国陆续出台了《国家能源基本计划》《绿色能源产业发展战略》《绿色增长国家战略及五年计划》等一系列绿色低碳战略。2020 年 7 月,韩国发布《绿色新政》,计划在 2020—2025 年,对可再生能源、绿色产业、绿色交通以及碳捕集利用与封存等绿色技术进行总计 73.4 万亿韩元的投资,加快韩国经济向绿色低碳方向转型。2020 年 12 月,韩国公布了《2050 碳中和促进战略》,提出加快韩国能源转型速度,并在 2050 年实现碳中和目标。韩国作出碳中和承诺,推进碳中和战略,既是国际大环境下推动的结果,也是韩国为了解决国内气候变化带来的负面影响所作出的努力。韩国在应对气候变化领域仍然面临着巨大挑战,韩国经济的支柱产业大部分属于工业产业,同时电力结构中火力发电占比较高,为了促进韩国经济结构低碳化,建立绿色低碳社会,推动韩国实现2050 年碳中和目标,2021 年 3 月,韩国发布了《碳中和技术创新推进战略》,这一战略确定了包括风能、氢能、太阳能、碳捕集利用与封存等十种实现碳中和的关键技术。

第二节　全球气候治理对中国征收碳税的要求

一、中国碳达峰碳中和目标的提出

2009 年 9 月,联合国气候变化峰会上,中国承诺的减排目标包括:2020年单位 GDP 二氧化碳排放要比在 2005 年下降 40%—45%,非化石能源消费占一次能源消费提高至 15%,森林蓄积量比 2005 年提高 13 亿立方米,同时将积极发展绿色低碳经济作为国家战略级发展目标。与此同时,强调中国作为发展中国家的身份,因而不足以过度承担超过经济能力上限的减排数量指标。进入 21 世纪以来,中国一直是全球气候治理活动的积极参与者和推动者,不仅首批加入《联合国气候变化框架公约》,同时也是积极倡导推动《京都议定书》和《巴黎协定》签署的重要力量。

2015 年 11 月,第 21 届联合国气候变化大会首脑峰会上,中国提出更加宏伟而艰巨的减排目标,包括:在 2030 年左右实现碳排放峰值,将 2005 年作为基期,推动单位 GDP 二氧化碳减少 60％—65％,将非化石能源占一次能源消费提高至 20％左右,增加森林蓄积量 45 亿立方米。数据显示,相较于 2005 年,2020 年单位 GDP 二氧化碳排放量约下降 52.1％,非化石能源占一次能源消费比增长 16.3％,基本提前实现 2009 年在联合国气候变化峰会的承诺目标。森林蓄积量比 2005 年增加 61 亿立方米,已经提前实现 2015 年联合国气候变化大会首脑峰会上的承诺目标。

2020 年 9 月,中国在第 75 届联合国大会一般性辩论上,首次提出力争 2030 年实现二氧化碳排放峰值,2060 年实现碳中和的"双碳"目标,其中关于碳中和承诺尚属历史上第一次。在新冠肺炎疫情全球暴发的严峻形势下,面对风险加剧、错综复杂的国际政治经济新格局,中国在此时作出碳中和承诺,不仅是对贯彻并加强长期减排路线的自我加压,更是面向全球展现了应对气候变化、优化气候治理的大国责任担当。作为发展中国家,在不到 40 年内完成碳中和目标、实现 1.5 ℃的温控上限,比多数发达国家在 2030—2050 年间达到碳中和,所需要的减排力度更强,所面临的技术难度更高。2020 年以来,习近平总书记先后在国内外多种重大场合,包括联合国生物多样性峰会、金砖国家领导人第 12 次会晤、2020 年中央经济工作会议等,多次向海内外领导人及公众强调中国实现双碳目标的决心和行动。在 2020 年 12 月 12 日的气候雄心峰会上,中国提出更高的国家级减排目标,包括:以 2015 年为基期,到 2030 年,二氧化碳排放量每单位 GDP 将减少 65％以上,非化石能源占消费比重将提高至 25％,森林蓄积增加量将从 45 亿立方米提高到 60 亿立方米。阶段性目标的不断升级彰显了中国对于双碳目标如期实现的决心,在全球气候治理中 2050 碳中和目标行动日益发挥出更强大的辐射力和影响力。2021 年 3 月,第十三届全国人大四次会议审议并通过了《中华人民共和国国民经济和社会发展第十四个五年规划和 2035 年远景目标纲要》,就国民经济各领域低碳转型作出战略部署,重点提出要在工业、交通等重点控排行业落实低碳发展模式,推进能源清洁化、高效化与低碳化,推动 2060 碳中和目标的实现。

　　"碳达峰"指的是我国承诺在 2030 年前,二氧化碳的排放量不再增长,达到峰值之后逐步降低、逆转,进行绿色经济转型。21 世纪由于工业革命所引起的人类经济与工业文明量子级爆炸式发展,人类生产活动对自然环境的破坏性影响也相当惊人,其可以说是人类历史上二氧化碳排放量增长幅度最大、速度最快的时期。全球人类活动在 1979 年之前所产生的碳排放量只占到当前总量的 54%,而 1980—1999 年的碳排放增长部分的占比达到 15.3%,2000—2019 年更是进一步飙升,其增长部分的占比高达 30.7%。近年来,中国的碳排放量排名第一,而且体量惊人,2019 年度的排放量在全球占比达到 28.8%,接近排名第 2 至第 5 位的美国、印度、俄罗斯、日本 4 个国家的碳排放量总和。我国短期"碳达峰"目标的实现,使命重大而且任务艰巨。我国碳税设计协同全国性碳交易市场建设可产生政策合力,其作用不可或缺。

　　"碳中和"一词首先是节能减排方面的专业术语,其附属的长期计划是指企业、团体或个人测算在一定时间内,直接或间接产生的温室气体排放总量,通过植树造林、节能减排等形式,抵消自身产生的二氧化碳排放,实现二氧化碳的"零排放",让二氧化碳排放量"收支相抵"。2021 年 4 月 22 日,在为期两天的全球领导人气候峰会上,各国纷纷对碳减排作出承诺,并给出对策建议。这一概念的提出体现了我国的大国担当,响应了人类命运共同体价值理念。碳税的立法与设计发力于价格端,具有固定性、效力强等优点,是平稳实现"碳中和"长效机制的重要环节,相应的制度细节亟待完善并早日实施落地。

　　碳达峰、碳中和对中国都具有极其重要的意义。一个国家的二氧化碳排放总量在发展到一定阶段后达到一个最高点,之后保持一段时间的平台期再进入持续下降过程,这一过程中二氧化碳排放量由增到减的拐点就是碳达峰,碳达峰也意味着这个国家的经济发展与碳排放关系的脱钩。碳达峰是实现碳中和的基础和前提,实现碳达峰的速度也在极大程度上对实现碳中和的速度和难度造成影响。而碳达峰、碳中和对中国来说也是一场具有深刻意义的绿色工业革命。

从实现碳中和的时间周期来看,相比于世界上其他发达国家,中国必须以更短的时间达到碳减排目标。中国从 2030 年完成碳达峰目标到 2060 年完成碳中和目标,这其中只包含 30 年时间,相比之下,欧美这一阶段通常花费 45 年或者更长的时间进行跨越,只有尽快达到温室气体排放峰值,才能减轻中国从碳达峰向碳中和转型的压力。但与发达国家不同,我国还未达到碳达峰,经济发展尚未与二氧化碳排放脱钩,中国必须把握经济发展转型以及减少碳排放之间的平衡,积极部署碳中和实现路径上绿色技术,例如碳捕集利用与封存以及 BECCS 等技术的研发,从而减轻中国未来减排压力。

中国的工业部门由于资源密集型产业众多,在消费大量的能源同时产生大量的温室气体排放,中国想要完成碳中和目标,必须实现工业部门的高质量达峰。但当前阶段 CCUS、工业原料替代等技术成熟度不够高,无法作出大量的贡献。但随着科研资源的不断投入,这些具备极大减排潜力的绿色低碳技术将对中国碳中和行动提供极大的动力,成为工业以及其他部门实现碳中和的主要创新技术。

2020 年,中国电能消费占终端能源消费比重的 27% 左右,在 2035 年,这一数字预计可达到 38%。中国在达峰期主要的减排手段包含提高能效以及提高可再生能源的占比,通过在重点领域全面实行可再生能源的消费,代替传统高二氧化碳排放的化石能源消费。中国应通过制定绿色氢能、高比例可再生能源电网等关键绿色技术的发展路线图,推动中国能源结构转型,并发展其与工业、运输业等领域结合形成的新模式。

二、全球视域下中国碳税面临的困境

首先,中国在国际价值链分工体系中所处的位置与碳税"双重红利"效果发挥机制可能存在矛盾。中国改革开放之后相当一段时期内,我国利用相对廉价劳动力进入并锁定于国际价值链分工体系的底部,在经济高速率增长的同时,造成了能耗高、低端产品密集、初始要素投入大等发展模式弊端。碳税"双重"乃至"三重"红利实现的理论机制在于:一方面,在消费端依据排放基数征收从量税,能够防止经济增长偏离均衡路径,减少社会福利损失,内生化庇古税所带来的负外部性扭曲;另一方面,在生产端提升企业改进资源配置、提升能源效率的积极性,通过市场价格信号诱导能源消费结构转型,为中长期内实现经济高质量增长、推动持续发展增添内生动力。这就是"双重红利"——节能减排与国民经济提质增效同时实现,如果再加上技术进步,则称为"三重红利"。然而,我国改革开放以来四十余年粗放型增长模式产生了严重路径依赖,能源消费结构的转型、生产技术的改进难免遭遇市场摩擦,因而,碳税"双重红利"的理论效果在逻辑机制推演上很可能面临自我矛盾。

　　第二,碳税对收入分配的影响可能引致贫富差距扩大的"反罗宾汉效应"。从再分配效果来看,从量征收的碳税具有累退性质,可能会在不同国家之间、同一国家不同区域或社会群体之间,产生再分配"反罗宾汉效应",即出现"穷者更穷、富者更富"的"劫贫济富"结果,进而加剧国家层面收入分配的不平衡。从全球视角来看,尽管全球大气与生态系统属于全人类共享的"无差别"公共产品,但发达国家、发展中国家、最不发达国家经济发展水平不一,社会发展阶段不同,从量式征收碳税很容易引致国内与国外双维度上的收入差距扩大效应。根据碳排放治理水平及人均收入水平,大体可将全球国家划分为四类:一是以美国、西欧发达国家为代表的高排放、高收入国家,国民与企业对于征收碳税抱有质疑甚至抵制情绪,尽管其经济体量具备承受碳税负外部性的能力,然而依然面临较大政治或舆论阻力;二是以挪威、芬兰北欧诸国为代表的低排放、高收入国家,国民与企业对气候治理的拥护度和包容度较高,开征碳税所面对的政治及舆论阻力相对较小,并且不少国家已经在通过碳税践行低碳绿色可持续发展理念上取得了积极的实践经验;三是以中国、巴西、印度为代表的高排放、高增长、中低收入国家,此类国家基尼系数大多在国际公认的 0.4 警戒线周围甚至更高,因而,开征碳税无论是对于居民生活,还是对于政府管理,都将带来高企的成本,公众阻力和压力较高;四是低排放、低增长、低收入的最不发达国家,政府面临的首要问题是解决居民基本生活需求,完全缺乏增加气候治理政策投入的动力。

由于气候问题经常成为大国强国进行国际政治博弈的筹码,这使得上述"反罗宾汉效应"更加显著,亟需有力的、公正的国际组织或国家协调引导,为碳定价在国际范围内达成共识构建一个最优的利益补偿机制。

第三,他国潜在"搭便车"行为可能增加本国碳税的隐性治理成本。公共产品供给难以避免"搭便车"行为的出现,与西方经济学"理性经济人"个体假设一致,各主权国家或其政府同样是在有限资源约束下追求本国利益最大化。一方面,开征碳税降低排放,稳定全球气候波动的好处是全世界各国所共享的,碳税征收国无法独揽利益;另一方面,能源利用、经济发展与碳排放"硬脱钩"无疑将带来经济转型阵痛,直接后果是企业成本加大,政府对市场干预加强,市场失灵可能性提高,这些成本则需要本国自行消化。同时,一国碳税调控手段只能影响本国生产和消费行为,而被污染的大气则可以通过自由漂浮、国际贸易、产业转移等多种方式发生跨国流动,单靠国内碳税无法控制。2021年初影响我国北方10省(自治区、直辖市)的极端沙尘天气便是由蒙古国PM10浓度超标所导致的。2015年我国出台《环境保护法》以来在环境治理和污染防控上取得了显著成果,但同时也遭到别国"搭便车"行为。在双边多边碳边界调节机制缺位、跨国碳源追溯机制不完善的情况下,被动碳接收国家必须要提升环境治理力度和投入,才能阻止碳排放总量、强度、浓度的上升。碳税"搭便车"行为增加了部分国家在减排领域不作为,甚至"反"作为的道德风险,提高了碳税实施国的隐性治理成本。

第四,美国可能利用碳税筹码干扰威胁国际经贸秩序的稳定。然而,在百年未有之大变局的当下,美国正遭遇多方面冲击,其公共卫生管理上的放任、《巴黎协定》的不负责任退出、国内能源管理的消极表现,以及在地缘冲突中的煽动作用,已经动摇了其全球范围的信任度。加之美国近年来坚持贸易保护主义、单边政治,不断通过贸易战等方式打压新兴国家,全球气候治理领域极有可能演变为美国强化自身霸权的主战场。此外,欧盟的碳关税、碳边境调节税、环境审查等方式也在一定程度上影响我国的贸易、投资与经济安全。

第三节　贸易投资自由化对中国征收碳税的要求

一、碳税对贸易进出口的影响

鉴于当前全球范围内只有不到三分之一国家实施碳排放相关税收，而且碳税征收国之间尚未形成统一的计税依据和征税标准，所以，征税国企也会在一定程度上降低国际市场竞争力，损失部分国际市场份额。相应地，征税国企业会将损失的国际市场份额"转让"给尚未征收碳税或较低碳税国家的同类企业。因此，如果一个国家是以能源密集型产业为主的国家，碳税征收与否与该国产品贸易竞争力密切相关，尤其对于依赖初级产品和能源密集型产品出口的国家更是如此。这也是不少国家始终难以下定决心征收碳国内税，或者废止已经征收的碳国内税的主要原因。即使是经济相对发达的国家，也会采取征收碳税与其他领域减税降费相结合的措施，对化工、石化、钢铁、有色金属冶炼、交通等受碳影响较大的行业，提供一定的税收减免或税费补贴，同时针对出口产品进行边境税收调整，以期维持大宗商品出口的国际价格竞争力。

严格来说，开放经济中的碳关税也应当划入碳税范围。碳关税的征收对象是高耗能进口产品，征收依据是该产品在其出口国生产过程中所排放的二氧化碳总量或是使用的化石能源总量。碳关税的直接目的是纠正碳国内税所带来的国家间贸易比较优势扭曲，换言之，保护气候标准严格国家的厂商及产品免于受到来自标准相对较低出口国产品的价格冲击，是反不正当、不公平竞争的措施之一。从某种意义上讲，碳关税有可能降低他国"搭便车"的道德风险，推动出口国主动对接更高的排放标准，进而减少高排放产品的生产和出口。

现有的国际经济贸易体系是 20 世纪八九十年代国际产业链大分工的结果。当时国际产业转移的特征是，西方发达国家对亚洲、拉美发展中国家"三高"产业的梯度转移，典型代表是中国、印度和巴西等国大量承接了西方国家制造业中的劳动密集和能源密集环节,相应地,在 20 世纪末和 21 世纪初这段时期内,出现了发展中国家沦为污染"避难所"和发达国家"产业空心化"的现象。随着全球气候问题越加引起各方关注,低碳经济成为争夺核心竞争力和领导力的核心要素,西方发达国家普遍开始执行标准更加严格的碳排放控制政策,逐步取消了原先对高耗能制造业的税收优惠和出口补贴,加速推动此类产业向发展中国家转移。不少实证研究结果显示,欧盟、澳洲等发达国家碳税、碳关税措施的落地,已经对中国、印度等发展中大国产业和贸易发展带来显著的影响——后者国内产业转型、技术创新和能源利用效率提高的步伐有可能赶不上西方国家环境治理标准提升的速度或程度。总体看来,国内碳税与碳关税相结合,会成为新一轮国际产业链布局调整的刺激因素,也将是国际经贸格局调整的潜在变数。

直观上讲,碳关税对国际贸易活动的影响机制比较复杂,大体可以分为影响产品流向、产品流量、产品结构等若干方面。在贸易实践活动中,碳关税也会被视作贸易保护主义的一种形式。在各个国家就全球气候问题达成一致共识之前,减排措施和力度在国家之间的差异性,可以直接表现为贸易比较优势在国家之间的变动,所以碳关税自然而然成为"合理"的贸易公平竞争手段。截至 2022 年 4 月,碳关税只在欧盟通过碳边境调节机制(CBAM)真正付诸实践,同时引起世界范围内的广泛争议和讨论。然而从理论上看,碳关税措施对于倒逼各国提高生产排放控制标准具有一定的积极意义。但是,就我国当前所处的经济技术水平,高额出口碳关税可能进一步吞噬我国在要素投入和出口加工上的竞争红利,因此,探寻一条创新的贸易发展路径迫在眉睫。

从法律维度看,碳关税的法理依据还有待进一步确立,原因在于,碳关税是对生产过程中间投入内容所征收的,中间投入环节发生在国外,是由他国生产方式决定的,而以生产方式差异为理由征税实际上是违背了 WTO 非歧视原则。但是,发达国家从 GATT 中找到环境例外条款与 WTO 相关协定相兼容,从而构成碳关税成立的国际规则依据。这样,经济发达国家与经济发展中国家围绕碳关税的谈判和协商便难以找到统一的标准作为出发点,摩擦无法避免。在全球认可并大力推动包容性可持续发展的大趋势下,低碳、零碳、甚至负碳经济即将成为国家核心竞争力的重要组成部分,所以碳税(包括国内税和碳关税)也将在很大程度上成为国际经济贸易规则调整的重要考量因素。

二、国际贸易对碳税的可能影响

国际贸易活动对环境及碳排放的影响具有双重属性:积极方面在于,贸易活动可以推动低碳新产品在全球的更广泛消费使用,推动低碳新技术工艺在更大范围内外溢推广,进而推动产业的碳脱钩与转型发展;消极方面在于,贸易量的增加会带动生产规模扩大,可能会带来化石能源的需求量和投入量,并进一步引致碳排放体量的增长。

同样地,碳税作为减排的重要实现手段,在国际贸易活动发生过程中也会受到正反两面的影响。消极作用主要表现在,国际贸易过程中伴随的碳泄漏碳转移可能抑制碳税的减排效果(国际贸易自由化带来的碳泄漏影响可见附录)。对于征收碳税的国家,本国生产企业能源使用成本上升,碳密集型产品在国内消费与对外出口中的比重均有可能降低,并带来该国对外贸易结构的改变,即课税国开始增加他国含碳产品进口,以满足本国居民和厂商的消费及中间产品需求。在这种背景下,碳税带来的减排作用很可能被进口替代所抵消,而未开征碳税国家为了赢得国际市场可能增加含碳产品生产及出口规模,最终导致全球碳排放总量并未减少,甚至有所增加。以上就是国际贸易抑制单个主权国家碳税减配效应的主要原因。

积极作用主要表现在,碳税的理念和征收方式可能随着国际贸易展开而在更多国家应用推广普及。从目前碳税在世界范围内的实践来看,征收国内碳税的主要是西欧、北欧等经济发达国家,碳关税只有欧盟开始推行。因此,起源于碳税的国际贸易摩擦频数低、规模小、影响力也不大。而随着越来越多国家将气候和减排问题列入政府重点关注议程,碳税手段将在更多国家,以更大力度推行实施,并相应地引发更多、更复杂的国际贸易摩擦。但是换个角度看,这正是该问题作为全球性挑战得到更大重视的表现,有摩擦就必然有协商和谈判,从而推动国家之间通过双边和多边手段签订协议,最终甚至推动多数国家形成新的一致的碳税和碳关税立场,并在此过程中不断促使碳边境税收调整机制向着更加公平、更加尊重发展中国家利益的方向演变。最终,碳税可能随着在全球的日益普及,成为有效解决气候变化问题的普遍性、普惠性工具。

第四节　考虑国际影响的碳税政策实施建议

第一,加强多边和双边的国际气候合作协调、交涉与谈判。基于上文分析,在全球范围内碳税减排效能的实现必须以减少"碳泄漏"和"碳转移"为大前提,否则,即使碳排放量在某个单一国家得到控制,但全球排放总量仍然有增加的可能。因此,需要建立符合经济学原理的补偿机制,对无碳税约束国家碳排放的外溢性和负外部性进行纠正。与二氧化碳排放类似,PM2.5、PM10等颗粒物污染排放一样具有流动性高、边界难以界定的特征,随着大气流动发生转移和扩散,其在空间和时间上都存在较高的检测计量难度。因此,必须依靠国家之间的政策协力才能切实保障大气这一全球公共物品的供给质量。同时,我国在设计国内碳税体制上,需要考虑开放性经济特征,将碳税、碳交易、碳治理等内容融入已经或计划签订的多边及双边经贸合作协定,建立跨国跨境碳排放联防和治理的机制体制基础,防止因碳排放无国界流动性所引发的无效征税,甚至国际争议现象。

第二,引领推动针对发展中国家利益补偿的公平机制。前文论述的"反罗宾汉效应"可能成为诱发发展中及不发达国家"搭便车"行为和道德风险的重要因素。所以,为了提升气候全球气候治理的有效性,需要针对发展中国家、不发达国家构建一套再分配机制,缓解因碳税累退作用而造成的弱势群体财富损失。对于经济和技术能力受限的国家,通过各种类型的支持项目提升其排放及生态治理能力,规避发达国家将碳税或碳关税作为变相剥削发展中国家的贸易壁垒、贸易武器、贸易歧视等。我国则可以在"一带一路"倡议中加入碳减排能力提升援助项目,或在"税收中性"的原则下将部分国内碳税收入用于对外转移支付,通过建立节能减排等绿色对外援助专项基金,将"一带一路"沿线承受经济与技术双重约束的国家纳入更加广阔的全球碳治理蓝图,作为积极倡导构建气候问题全球利益再分配或补偿性机制的起点基础。

第三,依托"一带一路"倡议以及《区域全面经济伙伴关系协定》(以下简称 RCEP)等区域自贸协定,打造"绿色南南合作"国际合作平台。联合国现任秘书长安东尼奥·古特雷斯曾提出建立"全球零碳联盟"合作框架的倡议,并强调这是围绕人类命运共同体关键问题、真正落实国家间平等对话的重要切入点。而国际性碳税或碳关税公约及协定无疑将是"全球零碳联盟"构成的重要组成部分。当前在新冠肺炎疫情冲击下,包括西方发达国家在内的全球经济复苏缓慢且缺乏内生动力,二战以来形成的由超级强国主导全球公共产品供给的"霸权稳定"格局受到严重动摇,同时,基于"中心—外围"结构的全球价值链及国际产业链、供应链的分布调整已成为无法阻挡趋势。在新的国际环境背景下,构建具有统一协调并兼具集中引导的碳税对话机制不可或缺。然而离开经济合作基础空谈碳治理合作是缺乏抓手的"无源之水""无本之木",因此,"一带一路"倡议和 RCEP 才最有可能成为切实开展低碳经济"南南合作"的平台,在基础设施融通和产能共建的基础上分阶段、有序地推动稳固和谐、公正平等的全球性碳治理新秩序。

第四,客观评价、全面分析并精准预测全球气候变化及国内外碳税征收对我国外贸外资的影响。在准确认识碳税与国际贸易投资之间正反向作用机制的基础上,考虑如何将碳税纳入国家对外贸易与投资新优势培育的战略机制。灵活运用贸易救济、反倾销、贸易投资补偿等一揽子措施,综合运用法律、外交等多元化手段,在务实、公正、灵活的原则下,最大限度降低因碳税而引发的国际摩擦或争端及其带来的经济与其他损失。同时,不能效仿发达国家将气候问题作为获取贸易利益武器的做法,而要始终坚持将二者分开对待的态度。从坚决维护广大发展中国家权益的立场出发,推动国家之间超越制度、体制及意识形态差别的约束,积极响应并推动全球气候问题共商、共治、共享的必然趋势,避免将碳税或碳关税演变为变相的贸易保护手段,推动低碳经济与共同发展目标的实现。

第五,将 RCEP 等区域自由贸易协定打造成为中国推动贸易方式创新、减少贸易"碳泄漏"与"隐含碳"排放、实现高质量发展转型的催化剂。根据本文附录部分的模拟预测,中国服务业比重相对制造业略有下滑。这一结果是在重点考虑货物贸易关税削减的假想情景下得到的,与 RCEP 在货物和服务领域开放强弱分布大体一致——综观 RCEP 协定 20 篇章节与附件,前 7 章所涉内容基本属于货物贸易便利化措施,服务贸易和服务开放的力度不仅有限,而且承诺期限较长(协定生效后 6 年将从正面清单转化为负面清单)。这就使得我们不得不思考,如何尽可能地放大 RCEP 对国内服务业以及对外服务贸易的刺激作用?例如,如何借助货物贸易扩大的契机,带动贸易链相关的服务流动,尤其是像结算、投融资、高端商务、知识产权、保险及再保险等高附加值服务,抑或是货物贸易本身所蕴含的服务元素,包括设计、研发等。此外,数字贸易和远程互联网服务跨境提供所面临的各类制度性梗阻也将成为 RCEP 成员协商的重点。此外,如何根据 RCEP 对不同国家(地区)的影响选择"重点"或"有针对性"的贸易伙伴,也是我国贸易转型需要思考的问题。

第九章
我国碳税征收的制度设计研究

"十四五"规划和 2035 年远景目标纲要中也明确了实现"30·60"目标的相关要求:"落实 2030 年应对气候变化国家自主贡献目标,制定 2030 年前碳排放达峰行动方案。完善能源消费总量和强度双控制度,重点控制化石能源消费。……锚定努力争取 2060 年前实现碳中和,采取更加有力的政策和措施。"因此,在我国已实施碳排放权交易的背景下,还应在碳减排途径、机制和政策上拓展思路,重新审视征收碳税的问题,将碳税作为实现"30·60"目标的重要政策选项。有必要将征收碳税作为进一步加大碳减排调控的政策选项。但征收碳税应权衡经济社会发展与碳减排之间的关系,基于新发展阶段的国家利益需要,因时制宜选择碳税的实施路径,协调碳税与碳排放权交易的关系,制定相关实施策略。

第一节　碳税的目标、原则与功能定位

遵循十九大以来对国家治理能力与治理体系"两个现代化"的要求,碳税顶层设计应当坚持法治化和市场化两大原则。关于法治化,要利用法律的强制性为气候治理提供兜底保障,要利用法治手段的稳定性形成低碳转型的长效信号,也要利用法治手段保障碳税的效率与公平。关于市场化,要利用显性碳价充分发挥市场对气候容量资源的配置作用,提高碳减排政策的成本有效性,尽可能降低碳税对宏观经济的冲击。与基于政府调控的行

政手段相比,市场化手段的减排效率更高,并可避免"由政府挑选赢家"的争议,和行政补贴引发的国际贸易摩擦。碳税顶层设计是在全球的气候治理目标和国内的"两个一百年"奋斗目标共同指引下进行的。积极应对气候变化既是我国履行排放大国责任的表现,也是国内经济发展和深化改革的内在要求。在"两大指引"之下,碳税应当充分关注温室气体减排、经济影响和社会公平三个方面的权衡。碳税既要实现我国 2030 年的排放达峰目标,还要保证碳税的经济友好性和社会公平性,不能加重经济下行压力,也不能拉大贫富差距。为了实现"三大目标",碳税顶层设计可以分解为"四项任务",即通过协调能源、环境政策形成长期稳定的减排约束,通过合理的政策选择与演化培育成本有效的减排手段,通过配套财税改革确保减排的经济影响可控,以及通过配套社会政策形成公平合理的减排负担。

坚持法治化与市场化的基本原则,要求碳税顶层设计必须解决两大关键问题。

一方面,通过立法与政策协调实现稳定有效的减排约束。碳税顶层设计首先要通过立法明确应对气候变化的法律地位,在此基础上加强碳定价与其他政策之间的协调,确保碳排放约束长期稳定性和制度有效性。首先,通过碳排放约束的综合调控来协调碳税与协同政策之间的关系。在统一控排目标下,合理分配碳税及其协同政策的减排覆盖范围和强度需求,以避免出现碳排放多重管控但总约束力度不足的问题。在协同政策可实现国家总体减排目标时,碳税政策可不额外增加减排力度,但必须通过严格的排放监管实现减排效果的监控和保底作用。当协同政策无法满足长期的减排需求时,碳税政策则应加强约束力度,管控剩余减排空间。其次,充分发挥碳税与环境监管的协同效应,结合排污许可平台形成企业排放的长效监管。排污许可制度是一项基础性环境管理制度,是政府执法、企业守法、公众监督的重要依据。依托排污许可平台实施多因子排放监管,可以充分利用有限的政府资源,并且可行性较高。

另一方面,合理选择碳税工具实现最小成本减排。在全国碳市场已经启动的情况下,碳税的短期任务是要通过完善全国碳市场的产权制度建设和市场机制建设来保证碳市场的活力。产权制度建设方面,全国碳市场应进一步明确碳排放权的资产属性。其中,准物权既符合碳排放权的法理属性,也能满足政府调节配额总量的实践需求。市场机制建设方面,全国碳市场可以利用委托拍卖机制来激活一级市场,在免费分配的同时,增强碳市场的价格发现能力。全国碳市场也应该考虑借助碳金融工具来活跃二级市场。金融工具,尤其是碳期货、碳期权与碳远期等金融交易工具可以增加市场交易主体,降低交易成本,对提升市场活跃度有重要意义。除此之外,还应当充分发挥电力市场改革与碳市场的相互促进作用。长期来看,我国可适时引入碳税机制。在中国国情下,碳税更易实现市场对气候容量资源的配置作用。首先,碳税的法律效力更高,更易通过法治化手段为市场主体提供稳定的碳价预期。其次,碳税提供的价格信号更加稳定、明确,不会受市场势力和政府干预的影响。因此碳税可以通过更强的法治保障和更稳定的价格信号发挥好显性碳价对低碳转型的激励和引导作用。其一,碳税与碳市场并行可以扩大碳税覆盖范围。碳市场主要覆盖排放量大且监管成本低的排放行业。碳税主要监管成本高的中小型排放源。其二,碳税可以为碳市场的底价设置提供价格参考。基于市场化原则,碳税与碳市场间应建立价格联动机制,尽可能使得两者的碳价具有可比性。

第二节　碳税税制要素的设计

一、税种设置

由国外实施碳税政策的实践和经验可知,可以通过两种方式实现碳税征收:一是对现存已有的碳排放相关税收进行“碳税化”改造;二是在现存税收种类基础上额外对二氧化碳排放设置独立碳税税种。

（一）对现行税种进行碳税化改造

碳税的“间接征收”方式是对石油原油、天然气、煤炭和成品油等化石能源和燃料征税,其依据是估算碳排放量与燃料消耗之间的稳定性数量关系。

以这种比例关系为基础改造重置相关税率,对化石燃料进行附加征收,从而实现对排放行为和排放量约束的目的。

综观我国现有税制结构,资源税和消费税是两类适宜于进行碳税改造的税种。由于我国当前能源消费结构主要以煤炭为主,而天然气是排放强度较低的清洁能源,结合 2020 年中央经济工作会精神:"推动煤炭消费尽早达峰……完善能源消费双控制度。"因此,需要将煤炭和成品油作为调控重点,考虑以煤碳资源税和成品油消费税为基础,将其改造为主要碳税税种。具体方案建议为:对现有的煤碳资源税和成品油消费税增加一定额度的附加征收,加征额度(即新税率)需要评估两类燃料的碳排放系数。例如,目前汽油消费税率为 1.52 元/升,假设碳税起征额为 100 元/吨,那么通过换算可知,需要对汽油消费征收 0.22 元/升的消费税附加。

(二)设立独立的碳税新税目或税种

直接将碳排放量作为税基,在现有的能源、燃料相关税种之外,设立名为"碳税"的新目种,更加符合当前全球环境问题演进的趋势和要求。但是,现阶段我国已经设立环境保护税税种,而且现行环境税在税制设计上已经再三考虑研究过纳入碳排放,因而将碳税作为环境保护税下的一个子目,也是一种制度成本更低的可行选择。

前文所述的改造现有燃料税种属于在生产环节征税,而直接设立碳税并以排放量作为征收对象,是在物质能源的中间使用或投入环节征税。此外,旧税改造是将资源开发和燃料消费的企业及主体视作纳税人,而碳税新设则是把直接将二氧化碳排入大气的企业及个人作为纳税人,因此后者将涉及建立碳排放量的核算和统计指标体系。

(三)两种税收实施路径的比较

两种路径各自的优点缺点均比较明了,综合效应来看,难以区分显著的优劣,因而都有可能成为我国碳税制度改革的选择。

对现行税种进行碳税化改造的优势在于:无须针对开设新税种税目进行论证、设计、立法,完全在现有成熟的税制框架下进行调整,技术难度相对较低,体制性和机制性改革成本相对较小;能够在较短时间内快速出台并执行生效;征管设置在生产环节中煤炭和石油加工品的使用,简单便捷。缺点或劣势在于:煤炭开采属于生产环节或产业链的上游,其下游产业主要为电力、热力制造供应部门,尤其是电力部门价格管制严格,电价和供暖价格存在上限,因而上游税负向下游产业及企业转嫁和传导的通道基本较窄,进而部分上游企业可能承担碳税和碳交易的双重调控压力。

设立独立的碳税新税目或税种的优点在于:明确响应我国"30·60"的双碳目标,直接以二氧化碳排放为切口,积极向企业和国际社会释放出我国贯彻减排战略的决心信号;征收对象为企业和自然人,有助于明确界定碳税与碳交易两类调控杠杆范围边界。其缺点在于:新税种税目开设需要相关立法配套跟上,法案从策划、起草、征询意见到正式颁布,可能需要消耗较长的时间;只能对企业征税,居民生活消费产生的排放可能漏征,从而带来国民收入部门间分配的不公平。

二、税率与税收优惠

首先,明确限定征收范围。理论上看,碳税征收对象应包括在生产经营过程中产生排放的企业、厂商和单位,以及在消费生活过程中产生排放的家庭和个人。实践中看,直接对家庭和个人征税对征纳技术有较高的要求,也将带来相对较大的征管成本,且碳税的累退性质不利于缩小居民间收入分配差距,因而对企业、厂商、单位、其他生产经营者等征税的现实可操作性较高。但与此同时,交通运输部门,尤其是汽车燃料能源消费是全球范围内碳排放的主要来源,在我国也是如此,因此居民生活用车理应被纳入碳税征收范围,以此实现对居民行为负外部性的矫正,推动低碳出行和低碳生活的发展及推广。

第二,选择低税率起步。由现有文献研究可知,最优碳税率应等于排放活动的边际社会成本,才能够将排放造成的外部损失内生化。然而税率设定不能一蹴而就,起征税率过高可能造成社会经济波动加剧,损害市场主体预期,对经济增长、社会发展、居民福利等造成不可逆的损失。因此,需要设计一条循序渐进的渐进式改革路径——以相对较低的税率起步,逐步提升企业和公众对碳税的认可及包容程度,提升市场主体对税负成本的预期,随后再逐步提升调整税率,以完成不同阶段的减排目标。这是考虑到我国社会经济的发展阶段,为了能够对纳税人碳排放行为形成一定影响,同时不能过多影响中小企业的发展的现实选择。同时,从碳交易试点情况来看,尽管目前我国部分地区碳市场的价格可以达到每吨二氧化碳 100 余元,但在企业的初始配额实行免费发放的情况下,这只是企业超过配额后的碳排放的价格;如果考虑企业全部二氧化碳排放量的话,实际成本将会很低。国外已开征碳税的国家在起步阶段也多数选择较低的税率水平,其后再根据情况提高税率水平。因此,与碳市场中的碳价格相协调,碳税不可避免地需要采用低税率起步的制度设计,再动态进行调整。建议在中央层面设定最高征收标准,由各地统筹考虑本地区二氧化碳排放情况和经济社会及生态发展目标,在最高征收标准内实施差异化、累进式的碳费方案,对不同碳排放企业实施不同的费率,并从较低征收标准起步,动态调整提升,逐步使其高于企业碳排放治理成本。

第三,采用简易计税方式。在计税依据方面,理想方式是通过精确核算直接进入大气中的二氧化碳量来计征碳税,但是实践中直接碳排放量的测度有一定计算难度,因而在碳税制度尚未成熟的初期,可以依据化石燃料使用量和含碳系数来计征碳税。排放系数由化石燃料的种类、特征及其他相关参数决定,化石燃料使用量乘以排放系数即可得到总的含碳量。随着碳捕捉、碳封存等技术的不断发展、成熟与推广,未来依据实际直接碳排放量来计征碳税将成为可能。和碳税率由低向高、适时调整的渐进式发展路线一样,从依据化石燃料消费间接征税到根据碳排放捕集直接征税,也是一个逐步过渡的改革过程。具体操作上,考虑到碳税的征税对象主要是中小企业,为了降低征管成本和企业管理成本,碳税应尽量采用较简易的计税方式。应在企业二氧化碳排放量的确定上采用简易的方式,直接根据化石燃料消耗量和排放系数计算排放量和应纳碳税额,而不是分行业考虑各种特殊因素。这样做,尽管可能存在着一定的不公平性,但有利于降低企业在核定碳排放量上的成本以及税收征管成本。

三、碳税收入使用与分权

实施"财政收入中性"的碳税或碳市场可以尽可能减少碳定价对宏观经济的冲击。与环保税不同,我国碳排放规模极大,碳定价收入可达到千亿级别。面对我国公共财政收入与企业税收减负的双重压力,"财政收入中性"的碳定价可以在保证国家财政收入持平的情况下改善税收结构,提高社会总福利。在我国落实减税降费的背景下,我国应在开展碳定价立法的同时建立税收返还机制,降低扭曲性税负,并改善间接税过高的不合理税收结构,减少其对企业创新研发、市场化改革等方面的负面影响。

按照收入中性原则,碳税收入用途可采用两种方案:一是纳入专户定向预算,主要对有利于节能减排、环境保护、清洁绿色技术的活动提供补贴、支持、返还;二是纳入一般公共预算,与其他税收收入一起用作统筹安排。前者是不少发达国家在实践碳税政策中所采取的手段。例如,在澳大利亚,一半以上的碳税收入被转移给低收入家庭;在瑞典,碳税收入可以用于支持补贴养老基金赤字;在法国,政府为清洁生产企业签署"绿色支票"的来源大部分是碳税收入;在英国,碳税收入直接进入"碳基金"用于补贴社会福利体系和工业企业节能投资。但是,在具体政策操作中,定向使用增加了政府寻租机会,提升了企业道德风险,在现行条块分割式的行政管理体制下,长期设立专项预算可能导致部分资金的部门锁定,带来预算碎片化,降低财政资源配置的效率性和完整性。因此,纳入公共预算统筹较为符合现代科学税制的一般要求,也是实现庇古税"双重红利"效应的财政基础,因为只有这样才能与企业所得税、个人所得税等其他重要税收类别进行精准对接,为激励企业创新研发、支持居民生养教育、不断积累创新资源及人力资本开拓政策空间,以精准减税抵消碳税增税的消极影响,推动环境改善"绿色"红利和经济发展"蓝色"红利的双赢。

在我国近年来实施的几轮减税降费政策和新冠肺炎疫情期间阶段性减税降费政策的情况下,目前我国的个人所得税实施了包括提高基本减除费用标准、优化税率结构和增加专项附加扣除政策等减税改革。同时,对增值税实行简并税率等深化改革,目前已将制造业等行业现行16%的税率降至13%,将交通运输业、建筑业等行业现行10%的税率降至9%,未来还将进行降低和简并税率的改革。此外,还将实施下调城镇职工基本养老保险单位缴费比例等社保缴费改革。这些减税降费的改革措施,已经使得我国的宏观税负和企业税负在逐步降低。2020年初发生的新冠肺炎疫情更是为我国经济运行和财政收支增加了新的压力,为支持企业复工复产和保障经济运行,财政加大疫情防控财政资金的投入,并新制定实施了一系列的阶段性减税降费政策。2020年全国一般公共预算收入同比下降了14.3%,税收收入同比下降16.4%。显然,在新冠肺炎疫情对世界和中国经济带来巨大影响和更多不确定性的背景下,我国政府将面临更为严峻的财政收支压力。随着我国相关减税政策的实施,其可以为成品油消费税税额的提高提供一定的税负空间,也为实施绿色税制改革提供了可能。结合中国未来税制改革趋势,可考虑在开征碳税改革中采用以下策略,即将未来进一步降低社保缴费或实施减税的改革与开征碳税结合起来,以开征碳税增加的税收收入来弥补减税降费带来的收入缺口,从而在保持我国宏观税负稳定的同时,实现促进碳减排和就业等方面的双重红利效果。

为了更加有效地实施一般预算统筹安排,碳税收入在央地政府间划分上,应当纳入中央预算收入更为合理。主要原因包括三个方面:一是碳排放本身是跨越行政边界地,因而无法将碳税收入精确界定为某一地方收益,而是属于全国性税收收入;二是如果碳税收入归入地方财政收入很可能导致地方政府为增收而在减排上不积极、不作为,因为排放量越大,政府潜在收入越多,从而变相刺激"寻租"行为;三是地区之间产业结构差异较大将导致碳排放以及碳税征收规模的区域间不均衡,可能加剧业已严重的区域间收入贫富差距,而作为中央税收则可便于中央政府通过转移支付平衡地区差异。尽管我国当前将环境保护税作为地方独享税,然而可类比印花税的央地财权划分做法(中央政府获得证券交易印花税,地方则获得其余印花税种),在必要的时候调整现行税收征管和分配入库制度,通过合理比例的中央对地方转移支付,建立起中央和地方收入共享机制,充分释放地方政府贯彻减排措施,加强碳税征管的积极主动性。

碳税收入的央地财权分配中,需要注意缓解地方债务风险。碳税和基于有偿分配的碳市场可以增加地方的财政收入,在为地方政府提供气候治理激励的同时,缓解地方隐性债务风险。目前,我国地方政府的财政支出与收入分别占全国总体的 85％ 和 50％,存在明显的财政缺口,且面临较大的隐性债务风险。为维持地方经济发展,地方政府除发行地方债券外,还通过地方融资平台和国有企业向金融机构借贷。这一债务由地方政府的信用背书,将增加其资金压力,形成隐性债务风险。据统计,地方隐性债务约为 30 万亿元,结合我国总债务余额 29.95 万亿元,政府广义负债率已经超过了60％ 的预警线。利用碳价收入弥补地方政府的财政缺口,可以改善财税体系结构,形成更有利于小、微企业的经济环境。目前,地方政府的隐性债务已将挤占我国 15％ 的银行信贷资源(李稻葵,2018),扭曲了企业的融资成本。地方债务具有低风险、高担保、利率高且额度大的特点,在银行的信贷投放偏好更高。地方债务的高筑将变相提升私企民企,特别是小、微企业的融资成本。将碳税收入用于减少地方债务存量,释放信贷资源,可在一定程度上提升碳税的社会总效益。

四、征收环节选择

选择化石能源生产环节还是消费环节征收也是碳税制度设计上的争议之处。根据第七章的情景模拟结果,在生产环节征税所带来的宏观经济成本将低于在消费环节征税。无论是从 GDP、就业、投资或是贸易的标准衡量,这一结论普遍成立。此外,生产环节征收在实施过程中,带来的经济结构性调整幅度较低,无论是产业结构还是就业结构,均未经历较为剧烈的变动。同是,从税收征管实践来看,在生产环节征收碳税有助于有效控管税源和降低征管成本,具有操作的简便性和现实可行性。但碳税目的是通过影响消费者行为选择来达到减少排放,加之我国目前的资源价格形成机制不完善,税负难以从生产环节传导给消费者,显然将征收环节设置于消费环节更为合理。从既积极稳妥推出碳税,又尽量弱化负面影响的角度考虑,可考虑在碳税实施初期选择化石能源开采和生产环节征收,未来随着征管能力的提高和控管条件的具备,再将征税环节调整为消费环节。

第三节　碳税与碳排放权交易体系的协调

由于我国碳排放交易市场和制度的建立先于碳税开征,因而实施碳税在制度设计上比较重视两类调控措施之间的分工性和协调性,才能保证碳税的公平与效率。二者之间要实现协调发展与良性互动,需要首先明确各自的调控范围和调控力度。

一、碳税与碳交易的征收范围边界协调

如果对现有税种进行碳税化改造,意味着在生产环节征收对煤炭开采征收资源税和对石油加工产品征收消费税,那么对于已经纳入碳交易范围的煤炭开采企业和成品油消费企业,既要进行碳排放总量配合控制,又要缴纳纳税,便会产生"双重调控"的局面,碳税与碳交易的调控边界便会产生很大程度的叠加和重合。

2021年出台的《碳排放交易管理暂行条例(草案修改稿)》进行过如下规定:碳排放配额分配初期以免费分配为主,根据国家要求适时引入有偿分配。因此,在碳税调控初期,企业可以免费获得碳排放配额,同时碳税起征尚处于较低税率,可能并不会给面临"双重调控"的企业造成显著的额外负担。从这个意义上讲,政府还不需要花费大力气进行碳税和碳交易的协调。甚至可以理解为,此时碳税是碳排放交易制度的补充,已纳入碳交易的企业缴纳碳税,本质上是为获取碳配额支付一定形式上的"价格"。而在动态碳税制度下,随着碳税税率上调,才开始显现出对二者进行调控边界划分的必要性,此时可以考虑针对进行碳交易的企业提供一定的税收减免政策,防止对这类企业造成过重的负担。

再看另一条实施路径。如果开设新的以"碳税"为名的税种或税目,那

么碳税与碳交易调控范围重合叠加的可能性更高,因为此时所有纳税人均为企业。由于现阶段我国碳排放交易进入门槛较高,因而即使在较低的碳税率下,就应当从初期防止将两类杠杆叠加于同一企业。可借鉴欧盟规定,将已经进入碳交易市场的企业剔除碳税征收框架。但值得注意的是,过去几年间随着欧盟对于减排推进力度的加大,成员国对减排措施的贯彻更加彻底,部分国家为实现目标,也开始允许一些缴纳碳税的企业从事参与碳排放权交易。所以,"双重调控"在现实政策实践中并非完全行不通。2020 年生态环境部颁布的《碳排放权交易管理办法(试行)》为进入全国碳排放权交易市场制定了较高的门槛,规定只有温室气体排放量每年超过 2.6 万吨二氧化碳当量的重点排放企业才能够被纳入国家碳市场(ETC)。这也说明,未被纳入碳交易体系的中小企业,将成为碳税的主要调控对象。

从公平角度来看,无论是只将高排放企业纳入碳交易体系,还是只对中小规模排放企业征收碳税,均有可能缺失一定的公正性。表现为:对于中小规模排放企业,碳税是以其全部排放总量作为计税依据;而对于重点高排放企业,只有超出排放配额时才需要支付购买成本,低于配额时甚至可以通过出售排放权而获取利润,并且现阶段还可享受国家免费分配的排放配额。尽管随着有偿分配体制的建立,上述不公平状况可能逐渐得以完善,然而碳税税率的提高依然有可能带来不公平再分配加剧的情况。

二、碳税和碳交易定价水平的协调

对于缴纳碳税和参与碳排放权交易的企业,制定理论上相同的碳价,是再分配公平的基本要求。至少在碳排放份额免费分配的情况下,企业面临的碳交易市场价格,与缴纳碳税企业所面临的成本价格,无法简单地对等。由于碳交易企业只需为其"超额"部分支付价格,那么其平均碳价无疑将会相对较低。所以,尽快建立并完善有偿的碳配额分配制度,是两种碳价之间实现可比及对等的基础,也是碳税与碳排放权交易之间进行价格协调的要求。

尤其是如果设立独立的"碳税"新税种或税目,则必须制定相当低的税率水平,才能与在碳配额免费分配相"匹配",尽可能地消除高排放重点企业与中小排放规模企业之间的定价差异。但此时相应地,必须扩大碳税征收范围才能使碳税的调控作用得到较为充分的发挥。因此,为了确保两种调控方式的定价一致性,需要在完善有偿分配制度的同时,制定较为合理的碳税税率,设置针对碳交易企业的适度减免措施。此外,碳交易市场同样可能出现市场失灵,表现为碳排放权买卖中所形成的价格不合理——价格过高会抑制企业生产投资积极性,价格过低则无法实现减排目标。

为了实现碳税与碳排放权交易之间的定价对等与协调,需要在合适时机引入碳地板价机制(carbon price floor)。在具体做法上,可借鉴英国或欧盟国家,通过计算本国碳税税率与欧盟碳交易市场之间的差价,将其作为碳价支持(carbon price support)税率附加于气候或环境税之上,一旦碳交易市场突破某一底线,将通过碳税对交易企业征收额外税收;换言之,以碳税的方式为碳交易价格划定了最低下限,为碳交易市场提供一个相对明确的参考价格。这一机制为适用不同调控手段的企业适用相对公平的碳价提供了解决方案,不失为碳税与碳交易之间的一条有效协调路径。

第十章
结论与政策建议

　　中国全面开展气候治理的承重期,正处于国民经济与社会发展的关键历史节点。一方面,中国承诺在 2030 年左右实现二氧化碳排放达峰且争取尽早达峰,减排责任与国际压力正在日益增大。另一方面,为了实现"两个一百年"的奋斗目标,中国必须在 21 世纪中叶之前继续保持经济中高速增长的趋势。为保障经济增长和气候治理目标的同时实现,中国亟须进行气候变化政策的顶层设计,形成气候治理的长效约束,同时创新治理路径,在发展的过程中完成经济增长与碳排放的彻底脱钩。碳税无疑是我国完善气候治理顶层设计的核心议题。本书证实了碳税能够激励排放主体将碳排放因素纳入生产与消费决策中,诱发经济和技术低排放、环境友好的生产乃至生活方式转型。长期来看,我国可适时引入碳税机制。在中国国情下,碳税更易实现市场对气候容量资源的配置作用。首先,碳税的法律效力更高,更易通过法治化手段为市场主体提供稳定的碳价预期。其次,碳税提供的价格信号更加稳定、明确,不会受市场势力和政府干预的影响。因此,碳税可以通过更强的法治保障和更稳定的价格信号发挥好显性碳价对低碳转型的激励和引导作用。

　　围绕碳税与技术创新的影响关系及其具体传导渠道,本书主要结论与政策启示可归纳如下。

　　第一,碳税政策具有显著的碳排放强度抑制效应与清洁技术偏向型增长路径转换效应。因此,为了更加有效地支撑我国碳达峰碳中和目标,未来全国性碳税制度的建立和改革将成为必要之举。由碳价格而诱导(引导)的内生定向性(有偏性)技术创新是碳税政策产生碳排放强度抑制效果的关键传导渠道。在以逐利为目标导向下的市场主体行为中,企业或厂商面临在现有非低碳技术(重复投资)和未来低碳技术(创新投资)之间进行选择,且经济体系中技术存量乃至研发强度的提升也并非能够确保以低排放为导向的技术转变或进步。本书对外生性技术冲击的影响模拟表明,整体性技术创新并不完全等同于低碳技术创新,而前者从动态效果上看甚至可能引起碳排放总量和强度的增加。这一结果为政府尽快实行碳税调控提供了理论支持。从一般均衡的理论视角分析,在排放成本为零的经济系统中,低碳或清洁型技术在研发率和交易率上往往很难取得进展,一旦投资和学习成本较高,一般均衡结果必然锁定在高排放的稳态增长路径上,因而需要政府实施碳税改变市场分工、需求结构、效用水平,才能打破技术发展的污染锁定局面。而为了充分实现并发挥技术创新的碳脱钩作用,国家及政府在实施技术创新策略时,单方面强调重视研发投入是不够的,而应当在必要时提供适当的政策干预,推动研发创新活动的目标、重心和路径向绿色技术、低碳技术、清洁技术偏向。同时,需要为碳税政策定向技术诱导效应的实现提供市场机制和法律制度保障:一方面,为碳税改革构建完善的法律法规制度支撑;另一方面,增强政策信息透明度和可得性,稳定企业、厂商、投资者对于宏观经济及投资环境的预期和信心,提高对碳税政策、机制、细则的宣传力度,提升潜在纳税人对政策实施的接受度与参与度。

第二,碳税政策的排放抑制效果可通过能源结构和产业结构两大重要传导渠道来实现。因而在理想情形下,随着碳税改革的不断推进完善,能源结构应当走上一条清洁及可持续能源比重逐渐上升的优化路径,产业结构应当呈现出低碳产业获得更大发展空间的优化局面。但是在现实中,市场垄断、行政分割、地方保护等因素的存在常常导致能源和产业结构的转换面临障碍,而一旦传导渠道不够畅通,碳税的价格调节机制便无法有效发挥作用。对此,一是应当继续推进要素市场化配置改革,为能源价格市场化提供制度基础,使碳税政策的价格调控机制得以有效通过能源价格及成本变化来拉动能源消费结构变动;二是尽量避免过多使用行政干预手段控制高排放行业和企业,尤其是关停或限产等措施应当慎用少用,取而代之的是更多的市场化手段;三是关注重点调控行业和企业,为其顺利度过碳价格上升过程中的阵痛和调整提供一定的经济类、非经济类支持,推动产业及经济结构碳化转换的顺利平稳进行。

第三,碳税政策对低碳技术进步的引导还体现在其对能源效率的影响上。征收碳税的直接影响是增加企业的能耗成本与税收负担。从短期角度看,由此产生的生产要素替代效应(主要是资本投入替代能源投入)、能源结构优化效应(主要是可再生能源替代化石能源)将通过低碳技术转向从而推动能源效率提升;从长期角度看,主动寻求低碳技术改进的企业可能会形成一定的市场垄断和竞争优势,推动行业集中度上升,从而产生规模报酬递增的现象,并且通过整合投资、研发、生产、物流等产业链各环节,带来产业整体能源效率的改善。这样,碳税制度下创新溢出效应可以通过三种方式得以实现:一是大企业在完成技术研发利用后得以提升劳动生产率并扩大产出规模,或者释放原有的过剩或潜在产能;二是大企业收购兼并中小企业,对收购设备进行技术更新和升级改造后提高劳动生产率和能源效率;三是中小企业购买新的技术成果和生产设备,通过技术吸收利用从而增加产能、提升效率。在上述方式的作用下,技术更先进、能源效率更高的先进生产设备将替代原有设备,从而提高经济系统的能源效率。

第四,碳税所引致的内生偏向型技术有助于降低甚至熨平其对经济社会的长期负面影响。征收碳税将促使企业主动改变传统技术投入行为,选择进行低碳技术研发投入,从而产生显著的清洁技术偏向型急转转变效应。因此,碳税开征尽管将在短期内冲击抑制产出和增长,但从长期来看,将激励高排放企业投入更多资金进行低碳技术创新,提高企业技术创新能力,促进企业优胜劣汰,最终推动运用更先进技术的产业得以发展,从而实现经济结构优化及可持续发展。为了保障这种内生性绿色偏向型技术进步机制的顺畅发生乃至形成规模经济效应,政府可从两方面提供机制保障。一是利用财政补贴、税收减免、清洁绿色技术专项基金、产业风险投资基金等手段,分摊企业厂商从事清洁或低碳创新技术研发的固定学习成本,以及新技术、新产品的市场推广成本,降低创新企业的单位产品价格,从而实现传统技术分工的市场结构向更高水平的清洁型技术分工转变。二是推动清洁技术和产品交易效率的提高。基础设施不完备、市场交易制度不健全、居民消费习惯路径以来等因素均是阻碍碳税激励企业主动创新和从事技术交易的主要因素,针对以上影响因素,政府可以提供的公共服务包括:增强基础设施建设力度以便利清洁技术产品的使用,例如新建充电桩有助于新能源汽车的市场推广;加大舆论宣传,倡导清洁绿色消费方式和生活方式,扩大清洁技术的应用场景。

本书所得出的上述结论,具有以下意义。

第一,丰富了中国特色社会主义理论中关于政府宏观调控的内容,尤其是财政政策和税收理论。在中国当下要素市场发育尚不完善、能源价格信号扭曲导致资源被过度开发利用的现实下,本书论证了政府通过财税手段调节纠正市场失灵的合理性与可行性。第二,本书论证了通过适当的碳税税制设计和安排,能够起到刺激企业开展能源节约型技术创新的激励作用,不仅有助于改善环境治理,推广集约型生产技术模式,而且将助推自主创新,符合国家"绿色""创新"的新发展理念。第三,为完善我国相关的税制体系提供了理论依据。在合适的环节设立碳税,将改善我国现行的资源、能源、环境类税收零碎繁杂、重复征税的局面,一方面能够以较低的税率创造较高的政府税收收入,另一方面也会以较低的宏观经济成本,发挥改善整个经济系统能源效率的作用。

一、明确以市场培育为目标的碳税改革方向

将碳税改革明确写入 2030 碳达峰行动方案,一方面有助于表明国家对于双碳目标落实的决心和立场,另一方面对于为市场提供可预期的政策信号也具有重要意义。同时,如何保证宏观税(费)负的整体稳定性,也是碳税改革必须解决的问题,尤其是增设新税的同时减税降费,利用碳税收入进行适当的转移支付,实现绿色税收中性。只有在这一关键问题上交出令市场主体满意的答卷,才能从本质上减少碳税改革的阻力,实现既定的减排目

标。近年来,国家从中央到地方通过优化改善营商环境,不断推动企业减税降费政策的贯彻落实,恰好为启动碳税创造了政策空间。

现有以全国碳排放权交易市场为主体的碳定价实践已经显现成效。首先,在碳价的激励下,企业开始将排放配额作为生产要素之一,有利于碳排放的外部成本内部化。其次,促进了企业低碳创新,我们研究发现,碳价信号越显著,对低碳技术创新的诱导作用就越强。再次,强化了应对气候变化的能力建设,增强了政府部门的碳排放监管能力,也提升了碳排放主体对自身排放行为的管理能力。最后,体现了中国参与全球气候治理的积极态度,通过加入国际碳定价体系,提升了在全球气候治理领域的话语权和影响力。然而现有的碳定价体系也面临着缺陷和不足。第一,碳定价缺乏坚实的法治化基础,未能形成长期有效的减排约束,严重依赖"搭便车"式的治理结构和"运动"式的治理模式。第二,以行政命令手段为主的能源、环境政策缺乏费用效益分析,控排成本较高。部分地区虽已启动碳市场,但其市场化减排效果欠佳,并未充分实现市场均衡并达到降成本的作用。第三,低碳转型在改变我国能源结构与产业结构的同时,也伴随就业、民生等领域的公平性问题。以上局限性,客观上使得构建碳税与碳交易双管齐下、双轮驱动的市场化碳排放调控机制成为必然。

作为遏制过度开发利用自然资源,尤其是能源类资源的重要政策工具,碳税不仅有助于减少温室气体与污染物质排放、缓解温室效应,而且可能降低有限资源约束对生产可能性边界的限制,进而改善经济效率。然而现阶段,中国税收体系中尚未设置专门的、独立的碳税。包括成品油消费税、资源税、车辆购置税、车船税在内的若干专项税种均是以能源或使用能源的产品为征税对象,难以避免在税收实践操作中重复征税,增加居民或企业的负担。此外,能源类税种过分零散化和碎片化,将限制税收对环境治理的引导作用以及对收入分配的调节作用,不利于国民经济的节能增效,不符合国家高质量发展的战略要求。因此,以上多方面原因共同呼唤专项的碳税设立和开征。设立开征统一的碳税,将改善中国现有税制体系中能源类税种名目繁多、零散碎片的局面,不仅有利于实现节能降耗、减轻税收负担,而且对增加财政收入、调节收入分配也有积极作用。但是,新税种的设立必须考虑其宏观经济成本。

权衡碳减排与经济社会发展之间的关系,是正确把握碳税改革方向的重要要求。碳税尽管在实现碳减排目标上有立竿见影的效果,也不可避免地,尤其在短期,将会对经济增长、企业投资和居民消费等方面造成暂时性的负面影响,因此,碳税的开征和推行极有可能遭遇来自企业和社会等各方面的阻力。这是我国一直暂缓实行碳税的主要原因,也部分解释了澳大利亚、法国、日本等部分国家推动碳税改革实践中所出现的反复与曲折。作为超大市场国家,我国一旦开征碳税,所带来的社会经济各方面的相关影响及波及效应无疑更加复杂深刻。因此,国家选择首先实行经济社会影响较小的碳交易制度,以此降低全面减排战略实施的阻力和成本。下一步,为了确保"30·60"双碳目标的顺利实现,扩大减排调控范围,将未能纳入碳排放交易权体系的企业、自然人等市场主体,逐步统筹进碳税制度体系,将是大势所趋。作为第一步,必须在开征之前对碳税的各种目标及影响进行综合评估、反复权衡,依据不同时期和阶段的经济社会形势、国内外环境、能源价格水平等,对包括征收范围、征收方式、最优税率在内的碳税制度进行设计及优化,配合相关政策措施,最大限度降低经济社会波动与成本。

在碳税改革的具体操作上,可以采取渐进式改革方式,分地区、分行业推行碳税试点。碳税制度的设计应综合考量区域经济发展状况、纳税人承受情况等因素。从地区看,碳税征收可以首先选择几个碳排放强度较大的地区进行试点;对于已经成立的绿色金融改革创新试验区,其制度安排和基础设施较为完善,也具有坚实的试点基础。从行业看,有的行业在总碳排量中的占比较高,可以选择这些行业开展试点工作。

二、建立激励与约束相容的碳税政策

尽管碳税政策实施的主要目的是约束生产、经营、消费活动中的排放相关行为,但在约束限制的同时,适当引入激励措施同样能够起到事半功倍的调节效果。碳税的约束措施主要包括提高基础税率,累进制税率等;激励措施主要包括固定资产加速折旧，研发支出加计扣除，科研人员工资支出抵扣，低碳设备固定资产投资补助（例如"首台套"政策）等。同时，在碳税征管实践中，各种政策措施之间的衔接和匹配，也能在各种意义上提升碳税制度的激励绩效。特别地，由于碳交易制度对于大型资产设备与大规模产出企业的调控更具有适用性，且有可能成为企业额外增收来源，因此如果配合得当，碳税与碳交易能够通过高效协同增强企业厂商低碳化行为的刺激效果。

设立绿色产业（投资）基金是国际普遍认可的通过税收收入转移实现的激励手段。绿色产业基金主要由政府发起设立并主导，以碳税财政收入为主要托底，吸引社会资本、风险资本、企业资本、乃至境外资本的积极参与，从而起到撬动节能减排领域公共投资的杠杆效应，放大碳税的环境调控、收入调节、产业引导的功能。绿色产业投资基金在管理运作上通常采取合作制经营模式，主要通过股权投资、风险投资等方式，对低碳设备改造、低碳技术开发及成果转化等活动进行投资，并最终以 IPO 上市、收并购等资本市场退出渠道，完成产业投资的价值实现和收益分红。

三、实施一揽子复合型改革协调方案

对于实现"30·60"目标来说，仅仅靠开征碳税和实施碳交易是不够的。为了配合和巩固全国性碳交易市场的低碳技术创新激励效果，未来期待进一步构建完善内容丰富、目标多元、覆盖广泛的节能减排"一揽子"复合型政策工具包，包括：碳税制度及央地分配体制、碳关税调节及救助机制、全国性碳排放交易市场、绿色补贴、碳标签制度、绿色产业基金、绿色金融体系等。只有通过多元化组合政策的实施，才能够贯彻财政政策中性原则，为各领域、各产业、各细分市场、各类型企业获取足够的发展机遇，使得潜力性、突破性技术在缓解气候变化中发挥应有的作用，尤其是使一些尚处于萌芽期的具有卓越碳减排能力的企业和技术获得市场关注和支持。这也是在减排领域认真落实系统集成性改革的要求。所谓"系统集成、协同高效"，是习近平总书记对于中央及地方深化改革频频强调的要求，税制改革也不例外。碳税的实施必须重视与财政、金融、产业等其他宏观政策的协调性、互补性、

一致性,开征碳税的同时需要辅之以配套的"一揽子"改革方案,包括:碳税收入的转移,尤其是补贴绿色技术及产业项目、补贴低收入群体和脆弱群体等;碳税与绿色财税、金融、产业等政策之间的协调配合;碳税与其他技术性减排措施的联动等。

从现实可行性角度来看,出台以碳交易、碳税为主,其他各领域相关措施为辅的"一揽子"复合型减排机制,一方面是出于弱化碳税的经济、社会及市场成本的目的,另一方面也是迫于碳排放计量与碳税相关法律法规体制机制建立的难度及不可逆性。纵观国外经验,即使在市场经济与政治制度高度成熟的发达国家,碳税历经长达几十年的实践,迄今为止也很难说已经完善或健全,反而是屡经坎坷、甚至倒退反复;所以更多国家开始摒弃"一刀切"做法,不急于"一步到位",而是采取包容式、过渡性、温和性的策略,分阶段、分步骤地推动碳税制度改革,使用一些"安全阀""缓冲剂",使之更好地与市场、社会相融合,降低不确定性带来的改革风险。反之,过于激进的碳税设计,例如欧盟的碳边境调节、机场航班碳排放税等,不仅在本国内饱受争议,更容易引发国际争端。在百年未有之大变局下,面对新冠肺炎疫情影响的持续和国际经贸格局的复杂多变,我国迎接新发展阶段、新发展格局需要制度和政策连续稳定性作为保障,即使在双碳目标"30·60"的期限下,也不宜在排放治理中步伐过大、进度过猛,而应当在建立并健全碳税顶层设计的同时,辅以搭配碳标签制度等一揽子政策工具包,以实现我国碳税从无到有、从小到大的平稳过渡与逐步完善。

四、健全碳税征管的高效行政管理体系

碳税制度的设计和安排能否得以实现,关键在于税收征管相关的行政管理体系建设是否完善,是否高效。首先,碳税信息的征集是税收征管的基础,在数字化时代利用大数据、区块链、边缘计算、云计算等数字技术对涉税活动进行监管、预警、服务等,是提升税务征管部门及机关行政效率的必然要求。同时,应强调宏观税负的稳定,在碳税出台的同时对我国现有税制进行结构性调整,减少具有扭曲效应税费的征收。对碳税转移支付等政策加

以大力宣传,以期获得高排碳企业的支持。尽早设定政策预告时间表,给予"政策预告窗口期",使企业和社会形成合理的预期,调整经营行为,减轻征收碳税对经济产生的冲击。

碳税征管与其他税种相比,复杂性、专业性、技术性更高,因而需要协调税务、环境生态、产业主管、统计等职能部门,以政策合力共同推动碳税的规范化征管。加强统一的涉税信息分享平台建设,要求上述相关部门按照统一标准提供涉税信息,实现信息跨部门交换和共享。碳税平台建设应当以"实时汇集、定时传递、同步更新、高频比对"为准则,积极盘活现有存量数据,灵活使用当前排污费存量收入,对涉及碳税的大数据系统进行整合强化,发挥数据流动性价值,为应对未来潜在税收风险提前部署。在建设跨部门数据平台过程中,要实现多部门碳排放碳足迹信息的全面共享,这就要求提高绿色信息分类、核算和披露标准——各相关职能部门不能只限于以座谈、报表等表面化的信息交流方式,而是需要形成定期交送、标准对接、核算对比等常态化机制,以期实现信息之间的相互兼容,互通可用。碳税涉税信息共享度的提升,关键在于打通更深层次的数据双向流动障碍,要进一步提升环境监测数据、环保处罚数据与排污许可证数据的公开透明度,推动税收缴纳信用"黑名单"与技能减排"黑名单"之间的对照与联动管理,将上述所有信息整合进碳税信息平台,改善数据基础设施完备型,提升涉税数据质量,提高信息比对效率,增强协同监管征管深度。强化未来碳税征管的技术支撑,尽快在"金税三期"征管系统中增设碳排放数据资料板块,推动碳税板块与现有税种税目的端口融合,构建适应绿色低碳高质量经济转型、符合绿色税制特征的现代化税收信息管理系统。通过自动化信息对比,全面性分类汇总,确保碳税信息的专网专用与安全高效。

碳税开征需要提前组建一支专业过硬,同时熟悉现行征管技术方式与新税特殊特征级要求的税务征管队伍。为此,可建议税务机关在其内部新设碳税专项监管执法机构,定向负责如下职能,包括:开展碳税征收执法与专项职能部门(生态环境部门、水利部门、农林部门、自然资源部门),以及综合管理部门(发改委,经济、工业和信息化部门,国有资产监管部门)的对接工作。这样的部门功能设置不仅有助于降低协同监管征管难度,而且能够减少纳税人办税环节,缩短流程,降低审批申报成本。为了尽快组件专业化的碳税征管队伍,需要在税收部门公务员招聘环节,扩大环境工程、环境法律、环境经济类专业人才的招录与培养,税务部门可考虑通过公务员考试发放一定数量的定向编制,招录环境保护相关专业毕业生,扩充税务干部的环保专业能力。此外,在国家层面、省级层面、基层层面组织各类碳税相关知识的培训班,抽调未来可能参与碳税征管的业务骨干学习交流。培训可以通过两种主要方式展开:一种方式是组织税务机关内部培训。由国家税务总局牵头筹备组织,面向全国税务系统干部提供课程讲座、编制学习材料,组织专业师资力量,用好税务学校功能等。地方各级税务局负责统筹安排,通过课堂讲授、电视网络函授、讲师团巡讲等方式对即将从事碳税业务的干部进行全员培训。另一种方式是由税务总局和生态环境部共同组织联合培训。地方各级税务机关邀请绿色金融、碳定价、减排技术、碳定价、环境法律等领域专家学者,提供包含环保法律法规、污染防治、排放监测、自愿减排核算等专业知识。同时,形成可持续性的培训机制,由国家税务总局密切跟踪国际碳税发展趋势热点,把握全局,制定并及时更新课程大纲,统一录制标准化的培训课程视频,供各级税务干部加强知识储备与更新。

五、配套财税改革控制减排的宏观经济影响

为了缓解碳减排对宏观经济的影响,碳税应当坚持"财政收入中性"的原则,避免出现经济放缓、企业利润减少但税负增加的"逆周期"现象。设计合理的碳税,有可能带来温室气体减排与财税结构优化的"双重红利",为了实现这一目标,必须充分利用碳税的收入循环效应,利用碳税与基于有偿分配的碳市场可以实现千亿级别的碳价收入,用来替代其他扭曲税收(比如增值税和企业所得税)。面对我国公共财政收入与企业税收减负的双重压力,我国应在开展碳税立法的同时建立税收返还机制,保证国家财政收入持平的情况下改善税收结构,重点改善间接税过高的不合理税收结构,减少其对企业创新研发、市场化改革等方面的负面影响。除此之外,碳税与基于有偿

分配的碳市场还可以增加地方的财政收入,在为地方政府提供气候治理激励的同时,缓解地方隐性债务风险;与此同时,改善我国银行的信贷资源结构,形成更有利于小、微企业的经济环境。

同时,在坚持以人为本、共同富裕的原则下,重视通过社会政策平衡减排的收入分配累退效应。由于化石燃料的需求弹性较低,且低收入群体消费化石燃料或高碳商品的支出占比较高,当碳税提升化石燃料成本时,低收入群体面临的成本负担较高收入群体更大,因此碳税的"累退性"将不利于低收入群体和欠发达地区。但碳税公平性问题的解决不能以牺牲减排效率为代价,采用多条基准线的配额分配方式存在着用效率换公平的问题。碳税顶层设计需要实现政策手段间"各司其职",即碳税重效率,社会政策管公平。为了缓解碳税公平性问题,可以通过社会保障、个人所得税减免等方式补贴低收入家庭,可以为碳税受影响行业的失业人员提供职业技能培训和再就业指导,也可以为欠发达地区与高排放行业提供低碳转型的技术和资金支持。

附录
内生技术转变机制下贸易自由化的
碳排放影响研究
——以 RCEP 为例

贸易自由化所引致的能源消耗、碳排放转移、碳泄漏等问题自 20 世纪 90 年代初便引起学术界的密切关注（Grossman and Krueger，1993；Antweiler et al.，2001；Copeland and Taylor，2005；Vennemo et al.，2008；Song et al.，2015；Siriwardana，2015）。作为我国当前推动引领多边贸易自由化的"旗舰式"战略工程，《区域全面经济伙伴关系协定》（以下简称 RCEP）将对其成员国及外部相关国家（地区）技术进步、碳排放产生怎样的影响效果，值得全面评估预测。因此，围绕区域自由贸易协定导致的贸易自由化是否会对环境产生影响这一持续争议的主题，本章以 RCEP 为案例研究了其是否会显著影响温室气体排放。结合国际贸易异质性理论最新进展，本章构建了多国静态可计算一般均衡（CGE）模型，探讨了贸易开放推动不同类型生产技术与不同技能水平劳动者之间重新匹配而引发的技术转变机制——企业采用差异化的生产技术，劳动者根据自身技能比较优势内生地分配到不同技术部门，而总体生产率由均衡状态的技能—技术配置结果决定。通过设定简单化的关税削减情景，该模型预测结果显示 RCEP 贸易开放将提升企业出口参与度，促进劳动者向高技术企业流动，最终带来有效劳动生产率的整体改善，同时推动服务业在国民经济中比重的提升，这对于 RCEP 区域内外的大多数国家普遍成立。模拟中一些值得特别关注的结果，如中国制造业出口扩大、服务业占比略有下降、RCEP 地区对美国出口竞争力提升等,也为国家如何有效利用 RCEP 制度红利、实现更高水平开放提供了政策思考。此外,RCEP 通过推动国际贸易格局分工的变动,带来成员国内部产业结构的调整,可能会增加成员国以及全球温室气体排放总量,这应当引起政策制定者的警惕。

第一节　引言与文献综述

作为全球最大的区域自由贸易协定,RCEP 所倡导的高水平贸易自由化将在多大程度上、多广范围内影响相关国家的技术进步和经济转型,这是本章试图探索的核心问题。尤其是考虑到协定成员国之间在经济和技术水平上的显著不平衡性,RCEP 对不同国家的影响是否也存在差异? 上述问题的回答,有助于国内外决策者全面评估该协定的经济价值与意义,为协定具体条款顺利推进落实提供理论支持。因此,本章利用包含内生性技术转变机制的静态多国 CGE 模型,从微观视角切入,考察 RCEP 贸易自由化冲击下劳动力要素与生产技术的重新配置及其引发的生产率变动,探索 RCEP 框架下亚太产业链重构的可能趋势和方向,测度 RCEP 这一超大“经济共同体”对全球其他国家和地区的溢出效应,据此推导相关经贸关系变动对中国的政策启示。

区域自由贸易协定影响技术进步的机制是相当多元化的,为了使研究更聚焦、预测结果更可靠,本章仅将货物贸易自由化便利化中的关税削减措施作为研究对象,并通过 CGE 模型中企业和劳动力“异质性”设置,重点考察劳动力、技术、中间产品等要素自由流动程度提高所引致的生产率提高与经济结构高级化。此外,本章将技术进步定义为生产要素和资源由技术水平较低的经济活动向技术水平较高的经济活动流动,将结构转型定义为产业结构由制造业主导向服务业主导的转变。上述简化处理有助于更加清晰地分析“贸易开放→劳动力流动→劳动力与生产技术再分配再组合→生产率变动”这一传导机制,避免技术进步的各种来源之间相互混淆与作用不明。

自 Melitz 提出"新—新"国际贸易理论以来,从企业微观视角探求贸易开放和贸易自由化对技术进步的影响机制与效果的文献已经极为丰富。以 Melitz(2003),Melitz 和 Redding(2015),Mayer、Melitz 和 Ottaviano(2021)为代表的异质企业贸易模型认为企业技术(technology of production)差异是决定企业是否参与对外贸易活动的主要因素——生产率较高、技术较先进的企业会进行出口。与此同时,国际贸易领域研究也开始关注劳动者个人层面的技能(skills of labor)差异,认为这种要素异质性也将影响企业的出口决策。Grossman 和 Giovanni(2000)发现,劳动力技能结构会显著影响本国的比较优势和贸易模式——劳动力同质性较高的国家主要出口在技术上需要分工协作的产品,而劳动力多样性较强的国家更倾向于出口依赖劳动者专业独立性的产品。Grossman(2004)进一步发现,在劳动力异质性较大的国家,由于信息不对称,劳动者会根据自身能力,选择生产技术和工资水平与自身素质最为匹配的企业,进而反映在宏观经济层面上,该国主要出口产品往往来自国内最顶尖的一小部分劳动者,因此贸易自由化会加剧本国收入差距扩大。Giri 等(2021)通过构造完全竞争下的一般均衡模型,印证了出口企业竞争优势正是来源于劳动者技能结构的多样性,以及国际贸易对劳动者的"技术溢价"效应和收入极化效应。Fieler、Eslava 和 Xu(2018)承认贸易开放会加剧劳动者技术溢价,但同时指出收入分化存在"拐点",即贸易活动先是扩大了收入不平等,但随着自由化程度达到一定阈值,又将对收入差距起到缓解作用。Bernard 等(2018)研究了双边贸易影响,发现自由贸易会促进不同技术水平劳动者在两国之间重新分配,一方面形成新的比较优势,另一方面对某方国家中等技术能力就业产生"挤出"效应,导致该国中产阶级萎缩。Coughlin 和 Bandyopadhyay(2020)将考察对象由贸易扩展到对外投资,验证了"北方"发达国家利用"南方"发展中国家廉价要素从事外包生产活动,将推动发达国家自身技术升级,并提高福利水平和经济增长率。Jung 和 Mercenier(2021)在劳动者技能异质性假设下,研究了跨国公司和生产外包推动发达国家企业技术效率和整体生产率提高的作用机制,同时发现尽管跨国生产网络会导致发达国家收入差距拉大,但能力最底层的劳动者绝对工资水平也有所上涨。当然,也有学者认为贸易开放可能对技术创新不利。Antràs等(2017)应用一种新型匹配算法将美国专利数据映射到企业层面,发现来自中国的进口竞争在某一特定时期导致了美国企业技术创新、全球就业、贸易销售、盈利能力和研发支出等指标的全面下降。然而,近期Defever、Imbruno和Kneller(2020)利用Compustat数据库的实证研究发现,中国进口竞争推动美国研发支出流向每个行业生产力较高或利润率较高的公司,创新资源更加高效的配置可抵消公司层面研发投入平均水平的下降。

由于贸易自由化同时作用于最终产品和中间产品的贸易流量,因而不少研究从中间产品进口入手探讨其与企业生产率之间的关联关系。Boler、Moxnes和Ulltveit-Moe(2015)构建了包含国外中间产品采购的内生增长模型,发现中间品跨境采购成本降低有助于促进本国R&D投资,进而推动技术进步。Erten、Leight和Tregenna(2019)基于南非微观企业数据检验发现,进口国外中间产品替代本国产品使得本土企业平均生产率提高了22%,其中外资企业由于进口成本较低因而效率提升高于本国企业。Salvatore(2019)的CGE情景模拟显示,外商直接投资和中间产品进口占比越高,关税削减对该国技术进步的积极影响越大。Fieler、Eslava和Xu(2018)对20世纪初美国技术进步来源进行了分解,发现主要推动力是中间产品进口增加,而出口扩张和规模经济对于技术密集度的提升非常有限。

根据WTO报告(2020),过去10多年间区域自由贸易协定(以下简称RTA)不仅在数量上迅猛扩张,而且条款及约定在开放深度和复杂程度上也有显著提高。缔结RTA的主要动力之一,是成员国期望通过降低跨境交易和生产的税收壁垒,减少制度、技术、标准等"隐性"成本,推动劳动力、资本等要素自由流动与优化配置,进而提升全要素生产率(Li、Scollay和Gilbert,2017)。大量文献也以现存RTA为例,探讨了其改善企业生产或技术效率的机制渠道。Aichele和Heiland(2018)模拟了"美国—墨西哥—加拿大协定"(USMCA)生效后,拥有多条产品线和多种技术选择的企业在国外市场需求冲击下如何调整生产决策,发现企业将对产品和技术进行重新分配组合,进而导致企业内部生产率变化。Lee 和 Itakura(2018)认为 RCEP 将对 ASEAN 内生产率最低的企业产生挤出效应。Bloom、Draca 和 Reenen(2019)考察了欧盟 12 国与中国双边贸易数据,发现自中国加入 WTO 以来伴随着欧盟对中国产品进口规模增长,以专利数量、IT 技术采用度、全要素生产率为度量指标的欧盟企业技术水平在不断提升,同时企业内部劳动力流动方向也呈现出从低技术部门向高技术部门的明显趋势。Yi (2020)关注于欧盟—日本自由贸易协定是否会降低欧盟环境和消费者保护标准,发现出口机会的扩大会激励企业加大投入,生产更多位于产品质量梯度上游甚至顶端的产品。Kishi 和 Okada(2021)提出了"出口中学"机制,通过随机性试验,发现出口型企业展示出明显的学习曲线——即使投入相同的资本和设备,出口型企业的产品质量和技术效率依然会高于国内企业。

上述文献研究表明,贸易开放对技术进步的影响具有不确定性,其作用方向和效果规模可能与贸易伙伴之间在 GDP、技术、收入等方面的发展差异及特征有关,而这种不确定性在 RCEP 这样的大型区域自由贸易网络中可能会更加突出。因此,本章立足国家(地区)间劳动力禀赋结构差异,设置假想情景下某一特定的贸易自由化举措,模拟预测 RCEP 对相关国家(地区)技术转型的差异化影响。其中,重点关注贸易自由化进程中微观层面劳动者技能与企业生产技术的互动将如何转化为宏观层面生产率的转变。

第二节　模型结构

本章构建了一个包含企业生产技术异质性和劳动者技能水平异质性的 CGE 模型,主要机制包括:企业依据自身技术水平选择是否参与对外出口活动(与异质性贸易理论相一致),劳动者则根据个人技能水平高低分配使用不同生产技术,最终这种"技术—技能匹配"的均衡结果将决定各产业及整个经济体的劳动生产率。模型使用 GTAP10 数据库进行校准并预测。

在假想情景上,本章仅设置最简单的"一刀切"式货物贸易关税削减情景——RCEP 成员国各自削减进口关税 90%;服务贸易由于具有复杂性和特殊性因而暂不考虑。而协议所涉及的大量非关税型自由化便利化安排,如投资领域开放、金融开放、标准及程序互认理解,以及 117 项"软性"措施带来的制度性公平等,将通过 Melitz"冰山式"(iceberg style)成本囊括于模型中——假设各产业部门各类企业固定生产成本同时降低 5%。除此以外,CGE 模型的基本设置与传统 CGE 框架一致。为节省篇幅,下文仅描述垄断竞争市场结构与"技能—技术"匹配机制。完整的方程组和变量可应需求提供。

一、异质性企业

假设经济系统中存在若干连续的制造业企业,每个企业产品线之间具有明显差异化,呈现出一种垄断竞争的市场结构。与传统 CGE 模型生产部门的区别在于,各企业的"异质性"体现在其采用的生产技术上是不相同的,企业 n 可以归为两类 $n \in \{L, H\}$,L 代表低水平技术,H 代表高水平技术。两类技术与企业的战略取向相关——企业有进出外贸市场的自由选择权,但是出口活动需要更高的固定成本 F(从事出口活动将带来运输、仓储、产地证书申请、商检、报关等额外费用)因而对技术水平的要求更高,所以假设 $F_H > F_L$。企业使用不同生产技术,而在同一技术上企业可自由进出,因而市场结构为垄断竞争,企业在边际成本之上能够获取不变的价格标高(mark-up):

$$P_n = [\vartheta / (\vartheta - 1)] C_n, \; n \in \{L, H\} \tag{1}$$

其中,ϑ 代表不同公司产品之间的替代弹性,C_n 代表最终产品的单位(可变)生产成本(由于劳动是唯一生产要素,因而 C_n 同时是使用该技术劳动者的效率工资率 w_n),X_n 代表总产出。在市场自由准入的环境下,市场出清的零利润条件为固定成本等于溢价收入,表示如下:

$$\frac{1}{\vartheta} P_n X_n = w_n F_n, \; n \in \{L, H\} \tag{2}$$

二、异质性劳动者

最终产品生产需要投入初级生产要素和中间投入品。个体劳动者的异质性体现在自身技能(能力)差异 s 上，$s \in [s_{\min}, s_{\max}]$ 且服从密度为 $g(s)$ 的分布函数。企业的劳动生产率由劳动者个体技能和劳动者所使用的生产技术共同决定，$\gamma_n(s)$ 代表技术强化下的 s 级技能劳动者的生产率水平。劳动者的比较优势表示如下：

$$0 < \frac{\partial \gamma_L(s)}{\partial s} \frac{1}{\gamma_L(s)} < \frac{\partial \gamma_H(s)}{\partial s} \frac{1}{\gamma_H(s)}, \ \gamma_L(s_{\min}) = \gamma_H(s_{\min}) \qquad (3)$$

式(3)说明，高技能劳动者使用先进生产技术能产生更高的生产率，而低技能劳动者在从事低技术生产中也具有相对的比较优势。因此，当所有劳动者都依据自身技能素养匹配到相适应的技术水平时，便实现了企业技术配置的均衡水平，此时相对应的劳动者技能值 s^* 便成为一个门槛值，用于将不同技能劳动者划分到高技术企业 n_L 和低技术企业 n_H。在均衡状态，劳动者 $s \in (s_{\min}, s^*)$ 将会"配置"到低技术企业，劳动者 $s \in (s^*, s_{\max})$ 则将流入高技术企业，分别获得 w_L 和 w_H 的平均工资率。技能均衡值 s^* 由国内市场的无套利(零利润)条件所决定：

$$w_L \gamma_L(s^*) = w_H \gamma_H(s^*) \qquad (4)$$

根据式(3)(4)不难发现 $w_L > w_H$，意味着企业在技术与技能组合中面临两种选择——"高固定成本＋低边际成本"与"低固定成本＋高边际成本"，即技术(设备)越先进，需要的安装及学习成本越高，但后期所要求的工人操作成本越低。令 l_{ij} 代表 i 国 j 部门劳动力占劳动力总供给的比重，φ_{ij} 为尺度参数，那么技术强化下的劳动力为 L：

$$L_{ijn} = \varphi_{ij} \left[\int_{s_{\min}}^{s_{ij}^*} \gamma_{ijn}(s) \mathrm{d}s \right] l_{ij}^{sh}, \ n \in \{L, H\} \qquad (5)$$

劳动力市场出清条件同样遵循无套利(零利润)原则，此时劳动者在部门间的配比达到均衡状态(μ 为 j 和 k 部门间初始工资差异)：

$$\frac{\sum_n w_{ijn} L_{ijn}}{l_{ij}^{sh}} = \mu_{ijk} \frac{\sum_n w_{ikn} L_{ikn}}{l_{ik}^{sh}}, \; j \neq k \qquad (6)$$

三、技术转变机制

根据式(1)(2)(4)(5)可得非贸易型国内企业与贸易型出口企业的收入比率:

$$\frac{w_H}{w_L} = \frac{\gamma_L(s^*)}{\gamma_H(s^*)} = \left\{ \left[1 + (1 + \tau^{imp})^{-\vartheta} \right] \frac{F_L}{F_H} \right\}^{\frac{1}{\vartheta}} \qquad (7)$$

结合式(3)(4)不难发现,进口税率 τ^{imp} 的降低将提高相对工资率 w_H/w_L,降低劳动者技能均衡值 s^*。而技能门槛值 s^* 向左移动将带来劳动生产率提高,因为此时更多企业和劳动者进入到高技术区间。而 s^* 向右移动将导致生产率降低。图 1 刻画了技术升级与实际生产率的关系:假设由于某些外部因素为高技术企业带来利好,那么 s^* 从 s_0^* 下降至 s_1^*,则阴影部分代表经济体整体劳动生产率的提高 $\int_{s_{\min}}^{s^*} \gamma_L(s) g(s) \mathrm{d}s + \int_{s^*}^{s_{\max}} \gamma_H(s) g(s) \mathrm{d}s$。 此外,随着高技术企业数量增多,消费品总体价格指数也将降低,从而促进居民福利水平的提高。

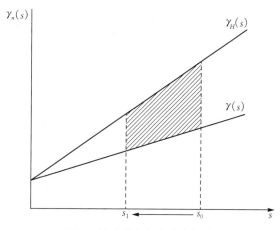

图 1　技术进步与生产率提升

上述机制在高度程式化的理论分析框架中较为明显且直接,然而,在现实世界的多边贸易协定中,由于各国特征和禀赋的差异,以及相互依存性迅速增加,无法先验地预测某种冲击将如何影响某一国家的技术效率和劳动生产率。

四、消费与需求市场

垄断竞争市场的消费函数遵循 Dixit-Stiglitz 模型:

$$D_j = \left(\frac{P_j}{P_C}\right)^{\vartheta} w_n \tag{8}$$

其中,D_j 为消费者对 j 产品的最优消费量,P_C 为总消费者价格指数,P_j 为 j 产品价格,$w_n = c_n$ 为特定生产技术使用者的效率工资(efficiency wage)或单位生产成本。

生产要素的个体体制性不仅使得生产侧的内部机制更加复杂,而且作用于需求侧。传统 Armington 框架假设在完全竞争环境中,每个产业部门只有一个代表性企业,同时服务于国内外市场,消费者则根据地理来源选择区分商品(图 2A)。在 i 国 j 部门,Armington 合成产品 $D_{i,j}^A$ 由本国产品 $D_{i,j}^{dom}$ 和进口产品 $D_{i,j}^{imp}$ 根据 CES 生产函数结构组成,进口产品 $D_{i,j}^{imp}$ 则是外国 h 出口到 i 国产品的 CES 合成。

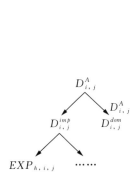

A. 传统 Armington 需求结构

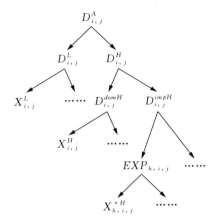

B. 本模型需求结构

图 2　模型需求结构示意图

本章模型的需求侧则如图 2B 所示,消费者不仅面临来自不同国家的产品选择,而且产品的技术含量也有差异。在第 1 层次,消费合成总产品由低技术产品 $D_{i,j}^{L}$ 和高技术产品 $D_{i,j}^{H}$ 组成。在第 2 层次,低技术产品仅由本国企业生产,高技术产品则是本国高技术产品 $D_{i,j}^{domH}$ 与进口高技术产品 $D_{i,j}^{impH}$ 的 CES 合成;其中,进口高技术产品是国外各国出口高技术产品的 CES 合成。在第 3 层次,垄断竞争和企业自由进入的市场环境下,$D_{i,j}^{L}$、$D_{i,j}^{domH}$ 和 $EXP_{h,i,j}$ 均为 i 国各类企业不同种类产品的合成品。处于最顶层的消费合成总产品将被用于私人消费、政府消费、投资和中间投入。

总消费者价格指数如下:

$$P_C = \{ N_L P_L^{1-\vartheta} + N_H P_H^{1-\vartheta} + N_H^{imp} [(1+\tau^{imp}) P_H^{imp}]^{1-\vartheta} \}^{\frac{1}{1-\vartheta}} \tag{9}$$

其中,N_n 为不同技术类别市场中企业的数量,τ 为进口税率。

此外,图 2B 还显示出企业侧面临着更加激烈的竞争。例如,i 国 j 产业部门的高技术出口企业的竞争来源包括:来自同产业部门的本国低技术企业、其他高技术企业、外国高技术企业,以及来自不同产业部门的本国低技术企业、本国高技术企业、外国高技术企业。理解和考虑这种复杂的竞争结构对于分析预测任何政策变化对经济转型和可持续发展的影响至关重要,特别是多边自由贸易协定成员国存在多种不对称性的情况下,这种更多维度的竞争将导致模型预测更加复杂。最后,本模型的商品和要素市场沿用标准 CGE 模型均衡状态的所有市场出清条件,而与传统模型的最主要区别在于,劳动力市场出清条件是以技术强化后的劳动力效率为单位的。

第三节　数据与校准

以 RCEP 为核心研究对象,本节对全球进行了如下区域合并,形成了 23 个地理单元:中国、日本、韩国、印度、泰国、菲律宾、柬埔寨、老挝、缅甸、越南、马来西亚、印度尼西亚、新加坡、文莱、澳大利亚、新西兰、美国、加拿大、墨西哥、秘鲁、智利、欧盟、其他地区,涵盖了参加 RCEP 和 CPTPP 的所有国家,有 7 个国家同时参与了两项自贸协定。本章使用 GTAP 数据库第 10 版,包含 141 个国家(地区)的 65 个产业,以 2014 年为基准年份统计了生产、消费、税收、双边贸易等领域的数据。需要特别指出的是,当前 GTAP 数据库将东帝汶数据归入缅甸,但因其体量很小,因而不会对主要模拟结果造成显著影响。在 RCEP 之前,东盟十国在东盟自由贸易区(AFTA)框架下税率为 0。表 1 展示了 RCEP 关税削减之前中国与其他成员国之间的双边平均税率。

表 1　中国与 RCEP 各成员国平均关税率(%)

国家(地区)	中国进口关税	各国对中国进口关税
澳大利亚	4.13	0.00
日本	9.63	3.04
新西兰	0.28	0.00
韩国	6.67	7.74
越南	0.49	1.42
老挝	1.27	0.25
柬埔寨	0.50	11.44
泰国	0.54	1.21
缅甸	1.00	4.76
马来西亚	0.56	6.03
印度尼西亚	0.48	1.36
菲律宾	0.34	1.04
文莱	0.51	0.15
新加坡	0.35	0.00

资料来源:WITS-tariff data;中国与东盟、韩国、澳大利亚、新西兰自贸协定。

为了将模型与 SAM 真实数据校准,需要对一些参数和函数形式进行假设。首先,本章假定技术函数 $\gamma_n(s)$ 为线性形式:$\gamma_n(s) = \alpha + \beta_n s$,$n \in \{L, H\}$。其次,假定 $\alpha = 1$,$\beta_H/\beta_L = 1.18$,依据是 Bernard 和 Jensen(2019)对出口企业溢价的估计——出口企业的劳动生产率比不从事外贸活动的本国企业平均高出 12%—24%,在高度细分的统计样本中,这种生产率优势甚至能达到 50%—66%——本章取其平均水平的中位数。再次,假定劳动者技

能 s 密度函数 $g(s)$ 服从[0，1]区间上的均匀分布，这是考虑到各国劳动力技能结构迥异所作出的"次优"选择。图 3 根据 GTAP 数据库职业分类（GTAP 将劳动者技能分为五类：农业和其他非技术人员、普通职员和办事员、服务业与商贸从业人员、官员和经理、技术人员和专业人士），计算了 RCEP 成员国各类技能劳动者在总增加值中所占比重，发现难以找到"最优"分布函数来统一描述各国劳动力结构特征。同时，给定劳动者技能分布，可测得出口企业固定成本 F_n 比非贸易企业高出约 58%。最后，弹性系数使用 Armington CES 弹性系数。

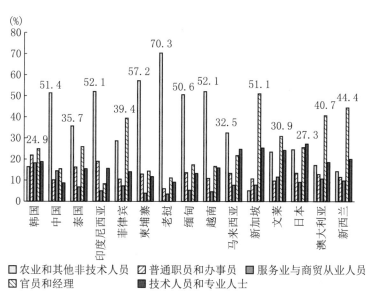

图 3　RCEP 成员国各技能劳动者占劳动增加值比重（%）

第四节　RCEP 贸易自由化的效应预测

基于"RCEP 成员国间所有进口商品关税削减 90%"的假设情景，本章分别预测成员国及外部主要国家（地区）生产率、市场结构和技术进步的变动情况。

一、RCEP 对劳动生产率的影响模拟

根据第三节模型描述的机制,关税削减将导致制造业部门中劳动者技能与生产技术的重新匹配,异质性劳动者在不同水平生产技术间流动,其最终的均衡状态将内生决定劳动者技能新的门槛值 s^*,并进而影响国家的总体生产率。

在简化的两国贸易理论模型中,比较静态分析能够较为直观地反映出贸易开放的劳动力重新配置趋势。对 $\int_{s_{\min}}^{s^*} \gamma_L(s)g(s)\mathrm{d}s = \int_{s^*}^{s_{\max}} \gamma_H(s)g(s)\mathrm{d}s$ 以及式(7)求全微分并推导 Cramer 准则条件可得 $\dfrac{\mathrm{d}s^*}{\mathrm{d}fH} = \dfrac{\gamma_L(s_{\max})g(s_{\max})}{\gamma_L(s_{\min})g(s_{\min})+\gamma_H(s_{\min})g(s_{\min})} > 0$,说明技术门槛 s^* 变动方向与出口固定成本 f_H 同向。给定劳动力总供给,技能门槛 s^* 降低(图 1 中的左移)意味着将有更多劳动者被吸纳进入贸易型企业,开始使用更先进的技术 H 从事生产活动,从而产生技术升级效应;相反,门槛 s^* 上升会产生技术降级效应,因为此时更多劳动者与低技术相匹配。但是,在更为复杂的多国贸易环境中,尤其是 RCEP 成员国在各维度存在巨大差异性的条件下,真实世界的预测结果可能无法完全与简单模型相一致。

图 4 下半部分条状图展示了 RCEP 关税降低情景下各国的技能门槛的变动率(%)。总体而言,RCEP 为绝大多数成员国创造了积极的技术升级环境。成员国中老挝受益最大,劳动者技能门槛值降低了 72.63%;澳大利亚、缅甸、越南和新西兰也受到较大的积极影响,门槛值均降低了 50% 以上。RCEP 成员中唯一的例外是菲律宾,其门槛值反而上升了 12.25%。由于经济体量和人口规模巨大,RCEP 不出意料地同时影响到协定以外的国家和地区。虽然加拿大和墨西哥受到负面影响产生了一定的技术降级,但整体上 RCEP 对技术进步的作用依然是正向的,全球范围来看技能门槛值平均下降 23.21%。

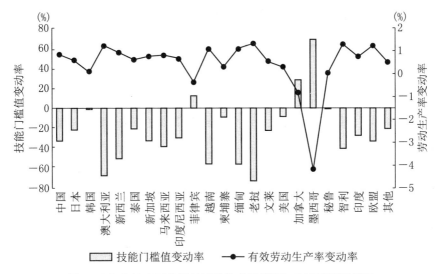

图 4　RCEP 冲击下各国(地区)技术门槛值与生产率变动情况

在明确技能门槛值变动情况的基础上,可进一步计算各国实际生产率的改变。根据前文对技术进步机制的描述,在给定劳动力供给与技能分布函数的前提下,实际劳动生产率为生产技术强化下的单位有效劳动者力产出:

$$\int_{s_{\min}}^{s^*} \gamma_L(s)g(s)\mathrm{d}s + \int_{s^*}^{s_{\max}} \gamma_H(s)g(s)\mathrm{d}s \tag{10}$$

图 4 上半部分折线图展示了各国家(地区)实际劳动生产率变动百分比的计算值。在 RCEP 成员国中,老挝由于技能/技术门槛下降幅度最大,因而实际生产率增长最高,增长幅度为 1.37%;其次是澳大利亚,增长幅度为1.25%。而菲律宾随着门槛的提高,实际生产力略有下降,但降幅仅为0.34%。究其原因,可能与菲律宾经济及出口结构有关——菲律宾传统比较优势在于矿砂、农产品(如香蕉、芒果、榴莲)、劳务服务等,因而农产品贸易规模与海外菲劳输出将在 RCEP 加持下获得更加快速的发展,吸纳更多就业,反而影响了制造业部门效率提升。在 RCEP 以外,加拿大和墨西哥将面临生产率损失,尤其是墨西哥实际生产率下降达 4.23%。

墨西哥技术萎缩及生产率下降在一定程度上预示了 RCEP 对中美贸易

关系的影响。墨西哥并非全球经济体中有影响力的国家,其经济高度依赖于美国,贸易依存度高达 80%(墨西哥国家统计局[INEGI],2021),2021年一季度墨西哥成为美国第一大贸易伙伴。墨西哥对美出口商品 80% 以上为制造业制成品,尤其以汽车(整车和零部件)、农业食品、石油产品等为主。而本章模型预测结果显示,一旦全面落实税收削减,整个 RCEP 地区对美国的制成品出口将大幅增加,挤占墨西哥、加拿大等北美国家对美国的出口空间。而这很可能得益于中国的制造业比较优势,使其得以整合强化区域供应链和价值链,向整个自贸协定区域溢出,从而拉高区域整体在制成品贸易领域的出口竞争力。

需要指出的是,实际劳动生产率的变化情况并非与其他宏观经济指标的表现完全相同。仍以墨西哥为例,其实际 GDP 反而提高了 0.7%。主要原因在于,本章只关注制造业部门的技能门槛和实际生产率,而制造业部门收缩可能正意味着该国将向以服务业为主导的经济结构转型。此外,制造业部门在减少出口的同时也将增加进口,反而可能推动消费端居民福利水平的改善。事实上,模型预测也证实了包括墨西哥在内的部分国家,尽管制造业部门实际生产率有所降低,但总体福利水平则表现良好。以等价性均衡 EV 这一福利量化指标的变动情况为例,墨西哥福利净改善价值约为 150 亿美元。

二、RCEP 对市场结构的影响模拟

本小节主要考察 RCEP 关税削减对各国市场结构的影响,预测出口型企业与非贸易型企业的数量对比变化。在垄断竞争市场假设下,企业使用不同水平的生产技术,并根据技术差异获取垄断利润;而在同类技术的细分市场中企业之间自由竞争,因而均衡状态下的两种企业数量比例具有内生性。

根据比较静态分析,非贸易企业数量 $N_L = \dfrac{W_L}{(\vartheta-1)(\rho+g)w_H F_L}$ $\int_0^{s^*} \gamma_L(s)g(s)\,\mathrm{d}s$ 且 $\mathrm{d}N_L/\mathrm{d}f > 0$, $\mathrm{d}\left(\dfrac{N_H}{N_L}\right)/\mathrm{d}f < 0$,其变动方向与出口成本相同。这表明,关税削减将增加贸易型出口企业数量,同时减少非贸易型本

土企业数量。一方面,本国进口关税削减将降低来自国外的中间品价格,企业得以利用进口中间品替代本土产品,实现生产投入成本的下降;另一方面,本国整体消费者价格指数降低,这使得在维持居民实际购买力不变的前提下,为企业降低工资率或扩大雇用规模创造了条件。在两方面成本节约型机制的影响下,原本只从事国内生产的企业将有能力承担出口活动所需要的固定成本,从而选择进入国际贸易市场;而原先的出口企业,也有可能在国外需求扩张的刺激下,选择扩大生产规模。随着更多的企业进入出口市场,高技术 L 所需的劳动力数量也将上升,技能门槛值 s^* 右移,更多低技能劳动者与先进技术匹配,进而带来整体劳动生产率的提高。这便与上节的分析结果相对应。然而,一旦脱离了高度程式化的简单模型设定,不同国家各类型企业数量的变动将呈现出更加难以预测的情况。在现实世界多国竞争的复杂环境中,各细分技术市场的企业数量不尽取决于产业内竞争,还会受到产业间竞争甚至国家间竞争的影响。

图 5 展示了样本国家(地区)两类企业数的变动率。首先是非贸易型低技术企业。一方面,在 RCEP 盟国内,老挝此类企业下降幅度最大,下降了62.38%;澳大利亚、越南、缅甸、新西兰等国降幅也较大,分别为 60.13%、54.62%、41.39%、36.55%。RCEP 盟国外,印度、智利和欧盟的非贸易型企业也出现大幅下降,分别降低 39.77%、35.50%、22.47%。另一方面,随着技能门槛水平的提高,菲律宾、加拿大和墨西哥三国的非贸易型企业分别增长了 6.23%、15.85%、62.49%。再看出口型高技术企业。澳大利亚将迎来此类企业数量的最大扩张,增幅为 33.83%。其次是中国、缅甸、越南、马来西亚、新加坡和新西兰,出口企业的增幅分别达到 25.68%、29.68%、25.35%、33.63%、27.90%、28.43%。在 RCEP 以外,智利、印度和欧盟也有大量企业通过技术提升实现了从本土经营到参与对外出口的转变。

现实模拟结果与简单模型分析最大的区别在于,特定国家的非贸易型企业数量和出口企业数量并非一定是此消彼长的关系。例如,在 RCEP 范围内,韩国、柬埔寨和文莱三国的非贸易型企业和出口型企业均有减少,但制造业部门两类企业数量的减少并不完全代表国家经济运行受到负面冲

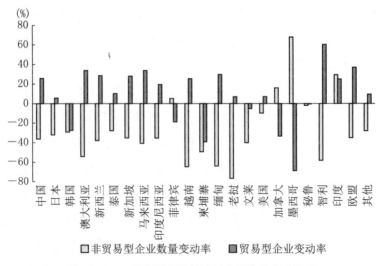

图 5　RCEP 冲击下各国(地区)市场结构变动情况

击,正如大多数发达国家的发展轨迹一样,这也可能是国民经济向服务型经济转型的结果。

三、RCEP 对经济转型的影响模拟

人类发展历史表明,经济发展和社会进步的过程,是要素和资源从生产率较低的部门不断向生产率较高的部门重新分配的过程。大多数发达国家已经完成从以初级产业或制造业为主导的资源密集型经济向以服务业为主导的知识技术密集型经济的转型过程;对于发展中经济以及新兴经济体国家而言,在适当的时期抓住机遇推进经济结构转型对其实现可持续发展目标至关重要。因此,本节重点考察 RCEP 贸易开放如何影响不同国家经济结构的调整。

图 6 描述的是 RCEP 关税削减前后各国三大产业在总产出中的占比情况。结果显示,大多数 RCEP 成员国在开放度更高的区域经贸关系下走上服务密集型经济的转型之路。如上节所述,尽管韩国、柬埔寨和文莱遭遇制造业领域非贸易型企业和出口企业双重减少的挑战,但服务业在经济中的相对地位却有所提高。而在中国、马来西亚和新加坡,却呈现出服务业产出规模相对收缩、制造业略有扩张的局面。

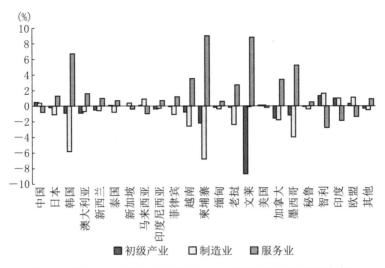

图 6　RCEP 冲击下各国(地区)三次产业占总产出份额的变动情况

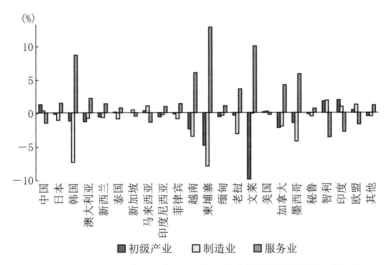

图 7　RCEP 冲击下各国(地区)三次产业占增加值份额的变动情况

　　当使用各产业部门的增加值份额来衡量经济结构时,预测结果展现了相同的趋势(见图 7)。在 RCEP 成员国中,除中国、马来西亚和新加坡以外的所有经济体都转变为服务业比重更高的经济发展模式。在非 RCEP 成员国中,加拿大、墨西哥、秘鲁、世界其他地区的服务业增加值比重都有上升,而美国、智利、印度、欧盟的制造业部门则轻度扩张。

　　本节预测结果中最值得关注的现象在于中国制造业和服务业在区域贸

易开放推动下的相对地位变化。从产出占比看,制造业上升0.4个百分点,服务业下降0.8个百分点;从增加值占比看,制造业上升0.3个百分点,服务业下降1.5个百分点。结合中国庞大的经济体量,服务业部门在绝对量上的"损失"不容小觑。从积极的视角看,RCEP强化了中国制成品领域的出口竞争力和在国民经济中的整体地位;但是另一方面,这种对中国在亚太区域产业链分工的"固化"效应可能存在某种风险,甚至在一定程度上与当前国家深化改革开放的政策导向不一致。这点将在文末政策启示部分着重分析。

此外,尽管将服务业比重提升作为经济结构转型升级的标志是理论研究普遍认可的做法,但这一指标的风险却是"简化"了现实世界的复杂性。因为服务业的"质量"与技术密度可能因国家(地区)而异。整个服务业不仅包括知识密集型高技术产业,同样也有低技能密集型或基于初级人力及手工的产业。从这个意义上说,韩国的服务业扩张与柬埔寨、文莱、老挝等国的服务业扩张(如低水平劳务输入)显然意义完全不同。例如巴基斯坦在21世纪初便实现了服务业产值占比超过制造业,但很难认为其经济结构比同期的韩国更"高级"。因而,对于部分最不发达国家,大力促进制造业发展一直是其政府关注的重点和政策目标,也是其实现可持续发展目标的根本途径。但是总体上,实现向服务型经济转型依然是多数发展中国家或中等收入国家的目标,而类似RCEP的区域自由贸易协定也将是助力其提升经济附加值的一种有效政策选择。

第五节 RCEP贸易自由化的碳排放效应

表2详细展示了RCEP对温室气体排放的影响(所有数字均以百万公吨二氧化碳当量Mt CO_2 eq为单位)。如表2所示,RCEP的落实很可能会增加15个RCEP成员国和全球的温室气体排放总量——RCEP成员国约增加17.96 Mt CO_2 eq,增长约0.10%;全球约增加23.34 Mt CO_2 eq,增长约0.06%。如果从排放结构来看,15个RCEP成员和全球二氧化碳排放总量将分别增加6.58 Mt CO_2 eq(0.06%)和9.65 Mt CO_2 eq(0.04%),非二氧化碳排放总量将分别增加11.38 Mt CO_2 eq(0.21%)和13.69 Mt CO_2 eq(0.11%)。

在非 RCEP 成员中,美国的温室气体排放总量将减少 0.21 Mt CO_2 eq,降幅小于 0.01%;而欧盟的将减少 6.09 Mt CO_2 eq,降幅约为 0.13%。

表 2　RCEP 对各国(地区)温室气体排放的影响

	CO_2		非 CO_2		温室气体	
RCEP	6.584 4	0.055 8	11.383 2	0.213 9	17.967 6	0.102 3
日本	5.198 7	0.502 2	−2.501 7	−2.762 1	2.697	0.241 8
韩国	3.850 2	0.771 9	0.167 4	0.325 5	4.017 6	0.725 4
中国	−0.799 8	−0.009 3	2.455 2	0.093	1.655 4	0.018 6
印度尼西亚	−1.348 5	−0.344 1	−0.558	−0.167 4	−1.906 5	−0.269 7
马来西亚	−0.455 7	−0.223 2	−0.186	−0.362 7	−0.641 7	−0.251 1
菲律宾	0.065 1	0.083 7	−2.585 4	−3.208 5	−2.520 3	−1.581
新加坡	0.399 9	0.604 5	0.204 6	2.613 3	0.604 5	0.818 4
泰国	−0.093	−0.037 2	2.492 4	1.878 6	2.399 4	0.641 7
越南	1.460 1	1.153 2	−0.558	−0.381 3	0.902 1	0.325 5
柬埔寨	0.381 3	8.007 3	−0.399 9	−1.367 1	−0.018 6	0.055 8
老挝	0.102 3	5.263 4	−0.186	−1.553 1	−0.093	0.632 4
文莱	−0.055 8	−0.669 6	−0.037 2	−0.771 9	−0.093	0.706 8
其他东南亚国家	0.018 6	−0.195 3	0.734 7	0.706 8	0.753 3	0.669 6
印度	−1.925 1	−0.111 6	−0.706 8	−0.055 8	−2.631 9	−0.083 7
澳大利亚	−0.260 4	−0.065 1	11.085 6	4.147 8	10.825 2	1.674
新西兰	0.046 5	0.148 8	1.971 6	4.65	2.018 1	2.697
美国	−0.158 1	0	−0.055 8	−0.009 3	−0.213 9	0
加拿大	0.176 7	0.037 2	−0.530 1	−0.325 5	−0.353 4	−0.055 8
墨西哥	−0.018 6	−0.009 3	−0.492 9	−0.279	−0.511 5	−0.083 7
秘鲁	0.037 2	0.074 4	−0.027 9	−0.065 1	0.009 3	0.009 3
智利	0.148 8	0.186	−0.046 5	−0.167 4	0.093	0.093
欧盟	3.933 9	0.111 6	2.157 6	0.195 3	6.091 5	0.130 2
其他国家	0.372	0.037 2	1.060 2	−0.111 6	1.432 2	−0.055 8
全球	9.653 4	0.037 2	13.689 6	0.111 6	23.343	0.055 8

接下来关注各个国家(经济体)的预测结果。在二氧化碳排放量方面,日本和韩国将迎来所有经济体中排名第一和第三的增长,其二氧化碳排放量增加的总和(5.20 Mt CO_2 eq 和 3.85 Mt CO_2 eq)几乎相当于所有 RCEP 成员(6.58 Mt CO_2 当量)的总和。就单个经济体的非二氧化碳排放量而言,澳大利亚的增幅最大(11.09 Mt CO_2 eq),几乎与所有 RCEP 成员的增幅(11.38 Mt CO_2 eq)持平。按百分比计算,新西兰的非二氧化碳排放量增长率最高(4.65%),而菲律宾的下降率最大(−3.21%)。

表 3　RCEP 对主要国家各类温室气体排放的影响

	部门	CO₂		部门	CH₄		部门	N₂O	
日本	电力	1.784 8	0.388	水稻	-1.018 5	-14.753 7	水稻	-0.291	-28.624 7
	矿产	0.465 6	1.998 2	畜牧	-0.494 7	-14.831 3	畜牧	-0.252 2	-14.753 7
	黑色金属	0.455 9	1.125 2	乳制品	-0.194	-11.698 2	乳制品	-0.058 2	-11.407 2
	航空	-0.271 6	-1.843	动物制品	-0.058 2	-1.309 5	作物种植	-0.029 1	-3.045 8
	石油	0.203 7	0.756 6	公共服务	0.009 7	0.135 8	动物制品	-0.019 4	-1.115 5
中国	矿产	1.755 7	0.310 4	水稻	1.125 2	0.960 3	蔬菜	1.037 9	0.630 5
	化工	-1.678 1	-0.630 5	畜牧	0.756 6	0.417 1	畜牧	0.436 5	0.417 1
	黑色金属	-0.97	-0.232 8	纺织	-0.397 7	-26.568 3	动物制品	0.378 3	0.601 4
	电力	-0.97	-0.019 4	公共服务	-0.368 6	-0.097	水稻	0.349 2	1.503 5
	纺织	0.591 7	2.522	动物制品	0.252 2	0.562 6	作物种植	0.164 9	10.155 9
印度	电力	-1.978 8	-0.203 7	水稻	1.658 7	1.668 4	植物油	-1.493 8	-11.349
	油脂加工	-0.446 2	-41.884 6	公共服务	-0.814 8	-0.465 6	合物	0.582	7.420 5
	化工	0.426 8	0.950 6	植物油	-0.601 4	-11.349	作物种植	-0.504 4	-1.367 7
	矿产	-0.368 6	-0.378 3	畜牧	-0.310 4	-0.116 4	植物纤维	0.329 8	3.249 5
	交通运输	0.349 2	0.232 8	合物	0.300 7	7.420 5	小麦	0.223 1	0.679

续　表

澳大利亚

行业	CO_2	CH_4	N_2O
电力	−0.485	8.419 6	5.335
纺织	0.465 6	1.416 2	2.260 1
航空	−0.426 8	−0.950 6	−1.377 4
金属	−0.203 7	−0.572 3	−0.776
黑色金属	−0.184 3	−0.436 5	−0.611 1
畜牧	−0.252 2	17.246 6	17.188 4
谷物	89.104 2	26.742 9	28.353 1
小麦	−2.007 9	−9.952 2	−9.486 6
蔬菜	−1.736 3	−5.538 7	−4.985 8
植物纤维	−4.549 3	−8.400 2	−8.070 4

美国

行业	CO_2	CH_4	N_2O
航空	1.445 3	−0.776	−0.388
交通	0.630 5	0.164 9	−0.242 5
化工	0.194	−0.145 5	−0.174 6
黑色金属	0.174 6	−0.116 4	0.087 3
海运	0.145 5	−0.058 2	−0.077 6
畜牧	0.397 7	−0.756 6	−0.746 9
煤炭	0.097	0.213 4	−0.669 3
乳制品	0.174 6	−0.426 8	−1.144 6
动物制品	0.475 3	−0.426 8	0.164 9
水稻	0.358 9	−0.766 3	−0.388

欧盟

行业	CO_2	CH_4	N_2O
海运	2.560 8	0.203 7	0.087 3
交通	1.891 5	−0.145 5	−0.048 5
航空	0.931 2	0.135 8	−0.029 1
石油	0.184 3	0.116 4	−0.019 4
矿产	−0.164 9	0.087 3	0.009 7
畜牧	1.581 1	0.194	0.194
乳制品	0.281 3	−0.213 4	−0.213 4
纺织	0.475 3	0.281 3	−23.648 6
植物油	0.145 5	0.242 5	−0.145 5
石油	−0.203 7	1.784 8	0.164 9

表 3 展示了主要国家和地区温室气体排放最高的前五大产业部门,测算了其在 CO_2、CH_4 和 N_2O 排放方面的变动情况。从 CO_2 排放来看,电力、交通运输、金属及非金属矿产依然是最重要的排放来源。从 CH_4 排放来看,畜牧和水稻种植产业是受影响最大两个部门。澳大利亚畜牧部门的排放量显著增加(约 8.42 Mt CO_2 eq),而按百分比计算,日本畜牧部门下降最显著(-14.83%),之所以产生这一结果,主要是两国畜牧部门产出的相对变化;同时,日本水稻种植产业也出现了大幅下降(约 -1.02 Mt CO_2 eq)。从 N_2O 排放来看,澳大利亚谷物加工部门的排放量显著增加(28.35 Mt CO_2 当量),而欧盟棉纺织业部门降幅最大(-23.65%)。

第六节　结论与政策启示

当发达国家普遍完成经济转型之后,发展中国家与新兴经济体如何利用有限的资源,持续推动生产要素,尤其是高级生产要素从低生产率部门向高生产率部门转移,是成功实现可持续发展目标的重中之重。当前国际贸易前沿研究对微观经济主体异质性如何影响宏观层面(产业/全国)生产率水平的关注度空前高涨,并且普遍认可区域经济一体化乃至全球化对生产要素优化配置的积极影响。尤其是随着以 RCEP 和 CPTPP 为代表的区域贸易协定数量不断增长、影响力不断扩大,从个体的劳动者和企业层面挖掘贸易开放对技术变革的作用机制,对于政府制定推动整体经济和转型的相关政策至关重要。

基于此,本章构建了包含 23 个地域单元(国家或地区)的多国 CGE 模型来预测贸易自由化对 RCEP 成员国及主要非成员国的影响,并重点关注技术效率、市场结构、经济转型这三大领域。本模型主要创新点在于包含了内生性的技术升级机制,描述了掌握"异质性"生产技术的企业和拥有"异质性"自身技能的劳动者在外生冲击(贸易开放)下的行为选择,在贸易开放影响技术创新的研究领域,朝向更加微观层面进行了探索。一方面,本章对传统 CGE 模型的深化在于：传统模型通常假设同质性的劳动者在产业部门间自由流动，不存在技术改进和技能提升的成本，因而无法体现因劳动者职业转换或技术升级而带来的劳动生产率改善；且在自由竞争要素市场假设下做出的模拟预测往往不具备实践指导意义，因为微小的外生冲击都将引发经济系统的巨大变动，这显然与现实不符而缺乏信服力。另一方面，本章对 Melitz 异质性企业国际贸易理论的发扬在于：将劳动者层面异质性及其对企业贸易收益和进退决策的影响机制融入其中。Melitz 理论强调了异质性企业自主选择进出国外市场所带来的总生产率收益，主要机制是低生产率企业退出释放出资源，向生产率更高的企业重新分配，最终导致收入、利润和福利的变动。但是，市场竞争将依据劳动者的比较优势（自身技能）将其与职业技术进行匹配，因而劳动生产率变化来源必然包括劳动者所采用的技术变化（Roy，1951），因此贸易开放下技术—技能匹配的动态调整将对经济绩效和福利产生不容忽视的影响。

在 RCEP 关税削减 90% 的假定下，本章的预测结果大致可以归纳为以下几点。第一，贸易开放将提升企业出口参与度，为低技术企业改进生产技术、进入国际市场创造了积极的成本环境，促进劳动者向高技术企业再分配，最终带来制造业领域有效劳动生产率的整体改进，这对于 RCEP 区域内外的大多数国家普遍成立。第二，在提升制造业效率的同时，贸易开放也是助推经济结构转型的催化剂，不少国家（地区）将实现服务业产出和增加值占比的同时上涨；但同时中国服务业相对于制造业的比重下降应当引起关注。第三，RCEP 国家对美国出口总规模有所增长，说明区域一体化通过优化劳动、技术等资源配置，对区域整体贸易竞争力提升、区域经贸生态优化、市场空间开拓产生了积极影响。第四，由于比较优势不同，少数国家（如菲律宾、墨西哥、韩国）可能将面临一定程度的制造业技术"降级"或产能收缩，但是这些损失也将通过消费者福利改善或产业结构升级得到"弥补"。

本章从企业—劳动双维度细致而全面考察并预测了贸易自由化对企业劳动生产率、出口动态的影响，不仅有助于理解开放环境下技术进步和经济转型的微观基础，也能够为中国有效获取 RCEP 制度红利、将 RCEP 打造为高质量发展的重要抓手提供一些思考和启示：

首先，如何突出"市场"和"进口"优势，发挥中国在 RCEP 中的"引擎"作用？不可否认，RCEP 之所以在经历八年艰难"拉锯"谈判后于 2020 年正式签署，正是因为相关国家期望借助中国高容量的市场和坚韧的抗冲击能力，来拉动本国在疫情下尽快实现经济复苏；而 RCEP 与进博会一样，释放了中国愿意释放市场、支持他国出口的信号。因此，有学者(Shimizu，2021；张彦，2021)一针见血地指出，中国在 RCEP 中所扮演的角色，很多时候需要以"义"为先，通过大力发展进口打造区域供应链和经贸一体化的重要引擎；尤其是面对东盟国家在中低端制成品领域的竞争，更应当主动放弃效率优势，帮助这些国家的产品进入中国市场或欧洲、北美等 RCEP 域外市场。另一方面在高端制造业领域，则要对标高质量、高标准，主动与日本、新加坡、澳大利亚等发达 RCEP 成员国形成良好的价值链"竞、补、合"的关系。所以，本模型得出的"中国制造业出口扩大、有效劳动生产率提高"的结果，需要进一步深入挖掘——出口增长是来自于高端制造还是中低端制造？这便要求在未来研究中对制造业进行细分，并且对于垄断竞争型技术结构进行更加贴近现实的设置。

第二，如何使 RCEP 成为中国扩大服务贸易、实现高质量服务型经济转型的催化剂？根据本章模拟，中国服务业比重相对制造业略有下滑。这一结果是在重点考虑货物贸易关税削减的假想情景下得到的，与 RCEP 在货物和服务领域开放强弱分布大体一致——综观 RCEP 协定 20 篇章节与附件，前 7 章所涉内容基本属于货物贸易便利化措施，服务贸易和服务开放的力度不仅有限，而且承诺期限较长(协定生效后 6 年将从正面清单转化为负面清单)。这就使得我们不得不思考，如何尽可能地放大 RCEP 对国内服务业以及对外服务贸易的刺激作用？例如，如何借助货物贸易扩大的契机，带动贸易链相关的服务流动，尤其是像结算、投融资、高端商务、知识产权、保险及再保险等高附加值服务，抑或是货物贸易本身所蕴含的服务元素，包括设计、研发等。此外，数字贸易和远程互联网服务跨境提供所面临的各类制度性梗阻也将成为 RCEP 成员协商的重点。

第三,如何根据 RCEP 对不同国家(地区)的影响选择"重点"或"有针对性"的贸易伙伴? 而本章模拟结果显示,RCEP 成员将显著抢占墨西哥对美国出口空间。墨西哥和美国曾一度"唇齿相依",在 NAFTA 框架下建立了紧密长期合作的传统,尽管双方已存关系并不对等,但墨西哥依然是美国第一大贸易合作伙伴。然而,近年来美墨关系摩擦不断,边境移民冲突,美国制造业回归政策限制汽车产业这一双方最大贸易领域,新冠肺炎疫情导致墨西哥借助美国市场复苏经济的前景黯淡,所以近期墨西哥已经积极向中国释放扩大经贸合作的讯号,例如取消六偏磷酸钠关税附加等。墨西哥拥有发达的汽车产业,在全球汽车生产量和出口量中分列第 5 和第 6 位,2019 年占其工业 GDP 的 17%,带动了 20% 的外商投资及超过 30% 的出口份额(华经产业研究院,2020);同时有较为广阔的终端消费市场,对智能手机、共享设备等新产品、新业态有较高的消费热情。因此,加强与墨西哥的经贸投资合作将使中国获益良多,例如,有利于探索并对标 NAFTA 贸易投资规则中的高标准,中国汽车企业赴墨西哥并购投资可能获取产业内关键技术和高素质团队,互联网企业在墨西哥将面对远远低于欧洲的技术和观念壁垒。

参考文献

[1] Acemoglu, D., Aghion, P., Bursztyn, L., Hemous, D., "The Environment and Directed Technical Change", in *American Economic Review*, Vol.102, 2012, pp.131—166.

[2] Acemoglu, D., Aghion, P., Lelarge, C., et al., "Technology, Information and the Decentralization of the Firm", in *Quarterly Journal of Economics*, Vol.122, 2006, pp.1759—1799.

[3] Acemoglu, D., Akcigit, U., Hanley, D., Kerr, W., "Transition to Clean Technology", in *Political Econ*, Vol.124, 2016, pp.52—104.

[4] Acemoglu, D., "Directed Technical Change", in *Review of Economic Studies*, Vol.69(4), 2002, pp.52—104.

[5] Aghion, P., Dechezlepretre, A., Hemous, D., Martin, R., van Reenen, J., "Carbon Taxes, Path Dependency, and Directed Technical Change: Evidence from the Auto Industry", in *Political Econ*, Vol.124, 2016, pp.1—51.

[6] Aichele, R., Heiland, I., "Where is the value added? Trade liberalization and production networks", in *Journal of International Economics*, Vol.115, 2018, pp.130—144.

[7] Antimiani, A., Costantini, V., Paglialunga, E., "The sensitivity of climate-economy CGE models to energy-related elasticity parameters: Implications for climate policy design", in *Economic Modelling*, Vol.21, 2011, pp.38—52.

[8] Antràs, P., Fort, T., Tintelnot, F., "The margins of global sourcing: Theory and evidence from U.S. firms", in *American Economic Review*, Vol.107(9), 2017, pp.2514—2564.

[9] Argentiero, A., Bollino, C. A., Micheli, S., Zopounidis, C., "Renewable energy sources policies in a Bayesian DSGE model", in *Renewable Energy*, Vol.120, 2018, pp.60—68.

[10] Armington, P.S., "A Theory of Demand for Products Distinguished by Place of Production", in *International Monetary Fund Staff Papers*, 1969.

[11] Babatunde, K.A., Begum, R.A., Said, F.F., "Application of computable general equilibrium(CGE) to climate change mitigation policy: a systematic review", in *Renew. Sustain*, Vol.78, 2017, pp.67—71.

[12] Baker, E., Shittu, E., "Profit-maximizing R&D in response to a random carbon tax", in *Resour. Energy Econ*, Vol.28, 2006, pp.160—180.

[13] Baranzini, A., et al., "Carbon pricing in climate policy: seven reasons, complementary instruments, and political economy considerations", in *Climate Change* 8, 2017.

[14] Barker, T., Baylis, S., Madsen, P., "A UK carbon energy tax—The macroeconomic effects", in *Energy Policy*, No. 21, 1993, pp.296—308.

[15] Barron, A., et al., "Policy Insights from the EMF 32 Study on U.S. Carbon Tax Scenarios", in *Climate Change Economics* 9, 2018.

[16] Bashir M.F., Benjiang M.A., Shahbaz M., Shahzad U., Vinh V. X., "Unveiling the heterogeneous impacts of environmental taxes on energy consumption and energy intensity: empirical evidence from OECD countries", in *Energy*, No.120366, 2021.

[17] Belfiori, E., "Climate change and intergenerational equity: Revisiting the uniform taxation principle on carbon energy inputs", in

Energy Policy，Vol.121，2018，pp.292—299.

［18］Bernard, A., Moxnes, A., Ulltveit-Moe, K.H., "Two-Sided Heterogeneity and Trade", in *Energy Policy*, Vol.100（3）, 2018, pp.424—439.

［19］Blinder, A.S., "The Carbon Tax Miracle Cure", in *Wall Street Journal*, 2011.

［20］Brännlund, R., Nordström, J., "Carbon tax simulations using a household demand model", in *Eur. Econ. Rev*, Vol.48, 2004, pp.211—233.

［21］Bruvoll, A., Larsen, B.M., "Greenhouse gas emissions in Norway: Do carbon taxes work?", in *Energy Policy*, Vol.32, 2004, pp.493—505.

［22］Calel, R., "Antoine Dechezleprêtre: Environmental Policy and Directed Technological Change: Evidence from the European Carbon Market", in *Review of Economics and Statistics*, Vol.98, 2016, pp.173—191. Other case studies of price-induced innovation may be found in OECD, *Taxation*, *Innovation and the Environment*, 2010.

［23］Callan, T., Lyons, S., Scott, S., Tol, R.S.J., Verde, S., "The distributional implications of a carbon tax in Ireland", in *Energy Policy*, Vol.37, 2009, pp.407—412.

［24］Cao, J., Dai, H.C., Li, S.T., Guo, C.Y., Ho, M., Cai, W.J., He, J.W., Huang, H., Li, J.F., Liu, Y., et al., "The general equilibrium impacts of carbon tax policy in China: A multi-model comparison", in *Energy Econ*, No.105284, 2021.

［25］Carraro, C., Filar, J.A., "Control and game-theoretic models of the environment", in *Annals of the International Society of Dynamic Games*, No.2, 1995, pp.794—798.

［26］Carraro, C., Galeotti, M., "Economic growth, international competitiveness and environmental protection: R&D and innovation strategies with the WARM model", in *Econ Costs Consequences Environ Regul*, No.1, 1997, pp.2—28.

[27] Chan, Y., "Are macroeconomic policies better in curbing air pollution than environmental policies? A DSGE approach with carbon-dependent fiscal and monetary policies", in *Energy Pol*, No.111454, 2020.

[28] Chan, Y., "Optimal emissions tax rates under habit formation and social comparisons", in *Energy Pol*, No.111809, 2020.

[29] Chan, Y. T., "Collaborative optimal carbon tax rate under economic and energy price shocks: A dynamic stochastic general equilibrium model approach", in *Journal of Cleaner Production*, Vol.256, 2020.

[30] Cheng, Y., AvikSinha, VinitGhosh, TuhinSengupta, Luo, H., "Carbon tax and energy innovation at crossroads of carbon neutrality: Designing a sustainable decarbonization policy", in *Environ. Manag*, No.112957, 2021.

[31] Chen, S., "Energy-save and emission abate activity with its impact on industry win-win development in China: 2009—2049", in *Econ. Res*, No.3, 2010.

[32] Chen, W.T., Hu, Z.H., "Using evolutionary game theory to study governments and manufacturers' behavioral strategies under various carbon taxes and subsidies", in *Clean. Prod*, Vol.201, 2018, pp.123—141.

[33] Chen, W., Zhou, J.F., Li, S.Y., Li, Y.C., "Effects of an energy tax(carbon tax) on energy saving and emission reduction in guangdong province-based on a CGE model", in *Sustainability*, No.5, 2017, p.681.

[34] Chepeliev, M., "Econometric Estimation of Capital-Labor Substitution Elasticities for Ukrainian CGE Model", in *SSRN Electronic Journal*, No.2, 2015, pp.33—46.

[35] Clancy, M., Moschini, G.C., "Pushing and Pulling Environmental Innovation: R&D Subsidies and Carbon Taxes", in *American Eco-*

nomic Review，Vol.102，2012，pp.131—166.

［36］Coughlin, C., Bandyopadhyay, S., "Truncated productivity distributions and the intensive trade margin", in *Journal of International Economics*，No.109596，2020.

［37］Defever, F., Imbruno, M., Kneller, R., "Trade liberalization, input intermediaries and firm productivity: evidence from China", in *Journal of International Economics*，No.103329，2020.

［38］Dietz, S., Ploeg, F., Venmans, F., Rezai, A., *Are economists getting climate dynamics right and does it matter?*，Social Science Electronic Publishing，2021.

［39］Dissou, Y., Karnizova, L., "Emissions cap or emissions tax? A multi-sector business cycle analysis", in *J. Environ. Econ. Manag*，Vol.79，2016，pp.169—188.

［40］Dong, F., Yu, B., Hadachin, T., Dai, Y., Wang, Y., Zhang, S., Long, R., "Drivers of carbon emission intensity change in China, in *Resources, Conservation and Recycling*，Vol.129，2018，pp.187—201.

［41］Dong, H., Dai, H., Geng, Y., Fujita, T., Liu, Z., Xie, Y., et al., "Exploring impact of carbon tax on China's CO_2 reductions and provincial disparities", in *Energy Rev*，Vol.77，2017，pp.596—603.

［42］Dowlatabadi, H., Oravetz, M.A., "US long-term energy intensity: Backcast and projection", in *Energy Policy*，Vol.34(17)，2017，pp.3245—3256.

［43］Drupp, M. A., M. C. Hänsel, "Relative prices and climate policy: how the scarcity of non-market goods drives policy evaluation", in *American Economic Journal*，Vol.13(1)，2017，pp.168—201.

［44］Duan, H., Mo, J., Fan, Y., Wang, S., "Achieving china's energy and climate policy targets in 2030 under multiple uncertainties", in *Energy Econ*，Vol.70，2018，pp.45—60.

［45］Engström, G., Gars, J., "Climate tipping points and optimal fossil fuel use", in *Energy Econ*, Vol.65(3), 2016, pp.541—571.

［46］Erten, B., Leight, J., Tregenna., "Overview of technology, productivity, trade, growth, and jobs in the United States and the world", in *Journal of Policy Modeling*, Vol.118, 2019, pp.424—439.

［47］Fan, Y., Jia, J., Wang, X., Xu, J., "What policy adjustments in the EU ETS truly affected the carbon prices?", in *Energy Policy*, Vol.103, 2017, pp.145—164.

［48］Fan, Y., Wu, J., Xia, Y., Liu, J., "How will a nationwide carbon market affect regional economies and efficiency of CO_2 emission reduction in China?", in *China Econ. Rev*, Vol.38, 2016, pp.151—166.

［49］Farhi, E., Werning, I., "Inequality and social discounting", in *Journal of Political Economy*, Vol.115(3), 2007, pp.365—402.

［50］Feenstra, R., Luck, P., Obstfeld, M., Russ, K., "In search of the armington elasticity", in *The Review of Economics and Statistics*, Vol.100(1), 2018, pp.135—150.

［51］Fieler, A.C., Eslava, M., Xu, D.Y., "Trade, quality upgrading, and input linkages: theory and evidence from Colombia", in *American Economic Review*, Vol.108(1), 2018, pp.109—146.

［52］Fischer, C., Springborn, M., "Emissions targets and the real business cycle: Intensity targets versus caps or taxes", in *Journal of Environmental Economics and Management*, Vol.62(3), 2011, pp.352—366.

［53］Fried, S., "Climate Policy and Innovation: A Quantitative Macroeconomic Analysis", in *Am. Econ. J. Macroecon*, Vol.10(1), 2018, pp.90—118.

［54］Gerlagh, R., Liski, M., "Consistent climate policies", in *Journal of the European Economic Association*, Vol.16(1), 2017, pp.1—44.

[55] Gillingham, K., Newell, R.G., Palmer, K., "Energy Efficiency Economics and Policy", in *Annual Review of Resource Economics*, Vol.1(1), 2017, pp.597—620.

[56] Giri, R., Yi, K.M., Yilmazkuday, H., "Gains from trade: Does sectoral heterogeneity matter?", in *Journal of International Economics*, No.103429, 2021.

[57] Gnangnon, S.K., "Impact of multilateral trade liberalization and aid for trade for productive capacity building on export revenue instability", in *Economic Analysis and Policy*, Vol.58(2), 2018, pp.141—152.

[58] Golosov, M., Hassler, J., Krusell, P., Tsyvinski, "Optimal Taxes on Fossil Fuel in General Equilibrium", in *Econometrica*, Vol.82, 2014, pp.41—88.

[59] Goulder, L., Mathai, K., "Optimal CO_2 abatement in the presence of induced technological change", in *Journal of Environmental Economics and Management*, Vol.39, 2000, pp.1—38.

[60] Goulder, L., Mathai, K., "Optimal CO_2 abatement in the presence of induced technological change", in *Journal of Environmental Economics and Management*, Vol.39, 2000, pp.1—38.

[61] Grainger, C.A., Kolstad, C.D., "Who Pays a Price on Carbon?", in *Environ. Resour. Econ*, Vol.46, 2010, pp.359—376.

[62] Greaker, M., Heggedal, T.R., Rosendahl, K.E., "Environmental Policy and the Direction of Technical Change", in *Scand. J. Econ*, Vol.120, 2018, pp.1100—1138.

[63] Grossman, G.M., Maggi, G., "Diversity and trade", in *American Economic Review*, Vol.90(5), 2000, pp.1255—1275.

[64] Grossman, G.M., "The Distribution of talent and the pattern and consequences of international trade", in *Polit. Econ*, Vol.112(1), 2004, pp.209—239.

［65］ Hamilton，K.，Cameron，G.，"Simulating the distributional effects of a Canadian carbon tax"，in *Can. Public Policy Anal. Polit.*，Vol.20，1994，pp.385—399.

［66］ Hart，R.，"The timing of taxes on CO_2 emissions when technological change is endogenous"，in *Environ. Econ. Manag*，Vol.55，2008，pp.194—212.

［67］ Hashmi，R.，Alam，K.，"Dynamic relationship among environmental regulation，innovation，CO_2 emissions，population，and economic growth in OECD countries：A panel investigation"，in *J. Clean. Prod*，Vol.231，2019，pp.1100—1109.

［68］ Heinzel，C.，Winkler，R.，"The role of environmental and technology policies in the transition to a low-carbon energy industry"，in *CERETH Economics working paper series*，2007.

［69］ Henning，W.，Meghan，O.，"A policy mix for resource efficiency in the EU：key instruments，challenges and research needs"，in *Ecol. Econ*，Vol.155，2019，pp.59—69.

［70］ He，P.，Sun，Y.，Niu，H.，et al.，"The long and short-term effects of environmental tax on energy efficiency：Perspective of OECD energy tax and vehicle traffic tax"，in *Economic Modelling*，Vol.97，2021，pp.307—325.

［71］ Heutel，G.，Fischer，C.，"Environmental macroeconomics"，in NBER working paper，2013.

［72］ Heutel，G.，"How should environmental policy respond to business cycles? Optimal policy under persistent productivity shocks"，in *Rev. Econ. Dynam*，Vol.15，2012，pp.244—264.

［73］ Holladay，J.S.，Mohsin，M.，Pradhan，S.，"Environmental policy instrument choice and international trade"，in *Environ. Resour. Econ*，Vol.74，2019，pp.1585—1617.

[74] Hooper, P., Johnson, K., Marquez, J.R., "Trade elasticities for the G-7 countries", in *Princeton Studies in International Economics*, No.87, 2000.

[75] Inshakov O.V., Bogachkova L.Y., Popkova E.G., "Energy Efficiency as a Driver of Global Competitiveness, the Priority of the State Economic Policy and the International Collaboration of the Russian Federation", in Inshakov, O., Inshakova, A., Popkova, E., eds., *Energy Sector: A Systemic Analysis of Economy, Foreign Trade and Legal Regulations. Lecture Notes in Networks and Systems*, Vol.44, 2019.

[76] Iverson, T. and Karp, L., "Carbon taxes and commitment with non-constant time preference", in *Review of Economic Studies*, Vol.28(1), 2020.

[77] Joos, F., et al., "Carbon dioxide and climate impulse response functions for the computation of greenhouse gas metrics: a multi-model analysis", in *Atmospheric Chemistry and Physics*, Vol.13(5), 2013, pp.2793—2825.

[78] Jung, J., Mercenier, J., "On modeling task, skill and technology upgrading effects of globalization with heterogeneous labor", in *Economic Modelling*, Vol.39, 2014, pp.49—62.

[79] Kalkuhl, M., Edenhofer, O., Lessmann, K., "Renewable energies subsidies: second-best subsidies or fatal aberration for mitigation?", in *Resource and Energy Economics*, Vol.35(3), 2013, pp.217—234.

[80] Katircioglu, S., Katircioglu, S., "Testing the role of fiscal policy in the environmental degradation: the case of Turkey", in *Environ. Sci. Pollut. Control Ser*, Vol.25 (6), pp.5616—5630.

[81] Kaufman, N., Gordon, K., "The Energy, Economic, and Emissions Impacts of a Federal US Carbon Tax", July 2018.

[82] Kazushi, S., "The ASEAN Economic Community and the RCEP in the world economy", in *Journal of Contemporary East Asia Studies*,

Vol.1(10)，2021，pp.1—23.

［83］Kennedy，J.，"How Induced Innovation Lowers the Cost of a Carbon Tax"，*Information Technology & Innovation Foundation*，2018.

［84］Khan，H.，Metaxoglou，K.，Knittel，C. R.，Papineau，M.，"Carbon emissions and business cycles"，in *Macroecon*，Vol.60，2019，pp.1—19.

［85］Kishi，K.，Okada，K.，"The impact of trade liberalization on productivity distribution under the presence of technology diffusion and innovation"，in *Journal of International Economics*，No.103396，2021.

［86］Kusaka M.，Nakatani K.，Takatani T.，*The Development of the Energy-Saving Technology by the Composition Control of R407C*，2000.

［87］Laffont J-J.，Tirole J.，"Pollution permits and compliance strategies"，in *Publ Econ*，Vol.62，1996.

［88］Lee，H.，Itakura，K.，"The welfare and sectoral adjustment effects of mega-regional trade agreements on ASEAN countries"，in *Journal of Asian Economics*，Vol.55(1)，2018，20—32.

［89］Lin，B.，Jia Z.，"The energy，environmental and economic impacts of carbon tax rate and taxation industry：a CGE based study in China"，in *Energy*，Vol.159，2018.

［90］Lin，B.，Li，X.，"The effect of carbon tax on per capita CO_2 emissions"，in *Energy Policy*，Vol.39，2011，pp.5137—5146.

［91］Li，Q.，Scollay，R.，Gilbert，J.，"Analyzing the effects of the Regional Comprehensive Economic Partnership on FDI in a CGE framework with firm heterogeneity"，in *Economic Modelling*，Vol.67，2017，pp.409—420.

［92］Mardones，C.，Baeza，N.，"Economic and environmental effects of a CO_2 tax in Latin American countries"，in *Energy Policy*，Vol.114，2018，pp.262—273.

[93] Maria, C. D., Smulders, S., Werf, E., "Climate Policy with Tied Hands: Optimal Resource Taxation Under Implementation Lags", in *Environmental & Resource Economics*, Vol.66(3), 2016, pp.537—551.

[94] Mayer, T., Melitz, M. J., Ottaviano, G., "Product Mix and Firm Productivity Responses to Trade Competition", in *CEPR Discussion Papers*, No.11389, 2016.

[95] McDaniel, C. A., Balistreri, J., "A Discussion on Armington Trade Substitution Elasticities", *Working Papers*, 2012.

[96] McDowall, W., Geng, Y., Huang, B., "Circular Economy Policies in China and Europe", in *Journal of Industrial Ecology*, Vol.21(1), 2017, pp.651—661.

[97] Melitz, M.J., Redding, S.J., "New trade models, new welfare implications", in *American Economic Association*, Vol. 105(3), 2015, pp.1105—1146.

[98] Melitz, M.J., "The Impact of Trade on Intra-Industry Reallocations and Aggregate Industry Productivity", in *Econometrica*, Vol.71(6), 2003, pp.1695—1725.

[99] Mo, J.L., Schleich, J., Fan, Y., "Getting ready for future carbon abatement under uncertainty—key factors driving investment with policy implications", in *Energy Econ*, Vol.70, 2003, pp.453—464.

[100] Mortensen, D.T., "Equilibrium unemployment dynamics", in *International Economic Review*, Vol.40, 1999, pp.889—914.

[101] Nakada M., "Does environmental policy necessarily discourage growth?", in *Econ Zeitschrift Fur Natl*, Vol.81, 2004.

[102] Nalban, V., "Forecasting with DSGE models: what frictions are important?", in *Econ. Model*, Vol.68, 2004, pp.190—204.

[103] Němec D., Kotlánová E., Kotlán I., Machová Z., "Corruption, Taxation and the Impact on the Shadow Economy", in *Economies*, Vol.9(1),

2021，p.18.

[104] Németh, G., Szabó, L., Ciscar, J., "Estimation of Armington elasticities in a CGE economy-energy-environment model for Europe", in *Economic modelling*, Vol.28(4), 2011, pp.1993—1999.

[105] Newell, R., et al., "The Induced Innovation Hypothesis and Energy-Saving Technological Change", in *Quarterly Journal of Economics*, Vol.114, 1990, pp.941—975.

[106] Niu, T., Yao, X., Shao, S., et al., "Environmental tax shocks and carbon emissions: An estimated DSGE model", in *Structural Change and Economic Dynamics*, Vol.47, 2018, pp.9—17.

[107] OECD, *Taxation, Innovation and the Environment*, 2010.

[108] Ornelas, E., Turner, J., Bickwit, G., "Preferential trade agreements and global sourcing", in *Journal of International Economics*, No.103395, 2021.

[109] Pereira, A.M., Pereira, R.M., Rodrigues, P.G., "A new carbon tax in Portugal: A missed opportunity to achieve the triple dividend?", in *Energy Policy*, Vol.93, 2016, pp.110—118.

[110] Pissarides, C.A., *Equilibrium unemployment theory*, MIT Press, 2000.

[111] Ploeg, F., "Carbon pricing under uncertainty: Pigouvian tax or a temperature cap", Keynote Lecture at the 76th Conference of the International Institute for Public Finance, Reykjavik, August 2020.

[112] Ploeg, F., "The safe carbon budget", in *Climatic Change*, Vol.147, 2018, pp.47—59.

[113] Popp, D., "Environmental Policy and Innovation: A Decade of Research", in *CESifo Working Pape*, No.7544, 2019.

[114] Popp, D., et al., "Energy, the Environment, and Technological Change", in NBER working paper, No.14832, 2009; reprinted in Bronwyn

Hall, ed., *Handbook of Economics of Innovation*, 2010, pp.873—937.

[115] Popp, D., "The effect of new technology on energy consumption", in *Resource and Energy Economics*, Vol.23(3), 2001, pp.215—239.

[116] Porter, M. E., "America's Green Strategy", in *Sci. Am*, Vol.264, 1991.

[117] Rezai, A., F. van der Ploeg and C. Withagen, "Optimal carbon tax and economic growth: additive or multiplicative climate change damages", chapter 9 in G. Chichilnisky and A. Rezai, eds., *Handbook on the economics of climate change*, Edward Elgar, Cheltenham, 2020.

[118] Roberts, B.M. "Calibration Procedure and the Robustness of CGE Models: Simulations with a Model for Poland", in *Economics of Planning*, Vol.27(3), 2014, pp.189—210.

[119] Romer, P., "Conditional Optimism about Progress and Climate", 2018.

[120] Roy, A.D., "Some Thoughts on the Distribution of Earnings", in *Oxford Economic Papers*, Vol.3(2), 1951, pp.135—146.

[121] Salvatore, D., "Trade liberalization and local labor market adjustment in South Africa", in *Journal of International Economics*, Vol.41(3), 2019, pp.435—443.

[122] Sancho, F., "Double dividend effectiveness of energy tax policies and the elasticity of substitution: A CGE appraisal", in *Energy Policy*, Vol.38(6), 2010, pp.2927—2933.

[123] Schanes, K., Jager, J., Drummond, P., "Three Scenario Narratives for a Resource-Efficient and Low-Carbon Europe in 2050", in *Ecological Economics*, 2019.

[124] S. Fried, "Climate Policy and Innovation: A Quantitative Macroeconomic Analysis", *American Economic Journal*, Macroeconomics,

10(2018:1)，90—118.

［125］Simonovska，I.，Waugh，M. E.，"Trade models，trade elasticities，and the gains from trade"，*NBER Working Paper*，No.20495，2014.

［126］Soderholm P.，"Taxing virgin natural resources: lessons from aggregates taxation in Europe"，in *Resour Conserv Recycl*，Vol.55，2011.

［127］Su，B.，Ang，B.W.，"Multiplicative structural decomposition analysis of aggregate embodied energy and emission intensities"，*Energy Econ.*，Vol.65，2017，pp.137—147.

［128］Sun，C.，Ding，D.，Yang，M.，"Estimating the complete CO_2 emissions and the carbon intensity in India: from the carbon transfer perspective"，in *Energy Policy*，Vol.109，2017，pp.418—427.

［129］Tiba，S.，Omri，A.，"Literature survey on the relationships between energy，environment and economic growth"，in *Renew. Sust. Energ. Rev*，Vol.69，2017，1129—1146.

［130］Timilsina，G.R.，Csordas，S.，Mevel，S.，"When does a carbon tax on fossil fuels stimulate biofuels?"，in *Ecol. Econ*，Vol.70，2007，pp.2400—2415.

［131］University College London，"British carbon tax leads to 93% drop in coal-fired electricity"，January 27，2020. For other international evidence，see Jonathan Marshall，"Carbon Taxes Can Do the Job"，April 2019.

［132］U. S. Department of Energy，"Energy CO_2 Emissions: Impacts of Clean Energy Technology Innovation and Policy"，January 2017.

［133］Van der Zwaan，B.C.C.，Gerlagh，R.，Klaassen，G.，Schrattenholzer，L.，"Endogenous technological change in climate change modelling"，In *Energy Econ*，Vol.24，2015，pp.1—19.

［134］Wagner，G.，Kåberger，T.，Olai，S.，et al.，"Energy policy: Push renewables to spur carbon pricing"，in *Nature*，Vol.525，

2015, pp.27—29.

[135] Wang, R., et al., "Induced Energy-Saving Efficiency Improvements Amplify Effectiveness of Climate Change Mitigation", *Joule*, Vol.3, Issue 9, 2019.

[136] Wang, W., Yu, B., Yan, X., et al., "Estimation of innovation's green performance: a range-adjusted measure approach to assess the unified efficiency of China's manufacturing industry", in *J. Clean. Prod*, Vol.149, 2017, pp.919—924.

[137] Wing, I.S., "Explaining the declining energy intensity of the U.S. economy", in *Resource and Energy Economics*, Vol.30(1), 2008, pp.21—49.

[138] World Bank, *Carbon pricing dashboard*, 2020.

[139] WTO, *Regional Trade Agreements and the Multilateral Trading System*, WTO Publications: Geneva, Switzerland, 2020.

[140] Wu, X., "On the dynamic effect of environmental protection technology, energy saving and emissions reduction policy on ecological environmental quality and transmission mechanism: simulation analysis based on three-sector DSGE model", in *Chin. J. Manage. Sci.*, Vol.25, 2017, pp.88—98.

[141] Xiao, B.W., Fan, Y., Guo X.D., "Exploring the macroeconomic fluctuations under different environmental policies in China: A DSGE approach", in *Energy Economics*, Vol.3, 2018, pp.439—456.

[142] Xing, J., Huang, X., Zhou, W., "The Measurement of Energy Price Distortions and Factor Substitution in Chinese Industry", in *Journal of Quantitative & Technical Economics*, Vol.26(11), 2009, pp.3—16.

[143] Yang, Z., Fan, M., Shao, S., Yang, L., "Does carbon intensity constraint policy improve industrial green production performance in China? A

quasi-DID analysis", in *Energy Econ*，Vol.68，2017，pp.271—282.

［144］Yao，X.，Kou，D.，Shao，S.，et al.，"Can urbanization process and carbon emission abatement be harmonious? New evidence from China"，*Environmental Impact Asses. Rev*，Vol.71，2018，pp.70—83.

［145］Yi，C.D.，"The computable general equilibrium analysis of the reduction in tariffs and non-tariff measures within the Korea-Japan-European Union free trade agreement"，in *Japan and the World Economy*，No.101037，2020.

［146］Zakeri，A.，Dehghanian，F.，Fahimnia，B.，Sarkis，J.，"Carbon pricing versus emissions trading：A supply chain planning perspective"，in *Int. J. Prod. Econ.*，Vol.164，2015，pp.197—205.

［147］Zangheri，P.，Economidou，M.，Labanca，N.，"Progress in the Implementation of the EU Energy Efficiency Directive through the Lens of the National Annual Reports"，in *Energies*，Vol.12，2019.

［148］Zhao，X.，Zhang，X.，Li，N.，Shao，S.，Geng，Y.，"Decoupling economic growth from carbon dioxide emissions in China：a sectoral factor decomposition analysis"，in *J. Clean. Prod*，Vol.142，2017，pp.3500—3516.

［149］白彦锋、陈珊珊:《"营改增"的减税效应——基于 DSGE 模型的分析》,载《南京审计大学学报》2017 年第 5 期,第 1—9 页。

［150］白彦锋、唐盟等:《绿色税收体系下的成品油消费税改革再思考》,载《税务研究》2018 年第 11 期,第 11—14 页。

［151］晁江锋、吴洁等:《巨灾风险、税收政策与经济增长——基于动态随机一般均衡的视角》,载《税收经济研究》2020 年第 2 期,第 1—9 页。

［152］晁江锋、武晓利等:《基于 DSGE 模型的我国居民消费结构动态效应研究——从耐用品与非耐用品消费的视角》,载《金融与经济》2019 年第 11 期,第 65—73 页。

［153］陈利锋:《劳动力市场改革的经济效应与政策优化——基于

DSGE 模型的模拟分析》,载《财贸研究》2020 年第 4 期,第 1—17 页。

[154] 陈平、罗艳:《环境规制促进了我国碳排放公平性吗? ——基于环境规制工具分类视角》,载《云南财经大学学报》2019 年第 11 期,第 15—25 页。

[155] 陈志斌、孙峥:《中国碳排放权交易市场发展历程——从试点到全国》,载《环境与可持续发展》2021 年第 2 期,第 28—36 页。

[156] 程发新、邵世玲等:《基于政府补贴的企业主动碳减排最优策略研究》,载《中国人口·资源与环境》2015 年第 7 期,第 32—39 页。

[157] 邓红亮、陈浩农:《异质性劳动力供给、工资粘性与中国经济周期》,载《财经理论与实践》2020 年第 4 期,第 106—113 页。

[158] 邓晶、管月:《内生技术变迁视角下金融发展与产业结构升级》,载《科技进步与对策》2019 年第 19 期,第 66—73 页。

[159] 邓利方、李铭杰:《二胎政策对宏观经济的影响研究——基于劳动力供给视角》,载《南方经济》2019 年第 7 期,第 100—112 页。

[160] 邓翔、何瑞宏:《宏观审慎政策的金融稳定效应及其最优政策——基于多部门 DSGE 模型的研究》,载《上海经济研究》2021 年第 5 期,第 76—88 页。

[161] 丁佳曦:《促进我国循环经济发展的税收政策研究》,中国社会科学出版社 2019 年版,第 74—79 页。

[162] 丁攀、金为华等:《绿色金融发展、产业结构升级与经济可持续增长》,载《南方金融》2021 年第 2 期,第 13—24 页。

[163] 董凯、杨源源等:《金融杠杆、房价高企与汇率波动——基于 DSGE 和 TVP-SV-VAR 模型的双重检验》,载《世界经济与政治论坛》2019 年第 3 期,第 70—88 页。

[164] 段宏波、朱磊等:《能源—环境—经济气候变化综合评估模型研究综述》,载《系统工程学报》2014 年第 6 期,第 852—868 页。

[165] 冯烽:《内生视角下能源价格、技术进步对能源效率的变动效应研究——基于 PVAR 模型》,载《管理评论》2015 年第 4 期,第 38—47 页。

[166] 冯宗宪、贾楠亭:《内环境规制与异质性企业技术创新——基于工业行业上市公司的研究》,载《经济与管理研究》2021 年第 3 期,第 20—34 页。

[167] 葛察忠、龙凤等:《中国环境税收政策发展报告》,中国环境出版集团 2019 年版,第 41—44 页。

[168] 葛新锋、朱易捷:《我国实施环保税面临的问题及国际经验借鉴》,载《金融纵横》2018 年第 3 期,第 48—54 页。

[169] 郭朝先:《产业结构变动对中国碳排放的影响》,载《中国人口·资源与环境》2012 年第 7 期,第 15—20 页。

[170] 郭楠:《矿产资源税的改革逻辑与实践考察——以资源税法为研究视角》,载《大连理工大学学报(社会科学版)》2021 年第 1 期,第 68—73 页。

[171] 韩永辉、黄亮雄等:《产业结构优化升级改进生态效率了吗?》,载《数量经济技术经济研究》2016 年第 4 期,第 40—59 页。

[172] 何平林、乔雅等:《环境税双重红利效应研究——基于 OECD 国家能源和交通税的实证分析》,载《中国软科学》2019 年第 4 期,第 33—49 页。

[173] 何雄浪、陈锁:《环境规制促进还是抑制了技术创新? ——基于空间溢出效应的视角》,载《金融与经济》2020 年第 1 期,第 50—57 页。

[174] 黄春元:《中国能源税问题研究:基础理论、经验借鉴与制度设计》,对外经济贸易大学博士论文,2015 年,第 17—28 页。

[175] 黄锡生、张真源:《基于能源结构调整的能源税收制度研究》,载《福建师范大学学报》(哲学社会科学版)2018 年第 3 期,第 24—30,168—169 页。

[176] 姜启波、谭清美:《高技术产业集聚、环境规制对生态效率的影响——来自中国区域发展的经验证据》,载《华东经济管理》2021 年第 3 期,第 86—92 页。

[177] 金成晓、张东敏等:《我国油气资源税由从量计征改为从价计征

的政策效应——基于双重差分法的计量分析》,载《财经理论与实践》2015年第 5 期,第 90—96 页。

[178] 金刚、沈坤荣:《以邻为壑还是以邻为伴? ——环境规制执行互动与城市生产率增长》,载《管理世界》2018 年第 12 期,第 43—55 页。

[179] 李宝良、郭其友:《技术创新、气候变化与经济增长理论的扩展及其应用——2018 年度诺贝尔经济学奖得主主要经济理论贡献述评》,载《外国经济与管理》2018 年第 11 期,第 144—154 页。

[180] 李斌、张晓冬:《中国产业结构升级对碳减排的影响研究》,载《产经评论》2017 年第 2 期,第 79—92 页。

[181] 李冬琴:《环境政策工具组合、环境技术创新与绩效》,载《科学学研究》2018 年第 12 期,第 2270—2279 页。

[182] 李强:《正式与非正式环境规制的减排效应研究——以长江经济带为例》,载《现代经济探讨》2018 年第 5 期,第 92—99 页。

[183] 李言、孔令池:《劳动力价格异质性扭曲的宏观经济效应——基于 DSGE 模型的模拟分析》,载《南开经济研究》2020 年第 5 期,第 87—108 页。

[184] 李言:《组合式房产税改革的宏观经济效应——兼顾居民用房与商业用房的 DSGE 框架分析》,载《经济与管理研究》2019 年第 12 期,第 29—42 页。

[185] 梁宇、龚六堂:《军事支出冲击的宏观经济效应》,载《经济科学》2019 年第 1 期,第 31—43 页。

[186] 林伯强等:《中国能源发展报告》,北京大学出版社 2020 年版,第 9—12 页。

[187] 林伯强:《中国实现碳中和目标需要发展碳市场》,载《第一财经日报》2021 年 5 月 20 日,第 A11 版。

[188] 林秀梅、关帅:《环境规制推动了产业结构转型升级吗? ——基于地方政府环境规制执行的策略互动视角》,载《南方经济》2020 年第 11 期,第 99—115 页。

[189] 刘海波、邵飞飞等:《内生性技术创新与东北地区制造业产业升级路径——兼论东北地区要素贡献份额的变化》,载《东北师大学报》(哲学社会科学版)2019 年第 4 期,第 170—176 页。

[190] 刘海波、邵飞飞等:《我国结构性减税政策及其收入分配效应——基于异质性家庭 NK-DSGE 的模拟分析》,载《财政研究》2019 年第 3 期,第 30—46 页。

[191] 刘海运、李越等:《环境税收与政府创新补贴对企业绿色工艺创新的影响研究》,载《湖南师范大学自然科学学报》2021 年第 2 期,第 34—40 页。

[192] 刘辉、郭新华等:《中国家庭债务与财政支出效应——基于异质性家庭的 DSGE 模型分析》,载《财贸研究》2019 年第 11 期,第 56—71 页。

[193] 刘洋、汪奕鹏等:《基于研发投入视角下人口老龄化的经济增长效应研究》,载《经济问题探索》2020 年第 9 期,第 43—57 页。

[194] 卢盛荣、郭学能等:《影子银行、信贷资源错配与中国经济波动》,载《国际金融研究》2019 年第 4 期,第 66—76 页。

[195] 卢硕、张文忠等:《资源禀赋视角下环境规制对黄河流域资源型城市产业转型的影响》,载《中国科学院院刊》2020 年第 1 期,第 73—85 页。

[196] 吕江林、郭珺莹等:《老龄化、住房价格与宏观杠杆率》,载《会计与经济研究》2021 年第 1 期,第 110—127 页。

[197] 吕江林、万远哲等:《我国影子银行与货币政策实施效果研究——基于垄断竞争的影子银行体系下的金融加速器模型》,载《河北经贸大学学报》2020 年 11 月 4 日,第 73—84 页。

[198] 吕敏、刘和祥等:《我国绿色税收政策对经济影响的实证分析》,载《税务研究》2018 年第 11 期,第 15—19 页。

[199] 吕鹏、黄送钦:《环境规制压力会促进企业转型升级吗》,载《南开管理评论》2021 年 3 月 26 日,第 1—20 页。

[200] 马蔡琛、苗珊:《后哥本哈根时代全球环保税制改革实践及其启示》,载《税务研究》2018 年第 2 期,第 34—40 页。

[201] 马蔡琛、赵笛:《构建以环境保护税为基础的绿色税收体系》,载《税务研究》2020 年第 11 期,第 39—45 页。

[202] 马海良、董书丽:《不同类型环境规制对碳排放效率的影响》,载《北京理工大学学报》(社会科学版)2020 年第 4 期,第 1—10 页。

[203] 马绍刚、白当伟等:《普惠金融与实体经济:DSGE 模型与实证检验》,载《上海金融》2021 年第 1 期,第 44—51, 65 页。

[204] 马孝先、刘清:《货币政策对中国城镇就业的影响分析——基于纵向产业结构视角》,载《宏观经济研究》2019 年第 6 期,第 164—175 页。

[205] 闵宏、王罗汉:《内生性技术进步与经济增长——理论回顾与研究进展》,载《现代管理科学》2017 年第 12 期,第 106—108 页。

[206] 庞军、高笑默等:《能源资源税改革对我国城镇居民的收入分配效应——基于投入产出模型的分析》,载《中国环境科学》2019 年第 1 期,第 402—411 页。

[207] 彭星、李斌:《不同类型环境规制下中国工业绿色转型问题研究》,载《财经研究》2016 年第 7 期,第 134—144 页。

[208] 秦炳涛、余润颖等:《环境规制、绿色技术创新与资源型城市产业结构转型》,载《中国环境科学》2021 年 3 月 22 日,第 1—19 页。

[209] 瞿茜、龙凤等:《完善我国交通行业绿色税收建议》,载《环境保护》2019 年第 24 期,第 50—55 页。

[210] 商波、黄涛珍:《可再生能源发电商最优减排补贴政策的激励效应研究》,载《运筹与管理》2021 年第 3 期,第 151—158 页。

[211] 邵帅、杨莉莉:《自然资源开发、内生技术进步与区域经济增长》,载《经济研究》2011 年第 S2 期,第 112—123 页。

[212] 时乐乐、赵军:《环境规制、技术创新与产业结构升级》,载《科研管理》2018 年第 1 期,第 119—125 页。

[213] 史敦友:《异质性环境规制、技术创新与中国工业绿色化》,载《贵州财经大学学报》2021 年第 3 期,第 83—93 页。

[214] 宋德勇、赵菲菲:《环境规制的产业转移效应分析——基于资源

禀赋转换的视角》,载《财经论丛》2019 年第 3 期,第 104—112 页。

[215] 宋永华、薛宇择:《财税制度、差异化减税与区域经济发展》,载《金融与经济》2021 年第 2 期,第 63—71 页。

[216] 孙建:《环保政策、技术创新与碳排放强度动态效应——基于三部门 DSGE 模型的模拟分析》,载《重庆大学学报》(社会科学版)2020 年第 2 期,第 31—45 页。

[217] 孙建:《中国技术创新碳减排效应研究——基于内生结构突变模型的分析》,载《统计与信息论坛》2015 年第 2 期,第 23—27 页。

[218] 孙作人、吴昊瑜:《碳减排约束下的金融摩擦与二元边际——基于内生企业进入的 E-DSGE 模型分析》,载《系统工程》2018 年第 9 期,第 1—15 页。

[219] 谭灵芝、孙奎立:《基于 DSGE 模型的我国三类碳减排政策效果分析》,载《企业经济》2019 年第 10 期,第 41—47 页。

[220] 唐绍祥、娄峰:《能源消费新模式对宏观经济的作用机制和影响分析》,载《宏观经济研究》2020 年第 10 期,第 145—153,163 页。

[221] 童健、刘伟等:《环境规制、要素投入结构与工业行业转型升级》,载《经济研究》2016 年第 7 期,第 43—57 页。

[222] 庹永贵、蒲勇健等:《预期、房价冲击与中国经济波动——基于贝叶斯估计的 DSGE 模型分析》,载《系统工程》2018 年第 10 期,第 83—90 页。

[223] 汪奕鹏、刘洋等:《老龄化背景下生育政策预期的宏观经济效应——基于长期消息冲击的 DSGE 分析》,载《经济评论》2019 年第 4 期,第 76—93 页。

[224] 王丽颖:《中国碳交易试点政策的减排效果分析》,载《社会科学战线》2021 年第 4 期,第 251—255 页。

[225] 王萌:《资源税研究》,经济科学出版社 2010 年版,第 97—103 页。

[226] 王书平、戚超等:《中国的土地财政与宏观经济波动研究——基于贝叶斯估计的 DSGE 模型分析》,载《财经理论与实践》2020 年第 5 期,第

83—89 页。

[227] 王永华、雷宇等:《碳税政策、环境质量与经济发展——基于DSGE 模型的数值模拟研究》,载《中国管理科学》2016 年第 S1 期,第 938—941 页。

[228] 王勇:《货币政策调控住房市场的规则选择研究》,载《经济问题探索》2019 年第 3 期,第 142—155 页。

[229] 王志良:《加大对节能减排创新企业的支持力度》,载《国际融资》2020 年第 6 期,第 18—19 页。

[230] 王智烜:《OECD 环境税发展趋势及政策启示》,载《国际税收》2017 年第 4 期,第 50—53 页。

[231] 卫平、余奕杉:《环境规制对制造业产业结构升级的影响——基于省级动态面板数据的系统 GMM 分析》,载《经济问题探索》2017 年第 9期,第 144—152 页。

[232] 温兴春、梅冬州:《金融业开放、金融脆弱性以及危机跨部门传递》,载《世界经济》2020 年第 10 期,第 144—168 页。

[233] 翁智雄、吴玉锋等:《征收差异化行业碳税对中国经济与环境的影响》,载《中国人口·资源与环境》2021 年第 3 期,第 75—86 页。

[234] 吴虹仪、殷德生:《绿色信贷政策对企业债务融资的"赏"与"罚"——基于准自然实验的效应评估》,载《当代财经》2021 年第 2 期,第49—62 页。

[235] 武晓利:《环保技术、节能减排政策对生态环境质量的动态效应及传导机制研究——基于三部门 DSGE 模型的数值分析》,载《中国管理科学》2017 年第 2 期,第 88—98 页。

[236] 武晓利:《能源价格、环保技术与生态环境质量——基于包含碳排放 DSGE 模型的分析》,载《软科学》2017 年第 7 期,第 116—120 页。

[237] 夏仕龙:《我国财政货币政策组合变动的理性预期效应——基于MS-DSGE 模型》,载《财贸研究》2019 年第 12 期,第 14—29 页。

[238] 肖红叶、程郁泰:《E-DSGE 模型构建及我国碳减排政策效应测

度》,载《商业经济与管理》2017 年第 7 期,第 73—86 页。

[239] 肖谦、陈晖等:《碳税对我国宏观经济及可再生能源发电技术的影响——基于电力部门细分的 CGE 模型》,载《中国环境科学》2020 年第 8 期,第 3672—3682 页。

[240] 肖尧、彭桥等:《社保费阶段性减免政策的宏观经济效应》,载《商业经济与管理》2020 年第 9 期,第 70—81 页。

[241] 肖伊:《资源税改革历程及立法意义》,载《湖南税务高等专科学校学报》2020 年第 5 期,第 55—59 页。

[242] 谢攀、张军谋等:《新冠疫情常态化应对:宏观对冲与协同治理》,载《工业技术经济》2020 年第 10 期,第 38—46 页。

[243] 谢星、张勇等:《法定数字货币的宏观经济效应研究》,载《财贸经济》2020 年第 10 期,第 147—161 页。

[244] 徐菁鸿:《环境规制的技术创新效应及其异质性研究——基于中国 271 个城市数据的实证检验》,载《生态经济》2020 年第 1 期,第 154—160 页。

[245] 徐宁、丁一兵:《混合型货币政策规则的宏观调控效应研究——基于宏观经济稳增长和金融系统防风险双重视角》,载《浙江社会科学》2020 年 4 月 4 日,第 27—36,156 页。

[246] 徐舒、左萌等:《技术扩散、内生技术转化与中国经济波动——一个动态随机一般均衡模型》,载《管理世界》2011 年第 3 期,第 22—31,187 页。

[247] 徐亚平、朱力:《投资波动、企业家信心与货币政策传导梗阻》,载《上海经济研究》2019 年第 9 期,第 91—104 页。

[248] 许水平、邓文涛等:《环境规制、技术创新与全要素生产率——基于对"波特假说"的实证检验》,载《企业经济》2016 年第 12 期,第 19—27 页。

[249] 薛飞、周民良:《中国碳交易市场规模的减排效应研究》,载《华东经济管理》2021 年第 6 期,第 11—21 页。

[250] 杨翱、刘纪显等:《基于 DSGE 模型的碳减排目标和碳排放政策效应研究》,载《资源科学》2014 年第 7 期,第 1452—1461 页。

［251］杨仁发、李娜娜:《环境规制与中国工业绿色发展:理论分析与经验证据》,载《中国地质大学学报》(社会科学版)2019 年第 5 期,第 79—91 页。

［252］姚前:《法定数字货币的经济效应分析:理论与实证》,载《国际金融研究》2019 年第 1 期,第 16—27 页。

［253］尹彦辉、缪言等:《基于 TANK-DSGE 模型的减税政策效应分析》,载《统计与决策》2021 年第 7 期,第 148—152 页。

［254］尹彦辉、孙祥栋等:《新冠肺炎疫情与宏观经济波动:基于 DSGE 模型的分析及启示》,载《统计与决策》2020 年第 7 期,第 85—90 页。

［255］余东华、崔岩:《双重环境规制、技术创新与制造业转型升级》,载《财贸研究》2019 年第 7 期,第 15—24 页。

［256］郁培丽、石俊国等:《技术创新、溢出效应与最优环境政策组合》,载《运筹与管理》2014 年第 5 期,第 237—242 页。

［257］袁国龙:《土地制度冲击、土地财政弱化与地方经济波动》,载《技术经济》2021 年第 4 期,第 77—86 页。

［258］原毅军、谢荣辉:《环境规制的产业结构调整效应研究——基于中国省际面板数据的实证检验》,载《中国工业经济》2014 年第 8 期,第 57—69 页。

［259］张炳雷、刘嘉琳:《资源税对能源矿产资源的利用效果:制度导向与趋势判断》,载《财经问题研究》2017 年第 7 期,第 73—80 页。

［260］张国兴、高秀林等:《我国节能减排政策协同的有效性研究:1997—2011》,载《管理评论》2015 年第 12 期,第 3—17 页。

［261］张国兴、高秀林等:《中国节能减排政策的测量、协同与演变——基于 1978—2013 年政策数据的研究》,载《中国人口·资源与环境》2014 年第 12 期,第 62—73 页。

［262］张国兴、叶亚琼等:《京津冀节能减排政策措施的差异与协同研究》,载《管理科学学报》2018 年第 5 期,第 111—126 页。

［263］张华:《地区间环境规制的策略互动研究——对环境规制非完全执行普遍性的解释》,载《中国工业经济》2016 年第 7 期,第 74—90 页。

[264] 张建华:《地区间环境规制的策略互动研究——对环境规制非完全执行普遍性的解释》,载《华中理工大学学报》(社会科学版)2000年第2期,第73—76页。

[265] 张杰、郑姣姣等:《政府创新补贴政策对企业私人性质创新投入的激励效应》,载《华中理工大学学报》(社会科学版)2021年第2期,第16—45,157页。

[266] 张捷、赵秀娟:《碳减排目标下的广东省产业结构优化研究——基于投入产出模型和多目标规划模型的模拟分析》,载《中国工业经济》2015年第6期,第68—80页。

[267] 张莉:《环境规制、绿色技术创新与制造业转型升级路径》,载《税务与经济》2020年第1期,第51—55页。

[268] 张龙、刘金全:《货币政策、多重预期与宏观经济波动——基于NK-DSGE模型的数值模拟分析》,载《数理统计与管理》2021年第2期,第334—351页。

[269] 张明源:《财政支出政策会改善区域发展不平衡吗?——基于地方竞争框架下的讨论》,载《当代经济管理》2021年第2期,第81—89页。

[270] 张明源、薛宇择:《基础设施建设支出、结构性减税与最优政策选择》,载《南方经济》2020年第12期,第38—54页。

[271] 张瑞、陈雪等:《环境规制、经济多样性与能源强度——基于省际面板数据的实证分析》,载《商业研究》2021年第1期,第24—31页。

[272] 张晓娣、孔圣昌:《基于DSGE模型的能源税征收最优环节选择:产出型抑或投入型?》,载《上海经济研究》2019年第12期,第56—67页。

[273] 赵领娣、徐乐:《投入产出视角下工业技术创新的环境规制协同效应》,载《北京理工大学学报》(社会科学版)2019年第4期,第1—12页。

[274] 赵玉民、朱方明等:《环境规制的界定、分类与演进研究》,载《中国人口·资源与环境》2009年第6期,第85—90页。

[275] 郑金铃:《分权视角下的环境规制竞争与产业结构调整》,载《当代经济科学》2016年第1期,第75—85,127页。

[276] 郑晓舟、郭晗等:《双重环境规制与产业结构调整——来自中国十大城市群的经验证据》,载《云南财经大学学报》2021 年第 3 期,第 1—15 页。

[277] 郑肖南:《征收碳税的多重效应研究》,武汉大学博士论文 2017 年,第 11—32 页。

[278] 中国财政科学研究院:《新时期促进绿色发展的财税政策改革:择机开征碳税、优化环境保护税与财政支出政策评估》2020 年。

[279] 中国银保监会政策研究局课题组、洪卫:《绿色金融理论与实践研究》,载《金融监管研究》2021 年 4 月 9 日,第 1—14 页。

[280] 周琛影、田发等:《绿色金融对经济高质量发展的影响效应研究》,载《重庆大学学报》(社会科学版)2021 年 5 月 28 日,第 1—13 页。

[281] 周迪、罗东权:《绿色税收视角下产业结构变迁对中国碳排放的影响》,载《资源科学》2021 年第 4 期,第 693—709 页。

[282] 周磊、孙宁华等:《货币政策不确定性、金融摩擦与经济紧缩效应——基于 BGG-DSGE 模型的分析》,载《经济问题探索》2021 年第 4 期,第 145—156 页。

[283] 周少甫、舒鹏:《城乡二元结构下的土地价格波动与溢出效应》,载《城市问题》2020 年第 1 期,第 53—64 页。

[284] 周肖肖、丰超等:《环境规制与化石能源消耗——技术进步和结构变迁视角》,载《中国人口·资源与环境》2015 年第 12 期,第 35—44 页。

[285] 周雄勇、许志端等:《中国节能减排系统动力学模型及政策优化仿真》,载《系统工程理论与实践》2018 年第 6 期,第 1422—1444 页。

[286] 朱迎春:《我国节能减排税收政策效应研究》,载《当代财经》2012 年第 5 期,第 26—33 页。

[287] 朱勇、吴易风:《技术进步与经济的内生增长——新增长理论发展述评》,载《价格理论与实践》1999 年第 1 期,第 21—39 页。

[288] 朱智洺、方培:《能源价格与碳排放动态影响关系研究——基于 DSGE 模型的实证分析》,载《价格理论与实践》2015 年第 5 期,第 54—56 页。

图书在版编目(CIP)数据

碳达峰碳中和目标下我国碳税征收与技术创新的关系
研究/张晓娣著.—上海:上海人民出版社,2022
(上海社会科学院重要学术成果丛书.专著)
ISBN 978-7-208-17945-5

Ⅰ.①碳… Ⅱ.①张… Ⅲ.①节能-税收政策-研究
-中国 Ⅳ.①F812.422

中国版本图书馆 CIP 数据核字(2022)第 169964 号

责任编辑 项仁波
封面设计 路 静

上海社会科学院重要学术成果丛书·专著
碳达峰碳中和目标下我国碳税征收与技术创新的关系研究
张晓娣 著

出 版 上海人民出版社
　　　　(201101 上海市闵行区号景路 159 弄 C 座)
发 行 上海人民出版社发行中心
印 刷 苏州工业园区美柯乐制版印务有限责任公司
开 本 720×1000 1/16
印 张 23.25
插 页 4
字 数 327,000
版 次 2022 年 10 月第 1 版
印 次 2022 年 10 月第 1 次印刷
ISBN 978-7-208-17945-5/F·2776
定 价 98.00 元

—